国家社科基金
GUOJIA SHEKE JIJIN HOUQI ZIZHU XIANGMU
后期资助项目

新行政法释论

New Interpretation of the Administrative Law

倪洪涛　著

U0330363

中山大学出版社
SUN YAT-SEN UNIVERSITY PRESS

·广州·

图书在版编目（CIP）数据

新行政法释论/倪洪涛著. —广州：中山大学出版社，2024.6
ISBN 978 - 7 - 306 - 08044 - 8

Ⅰ. ①新…　Ⅱ. ①倪…　Ⅲ. ①行政法—法律解释—中国
Ⅳ. ①D922. 105

中国国家版本馆 CIP 数据核字（2024）第 040230 号

XIN XINGZHENGFA SHI LUN

出 版 人：王天琪
策划编辑：曾育林
责任编辑：曾育林
封面设计：曾　斌
责任校对：周擎晴
责任技编：靳晓虹
出版发行：中山大学出版社
电　　话：编辑部 020 - 84113349，84110776，84111997，84110779，84110283
　　　　　发行部 020 - 84111998，84111981，84111160
地　　址：广州市新港西路 135 号
邮　　编：510275　传　　真：020 - 84036565
网　　址：http：//www. zsup. com. cn　E-mail：zdcbs@ mail. sysu. edu. cn
印 刷 者：广东虎彩云印刷有限公司
规　　格：787mm×1092mm　1/16　25.625 印张　458 千字
版次印次：2024 年 6 月第 1 版　2024 年 6 月第 1 次印刷
定　　价：118.00 元

如发现本书因印装质量影响阅读，请与出版社发行部联系调换

国家社科基金后期资助项目
出版说明

后期资助项目是国家社科基金设立的一类重要项目，旨在鼓励广大社科研究者潜心治学，支持基础研究多出优秀成果。它是经过严格评审，从接近完成的科研成果中遴选立项的。为扩大后期资助项目的影响，更好地推动学术发展，促成成果转化，全国哲学社会科学工作办公室按照"统一设计、统一标识、统一版式、形成系列"的总体要求，组织出版国家社科基金后期资助项目成果。

全国哲学社会科学工作办公室

序

姜明安

　　湖南师范大法学院洪涛教授新著《新行政法释论》即将付梓，他邀鄙人为其专著作序。鄙人愚钝，对其大作的深邃原理和前沿学术思想未能有深入的领会和把握，本不敢应承。但洪涛教授与鄙人"湘"谊深厚。洪涛教授虽不出生于湘而出生于豫，却在湘工作数年，有贡献于我湘人，故作为湘人的我难以说出推托之词。同时，鄙人在行政法学界混了四十年有余，作为行政法学领域的老人，既已发现本领域有如此新作、力作推出，即使暂不能全面深入解析，岂有不尽全力加以推荐和宣传之理，故欣然允诺。

　　《新行政法释论》一书始终围绕行政争议司法解决这一中心议题展开研究，即便在论及行政之本质、行政法治类型时，也未脱离"司法"的理论观照。全书采用诉讼视角和技术路线，对典型案例和社会事例进行法释义学意义上的深入剖析，试图以个案分析促进制度思考，以体系解释回应争议化解。该研究成果具有"以点带面"的鲜明特点，具有达致"情景式"的学术效果，实属难得。该书的研究视角和研究方法均可作为行政法学专题研究的学术样板。鄙人认为，该书的亮点，或者说该书的学术创新和理论价值，主要体现在以下四个方面：

　　其一，研究体例的专题性和本土性。我国传统行政法学著作，通常以行政组织法、行政行为（作用）法和行政救济法三段论搭建理论框架，并在此体系内或进行整体研究，或摘取其中的一个问题进行研究。该书一改传统学术著作或事无巨细、面面俱到，或过于精微化和部门化的研究思路，以专题研究谋篇布局，将行政法的学科知识进行重新排列组合，实现了体例和框架上的拓展与创新。对于广大在校本科生和研究生而言，阅读本书或能收获学术专题训练和学理整体熏陶的双重提升。

　　其二，研究视野的世界性和比较性。我国现行的行政法学著作，尽管有域外行政法（学）知识的深入介绍，但往往进行了中国化的语境式体例再安排。本书将每一专题都置于世界范围内和比较法视野下进行分析，既展示了比较行政法的理论优势，又不失法律移植的制度思考，从而兼及了学术深度、理论广度和视域宽度。广大青年学子研读本书无疑将有助于他们的中国问题意识和世界学术视野的二元构建。

其三，研究向度的历史性与本体性。本书特别注重行政法问题的历史回溯和本源探究，力求通过对制度演进和价值变迁的梳理，展示行政法学的问题本源，从而使全书具备了历史法学的长度和厚度。读者在探究制度选择和价值的冲突中，将会感知到法形态的地方性和法文化的悠久性。通过研读本著作，读者自可感受到行政法史学和行政法律学等多重美感。

其四，研究重心的个案性与注重司法性。本书将行政法的司法性和个案性贯穿全书始终，认为法的理论在某种意义上是为解纷服务的。同时，个案分析的过程又是行政法学理论运用和原则提炼的过程。本书将学术训练融于典型案例的解析之中，在法教义学推理中成就法技术训练。整部著作既有学术上的理论探究深度，又有教义学的法技术含量；既有本土案例分析，又有专题学术讨论。研读本书，无疑有助于读者实现学术方法和法律实务技能提高的双重目的。

当然，任何事物都不可能完美无缺，任何优秀著作也会有其不足之处。本书自然也不可避免存在某些可改进和完善之处。比如公物（产）个案研究的内容即需要增补、社会公行政研究的比重即需要加强、行政公益诉讼研究的理论层面即有待深化等。另外，本书对人工智能、数字政府等现代行政法前沿问题亦有所忽视，这不能不说是留下了一些遗憾。但瑕不掩瑜，从总体上审视，本书不失为是一本在学术上有重要价值，值得广大学人一读的好书，故鄙人郑重向读者推荐。

是为序。

于北京大学法学院陈明楼 503 办公室

2022 年 1 月 15 日

目　　录

导　言

　　本人自攻读法学硕士学位以来，即开始研习行政法学，现已指导行政法学硕士、博士七十余人。在二十余年的学习、教学和研究中，有所惑，有所悟，亦有所得。近年，静坐书斋，得以整理多年来在行政法学教学和研究过程中产生的部分困惑、思考与心得，并写就《新行政法释论》书稿一部。乍看书名，不免会有诸如此类的疑问：所谓《新行政法释论》，新在哪里呢？何为"释论"？诚然，行政法学界对"新"的追求从未间断过，每一次严肃的学术探索都多多少少地伴随着新的知识增量，每一个法律技术细节的精心诠释也会有点滴的学术积累，每一次有意义的学术对话亦能碰撞出跃动的思想火花。当然，"新行政法"尚需持之以恒的跬步之积、涓流之汇，简单地重复既有知识亦不能自诩为"释论"。笔者有义务回应上述质疑，否则，《新行政法释论》不免沦为沽新求名之作。职是之故，笔者尝以导言破题，谈谈对全书写作的构思与对"新"的思考，供学界师友批评与指正。

一、"释论"之缘起

　　"释论"并非传统意义上的专著或教材，而是介乎二者之间的一种解释性、阐释性论著。"释论"在大陆行政法著述中并不常见，而台湾公法学人则多有喜用"释论"为书名者，如陈新民教授的大作《宪法学释论》《行政法学释论》等。究其原意，"释"是对一般性法学原理的深入解读与精细阐释，体现了著述者力求以读者为中心、向读者阐法明理的写作初衷；"论"则意味着著述带有相当的学术性和规范性特点，并非以知识介绍和框架建构为主要内容的教材体，而是对具体问题与具体命题即"学术个案"，展开富有针对性的教义学推理与释义学解读。故此，"释论"型著述在析法明理的同时，还要承载作者自己的学术观点、立论视角、证成逻辑与阐释方法。

理想的研究生学习辅助性著作应当是"释论"。从教以来，我一直在思索一个问题，即大学生当然需要大量的专业甚至非专业的学习辅助材料，但是，大学教育需不需要教材特别是统编教材呢？退一步讲，如果本科生学习尚需教材性读物辅助以便呈现专业知识的体系性，研究生阶段的学习是否仍然需要教材？需要什么样的教材？法学的研习是分层次的，有学者将其划分为知识之学、智慧之学与精神之学。当然，作为知识之学的法学必须涵盖作为技艺之学的法学，只有这样，研习者才能真正树立牢固的法治信仰。哈特和德沃金师生之间的世界之辩持续四十载，这一著名学术争论恰恰揭示出法学既是法律技术训练的知识体，又是精神气质养成的价值体，同时该结论也从一定层面印证了"双基教学"——基础知识和基本技能——在法学教育中的极端重要性和不可分割性，因为"法律的生命不在逻辑而在于经验"。然而，反观我国当下的法学教育现状，还主要是围绕基础知识体系的建构甚至灌输展开，既忽视对学生法律解释技能的专业训练，更缺乏对学生法价值的伦理性引导。如是，法科学生也就无法在技术细节梳理、案件焦点归纳和司法逻辑推理中，感受法条背后的道德温度、价值指引和朴素情感。可见，法学教育要引导学生感知"法律是什么取决于法律应当是什么"，并在"法律应当是什么"的体悟中拿捏和把握自己的职业方向与职业操守，进而逐渐在"法的道德性和技术性"中形成法律共同体共通的规则意识、批判精神与创新思维。基于此，笔者以为，法学著作呈现的不仅是法学知识，更应是对法学（律）问题的深入剖析、精细解读和技术论证。就此意义而言，讲义性的行政法学著作，就应当是专题式的"释论"。《新行政法释论》一书的写作目标就是打造一部行政法学释论，力求将行政法学前沿性专题法律"个案"与法释义学分析方法相结合，让学生在阅读时获得极具历史感和司法性的情景式学习体验。

二、"新行政法"之谓

本书所谓的"新行政法"，并非面向未来的"知识延展"和"问题接续"，而是历史性的"知识深挖"和技术性的查漏补缺，其要表达的是一种知识积累、技术提升意义上"沉淀式"的学术努力和"溯源性"的写作尝试。这种有关"新"的探索，或在研究旨趣和关注重心上有所创新，或在研究方法和体系建构上有别于"旧"，或在观点和视角上力求新颖，或在材料方面体现丰富性和准确性。《新行政法释论》希望能够在以下方面有别于"旧"：

（一）新视角

毋庸讳言，现代行政法的理论体系和制度体系发端于西方，我国行政法治建设（特别是在早期）也得益于对西方成熟行政法理论和制度的借鉴。故此，深入学习行政法理须以历史和比较的视角看待问题，既要"走进去"，又要"走出来"，实现理论和制度的"本土化"改造与提升。换言之，应整体把握域外行政规范、司法判决和法学理论及其背后的法律思维、法律方法与法律逻辑，并在此基础上批判地看待近现代以来的法学这一"西学"的"东渐"问题。其间，不回避"知识移植"，才能实现"知识再造"；研究西方的"地方性"知识，方可与世界展开理性对话。故此，中国式法治政府建设的深入推进和中国式行政法学的体系重构，既要有理论拓展的自信和制度创制的智慧，更要有海纳百川的学术气度和不卑不亢的批判精神。新中国行政诉讼法第一次大修中的"双被告制"和"机关负责人出庭应诉制"尽管遭受诸多诟病，但这毕竟是中国式的制度创设和司法尝试，谨慎的试错优于止步不前！

法律制度作为上层建筑，深受其所处社会的政治经济、历史文化、宗教信仰、自然条件等多方面因素之影响，单纯的译介或不顾制度根源与理论土壤的"拿来主义"是有害而无益的，但是闭目塞聪、视而不见也是自欺欺人。青年学子步入行政法之门，对行政法治实践未有身临其境的深入接触，对中国本土的行政法问题缺乏深刻认识，对域外制度也鲜有全面了解，因而其学习行政法学理论往往是"知其然而不知其所以然"。所以，法科学生学习行政法学基础理论和基本制度，须深入研究其得以发生的法文化根源，脱离法律制度生发的历史传统、民众意识和社会环境，必然会使得认识陷入片面，进而也就无法理解本土制度的源流。

有鉴于此，《新行政法释论》一书秉持"镜鉴域外，面向本土"的学术初衷，以历史和比较的视角探讨行政法领域的前沿问题，详细阐释国内外行政法律制度背后的发生逻辑，试图使读者能够在历史比较的过程中，形成对制度与理论体系的整体性思考，深切感受行政法律制度变迁背后的历史演进逻辑，实现对现代行政法治理论基础和价值取向的体系性把握。

（二）新向度

我国传统行政法学研究是一种"行政"向度的研究理路。新中国成立后相当长一段时期内，中国的行政法学研究基本上处于空白状态，始于 20 世纪 80 年代的行政法学研究，仍然有苏联行政法学理论体系的深深烙印，主要围绕政治命题与政治话语开启了中国行政法学的创建之路，当时行政法学研究的"管理"色彩相当浓厚。随着 20 世纪 80 年代末新中国《行政诉讼法》的制定，行政法学研究才展示出新面貌和新气象，但还是主要以行政及其行为的类型化研究为中心，仍然未脱"行政中心主义"的研究旨趣。时至今日，绝大部分行政法学教材都以行政组织法、行政行为法和行政救济法的逻辑安排呈现其框架结构的，并且行政救济法一定是放在教材的最后。

行政向度的教材体系安排，不利于研习者推理能力、论证能力等法律解释技术的整体提升，导致理论和实务的严重割裂。从教后我发现一个有意思的现象：行政法学是被本科生"吐槽"最多的法学二级学科，相比于民事法学、刑事法学等部门法而言，本科生普遍认为行政法最难学；而就老师的层面而言，大部分授课教师很难在既定学时内讲授完行政法学教材的全部内容。究其原因，我认为除了行政法是实体法和程序法的集合体以及现代行政的易变性、庞杂性等因素外，行政向度的教材体系安排过于复杂且面面俱到也是重要原因。既有的行政法学教材致力于建立精细化与部门化的行政法学知识体系，但研习者在有限的时间内无法消化如此繁杂的理论体系和制度体系，只能形成对行政法学浅层次的理解，并通过对行政征收、行政许可、行政处罚、行政强制等重点行政行为的学习形成对行政法的局部认识，始终无暇深入领会行政法教义学推理的技术奥妙，这种学习体验让很多法科生逐渐远离行政法学。

《新行政法释论》一书定位于"司法"向度的行政法学研究，力求以司法为中心构筑行政法教义学解释体系。此种安排主要基于以下考虑：一方面，司法面向的纵深研究有助于青年研习者透过纷繁复杂的行政法现象，准确把握行政法治的本质特征，并从学习伊始就以诉讼逻辑和问题导向来理解行政法学议题。而在实践中，行政法官非经十年左右的司法案卷研读和庭审经验积累，也无法真正把握行政案件中的行政性和专业性问题。故此，如果行政法学青年研习者能够始终站稳司法立场，摆脱局部性和纯行政性视角的限制，形成对行政活动的"全景审视"式的司法反思，对于法技术的训练和推理论证能力的提升必将大有助益。基于此，《新行政法释论》借助于对司法个案和事例的精细化解析，试图生动形象地呈现行政法释义学的论证逻辑，使行政法学研习者领会复杂行政活动背后的"万变之宗"。另一方面，司法向度的纵深研究有利于青年研习者理解中国行政法治的本土性问题。司法案例和行政事例是了解本土法治实践的窗口，案例和事例研究型教材既能使读者在法教义学推理中成就法技术训练，又能够通过阐释裁判说理使研习者切实领会制度背后的力量对比。此外，我国行政法诸多制度设计的初衷是便于行政诉讼，司法向度的研究能够便于读者理解中国行政法制度的生成逻辑和司法倒逼机制，进而锤炼自己"发现法律"、归纳问题、化解矛盾的能力。

（三）新任务

随着时代的变迁和时代任务的变化，行政法学领域不断涌现新问题、新命题甚至新挑战，经由对这些新问题和新命题的理论回应，我国行政法学也从未停止过自我调整与自我成长。从历史发展的整体进程来看，不同时代、同一时代的不同发展阶段，行政法学研究都有着不同的历史使命和学术旨趣。极为明显的是，在工业化、城市化和信息化的历史进程中，行政法学研究的聚焦点就一直发生着变化。从国内行政法治的发展情况来看，行政法治每向前迈进一步，都会出现崭新的行政法命题，对这些时代课题的点滴理论回应和学术反思，同样也构成《新行政法释论》的"新"元素。对此，可从以下三个层面予以说明：

其一，私人行政、风险行政、数字行政等新问题的出现，开拓了行政法学研究的新领域。随着经济社会的发展，后福利时代的社会生活呈现出高度复杂性和不确定性的特征，诸多新行政样态不断拓展着行政法研究界域。具体而言，一是行政任务的民营化使得政府职能再次转型，行政法领域产生了区别于传统双边行政法律关系的三方法律关系，公共事务领域充满着合作共赢和公私协力的新气象；二是随着现代性技术隐患的不断凸显，"风险国家"成为福利国特别是后福利时代行政法治的重要面向，风险预防、应急处置和灾后重建等应急行政的法治建构，使得当代社会逐步形成了"二元法治"结构；三是随着信息社会的到来，网络治理和平台责任、大数据与隐私权、科学进步与科技伦理、人工智能与算法陷阱等新问题接踵而至，这些历史任务的法治化解，推动着世界范围内行政法学研究的深化与革新。

其二，行政体制改革、共同富裕、乡村振兴、中国式现代化等新时代课题，也在开拓着中国行政法学研究的新领域。近年来，我国"放管服"改革持续深化，权力清单、监管目录、告知承诺、行政执法三项制度等制度的普遍展开，为服务行政和法治行政注入了新的时代元素。近年来，中国摆脱了绝对贫困，并为世界范围内消除贫困、实现和平发展作出了历史性的巨大贡献，展示了福利社会、"生存关照"的中国智慧和中国优势。另外，在汶川地震中激发出的"省际驰援"精神，又在新冠疫情"武汉攻坚战"中再次展示出其独特的制度优势，驰援机制的高效动员力、整合力、调动力和执行力举世瞩目。这些新时代法治建设的伟大法治实践，为我国行政法治研究积累了丰富的学术素材，亟待理论归纳和学术提升，以便总结中国经验，形成中国模式。

其三，"于艳茹诉北京大学撤销博士学位决定案""刘广明案"等新案件的出现，引发了行政法学的新思考。典型案例是行政法学教学和研究的优质素材，热点案件的深入讨论甚至争论，也是法治进步重要的推动力量。其中，"于艳茹诉北京大学撤销博士学位决定案"引发了教育行政领域对学位制度的深刻反思，对推进我国高等教育从计划管理模式向市场自主模式的制度转型大有助益；"刘广明案"则关涉行政第三人原告资格问题，揭示了保护规范理论中国适用的局限性，点滴推动了我国行政诉讼原告资格理论研究的深化。特别是后者，还涉及我国公物理论的创制、公物利用规则的建构、行政许可和行政审批的合法律化适用，以及行政收费的法律保留等诸多行政法问题。可以说，对典型案例特别是类案（群案）的法教义学研究，将是我国行政法学研究方法上的新增量。

（四）新观点

行政法学理论体系和知识体系繁杂且仍在不断发展，任何著述都无法覆盖行政法学的全部知识内容。基于此，《新行政法释论》在谋篇规划之初就摒弃了"面面俱到"的写作思路，并最终确定以专题研究的形式构筑新的解释体系。在这一过程中，笔者尝试对学科重点问题进行深入分析，并结合自身研究专长对部分传统问题予以新的更加系统性的阐释，以此形成诸多观点创新和理论探索。例如，传统行政法学研究对行政案卷的关注主要集中于案卷评查制度与案卷排他原则，忽视了行政案卷在行政程序与行政诉讼程序中的桥梁作用，亦缺少对行政案卷之于行政首次判断权原则、行政诉讼事实认定关系重要意义的认识。此外，《新行政法释论》一书还对中国百年行政诉讼法制史、西方行政法治思想史、西方行政法制建构史、学位制度、第三人原告资格等具体行政法问题作出了新的更加精细化的解读。上述学术努力是希望通过观点层面的创新，增进理论探讨的深度，锻造青年读者的本土问题意识。

三、《新行政法释论》的布局与谋篇

《新行政法释论》一书采用专题形式，通过对重点问题与行政"个案"的深入分析促进制度反思，最终形成了对行政法基础理论和基本制度的体系性解释。这些研究虽是一管之见，但力求重点突破、以点带面。八个研究专题恰如行政法学领域的颗颗珍珠，然明珠乱置难见流光溢彩，必须有隐含其中的"串珠之线"。为避免专题研究可能导致的零散化问题，尽管《新行政法释论》试图挣脱既有教材布局上的逻辑羁绊，但为了读者阅读的便利计，本书八个专题的"暗线"仍然因循理论—组织—行为—救济的序列展开论述。不过，每个行政法"个案"的研究都严格遵循其规范性和学术性。具体而言，对《新行政法释论》写作的思绪脉络可作如下说明：

（一）行政法基础理论

行政法基础理论并非一种特定的、具体的甚至是别出心裁的理论主张，更不是剑走偏锋的学术争鸣，而是旨在为描述、解释、评价行政法现象的整个行政法学理论体系进行系统性和历史性的源流探索。就此意义而言，行政法基础理论既是行政法学研究的基础性内容，也是新行政

法本体论不可分割的有机组成部分。《新行政法释论》的基础理论部分主要围绕行政法治的三个关键词展开，系统阐释了"何为行政"、"何为行政法治"以及"如何行政法治"——行政诉讼的制度逻辑——等基础性理论问题。

第一章是对行政本质、类型及其发展的阐释。行政是公共管理学、行政法学等学科的基础性概念，传统行政法学教材缺乏对行政本质及其源流的具体考证。《新行政法释论》通过文献分析与比较分析，证立了行政是对规则的主动执行这一本质，提出行政的基本要素包括法的要素、人的要素和物的要素，区分了国家行政与公共行政、形式行政与实质行政、秩序行政与给付行政等行政类型，藉此完成对"什么是行政"这一基础性问题的系统阐释，继而明确传统行政法学建构时的核心调整对象问题。然而，在福利国时代，行政在内涵和外延上的无节制扩容导致了行政权的非理性拓展，由此产生了行政的福利化、程序化、立法化、司法化、私有化、契约化、应急化和自动化等新趋势。在现代社会，行政异化的程度或者发展维度是前所未有的，其引发的行政合法性危机也是深刻而全新的。新行政法之时代任务就是跳出既有的传统行政框架，在宪法的大视野中寻求对新问题的新的解决方案。

第二章从历史比较的视角出发梳理并审视西方行政法治的主要类型，探究西方行政法治类型的变迁逻辑，进而展现行政法治的历史真谛。在现代性语境里，西方行政法治依次经历了警察国、法治国、福利国和后福利时代四个历史时期。对秩序与理性的向往，带来了绝对君主制下的"警察国家"；自由先于平等，造就了法治国的短暂繁荣；平等抑制自由，成就的是福利国的生存关照；自由再次挣脱平等羁绊的努力，引发了后福利时代对现代性的解构与反思。进入后福利时代，科技行政和风险国家呈现出国家治理的另一面向，政府再造和市场回归为主要向度的行政事务民营化浪潮，使依约行政原则步入行政法治舞台。自改革开放以来，我国迅速形成了法治国、福利国和风险国的三重叠加效应，使得我国当下社会主义建设既有法治建设的重任，又有社会保障普惠化难题，也有社会风险的高发性管控重任。对以上这些问题的揭示与回应，也是我国新行政法的时代任务。

第三章运用历史比较的研究方法，对以英美、法德为代表的两大法系行政法制传统进行深入分析，探寻两大法系行政法制特别是行政诉讼法制的复杂关系、文化差异与逻辑勾连。由于大陆法系国家与英美法系国家对分权的理解存在差异，大陆法系国家普遍建立行政法院，并藉此实现行政控权与纠纷化解。两大法系行政法的制度差异，表面上主要体现为是否有独立的行政法院体系这一组织机制层面的差异，但在更深层次上，既可归因于各国不同的法文化传统和政经结构及其力量对比，又与它们现代化的不同路径选择密切相关，还和各个国家的民族心理和思维方式甚或法哲学进路密不可分。由于新中国行政诉讼制度有着浓厚的大陆法系制度背景，所以本章中重点对法、德、日三国的行政诉讼及其类型进行了比较性的系统介绍。

　　第四章以清末以来我国行政诉讼法律文本和行政审判实践为线索，通过整合法政史料、还原历史真相的方式探索我国行政诉讼制度的变迁路径，揭示制度选择背后的价值碰撞、文化冲突和思想交锋。行政诉讼制度的确立是一国行政法产生的标志，从清末行政裁判院的制度尝试到北洋政府平政院，再到南京国民政府的行政法院，这些行政法制建构的早期探索尽管司法实效甚微，但却为新中国行政法制的再造与深化提供了宝贵的法文化遗产。1989 年，《行政诉讼法》的出台，创设了一种崭新的官民纠纷司法解决模式，建构了我国现代意义上的行政诉讼制度。随着新中国行政诉讼制度的不断健全，我国新时期法治政府建设也迈向了新的历史阶段。在这一历史时期，我国行政法治建设呈现为以事后司法救济制度的精细化建设倒逼行政行为法和行政组织法建设的鲜明时代特点。

　　（二）行政行为法论

　　行政行为法是传统行政法学研究的核心部分，其主要研究对象是行政权的行使和运作及其过程。我国传统行政法学一般将行政行为分为两类：第一类是行政立法和行政规范性文件，即在学理上所谓的"抽象行政行为"；第二类是针对具体的人或事作出的处理的行为，学理上称为"具体行政行为"或者"行政决定"。考虑到行政行为种类繁多，《新行政法释论》在两类行政行为中各择取其一。选择行政法规进行研究主要考虑到其是行政立法的典型，同时行政法规也关乎宪法上的权力配置，此项研究既具有宪制意义，又具有行政法价值；选择学位及其授予问题，则是提醒青年法科学子在学习中既要关注行政行为类型化，又要思考我国部门行政法的发展。

第五章的研究重点是行政法规及其宪法规制问题。在我国行政立法的权力体系中，行政法规及其制定权居于"金字塔"的顶端，成为我国行政立法规范与完善的重中之重。国务院作为行政法规的唯一制定主体，其在我国宪法结构中居于特殊地位。通过行政程序法治的建设，帮助行政主体实现约束权力，当然是行政法规规制的重要环节。不过，更为有效的制约一定是来自外部力量的他律性制衡。借助合宪性审查制度建设的历史契机，打通行政诉讼和宪法诉讼的制度阻隔，优化司法机关行政法规合宪性解释的申请权，确立行政法规的附带性个案审查制，有效整合来自民众和精英的两类智慧，在利益的驱动下推进行政法规审查的日常化和持续化，最终形成行政法规矫正开放性的良性循环机制。

第六章选取了学位授予与学位撤销行为，探讨国家学位制与大学学位制两种制度形态。"田永诉北京科技大学案"和"于艳茹诉北京大学撤销博士学位决定案"，分别触及了学位授予和学位撤销这两大学位制度中的核心问题。在国家学位的制度逻辑中，大学等学位培养和授权单位的学位授予权源于国家，整体上是国家教育权的重要组成部分，而非西方意义上的大学自治权。故此，我国大学等学位授予单位在行使学位授予权时，既非职权类行政主体，也非自治类行政主体，而是授权类行政主体。学位授予与学位撤销制度的良好运行与当事人重大权益密切相关，故此，学位撤销权必须及时行使，并且要遵循正当法律程序和法律保留等法治原则。

（三）行政诉讼法论

行政诉讼法是行政救济法学研究的重要领域，传统行政诉讼法教材全面覆盖行政诉讼从立案到执行的全过程。但作为专题研究，《新行政法释论》不宜对知识层面的问题进行重述，仅就行政诉讼法领域中的三个重点课题展开深入研究，力图向读者展现中国行政诉讼的制度特点及其运行原理。本部分内容分设两章：

第七章通过深入探讨行政案卷制度，揭示行政案卷和行政首次判断权之间的逻辑勾连，以及行政执法案卷之于行政诉讼事实认定的重要意义。在行政诉讼程序中，法院对行政主体已经做出的首次判断进行二次审查判断即"复审"，就必然会发生司法与行政的权界勘定和关系调处问题。这不仅关涉司法复审开启的时间节点，还与二者在宪法层面权力配置上的宏观调试密切相关，具体到诉讼场域中又与法院如何审查行政主体的事实认定与法律适用相勾连。在程序衔接的意义上，由于行政案件的证据与依据均已记录并归档于行政执法案卷之中，行政执法案卷也就成为交通行政程序和司法程序不可或缺的纽带与桥梁。基于此，行政案卷对行政和司法的不同拘束力设定，是破解二者关系的关键。正是在这个意义上，调处行政与司法的关系，亟待在行政法中确立"行政案卷中心主义"。

第八章结合典型案例对行政协议效力认定问题展开讨论，力图使读者透过司法现象认识行政协议签订过程中法制审核的极端重要性。行政协议作为公私法治融合的产物，是现代行政权行使方式扁平化的结果，对行政协议及其司法问题的研究是新行政法研究学术努力的重要部分。我国自2015年新的《行政诉讼法》实施以来，行政协议及其效力认定问题旋即成为行政审判的热点和难点。实践中有关行政协议无效诉讼的类型呈现出了多样性，有整体协议无效诉讼，也有部分条款无效诉讼。笔者认为，法院在审理行政协议无效案时，应当尊重当事人的起诉权，只要不涉及公共利益等问题，就严格按照不告不理原则进行审理，即诉什么理什么，不可越俎代庖径直对整个行政协议的效力进行司法认定。这样，既可节省宝贵的司法资源，也恪守了司法的被动性原理，还丰富了行政协议案件的诉讼类型。

第一章　行政的本质、类型及其发展

引　言

行政法（学）关键词之核心即"行政（权）"。从某种意义上说，整个行政法（学）特别是传统行政法（学），就是围绕"行政（权）"的产生、组织、运行以及矫正展开理论研究和学科体系建设的。① 正如马克思所说："行政是国家的组织活动。"②

美国学者伯纳德·施瓦茨（Bernard Schwartz）也是按照上述逻辑给行政法下的定义："行政法是调整政府行政活动的部门法。它规定行政机关可以行政的权力，确定行使这些权力的原则，对受到行政行为损害的人给予法律救济。"③ 而应松年教授更是简洁明了："行政法就是有关行政以及与行政有关的法律规范的总称。"④

故此，也就有了所谓的行政组织法——包括公务员制度、公物（产）制度、政府采购制度等，行政行为法和行政救济法——包括行政申诉、行政复议、行政诉讼、行政赔偿等，这种新中国现行行政法（学）教科书三段论式的体例安排范式。当然，域外亦有按照行政法院的组织、行政诉讼程序和行政审判实践构建行政法学体系的学术尝试⑤，还有行政法（学）"过程论"的学科探索⑥。

可见，行政（英文为：Administration；德文为：Verwaltung）是行

---

① 参见王连昌、马怀德：《行政法学》，北京，中国政法大学出版社，1999年，第18页。

② 中共中央马克思恩格斯列宁斯大林著作编译局编译：《马克思恩格斯全集》（第1卷），北京，人民出版社，2001年，第479页。

③ Schwartz, B. *Administrative Law*, Boston：Little Brown, 1976, p. 1.

④ 应松年：《行政法与行政诉讼法学》，北京，高等教育出版社，2017年，第10页。

⑤ 参见〔英〕L. 赖维尔·布朗、约翰·S. 贝尔、〔法〕让－米歇尔·加朗伯特：《法国行政法》，高秦伟、王错译，北京，中国人民大学出版社，2006年，第五版。

⑥ 参见〔日〕盐野宏：《行政法总论》，杨建顺译，北京，北京大学出版社，2008年，第四版，第56页以下；江国华：《中国行政法（总论）》，武汉，武汉大学出版社，2012年。

政法（学）研究的逻辑起点、理论支点和制度基点。然而，正如德国行政法学者福斯特霍夫指出的那样：行政只能描述，而不能界定。[①] 故此，有关行政之本质与内涵是最为聚讼纷纭、互生疑异的，有消极说（扣除说）、形式说（机关样态说）和积极说（实质说）等学说。消极说认为，行政是立法和司法之外所有的国家作用；而机关样态说则认为，行政机关的所有活动即行政；积极说主张，行政是实现国家目的的活动。[②] 本章仅通过不同法律属性权力之间的横向比较，试图揭示行政及其权力本质，并在此基础上分析行政的类型和行政的发展（异化），以此从一侧面呈现行政法的学科特点和制度特征。

一、行政之本质

（一）从威尔逊到古德诺：行政即主动性执行活动

"行政"是（近）现代以来发展起来的理论范畴和制度体系，分权理论及其制度展开是行政产生的起点——既是逻辑上的，更是实践上的。在国家权力高度集中和混同的时代，无法辨识行政，也就无所谓行政。

1887 年，美国学者托马斯·伍德罗·威尔逊（Thomas Woodrow Wilson）在《政治学季刊》发表《公共行政研究》一文中，首次提出"政治－行政"二元分立原则。威尔逊认为，政治与行政应该分开，并强调行政之目的在于"效率"，公共行政的价值追求应当交由政治过程来完成，行政是价值无涉的执行（活动）。[③] 这被视为（公共）行政学的开端。

对"政治－行政"二分原则进行系统阐述的，是美国学者（即当年袁世凯的外籍宪法顾问）弗兰克·约翰逊·古德诺（Frank Johnson Goodnow）。古德诺从理论上完成了威尔逊提出的政治与行政的功能性

---

① 〔德〕哈特穆特·毛雷尔：《行政法学总论》，高家伟译，北京，法律出版社，2000 年，第6页。

② 参见王贵松：《国务院的宪法地位》，《中外法学》2021 年第 1 期。

③ Thomas Woodrow Wilson，1887："The Study of Administration"，*Political Science Quarterly*，Vol. 2，No. 2，June.

区分任务，指出"政治或政策与国家意志的表达相关，行政则与这些政策的执行相关"①。古德诺论证道：

> "作为政治实体的国家的行为，既存在于对表达其意志所需要的活动中，也存在于对其意志所需要的执行中。……进一步说，国家或其机关的一切行为，都是为了既方便于这一意志的表达，又有助于这一意志的执行。……这两种功能之间的区分也是由心理上原因而必然形成的。就个人来说，他自己自然表述和执行自己的意志，这就要求他必须在执行意志之前就表述意志。就政治行为来说，不仅要求统治者的意志在能够被执行之前就表述或表达出来，还要求把这种意志的执行在很大程度上委托给一个不同于国家意志表达机关的机关。
>
> ……因此，在所有的政府体制中都存在着两种主要的或基本的政府功能，即国家意志的表达功能和国家意志的执行功能。在所有的国家中也都存在着分立的机关，每个分立的机关都用它们的大部分时间行使着两种功能中的一种。这两种功能分别就是：政治和行政。……政治的功能在于对国家意志的表达，……执行国家意志的功能被称作行政。……行政既是司法的，又是政府的。……这种非立法的机关的活动通常就叫作司法行政，而被委托行使这一行政分支功能的机构通常就被称作司法机构。除司法方面以外的行政功能可以叫作政府行政。……许多由国家制定法律的机关通过的法律具有一个特点：它们只是作为一般的行为规则来表达国家意志的。……而政府的进一步活动就在于把一个具体的人或具体的事例纳入法律的一般规则对它起作用的那个类别里。而只有在具体的事项被纳入法律对之起作用的一般类别之后，国家的意志才能够被执行。"②

---

① 〔美〕弗兰克·J. 古德诺：《政治与行政：一种对政府的研究》，王元译，上海，复旦大学出版社，2011年，第11页。

② 〔美〕弗兰克·J. 古德诺：《政治与行政：一种对政府的研究》，王元译，上海，复旦大学出版社，2011年，第6、13、14、42、43页。

就国家层面而言，按照上述古德诺的政治学逻辑：① ①政治就是国家意志的表达，意志表达的过程也就是（国家）立法的过程或曰形成一般性规则的过程；②行政是被表达意志的执行，执行意志的过程就是一般性规则个案适用的过程；③从执行意志或规则的角度而言，即面对政治（立法），司法与行政并无本质区别，二者均为意志的执行活动；④司法是对（意志）规则的被动性执行，遵循"不告不理"的法治原则；⑤行政是对（意志）规则的主动性执行，遵循效率优先原则。据此，一言以蔽之，行政的本质就是主动地执行和管理活动。

其实，无论"政治－行政"二分理论抑或其他，一旦开始分权也意味着同时开启了法治国家的塑造。"法治国家的形塑将国家行为区别为决定和执行阶段。经由如此的区分使得责任明确，同时使控制与矫正成为可能。"②

同时，这也再次表明，行政法首先更多是处理"法律（政治）与行政关系"的法，而不是调整"行政与私人关系"的法。"由于行政法欠缺'主体间关系'或私人'主观权利'的系统描述，所以行政法虽然能够确切地说明'什么样的行政是合法的'，却时常对'谁有权要求依法行政'语焉不详。"与此相对，"由于私法规范注重社会成员间的平等性与相互性，故私法上的权利与义务具有紧密关联，私法的典型构造即表现为'谁得向谁，主张何种权利'或'谁应向谁，负担何种义务'。总之，私法上的权利与义务一般总是处于并存和对应状态，在民事法律关系中关于个人权利有无的判断，通常没有太大争议"③。

可见，在本初的意义上，行政法是客观秩序法而不是主观权利法，一旦客观法秩序经由行政法治得以维护，剩余的任务就划归私法（市场）自治了。而晚近以来，随着世界法治的不断发展，行政法已经拓展

---

① 后来，赫伯特·西蒙对古德诺的"政治－行政"二分原则进行了猛烈的批评，提出了"事实－价值"二分替代理论。西蒙指出，政治－行政二分理论要求行政在政策上保持中立，即文官政治遵循中立信条，这在现代社会是不可能实现的。参见〔美〕O. C. 麦克斯怀特：《公共行政的合法性：一种话语分析》，吴琼译，北京，中国人民大学出版社，2009年，第148页以下。

② 〔德〕施密特·阿斯曼：《秩序理念下的行政法体系建构》，林明锵等译，北京，北京大学出版社，2012年，第46页。

③ 鲁鹏宇、宋国：《论行政法权利的确认与功能——以德国公权理论为核心的考察》，《行政法学研究》2010年第3期。

为上承宪法下衔权利救济的"小公法",成为公私法域的中间过渡性法治板块。

(二)比较意义上行政本质再阐释

既然立法的本质是意志的表达,行政的本质是对法律(被表达的意志)的主动执行,而司法的本质是居中的被动判断(对法律的另一种执行方式),那么三者在价值定位、组织构造和程序设计诸方面,也就存在着实质性差异。

1. 立法的一般性与民主性

立法就是规则的创制,它最为根本性的诫命或制度特征首先是"一般性",其次是民主性。一方面,只有具备一般性的立法,才能通过抽象性和原则性,保证立法(规则)的平等性。另一方面,民主性是立法有效性、正当性即创制"合法之法"的基础和前提。故此,立法过程应当是论辩的过程和对话的过程,更是"原则"下"妥协"的过程,即"有原则的妥协史"(history of principled compromises)①,是和而不同、求同存异、各美其美、美美与共,进而获取社会最大公约数的过程。立法程序开启时,是利益多元和观点各异的,一旦程序终结,则共识既成,包括立法者在内的所有主体都必须遵照执行,法律以法律的形式方可废立,以便保证法治的稳定性和安定性。

立法以一种"他在性"的姿态与视角,即民主的方式,管控和看管着行政权力运行的可容忍边界——行政的合法(律)性疆域。基于人性尊严,为执行法律而建立起来的行政体系必须不折不扣地贯彻民主的价值理念与意识形态。在法律层面上,民主意味着民选机构之于非民选机构的优先性——立法之于执行的优先性,昭示了非民选机构必须对民选机构负责。具体而言,即公共行政需要对政治或曰立法者负责。正如德国学者施密特·阿斯曼所言:

"民主正当性的诫命等所有在内容上要创设公益秩序的建构形式,'于行政法而言,它们的重要性并不亚于法治国家保障。自主

_____

① 王希:《原则与妥协:美国宪法的精神与实践》(增订版),北京,北京大学出版社,2014年,第29页。

决定的思想在此以一种特殊保障自由的统治组织方式加以实现。国家权力与由其所生之人类对于人类的统治在民主制度中仍然存在并且发挥实效，不会在（错误理解的）统治者与被统治者的同一性中解消，也不会在免于支配的言谈中消逝。然而，它会以一种方式组织，使国家权力的行使由国民、亦即由公民来建构正当化及其控制。并且在此表现出国民自我决定以及自我统治的形式，当中所有公民都有平等参与的权利。为免流于表象，民主依赖于形式以及程序规则的遵守。以民主形式组织的共同体所作成的决定因此具有独特的民主架构。它们是一般的决定，并且在此意义下是公益的表征。因此，民主也是有其保持距离的诫命：这里涉及的是保持对于特殊利益的距离。'"①

2. 司法的被动执行性

司法是规则的一种执行性活动，只不过是对规则的被动性执行罢了。对司法而言，"被动性"是其本质的首要特征，其次才是执行性，遵循"不告不理"原则和"不得为诉外裁判"原则。同时，被动性内在地规定了司法必须具备超然性和中立性，任何意义上"先入为主"的成见都是偏见，都会构成对司法的根本性背离和实质性破坏，此其一。其二，公正是司法的生命，因为除了从程序的终局性那里获得权威和力量之外，不掌握"钱袋子"也不掌握"刀把子"的司法，无法维系并证明自身存续的正当性，公正是司法权威的唯一源泉。美国联邦最高法院杰克逊大法官曾言："我们不是因为不会犯错才是最终的，而只是因为我们是最终的才不会犯错。""司法部门既无军权，又无财权，不能支配社会的力量和财富，不能采取任何主动的行为。故可正确地断言：司法部门既无强制，又无意志，而只有判断；而且为实施其判断亦须借助于行政部门的力量。"② 可见，司法是诸权力中最弱小的一个。其三，欠缺"具体个案性"，就不能成为司法审查的对象，"个案性"是对司法的本质要求。也正是从这个意义上，法国宪法委员会对法律案

① 〔德〕施密特·阿斯曼：《秩序理念下的行政法体系建构》，林明锵等译，北京，北京大学出版社，2012 年，第 46 – 47 页。
② 〔美〕汉密尔顿等：《联邦党人文集》，程逢如等译，北京，商务印书馆，1995 年，第381 页。

的事前审查和德国宪法法院对法律的附带性审查，都具有浓厚的政治属性。其四，争议的存在是司法程序开启的前提，即无"诉的利益"就没有司法判断的余地。其五，高度政治性的案件属于宪法范畴，应排除在司法审查之外。①

按照司法的被动本质和司法公正的双重要求，司法官应该是：①温润平和、无政治偏见、掌握终局性判断权的文官。② 如果说法律是"人类心智最为超卓伟大之产物"，那么法官就是法律最为忠实的执行者。正如卡尔·马克思所说："法官是法律世界的国王，法官除了法律没有别的上司。"③ 美国法学家罗纳德·德沃金（Ronald Myles Dworkin）曾指出："在法律帝国之中，法院乃帝国之首都，法官乃帝国之王侯，但却不是先知或预言家。"④ ②具有丰富人生阅历和生活历练的保守长者。反之，年纪轻轻就被任命为法官，是不符合司法本质要求的，我们很难想象一位尚未结婚的年轻人如何参透离婚诉讼当事人的情感纠葛与复杂心境，尽管有时没有恋爱经历的人也能写出优美的爱情诗篇。正因为如此，一位日本学者不无感慨地说："年轻法官如何能吸收现实社会及国民的营养而成长起来成为迫在眉睫的课题"⑤。司法先天是保守的，其不能冲锋于时代的最前沿。⑥ 美国安东宁·斯卡利亚大法官就不主张太

① 参见江利红：《日本行政诉讼法》，北京，知识产权出版社，2008年，第76页。

② 1612年11月10日早晨，英国国王詹姆斯一世召集法官和总主教在王宫开会。会中总主教极力阐述君主特权的重要性：国王是一切正义的源泉，法官不过是受国王委托审理案件而已。必要时，国王当然可以直接审理案件。总主教还引用圣经，以证明君主神授。总主教言毕，柯克大法官代表法院同侪发言，他说，依英格兰的法律，所有讼案均应由法院依法律或习俗裁判，国王本人不能单独折狱。英王闻之，不以为然地说："我一向以为法律是从理性得来。法官是人，我亦是人。法官有理性，我亦有理性。他们既能判案，我为何不可？"柯克大法官随即答曰："不错，上帝的确赋予陛下极其丰富的知识和无与伦比的天赋，但是陛下对于英格兰王国的法律并不精通。法官要处理的案件动辄涉及人们的生命、继承、动产或不动产，只有自然理性是不可能处理好的，更需要人工理性。法律是一门艺术，在一个人能够获得对它的认识之前，需要经过长期的学习和实践。"参见牟治伟：《敲好每一次法槌》，《人民法院报》2016年12月23日，第006版。

③ 《马克思恩格斯全集》（第1卷），北京，人民出版社，1995年，第181页。

④ 〔美〕罗纳德·德沃金：《法律帝国》，李常青译，北京，中国大百科全书出版社，1996年，第361页。

⑤ 〔日〕森际康友：《司法伦理》，于晓琪、沈军等译，北京，商务印书馆，2010年，第268页。

⑥ 丁国强：《司法殿堂里的精神气息：读〈谁来守护正义：美国最高法院大法官访谈录〉》，《人民法院报》2014年9月12日，第006版。

多才华横溢、聪明能干的年轻人将精力投入到法律行业，因为"法律人毕竟不能为社会创造任何新东西。他们只能为别人提供帮助，让别人能在更自由的环境下，更加有效地创造新事物"①。卡多佐法官也曾经指出："当与约束法官的规则的数量和压力进行比较时，法官的创造力便微不足道了。"② ③远离"民意"深居简出、沉稳自持的中立者。司法获至公众信任并不意味着迎合甚至取悦公众，更不能以行政机关和立法机关的方式向公众负责。③ 美国霍姆斯大法官常年足不出户、不读报纸、不看电视，就是为了避免"干扰"，让自己始终保持一个冷峻的清醒头脑。因为法官同时也是一位"在原有法律的缝隙间进行立法"的规则创制者。④ ④精英主义背景下的终身任职者。"浩瀚之法典乃是关系我们自由政府优点的必然现象。为防止法庭武断，必有严格的法典与先例加以限制，以详细规定法官在各种案情中所应采取的判断；由此易见，由人类天生弱点所产生的问题，种类繁多，案例浩如瀚海，必长期刻苦钻研者始能窥其堂奥。所以，社会上只能有少数人具有足够的法律知识，可以成为合格的法官。而考虑到人性的一般堕落状况，具有正直品质与必要知识的人其为数自当更少。"⑤

另外，司法程序即诉讼程序必须保持足够的复杂性和烦琐性，只有这样，才能让当事人在较为漫长的程序中反复对话、充分辩论特别是反躬自省，从而藉由意志的消磨、锐气的钝化和怨气的发泄，营造出理性平和的说理空间和商谈氛围。

3. 行政的主动执行性

行政的本质是对规则的主动执行，效率是其永恒价值追求。故此，与立法比较，行政须具备强大而高效的组织力、动员力、执行力和贯彻

---

① 〔美〕布莱恩·拉姆：《谁来守护正义：美国最高法院大法官访谈录》，何帆译，北京，北京大学出版社，2013年，第245页。

② 〔美〕E. 博登海默：《法理学：法律哲学与法律方法》，邓正来等译，北京，中国政法大学出版社，1999年，第557页。

③ 牟治伟：《如何成为一个好法官：读〈民主国家的法官〉有感》，《人民法院报》2019年9月13日，第006版。

④ 〔美〕E. 博登海默：《法理学：法律哲学与法律方法》，邓正来等译，北京，中国政法大学出版社，1999年，第557页。

⑤ 〔美〕汉密尔顿等：《联邦党人文集》，程逢如等译，北京，商务印书馆，1995年，第395－396页。

力。同时，由于行政事务的多样性、复杂性、易变性和即时性，决定了行政的不可间断性、持续性甚至应急性的特点，这在职业上要求行政官员具有反应迅速、勇于担当、精力充沛的素质与品性。立法的工作模式是会议和审议，坚持论辩主义和多数决原则；而行政的工作模式通常是执行和管理，强调令行禁止，贯彻下级服从上级和上级领导下级的层级关系，多采首长负责制。

与司法比较，行政须快速反应、主动出击，一般带有直接的强制力、拘束力甚至压迫力。行政专家的技术性对应的是法律专家的规范性，行政的主动性造就了科层制即上下级之间的领导关系，司法的中立性则要求法官独立办案，不受外力的干涉；行政官更多是"街头官僚"，而法律官则是"橱窗内的官僚"。尽管行政是经过司法化了的国家作用，但再烦琐的行政程序比如正式听证，也不可能超越而至多是接近司法程序的复杂程度。因为司法是公正兼顾效率，而行政是效率兼顾公平，行政的完全司法化是对制度设计初衷的背反。一般情况下，行政用权方式是"命令－服从"，而司法仰赖角色分配体制下的庭审与合议。

正如有学者指出的那样："行政的特征在于：第一，为最大限度地实现最好的结果而给予一定的政策性、技术性裁量的余地；第二，必须面向未来，具有持续性与作为整体的统一性；第三，在服从依法行政原则的同时，存在着裁判判断的余地。而司法的特征在于：第一，司法是消极、被动的作用；第二，要求独立于政治力量，特别是独立于行政权，对具体案件进行客观、公正地判断；第三，在一定的诉讼构造下，必须遵循一定的程序、规则。"[①]

综上，立法以平等为价值诉求，立法的美德是贤达，司法的美德是公正，而行政的美德是效率。

二、行政之要素

从观念上的行政到作用上的行政，就是行政的权力化过程，而行政权的配置即为行政的组织化。从静态的行政到行政动态地发挥作用，并

---

① 江利红：《日本行政诉讼法》，北京，知识产权出版社，2008 年，第 75－76 页。

作为现实的权力现象或法律现象体现出来，就必须为行政（权）寻找载体。整体而言，行政制度性功能的发挥即行政的运行，必须具备三大要素：法的要素、人的要素和物的要素。

马克斯·韦伯认为，现代国家就是一种政治性的经营机构，作为"法制型支配"的"机构"，现代国家的核心是经由对行政职务的"权限"界定，将传统型支配中常见的个人感情、恩惠和人身依附性因素从官员的职务和工作中予以排除。这样，法制型支配中的权限原则落实到官僚体制里，就具体表现为依照公法所建立起来的层级制的官职义务、为了执行该职务所必需的命令权力，以及相应的物资、专业人员配备。而这三个要素，在公法领域中构成了国家"机关"（特别是成为支配者和被支配者中介的行政机关）。① 可见，韦伯也持三要素说。

在规制行政或秩序行政的传统语境里，由于行政活动遵循严格的依法律行政原理，行政即法律的具体化和个案化。换言之，行政是抽象法律和具体个案之间的桥梁与传送带。正是在这个意义上，作为行政活动的结果，"行政行为"就是"行政法律行为"的简称。故此，所谓行政的法的要素，就是指行政的行为依据要素或者行政的行为模式（形式）。②

"人的要素"，又称之为行政的"人的手段"，即行政公务员及其制度，公务员一般分为政务类公务员和业务类公务员两类，前者通过选举或任命产生并随政党共进退，后者藉由竞争性考试入职，政治上保持中立，无重大过错可长期任职。③

"物的要素"即行政的"物的手段"，体现为"公产"或曰"公物"及其制度。④ 公物是指用于公共行政目的的物质手段，可粗略分为行政公物和公共用公物即一般公物。行政公物供行政办公所用，如办公楼等办公设施；而公共用公物是指满足公众通常利用和特别利用的公共

---

① 陈涛：《现代国家的中立化及其理念：晚期韦伯的"国家社会学"初探》，《社会学评论》2020 年第 5 期。

② 参见〔日〕盐野宏：《行政法总论》，杨建顺译，北京，北京大学出版社，2008 年，第四版，第 56 页以下。

③ 参见姜明安：《行政法与行政诉讼法》，北京，北京大学出版社、高等教育出版社，2015 年，第六版，第 124 页。

④ 〔日〕盐野宏：《行政法Ⅲ：组织法》，杨建顺译，北京，北京大学出版社，2008 年，第三版，第 1－2 页。

财产，如道路、公园等人工公物和河川、海滩等自然公物。① 其中，道路是最典型的公（共）用公物。

综上，在行政的三大要素中，法的要素既是前提意义上的——法律是行政的基础和依据，也是结果意义上的——行政的结果是作出行政（法律）行为，即将法律应用于现实。物的要素带有强烈的客观性和物理性，与之相对，人的要素则是主观的，公务员的这种主观性受制于法律客观性和公产技术性的双重拘束。

三、行政之特征

无论是古德诺的"政治－行政"二分原则，还是西方国家的"三权分立"理论，抑或孙中山先生创设的"五权宪法"，行政在本质上——特别是从国家行政的角度而言——都是对现行法律的主动执行和对社会事务的能动管理，这与立法的一般性、司法的谦抑性大异其趣。② 行政作为被宪法承认的独立制度，有着自己特殊的作用方法，包括行政的行动委托之主动性、可利用的行为工具之广泛性以及组织化的专门知识之强烈分疏性等。抛开福利国家和后福利时代行政的契约化、民营化和柔性执法不论，从狭义的角度而言，行政具有以下特点：

（一）行政的法律性、强制性与单方意志性

根据依法律行政原理③，行政对立法具有依附性，是民主立法的传送带；立法（法律）是行政的前提和准据，法律先于行政，法律约束行政；行政实现法律、执行法律，是法律的具体化和个案化。故此，法律是行政的判断基准，法律性是行政的首要特征。同时，法律性也昭示了民主链条的隐性存在即行政的民主性要求：人民先于法律，法律先于

---

① 参见倪洪涛：《文物保护单位门票收费许可的合法性研究：以岳麓书院收费案为中心》，《行政法学研究》2019 年第 3 期；翁岳生：《行政法》（上册），北京，中国法制出版社，2002 年，第 462－463 页。

② 参见黄先雄：《司法谦抑论——以美国司法审查为视角》，北京，法律出版社，2008 年。

③ 参见〔德〕奥托·迈耶：《德国行政法》，刘飞译，北京，商务印书馆，2016 年，第 61 页以下；参见〔日〕盐野宏：《行政法总论》，杨建顺译，北京，北京大学出版社，2008 年，第四版，第 44 页以下；王贵松：《依法律行政原理的移植与嬗变》，《法学研究》2015 年第 2 期。

行政，遵守法律和信服行政执法一体两面，都是人民的自我同意的表现。

即便福利国时代以降，行政也不能完全脱离法律的拘束和控制，其只是意味着"行政的法约束之多层次性"，在实务上呈现为法律的可操作性和裁量性。伯利（Berle）就把行政法描述为："适用于传达国家意志的法律，从其渊源到其适用都是如此。"① 弗利克斯·弗兰福特（Felix Frankfurter）法官曾言："自由裁量权，如果不设定行使这种权力的标准，即是对专制的认可。"② "那些为所欲为而且不受'理性因素'约束的行政官员，不能被认为是在法律框架中工作。"③ 可见，"法的秩序与形成任务要求所有行政行为受法的拘束。法不仅规范行政对其环境的关系，还规范行政内部组织的关系。法赋予行政行为正当性与纪律，并使行政行为加以实现。在行政法学开始形成的阶段，法对于权力的秩序化乃重要问题。在法治国家与行政法共同发展的某些历史阶段里，二者几乎被等同。法治国家乃'良好行政法秩序的国家'"④。

当然，也有学者主张，内部行政特别是人事行政不属于法律调整的范围，而是行政保留或行政自组织力的"辖区"。如杰里内克就认为：国家创设行政机关、管理政府财产以及对国家官员发布指示和命令，都不属于法律领域。并且也不是所有以法律形式表达的东西，都应被视为法律。比如一些内部性和技术性规范，应当被视为是行政措施。同时，他认为只有当国家赋予私人以权利或者当它通过为自己设定对私人的义务来划定自己的自由活动领域时，国家才进入法律领域，否则，法律没有立足之地。⑤ 可见，杰里内克将德国的"特别权力关系理论"和"国库理论"关照的政府事务，都排除在了法律拘束的范围之外。换言之，在这些领域中行政活动是不受法律的民主控制的，甚至这些活动本身就不能称之为行政。如德国的国库行为就被视为是私法行为，受私法调整

---

① Adolf A. Berle, 1917："the Expansion of American Administrative Law", *Harvard Law Review*. Vol. 30, pp. 430 – 431.

② Brown v. Allen, 344U. S. 443, at497（1952）.

③ 〔美〕E. 博登海默：《法理学：法律哲学与法律方法》，邓正来等译，北京，中国政法大学出版社，1999 年，第 367 页。

④ 〔德〕施密特·阿斯曼：《秩序理念下的行政法体系建构》，林明锵等译，北京，北京大学出版社，2012 年，第 49 页。

⑤ Georg Jellinek, Gesetz und Verordnung, Tübingen, 1887, S. 240ff.

和普通法院的管辖。

在传统秩序行政的语境里，行政是管理内政事务的暴力机器，必须具备法规范的强制力，软弱无力的行政无法成为安全和秩序维护的合格担纲者，法律规范的拘束力是在行政强制力的保障下才得以实现的。在此层面上，司法与行政不同，司法的权威来自司法产品的公正性和司法权力的终局性，任何试图通过强制力等国家暴力来维护司法长久权威的尝试，注定都会以失败告终。可见，从长远来看，行政的正当性仰赖法律的民主性和有效性，而即时的行政执法须以强制力为后盾。与此相对，司法的公信力则更多地依靠对司法公正的精心培育和百倍呵护。

另外，在规制行政和实体行政的视域里，强制性也意味着行政的单方意志性。特别是长期以来基于"公益本位"立场，确立了行政在程序中的主导地位和行政行为的先定力，① 再加之行政权优益性的理论补强，更加凸显了行政意志相较于行政对人意志的优越性和单方性。② 在此论域内，行政的合作性、对话性、契约性和程序性遭受严重压挤和排斥。而行政程序法治的建设和正当法律程序的导入，已经是福利国时代的法治成果了。

（二）行政的执行性与主动性

如上所述，相对于立法（Legislation）而言，行政（Administration）是被表达意志的执行（Execution），本质属性决定了行政的具体性和个案性。从这个意义上讲，福利国时代的行政立法也应该更多地限定在对法律执行性、解释性的规则创制活动领域，即行政立法是法律进一步的精细化，以便提升法律的可操作性和可适用性。职权类行政立法突破了宪制下应有权力边界，有行政权"抢滩"之虞，故而在正当性和有效性上存在极大的理论争议和制度风险，甚至导致当代公共行政的合法性危机，法律保留原则内涵的被迫拓展印证了这一点。

其实，如果挣脱前述"政治－行政"二元理论管制，宏观上讲，仅行政和执行这一对关系也比较复杂。一方面，从（主动）执行（executive）读出了行政（administrative）的本质属性，或言之，当执行单

---

① 叶必丰：《行政行为的效力研究》，北京，中国人民大学出版社，2002 年，第 86 页。
② 叶必丰：《行政法的人文精神》，北京，北京大学出版社，2006 年，第 79 页。

独面对议会立法或曰意志表达时，我们可以说行政即执行，但相对主权权力而言，执行表达的又是执政（权）。① 同时，行政也不仅有执行意志的一面，在行政作为整体实施社会治理时，其享有相当的政策形成权和裁量权。可见，执行具有一定的从属性，而行政则具有相对的独立性。②

尽管行政和司法均为既有规则（意志）的执行活动，不过，由于权力分工不同，二者在执行方式和用权模式上却分道扬镳。行政的执行活动是主动的，显示出了对变动不居社会的能动治理和主动应对，其以高效服务为价值定位，公益维护是其追求的永恒行政目的。

（三）行政的多样性与广泛性

"所有国家作用中，绝大部分属于行政，相形之下，不属于行政的其他国家作用所占比率则较为有限。"③ 现代社会行政任务日益繁杂多样，行政不只为过去服务（行政处罚），也要为现在（行政强制）服务，还要服务于未来（行政规划）。行政所涉事务广泛复杂，涵盖社会生活的方方面面，可以说"从摇篮到坟墓"都囊括其中，涉及政治、经济、文化、教育、卫生、生态等诸多社会领域。这就使得行政的行为方式随之也呈现出了多样性的特点：既有单方行为如行政征收，又有双方行为如行政协议；既有损益行政如行政处罚，又有受益行政如行政给付；既有法律行为如行政许可，也有事实行为如信息发布；既有刚性行为如行政强制，也有柔性行为如行政指导；既有自由裁量，也有羁束裁量；既有执行性行政，还有立法性行政和司法性行政。就像"迈达斯国王"，他双手所及之物都会变成行政。④ 总之，在现代社会中，行政无论是管辖事务范围，还是行为方式、职权配置、机构设置都表现得异常复杂多样。

---

① 参见王贵松：《国务院的宪法地位》，《中外法学》2021 年第 1 期。
② 参见马岭：《宪法权力解读》，北京，北京大学出版社，2013 年，第 248 页。
③ 翁岳生：《行政法》（上册），北京，中国法制出版社，2002 年，第 13 页。
④ 〔美〕E. 博登海默：《法理学：法律哲学与法律方法》，邓正来等译，北京，中国政法大学出版社，1999 年，第 366 页。

（四）行政的易变性与不可间断性

行政的多样性还与行政的易变性紧密相关。随着科技行政特别是风险行政的迅猛发展，为了因应瞬息万变的社会事务，行政领域也在发生着"山乡巨变"。可见，行政的易变性对应的是信息社会和风险社会的变动不居。比如，当人类自身生产有计划的必要时，就产生了计生行政，而一旦放开生育，行政又随之转化为生育的福利保障。其实，现代社会中的网络治理、核扩散防御、公共卫生疫情应对、大数据与隐私权保护、生物科技伦理的确立和人工智能的规范等问题，在工业时代甚至信息时代早期，是不存在至少是不那么突出的。新材料、新领域、新技术和新情况的加速度更新，对行政的综合因应能力构成了严峻挑战，行政积极应对能力、快速反应能力、果敢决断能力的提升，是时代发展的必然与迫切要求。

另外，社会运行和社会生活的持续性决定了行政的不可间断性，即行政拥有"无所不在、随时在场和持续不间断"[①] 的特征。为了社会的持续发展和公众的日常之需，行政不得停顿和间断。特别是公用事业领域，一旦供水供电供暖等发生中断，将严重影响居民生活，有时后果甚至是灾难性的。比如，我国东北地区入冬后，倘若供暖企业濒临破产而无法履行特许经营协议约定的供暖义务，当地政府就应当行使行政优益权、即刻启动"接管"等行政应急措施，保证行政事务的持续性，以免影响人们的正常生产生活。[②] 在行政实践中，部分行政机关及其工作人员以特定岗位公务员出差为由，拒绝或拖延提供相应行政服务，就是违背行政事务不可间断性的典型例证。其实，建立机关内工作交接制度，类似问题就会迎刃而解，从而极大地提高行政效率。不过，行政不可间断性与行政责任密切相关，处理好岗位责任的合理配置和具体行政事务的交接代理之间的关系，是行政持续性和不可间断原则得以落实的关键。

---

① See G. Zimmer, Funktion-Kompetenz-Legitimation, Berlin 1979, S. 249.
② 参见章志远、李明超：《公用事业特许经营中的临时接管制度研究：从"首例政府临时接管特许经营权案"切入》，《行政法学研究》2010 年第 1 期。

（五）行政的公益性与高效性

公共利益是公共行政的唯一目的指向。所谓的行政法律关系，就是代表公共利益的行政主体和私益主体即相对人之间发生的法律关系的总称。当公共利益遭遇私人利益而产生矛盾和冲突时，二者之间的价值排序就即刻成为棘手的法律问题。正如勒内·达维德（René David）所言："把公共利益和私人利益放到同一个天平上是无法保持平衡的。"①

英国学者 A. J. M. 米尔恩坚持公益本位主义："共同体的每个成员所负有的一项义务就是使共同体的利益优于他的自我利益，不论两者在什么时候发生冲突时都一样。"② 而埃德加·博登海默（Edgar Bodenheimer）则认为："人的确不可能凭据哲学方法对那些应当得到法律承认和保护的利益作出一种普遍有效的权威的位序安排。然而，这并不意味着法理学将所有利益都视为必定是位于同一个水平上的，亦不意味着任何质的评价都是行不通的。"③ 基于此，博登海默的方案是，在立法的一般性价值安排基础上，对多元利益进行"情景式"的价值排序。因为公益并不一定优于私益，私益也同样无法证明自己一般性的道德优势，公益和私益之间应当是一种相互依赖、相互包含和相互转化的关系。④

德国公法学者哈特穆特·鲍尔（H. Bauer）通过分析"私人间水平关系"与"行政与私人间垂直关系"的关联性，还原了公益及其行政法律关系的本来面目。鲍尔认为，"为了避免社会的无序竞争状态，国家制定公法，将多数社会成员普遍的、共同的利益要求视为公共利益，并将公益之维护委托行政主体全权负责。由此，行政作为公益（冲突一方私益的整体）的代理人，就将原本处于水平关系的无数私人利益冲突转化为行政与私人（行政相对人）之间的垂直关系。所以，行政法律关系实质上是私人间民事法律关系的复合形态，而所谓公益也不过是私

---

① 〔法〕勒内·达维德：《英国法与法国法：一种实质性比较》，潘华仿等译，北京，清华大学出版社版，2003 年，第 94 页。

② 〔英〕米尔恩：《人的权利与人的多样性：人权哲学》，夏勇等译，北京，中国大百科全书出版社，1995 年，第 52 页。

③ 〔美〕E. 博登海默：《法理学：法律哲学与法律方法》，邓正来等译，北京，中国政法大学出版社，1999 年，第 400 页。

④ 叶必丰：《行政法的人文精神》，北京，北京大学出版社，2006 年，第 106 - 108 页。

益集中化之后的特殊表现形式"。问题的关键是，"在很多场合，私益并不能被公益完全吸收，也不能被行政主体完全代理，而必须承认对某些私人利益予以单独保护的必要性"①。

总之，公共利益是公共行政追求的永恒目的。就个人主义角度而言，公共利益是公共行政的直接目的，透过公益的人权保障，应该是公共行政的终极性人文关怀。

另外，如前所述，效率是行政的永恒价值追求。只有法律被适时落实，法律才会变得有效和有力。故此，法治国家要求行政程序适时终结。"行政的法拘束也持续发展成一种适当时间行为的义务。行政的现在拘束性限制其对时间的处分，并且对行政机关设下了明显的时间界限，即使法律并未设下任何期限依然。适时的行为乃全部行政法都必须遵循的准则。"② 据此，我国的行政法治应当确立行政适时性原则。当然，过犹不及，行政的效率追求亦应设置必要的限度，对高效在时间维度上的过分强调和盲目追求，往往会产生牺牲对立利益的法治危险。

四、行政之类型

根据不同的标准，可以对行政进行如下类型化梳理与分析：

（一）私人行政与公共行政

依据行政服务对象和行政目的指向的不同，可以将行政分为私人行政（private administration）和公共行政（public administration）。私人行政是指以私人事务处理和私人利益维护为目的的执行性活动，比如家庭和企业中的执行和管理活动；所谓的公共行政是指，公共权力主体为了公共利益而采取的主动执行和管理活动。公共行政包括国家行政和社会公共行政。其中，国家行政是公共行政当中最典型、最成熟、制度化程度最高的一种表现形态，而社会公行政则是国家行政的必要延伸和补充。正如博登海默所言：

---

① 鲁鹏宇、宋国：《论行政法权利的确认与功能——以德国公权理论为核心的考察》，《行政法学研究》2010 年第 3 期。

② 〔德〕施密特·阿斯曼：《秩序理念下的行政法体系建构》，林明锵等译，北京，北京大学出版社，2012 年，第 61 页。

"行政乃是为实现某个私人目的或公共目的而在具体情形中对权力的行使。行政通常所涉及的是对某种财产、公司、政府机构或其他形式的私人企业和政府企业的管理，这一事实使它与广义的权利区别开来。……负责公司事务的官员所关注的是能够促进公司生意的有益而便利的行动：他向雇员发布命令，为生产制定计划，雇用和解雇工人。上述情形是私人行政（private administration）的例子。政府官员为公共利益而采取的行政措施的情形，就是我们所谓的公共行政领域（the sphere of public administration）。公共行政的典型范例是：外交事务的处理，公路和水坝的建造，国家自然公园的保护以及事务性机构的管理等方面的决策和行动。"①

（二）国家行政与公共行政

在近代早期，对行政的研究主要局限于国家行政，正如马克思所说："行政是国家的组织活动"②。而在现代社会里，行政已从国家行政扩大了到了非国家公共领域，从而生成了"公共行政"及其理论范畴和制度体系，改写了传统行政法（学）的基本框架与内容。不过，"公共行政包括国家行政"③，公共行政是由国家行政和社会公行政组成的。国家行政更多强调的是国家对社会的单向管理，社会公共行政则侧重于国家和社会交互性和互补性的作用，并且是以自主行政和自我行政显示其自治性法律构造的。

在施行联邦制或地方自治制度的国家和地区，国家行政可分为中央行政和地方行政，中央行政即狭义的国家行政，系指由国家机关所执行的行政事务；而地方行政是指由地方公共团体执行的地方自治类行政事务。严格意义上讲，作为我国群众性自治组织的村民委员会和居民委员会，也可视为地方自治的一种特殊表现形态。当然，国家行政还可以通过委托或授权的方式，由其他法主体具体实施，从而形成了学理上所谓的授权行政和委托行政。

---

① 〔美〕E. 博登海默：《法理学：法律哲学与法律方法》，邓正来等译，北京，中国政法大学出版社，1999 年，第 364 页。

② 《马克思恩格斯全集》（第 1 卷），北京，人民出版社，第 1995 年，第 479 页。

③ 章剑生：《现代行政法专题》，北京，清华大学出版社，2014 年，第 2 页。

社会公（共）行政是随着"国家－社会－市场"三元结构框架的形成，而逐渐繁荣发展起来的行政样态，比如各种行业协会和职业协会的自治管理行政就是其典型例证。然而，长期以来，我国却将非国家公共行政视为授权行政甚至私法问题。正如有学者指出的那样："直到今天，长春亚泰足球俱乐部诉中国足协案，东营村村民委员会选举纠纷等案件相继发生，我们才猛然发觉，在社会发生转型，逐渐形成了'国家－社会－市场'三元结构的格局中，行政法遗留了大量的本该规范的领域，许多公共治理活动逃逸出公法的规制。"①

当下，我国社会公行政包括了自治类公（共）行政和由事业单位等承担的授权类公共行政两大类。在应然状态下，自治类公共行政应该是社会公行政的主流形态。例如，在大学自治和学术自由的语境里，大学作为学术共同体是最为古老的自治型社会行政的典型形态，大学承担着高等教育的公共职责，这与私人行政有着本质区别，哪怕是私立大学也不能完全逃离公共教育属性的法律约束。②

在我国，承担公共治理任务的事业单位是介于国家行政和社会公行政之间的一种过渡性行政类型。一方面，由于我国市场化程度亟待进一步提升，导致绝大多数事业单位带有强烈的国家权力色彩；另一方面，它们以事业单位的名义分担的却是公共治理职责，其职责范围内的事务至少在理论上本应成为社会自治类公共行政的典型。比如，中国疾病预防控制中心，根据《中央编办关于国家卫生健康委所属事业单位机构编制的批复》（中央编办复字〔2018〕90号），属于国家卫生健康委直属的事业单位。疾控中心承担着开展疾病预防控制、突发公共卫生事件应急、环境与职业健康、营养健康、老龄健康、妇幼健康、放射卫生和学校卫生等诸多工作责任，还肩负着为国家制定公共卫生法律法规、政策、规划、项目等提供技术支撑和咨询建议的任务。而这些任务在域外很多是非政府组织（Non-Governmental Organizations，NGO）的职责范围。换言之，目前我国各级疾控中心从事的工作是具有中国特色的社会公共行政事务。

---

① 余凌云：《行政法讲义》，北京，清华大学出版社，2010年，第6页。
② 参见倪洪涛：《大学生学习权及其救济研究：以大学和学生的关系为中心》，北京，法律出版社，2010年，第16页以下。

综上，就我国行政法治的现状而言，公共行政可分为职权行政、授权行政和自治行政三类。其中，授权行政是从国家行政到社会公行政的过渡形态，其兼有国家行政和社会公行政的双重法律属性，有的授权行政主体本身就身兼二职。比如，我国的大学，在国家学位制度下从事学位授予活动就是授权行政，而当大学依据"校规"对学生实施教学管理时，绝大多数情况下又示人以自治行政的主体面貌。[①]

（三）形式行政与实质行政

以形式和内容的侧重点不同，可将行政分为形式行政和实质行政。凡是仅从外在的机关标准做判断而不考虑行为的内容和本质的，我们称之为"形式行政"。换言之，形式行政就是以机关为判断标准的行政。在形式行政论者视域里，只要是冠以行政机关或者行政主体，其作出的行为就都是行政行为。即按此标准，行政机关的所有活动都是行政；而其他非行政机关的所有行为，即便具有强烈的执行性，也不是行政。形式行政对行政的解释适合于传统行政法治，但随着从国家行政到公共行政的理论嬗变和制度转型，社会公共行政的大量涌现使得形式行政的理论解释力大打折扣，此其一；其二，行政权急剧膨胀是现代行政法治的显著特征之一，国家行政在"执行"职能的基础上，增加了"（准）立法"如行政立法和"（准）司法"如行政复议、行政裁决等职能，从而极大地拓展了现代行政法的调整范围，意味着传统秩序行政理论已无法涵盖行政机关的全部行为模式了。

实质行政是对行政的一种本质意义上的考察与解读，即但凡主动执行和管理的活动，均涵盖在行政的范围之内。可见，实质行政注重的是行为的内容和行政的本质，而不论行政任务由什么样的主体具体承担。按此标准，立法机关也存在实质行政，比如会议议程的安排、代议机关的财务管理及其工作人员的惩戒等；以此类推，司法机关也经常作出各种实质行政行为，比如法院工资福利的发放、各种评优评选活动的开展、案件质量的评查等。其实，从严格意义上讲，检察权是典型的主动

---

① 参见倪洪涛：《论法律保留对"校规"的适用边界——从发表论文等与学位"挂钩"谈起》，《现代法学》2008 年第 5 期；倪洪涛：《论大学自主与国家监督》，《清华大学教育研究》2010 年第 5 期。

执行性的行政权，很多国家把检察权整合进司法行政部门，即司法总长兼任总检察长就是明证。

从实质行政的角度考虑问题，有助于我国行政诉讼受案范围的拓展，也有利于将权力运行中产生的模糊地带纳入法治轨道，特别是纳入司法审查的范围内。比如一位去法院办事的当事人甲，因停车的规范性问题与该法院法警乙发生争执，法警乙"扣留"当事人甲的车辆长达七日之久。该案中，如果从实质行政的角度分析法警乙的行为及其法律属性，可能更有利于问题的解决和对事实性权力行使后果的法律控制。

（四）秩序行政与给付行政

根据行政目的、行政责任和用权范围的不同，可将行政分为秩序行政和给付行政两大类，它们分别对应着（自由）法治国时代和福利（社会）国时代。

所谓秩序行政，又称干预行政或规（管）制行政，系指干预相对人权利，限制其自由和财产，或课予义务和负担的行政作用。传统上，秩序行政是行政机关采取的危险预防行动，具有单方性、强制性、损益性等特点，"命令－服从"的"点状干预"是其惯常行为方式，以此为私人的利益追求设定边界。常见的秩序行政有行政处罚、行政强制、行政征收等。随着社会的发展，现代秩序行政已超越了危险预防，扩展至危险怀疑并深入到了风险防范领域。同时，秩序行政的行为工具或手段也在不断丰富，除了命令这一传统手段外，还增加了诸如警告、取得同意与谅解等方式。

所谓给付行政，又称福利行政，是指通过提供帮助、服务或给予其他利益的方式照顾、改善社会成员的基本生活、提升社会成员追寻其利益的能力的行政作用。给付行政是人类社会发展到一定历史阶段，政府依法应对公民提供生存关照、社会救助和贫困救济的必然结果。从国家责任多层次扩张的角度而言，给付行政是补助性的"促进行政"和兜底性"担保行政"。不过，从法释学层面来看，由于"基本生活照顾"在范围与手段上的不确定性，极大地增加了公民（社会）福利权规范化保护的难度。给付行政的种类繁多，诸如社会保险的整备、社会救助的实施，以及兴办公用事业、建设公共设施等等。① 可见，给付行政是受益性和服务性的行政用权方式，其是福利国时代产生的区别于传统秩序行政的社会治理模式和服务样态。

另外，从意思表示的角度，还可以将行政分为单方行政和双方行政〔比如行政协议、政府与民营企业合作（Public-Pvivate Parthevship，PPP）等；根据法律规范的强度和密度，行政又可分为法律行政、事实行政和指导行政；按照法效力辐射的范围，行政可分为内部行政和外部行政。当然，还有羁束行政和裁量行政、实体行政和程序行政、作为行政和不作为行政、消极行政与积极行政等分类，不一而足。有学者还提出了"调控行政"和"转介行政"的概念②，也具有相当强的理论解释力，笔者在此就不一一赘述。

五、行政之发展（异化）

本研究所谓行政的异化，是指行政对其主动性执行这一本质法律属性的偏离甚至背弃。亦言之，经过行政在内涵和外延上无节制的扩容，从而模糊甚至混淆了行政的应有边界，导致行政权的无限度膨胀和行政"疆域"的非理性拓展，造成对行政的宪法规制即法约束上的混乱与不知所措。当然，从另外的角度而言，行政的异化也可以理解为行政随时代变迁的一种新的发展及其趋势。不过，完全脱离本质属性的新发展暗藏危机甚至危险，其造成的理念冲突和体制更张，考验着法治保守性和创新性之间的平衡能力和驾驭水平。笔者以为，行政的异化是在如下复杂社会背景下发生并逐步展现的：

首先，行政的异化隐藏在法治国时代，而肇始于福利国时代。福利

---

① 翁岳生：《行政法》（上册），北京，中国法制出版社，2002 年，第 29 – 30 页。

② "调控行政"包含社会、经济或文化领域所有广泛使用的管制或促进措施，是一种综合的行政决定，它规范着不同的（分歧的与相近的）、相互竞争并相互冲突的利益。行政任务的综合性决定了调控行政是在同一决策过程中同时适用不同的法律，行政在这个过程中肩负着许多预测、型塑和裁量空间，对这种综合性行政方式运用最多也最典型的领域是空间规划法和建筑法。而"转介行政"是指行政机关不扮演决策功能，而是提供咨询、信息转介或组织服务。其主要行为方式包括企业咨询、合作促进、信息提供、文件记录提供、标准研发、国外市场开发等。参见〔德〕施密特·阿斯曼：《秩序理念下的行政法体系建构》，林明锵等译，北京，北京大学出版社，2012 年，第 158 – 160 页。

行政是为了保障符合人性尊严的人类生存底线，保护并促进社会成员通过职业的自由选择，让个人能够维持其人之为人的体面生活，并使生活上特殊负担得以避免或减轻的行政作用样态。换言之，福利行政是自我责任基础上的社会连带甚至"共同富裕"，是社会合作与社区互助前提下国家的物质帮助。在福利国时代，随着行政事务日益繁杂，特别是行政对市场的功能性矫正，行政权开始急剧膨胀，并呈现集三权于一身的宪制格局。此时，行政的异化主要表现在行政立法和司法性行政的大量出现。前者使行政趋向于一般性，而行政立法的一般性是对行政执行性本质的无奈背离；后者则使行政具有被动性特征，违背了行政主动性本质。另一方面，福利社会的到来，还引发了行政的给付化与程序化。对待给付行政，是如同干预行政那样仍须明确的法律为实施依据，还是依仗其受益性和福利性就放松规制，弱化对其的法律控制；如要加强对给付行政的规制，规制的规则边界和规范程度又将如何划定，又会同时成为棘手的法律问题和政策性问题。换言之，在给付行政友善的眼神里，公共行政的合法性究竟扮演何种法治角色？行政的程序化是对民主立法控制不力的一种法治补救，然而，程序又能在多大程度上实现行政的自我约束和他者规制呢？行政程序通过公众的有序参与营造的利害关系型甚至是个案型的"小民主"氛围，如何化解民主断裂引发的宪政危机和治理危机，也构成了福利时代的整体法治恐慌——从依法律行政到依法行政的历史转型，留给我们的行政正当性拷问，深深地隐藏于自由和平等关系的法哲学迷思之中。

其次，福利危机的爆发，又带来了行政事务的市场化（民营化）和契约化。行政事务的私有化即市场化可分为实质上的私有化、形式上的私有化和功能上的私有化三个层次。所谓实质上的私有化包括了财产私有化即开放公共事务和事务上的私有化即将公共事务完全委托给私人，其典型事例就是出售国有企业或出卖政府股份；形式上的私有化是指以私法上公司的形式承担公共行政任务，也可以称之为组织上的私有化；功能上的私有化则是指不改变公共事务的法律属性和公共事务的主体，而是通过行政特许、行政契约、PPP模式和行政辅助人等多元方式完成公共行政任务。① 可见，行政功能的私有化其实涵盖着行政契约化。从功能性行政来看，随着利用一般行政机构之外的组织完成行政任务即"私人行政"模式的展开，传统行政或本质意义上的行政似乎遁迹和隐身了，当代行政的合作性代替了传统行政的强制性，契约性让行政的单方性说辞变得非常不合时宜。更为重要的是，公法对私法的借鉴以及二者的高度融合，导致当代行政方式多元、形式多样，经过法治国长期建制化的行政行为模式和行政的法律规制范式，均发生了显著变化甚至变异。比如，在"合作行政"的契约框架内，"隐身"了的行政承担着区别于传统秩序行政的事务"担保责任"。在此情形下，因为不是由行政机关及其工作人员直接采取行动，行政只有在私法主体的行为出现能力不足或发生危险情形时，才以"替补""取代""救火"的方式给予补充或兜底。比如，面对处于破产困境的供暖公司，政府必须即刻接管此项公用事务，以保持冬季供暖的不可间断性。如是，仅仅通过尤尔根·哈贝马斯（Jürger Habermas）所谓的"商谈论"，即借助程序性的民主协商，就能找回昔日法的安定性与稳定性，从而重构法律的有效性？② 问题似乎没有想象的那么简单与乐观。

再次，风险社会的不期而至，前所未有地激发了行政的活泼基因和能动基因。因为公共风险的防范、应对与化解的复杂性、技术性和紧迫性，对行政的应急力、执行力、统筹力和整合力，均提出了相当高的时代要求。在此背景下，一种近乎战争或者半战争的紧急状态，加剧了法律和行政之间更高层次的紧张，行政有逃离法治国的建制化、高姿态回归警察国的现实性风险。"法律止于战争"的格言，似乎让活泼的行政找到了在和平年代夸张行事的依凭和理据。"在现代社会的风险治理中，政府规制也越来越依赖于社会执法（social enforcement），有赖于社会普通公众举报其发现市场和社会上的违法线索，有赖于违法组织内部的个人就所在组织的违法违规行为加以举报。"③ 问题是，公众有序参与形成的"社会执法"优势，能在多大程度上和范围内缓解和阻却行政的

---

① 〔日〕米丸恒治：《私人行政：法的统制的比较研究》，洪英等译，北京，中国人民大学出版社，2010 年，第 5、335 页。

② 〔德〕哈贝马斯：《在事实与规范之间：关于法律和民主法治国的商谈理论》，童世骏译，北京，生活·读书·新知三联书店，2004 年。

③ 宋华琳：《论政府规制中的合作治理》，《政治与法律》2016 年第 8 期。

非法强制，如何协调依法（律）行政原理和行政应急性原则之间的内在紧张与冲突，如何在提升行政应急能力的同时，避免行政对法治的偏离甚至脱轨，如何在风险认知、风险沟通、风险治理和权利保障之间达致基本的平衡，所有的这些构成了世界行政法学亟待解决的重大理论课题。

最后，自动化行政即人工智能行政带来的行政合法性危机。在信息革命和数字社会加速度发展的今天，随着大数据、算法、人工智能等技术的不断"侵入"，赋予了国家治理体系和治理能力现代化进程现代性与"超现代性"的双重面向。① 在行政领域，出现了自动化辅助行政、部分自动化行政、无裁量能力的完全自动化行政和有裁量能力的完全自动化行政的分级与变革②，新技术、数字化和智能化在赋能政府的同时，行政机关及其工作人员的专业知识和技术优势也开始转化为他们自身并不了解的软件语言。于是，当经由编程和算法将行政规则嵌入自动化系统时，行政主体亦不能如同过往那样通过行使裁量权以回应变动不居的社会情势了。另外，自动化行政还潜伏着数据处理错误、个人数据保护隐忧以及"深度伪造"（deepfake）、"数据投毒"（date poisoning attack）、"算法黑箱"（algorithmic black box）等诸多难以管控的法律风险。"行政国家的合法性在于我们对行政机关专业知识的笃信"③，在自动化行政在决策和执法的主体、程序、裁量等问题上均区别于传统行政的情况下，行政异化的程度或者发展响度是前所未有的，其引发的行政合法性危机和规制挑战也是深刻而全新的。

上述行政的福利化、程序化、立法化、司法化，特别是私有化、契约化、应急化和自动化（智能化），就是我们目前面对的所谓新行政法涵盖的主要内容，问题的理论解决必须跳出既有的行政框架，在宪法的大视野中寻求方案。

---

① 参见马长山：《数字社会的治理逻辑及其法治化展开》，《法律科学》2020 年第 5 期。
② 马颜昕：《自动化行政的分级与法律控制变革》，《行政法学研究》2019 年第 1 期。
③ Ryan Calo & Danielle K. Citron, 2021："The Automated Administrative State：A Crisis of Legitimacy"，*Emory Law Journal*，Vol. 70，pp. 797 – 838.

第二章　西方行政法治的主要类型[①]
——从依法律行政到依约行政

引　言

哈贝马斯曾言："从政治理论的角度来看，历史是证据的实验室。"[②] 那么，我们也可以说："就行政法治形态而言[③]，历史同样是证据的实验室。"

中世纪中后期以降，西方世界逐渐被镶嵌和裹挟在"现代性"这一宏大历史叙事和发展逻辑之中。在"现代性"的法政语境里，面对"生产力的无情发展和西方文明的全球扩张"，也许每一个体或族群感受最多、也最为深刻的是威胁———一种日夜相继的匆忙与紧迫。

当有人喊出"法国革命结束了"的时候，意欲表达的是对革命狂热的除斥和对法安定性的向往，即一种对心灵安顿和行为理性美好生活的强烈诉求。可是，大革命旗帜上"自由、平等、博爱"的时序性安排，现实中遭遇的却是价值层面深刻的冲突与紧张。如果说"博爱"基于宗教信仰和民主的扁平化，温和地关照和呵护着"社区"、促生出民间超越血缘与地缘的互助和慈善，"自由"与"平等"之间的序列性冲突和价值性抵触，生发和型塑的却是社会发展模式、国家治理形态和现代法政结构上的巨大差异。"自从 1789 法国大革命以来，全球政治史

---

①　本章部分内容已作为国家社科基金后期资助重点项目"新行政法释论"（项目批准号：20FFXA001）的阶段性研究成果公开发表。参见倪洪涛：《论西方行政法治的主要类型》，《法律科学》2022 年第 3 期。

②　〔德〕哈贝马斯：《在事实与规范之间：关于法律和民主法治国的商谈理论》，童世骏译，北京，生活·读书·新知三联书店，2004 年，第 630 页。

③　严格意义上讲"警察国"并不是法治形态，而是一种法制形态，本书从整体性论证的便利角度对其进行模糊化处理——笔者注。

可以说就是讲述着如何解决这种矛盾。"① 在整个现代性语境里，秩序相对于警察国、自由之于法治国、福利国诉诸平等，以及后福利时代"后现代性"和"解构主义"意义上以改革之名重回市场意义上的修修补补，特别是"风险国家"引发的"焦虑"和"不安"，都被偶然甚至是虚构的"现代性"故事演绎成为必然。从"采邑制"到"等级制"，从"家臣"（家什）到"官僚"（财政）、从"身份"到"契约"、从"自在"到"他在"的沧海桑田巨变，记录着过往，诉说着未来！

对安全与秩序的向往，带了"警察国家"（Police State）的绝对君主；自由先于平等，造就了法治国的整体繁荣；平等抑制自由，成就的是福利国的生存关照；自由再次挣脱平等羁绊的努力，引发了后福利时代对现代性的解构与反思，这也许还预示了现代性的"历史终结"，而伴随现代性始终的则是无处不在、无时不在、或大或小的风险。希望孕育在不屈服的蛹茧里，与其作茧自缚，毋宁凤凰涅槃。毛毛虫的末日，恰是蝴蝶破茧而出的高光时刻。

在法国大革命的"遗嘱史学"里，"民族国家"的观念及其理论范畴和制度体系，自始就背负着拟人化的"主权"信条，以"讲故事"的方式编织着关于"法治"的世俗神话。西方国家主义的建构理性挤着自由主义"自生自发"的秩序传统，抑或是二者的深层次"合谋"？最终在宪政主义的制度框架里谋求着历史性的和解与"共和"。走向共和，本身就意味着利益的分歧和价值的多元，更预示着"真理"的相对性与非独占性，这一历史演进的逻辑与内容之间存在悖论。

中世纪的欧洲，相对于纵向上的"封建采邑"以及随后的"等级制"，横向上形成了宗教神权、世俗王权、大学学术权和城市自治权——"城市的空气意味着自由"② ——共生的权力多中心主义。这一社会形态与蕞尔小国日本明治维新前的"幕府政治"和"各守本分"的等级社会，③ 具有组织构造上的契合性和高度相似性，最终将"差序格局"

---

① 〔以色列〕尤瓦尔·赫拉利：《人类简史：从动物到上帝》，林俊宏译，北京，中信出版社，2017 年，第 158 页。

② 〔德〕汉斯·J. 沃尔夫等：《行政法》（第一卷），高家伟译，北京，商务印书馆，2002 年，第 65 页。

③ 〔美〕鲁思·本尼迪克特：《菊与刀》（增订版），吕万和译，北京，商务印书馆，2012 年，第 55 页。

和"家国同构"的古老中国挟持在东西方霸权之间，古老中国历经百年、颠沛漂泊于"历史的三峡"之中。

"说者以日本明治维新前之社会结构，实与西欧封建末期之社会结构极为相似；而此一相同之结构则为欧洲'产业革命'（Industrial Revolution）之温床也。日本既有此温床，蓄意待发，因此一经与西方接触，符节相合，一个东方产业革命乃应运而生矣。"① 从西周"分封建国"到清帝逊位，阻隔其间的是中国三千余年几乎无死角的封建-郡县专制循环体制，② ——纠缠于顾炎武所谓的"寓封建之意于郡县之中，而天下治矣。……封建之失，其专在下；郡县之失，其专在上。……"，其典型文化形态是史官文化和科举官僚文化。尽管"官无封建而吏有封建"（《顾炎武郡县论八》），但始终未走出渠敬东所谓的经或道统逻辑"以封建反郡县"和史或政统逻辑"以郡县反封建"的历史逻辑陷阱。③ 梁漱溟先生曾指出历史上中国文化的两大古怪点："一是那历久不变的社会，停滞不进的文化；……"④ 一位皓首苍颜的老人，如何能呵斥住年轻人的好奇与莽撞？"代际"隔阂与文化冲突决定了中国现代化的历史宿命。故此，"社会文化大转型期"就是中国人的"旷野"，只有走出"历史三峡"，随大江东去，方能扬帆于波澜壮阔的太平之洋。

"当代西方人都承认，西方文明是希腊罗马文明。分析它的成分，有希腊思想、罗马法和日耳曼的骑士精神。"古希腊的"海上文明"，即"从土生土长的地方漂洋过海移民到新地方去之谓也"，这些逃离母国、自立门户的"移民"创造出了城邦式的直接民主和形式逻辑指引下的科学理性；"罗马人几乎全部继承了希腊传统，他们唯一的创造是法律"；而日耳曼骑士则是"不出代议士不纳税"的贵族精神和契约精神的代表。⑤ 搁置"十字军东征"的血腥残酷不论，东征途中还有文明传承的意外惊喜与收获，其中至关重要者是对阿拉伯图书馆保存的、早

---

① 唐德刚：《从晚清到民国》，北京，中国文史出版社，2015年，第19页。

② "县"和"悬"在周代是一个字，县即悬着未被分封的土地。既然未被分封就有中央政府直接派官员治理的必要。如是，秦制中的郡县制就是中央集权制，意味着与西周封建制分道扬镳——笔者注。

③ 参见渠敬东：《中国传统社会的双轨治理体系：封建与郡县之辨》，《社会》2016年第2期。

④ 梁漱溟：《中国文化的命运》，北京，中信出版社，2010年，第22页。

⑤ 顾准：《顾准文集》，贵阳，贵州人民出版社，1995年，第283、314、348页。

已在欧洲灭失的希腊罗马古籍的掳掠。"无论如何，在 1100 年至 1200 年间，一股新的知识潮流以强劲的势头融入西欧，其中一部分经由意大利和西西里传入，不过主体部分通过西班牙的阿拉伯学者引进来，包括亚里士多德（Aristotle）、欧几里得（Euclid）、托勒密（Ptolemy）和古希腊医生的著作，新的算术论著以及在黑暗时代里被裹蔽起来的罗马法教科书。"① 这样，在古籍研究和宗教论战中，最终促生了文艺复兴、宗教改革和启蒙运动，从而开启了气势磅礴的现代化世界历史进程！

就法治及其形态而言，西方国家先后经历了四个主要历史时期——即警察国（Police State，德语为 Polizeistaat）、法治国（Rule of Law State，德语为 Rechtsstaat）、福利国（Welfare State，德语为：Sozialstaat）和后福利时代即后现代国家（Postmodern state）。当然，这四种国家治理形态同时也隐含着四种行政法治类型。其中，搁置"民族国家"生成时期的警察国和未来发展方向仍不明晰的后福利时代不论，法治国和福利国有着各自不同的法律价值体系和政经社会构造。首先，在价值层面，法治国以"自由"为基础，追求的是效率。而福利国则以"平等"为导向，意欲的是社会公平；其次，在人权层面，法治国保障消极人权，福利国成就积极人权；再次，在经济层面，法治国对应自由市场，依重"看不见的手"，而福利国破解的是市场垄断，嫁接了"看得见的手"；最后，就法治原则角度而言，法治国遵循依法律行政，福利国坚持依法行政，而后福利时代则不得不学习如何"依约行政"。

值得再次强调是，上述四种法治形态所延续和展现的现代性，却始终伴随着过往不曾普遍存在的"人造"的"风险"，并且，这种"人造风险"随着工业和科技的迅猛发展，呈现愈演愈烈之势。虽然"风险社会"和"风险国家"不是西方历史链条上独立自治的法治形态，甚至从一般意义上讲，它还是对常态法治的破坏。但是，现代性要求我们必须将"风险"尽可能地控制在法治的轨道上来，否则现代性所诉说的制度逻辑则会惨遭颠覆。故此，在本章中，笔者不得不将"风险国家"作为西方国家四大法治形态的"伴生物"予以交代与分析，如此安排，旨在揭示现代风险的高危性、后现代社会的复杂性和西方文明危

---

① 〔美〕查尔斯·霍默·哈斯金斯：《大学的兴起》，上海，上海世纪出版集团，2007年，第 4 页。

机的内在性与防控的迫切性。

一、警察国时代及其行政法治：中世纪至立宪政体确立的过渡期

（一）何为警察国

进入中世纪直至 1250 年左右，欧洲整体上处于经济庄园制和政治封建采邑制的历史时期，"中世纪的封建王国，是由僧侣、贵族行使统治的"[1]，当时，人们过着宁静的宗教生活、庄园生活和封建生活。[2]

随着封建主义的逐步瓦解，13 世纪至 15 世纪的西欧特别是德语世界进入等级制国家形态，旧有的加洛林王朝地带是其发展的典型区域，英国、北欧和东南欧等边缘地带则有着自己各不相同的发展特征和历史进路。等级制与封建采邑制的最大不同在于，其各等级群体享有自治特权，自行掌握行政工具和管理区域事务，并对君主"专权"享有等级式确认权。等级制国家的制度核心是等级制会议，其实质上是一扩大了的"国王议政会"，等级制会议带有强烈的精英主义和特权主义的社会结构特征，是君主和各特权等级阶层之间进行政治协商的组织形式和制度平台，也是法治国家中现代议会制的早期形态。等级会议最初出现在 12 世纪末期西班牙的莱昂王国，随后是 13 世纪的葡萄牙、西西里、神圣罗马帝国及其下属各省，继之是 14 世纪的匈牙利、苏格兰、法国、德意志、意大利各省以及低地国家，而 15 世纪的波兰、丹麦、瑞士也出现了该种政治组织形式，等级会议最为典型的代表就是法国的三级会议制。[3]

从 16 世纪开始，西欧诸国逐渐从等级制国家形态向韦伯所谓的绝对君主领导的家产官僚制国家形态过渡，所谓的家产官僚制就是绝对主义国家别称，在韦伯看来其仍然是传统型支配的典型。在这个历史时期，各国中央集权不断强化，成为现代"民族国家"生成的关键期。其间，欧洲各国或早或晚、或长或短地步入了君主专制时代，也正是这

---

[1]　王亚南：《中国官僚政治研究》，北京，商务印书馆，2017 年，第 9 页。

[2]　参见翁岳生：《行政法》（上册），北京，中国政法大学出版社，2000 年，第 44 － 45 页。

[3]　参见陈涛：《法治国、警察国家与领袖民主制：西欧现代国家建构的三条线索》，《社会》2020 年第 6 期。

一"主权国家"的建构期和形成期，历史上称之为"警察国家"（Police State，德语为"Polizeistaat"）。"国家观念在此成了重点，王侯并不是为其本身和实现其所拥有的主权而拥有其主权，而是以其所代表的集体的名义。"① 这构成了普鲁士路德维希十四世所谓的"朕即国家"和弗里德里希二世自称"国王是国家的第一公仆"的宏大历史背景。

西方国家的"现代性"建构或曰理性化进程至少有四条线索：其一，封建制和等级制发展起来的现代"代议制"——其实质是行政权与立法权的分立和后者对前者的一般性和规范性管控，以及中世纪君主及其官僚集团与各等级间二元甚至多元权力配置格局演化而来的权力分立与制衡机制。其二，城市行业自治和平民阶层（被动的"政治上的尾随者"②）诉诸直接民主导致的领袖民主制，这一点与代议制、政党政治共同型塑了精英主义和大众主义在现代社会的相互依存、互相制约的衡平关系，美国的总统制是其最为典型的代表。当然，从一定意义上讲，市民阶层的直接民主也是革命思潮的孵化器。其三，清教徒精神、新教伦理和自然法理念指引下生发出来的个人主义和平等主义，平和了利己主义和公共生活之间的高度紧张，最终形成了西方的资本主义市场经济体制。可见，人的物欲的无限放大不是市场经济，运用理性与和平的交换方式追逐最大化利润，并对非理性的逐利冲动加以有效约束调和，才是真正的资本主义及其精神实质。③ 其四，从封臣和家丁转化而来的君主（中央）"特派员"（Commissarius），与从枢密院、内阁、御前会议发展起来的"部长制"（Ministerialverfassung），一并成为现代科层官僚制建构的技术理性、政治智慧与制度资源。也正是在上述君主（中央）与等级特权阶层（地方）长期的斗争和博弈过程当中，作为过渡形态的卡里斯玛（Charisma）支配型绝对君主制即"警察国家"形态应运而生，并作为"法制型支配"国家的前身，④ 发挥了民族精神凝聚、国家力量整合、社会结构重塑和政经经验积累的历史作用。正如韦

---

① 〔德〕奥托·迈耶：《德国行政法》，刘飞译，北京，商务印书馆，2016 年，第 41 页。

② 〔德〕马克斯·韦伯：《民族国家与经济政策》，甘阳编译，北京，生活·读书·新知三联书店，2018 年，第 113 页。

③ 参见肖瑛：《差序格局与中国社会的现代转型》，《争鸣与探索》2016 年第 6 期。

④ 参见〔德〕马克斯·韦伯：《法律社会学》，康乐等译，桂林，广西师范大学出版社，2005 年，第 22 页。

伯所言：“在君主压倒各个等级之后，君主的绝对政体兴起；不过，与此同时，君主的亲临政事，也逐渐让位给专业的官僚。”①

可见，“现代国家的起点可以追溯至西欧的采邑封建制。从采邑封建制的君主与各个等级之间的分权结构和政治协定中发展出等级制国家，后者又被绝对君主领导下的家产官僚制的重建所瓦解，并预示了现代官僚制的到来”②。其间，（议会）立法权和（君主）行政权之间存在一个逻辑序列上的斗争：起先绝对君主借助新式专业官僚和相应的形式化法律和合议制机构等去打击各种身份团体和等级贵族，以便实现中央集权；后来是通过议会与君主的宪政斗争乃至革命，没收君主私人占有的新式官僚机构将其收归国有，从而最终在中立化和“切事化”的基础上完成了行政工具的国家垄断。③

所谓“警察国”是指，以警察（官僚）权为代表的王侯权力不受法律约束，直接依凭警察权维持政治统治和社会秩序的国家形态。申言之，“警察国家是由古代专制国家进入现代法治国家的一个过渡性质的国家形式”④。即“警察国是旧的法律形态和现在的法律形态之间的过渡阶段，是新的国家制度的孕育者”⑤。宪政体制确立前的普鲁士和奥地利就是典型的警察国。在历史的维度上，德国的警察国时代从 16 世纪一直持续到了 19 世纪中期立宪政体确立；在英国，从 1215 年的大宪章（Magna Charta）到 1689 年的权利法案（the Bill of Rights）这一时期，也在不同程度上以警察国的方式促进着法治国的塑造。正如有学者所言：“自十七世纪中期以迄十九世纪中期，各侯国颁订宪法实施君主立宪体制为止，在行政法发展上可称为警察国家，在宪法学上则普遍称为‘立宪主义前阶段’之君主专制国家，指统治权与行政权仍然未完全受到宪法之约束。”⑥

---

① 〔德〕马克斯·韦伯：《学术与政治》，钱永祥等译，桂林，广西师范大学出版社，2004 年，第 213 页。

② 参见陈涛：《法治国、警察国家与领袖民主制：西欧现代国家建构的三条线索》，《社会》2020 年第 6 期。

③ 陈涛：《现代国家的中立化及其理念：晚期韦伯的“国家社会学”初探》，《社会学评论》2020 年第 5 期。

④ 陈新民：《德国公法学基础理论》（上册），济南，山东人民出版社，2004 年，第 26 页。

⑤ 〔德〕奥托·迈耶：《德国行政法》，刘飞译，北京，商务印书馆，2016 年，第 57 页。

⑥ 参见翁岳生：《行政法》（上册），北京，中国政法大学出版社，2000 年，第 48 页。

（二）警察及其制度变迁

欲进一步深刻理解警察国，须对西方实质意义上的"警察"理论进行全面而系统的了解和认识。在西方，特别是德国等欧陆国家，警察制度（区别于家丁制的新官僚体制）发生了数次历史变迁：

首先，警察即国家。在欧洲，从 16 世纪开始，警察概念作为专业官僚的代称就得以广泛应用。奥托·迈耶在总结当时的德国社会情况时就已敏锐地觉察到："警察"在"共同体的良好秩序"意义上，是作为国内秩序的集合性概念加以使用的。"警察是良好秩序和普遍性福利的全部保障，这是邦君主在司法所能承担的任务之外所能做到的。""警察权是一种包括全部可能性的总称。"① 彼时，警察作用或曰警察活动与国家行政作用——除民事和刑事司法活动之外的全部国家行为——高度重合。换言之，警察即国家，代表着中央绝对君主对地方的权威，警察的活动既包括防止危险、维护秩序，又包括推进福利、生活关照。② 可见，在原初意义上，国家这种"必要的恶"的用权范围，就是警察作用的范围，因为此时的警察还动辄染指地方司法，比如 14 世纪，英国的治安长官即后来的治安法官（justice of the peace）就承担着警察、司法、财政和军事管理等公共职责；③再如 16 世纪，法国旧制度下的中央"督办"通过调案的方式把原本属于地方法庭审理的案件移送督办处或御前会议处理，以便使得自身不受地方司法的监督。④ 不过，司法整体上仍然具有先在性和民间性。民族国家的发生和绝对君主政体的兴起，伴随着封建家丁制、尔后"家产官僚"制、继而中央"特派员"（commissaire）制、进而专业官僚（officer）制的历史转型，⑤ 而警察体制是现代科层官僚体制的前身，就是"警察国家"时代中央集权下的过渡性官僚的整体代称。

---

① 〔德〕奥托·迈耶：《德国行政法》，刘飞译，北京，商务印书馆，2016 年，第 32 页。

② 陈鹏：《公法上警察概念的变迁》，《法学研究》2017 年第 2 期。

③ See Hans Rosenberg, Bureaucracy, Aristocracy, and Autocracy：*The Prussian Experience，1660～1815*. Cambridge：Harvard University Press, 1966, pp. 166 – 167.

④ 参见〔法〕托克维尔：《旧制度与大革命》，冯棠译，北京，商务印书馆，1997 年，第 77 – 78 页。

⑤ 参见陈涛：《法治国、警察国家与领袖民主制：西欧现代国家建构的三条线索》，《社会》2020 年第 6 期。

其次，警察即内政。在德国，"从17世纪开始，军事、财政、司法等事务便逐渐从警察事务中分离出来。至18世纪，警察概念便几乎与内务行政相对应"①。在这一历史时期，依然是在概括性官僚的意义上理解并行使警察权的，警察掌握着国家权力中的"除外权"。换言之，除了军事、外交、司法等有限的权力范围和权力领域，剩余的权力统一归属于警察。故此，"警察权限除固然包括狭义的治安行政外，也包括了环境卫生、市场经济、宗教风俗……也因此产生行政法所谓的风俗警察、市场警察、文化警察及宗教警察等概念。内政部长即成为广义上的警察首长，警察权力代表了内政"②。至此，警察权行使范围从几乎全部的国家事务，限缩为了内务行政。也就是说，在此第二个发展阶段，"警察即国家"转化成"警察即内政"。警察是中央集权政体权威的体现，更是内政官僚的代称，警察行政成为内务行政执法的同义词，甚至比行政执法即秩序行政的范围还要广泛，因为"警察概念所涵盖的国家活动及行政活动不仅包含防止危险，还包含推进福利。"

再次，警察即秩序行政。普鲁士《一般邦国法》（1794年）第2章第17节第10条规定："警察的职责是为了维持公共安宁、安全和秩序，为了消除对公众及个人造成的危险，而采取必要措施。"③这一规定意味着警察职权开始从内务行政向秩序行政过渡，促进福利被逐步排除于警察任务之外。同时，向秩序行政转型的过程，也是国家行政向专业化和部门化发展的过程。不过，实质意义上转折的发生已经是1882年的事情了。1882年德国发生了"十字架山案"。在该案中，柏林警察局颁布了一项法令，限制柏林市十字架山地区的建筑物高度。本案当事人提出建筑许可申请后，当局基于限高法令驳回了申请人的建筑申请，后者遂诉诸行政法院。行政法院审理后裁定涉案法令无效，理由是建筑警察有权防御危险，但无权维护美学利益。④这一裁判结果意味着，警察不能再以福利增进的目的行使权力了。至此，警察行政和秩序行政重合，

---

① 〔德〕Scholler：《德国警察与秩序法原理》，李震山译，台北，台湾登文书局，1995年，第1页。

② 陈新民：《德国公法学基础理论》（上册），济南，山东人民出版社，2004年，第118页。

③ Peter Badura，Das Verwaltungsrecht des liberalen Rechtsstaates，Göttingen 1967，S. 32ff.

④ 参见〔德〕Michael Stolleis：《德意志公法史》（卷三），王韵茹译，台北，台湾元照出版公司，2012年，第139页。

秩序行政状态下的警察也就是所谓的"实质警察"。

最后，形式警察的出现。随着社会的发展，警察权再次进行分工、剥离与优化，警察分为"实质警察"和"形式警察"。[①] 前者泛指所有从事危险防止工作即行政执法活动的行政工作人员；后者仅指"警察局"意义上的警察。不过，这种警察权的进一步限缩和警察作用的去福利化，已经是 19 世纪的事情了。当然，形式警察是法治国时代的警察学，已无法被警察国及其理论范畴所涵盖，本文上述处理仅是基于阅读便利进行的技术安排。

（三）警察国家的法治特征

警察国是国家权力高度集中与混同的时代，也是国家权力开始裂变并逐步实现分工和分立的过渡时代。伴随现代"民族国家"——"拥有合法使用暴力的垄断地位"的实体（马克斯·韦伯）——生成而产生的警察国，具有以下三个方面法治特征：

其一，警察国家的过渡性。在西欧，警察国预示着人类社会从身份到契约、从古代到现代的历史转型，即从黑暗的中世纪向现代文明社会的过渡。如上所述，其间，先后经历了封建制国家、等级制国家和家产官僚制国家，并最终形成了以高度中央集权为特征的绝对君主领导下的警察国家，[②] 并成为法治国家出现的过渡期。在警察国时代，现代"永业文官体制"即公务员制度，得以逐步建立并取代了封建贵族和等级阶层统治下的家臣制，在去地方化和去封建化的同时，实现了官僚体制的中央化和国家化，[③] 最终形成了马克斯·韦伯所谓的"科层官僚体制"——现代官僚成为"社会生活中最重要的日常机能的担纲者"[④]。

其二，官僚用权范围广泛。在警察国时代，官僚作为绝对君主遣往

---

① 参见陈鹏：《公法上警察概念的变迁》，《法学研究》2017 年第 2 期。

② 参见陈涛：《法治国、警察国家与领袖民主制：西欧现代国家建构的三条线索》，《社会》2020 年第 6 期。

③ 这里所谓的国家化是相对于封建化和家丁化而言的，并不是严格意义上的绝对范畴。比如，在欧洲国际自治体内也有警察等公务员设置，就不能称之为国家化；再比如，直到 20 世纪 40 年代，法国大城市的警察才脱离自治市长的领导而实现了国有化。参见王名扬：《法国行政法》，北京，中国政法大学出版社，1997 年，第 97 页。

④ 〔德〕马克斯·韦伯：《新教伦理与资本主义精神》，康乐、简惠美译，桂林，广西师范大学出版社，2015 年，第 4 页。

地方的"特派员"或"督办",具有半武官半文官甚至军事化的混合法律特征。申言之,他们肩负着安全与秩序的强制性维护职责,同时,又广泛涉足国民的生存关照和生计保障,直接干预社会和经济生活,警察国家内在地包含着古典福利行政的制度基因。另外,他们还涉足税收和地方司法事务,新官僚不仅从旧时的司法官员中夺取了行政权,还经常介入司法事务,使得司法成为行政的一环,从法国大革命前高等法院和王权的斗争史考察,行政权几乎全部集中于君主手中并得以极大的扩展。① 故此,警察行政是当时全部内务行政的总和,② 可以说警察国家的主要特征就在于行政权的高度上行集中以及行政据此对司法的持续干预。由于司法权的独立性与先在性,警察国时代的"警察"就是职业化和国家化官僚阶层的代称,其权力涉足收税、安全、经营、建设、消防、卫生、风俗、救济、学校、养老,甚至城市档案、图书管理、地方司法事务等诸多方面。③

其三,法律不是官僚权力行使的准据。警察国是法治国的前身——"专制主义政体是一个过渡的政治形态",是从等级贵族支配到官僚法律支配的过渡阶段,其与未来法治国的实质性区别就在于前者并不受宪政意义上的法律拘束,警察国甚至还在一定意义上对封建采邑国家和等级制国家长期积累的分权和议会等法治因素构成了严重威胁。"如是所谓官僚,就至少在开始的时候,大抵是由贵族转化而来的。"④ 换言之,在古代贵族才能成为公务和军事的担纲者,而家臣和家丁只是贵族的"大家计"。后来,基于绝对主义国家中央集权的需要,君主派往地方的"督办"才得以逐步的专业化和阶层化,并从等级制下旧官僚手中以"没有能力应对军事和政治危机"为由夺取了权力,进而瓦解了多元的地方势力和贵族势力。而这些新官僚的"俸禄所得属于'职务',而非个人,可以'使用',而不能作为自己的权利去占有"⑤。如是,现

---

① 参见〔法〕托克维尔:《旧制度与大革命》,冯棠译,北京,商务印书馆,1997年,第94页。

② 参见于安:《德国行政法》,北京,清华大学出版社,1999年,第1页。

③ 参见〔德〕汉斯·J. 沃尔夫等著:《行政法》(第一卷),高家伟译,北京,商务印书馆,2002年,第65页。

④ 王亚南:《中国官僚政治研究》,北京,商务印书馆,2017年,第11页。

⑤ 参见〔德〕马克斯·韦伯:《支配社会学》,康乐等译,桂林,广西师范大学出版社,2010年,第197页。

代官僚制的核心原则即官职权限成立的前提——行政人员和行政工具二元分立机制得以确立，国家（君主）获得了对行政工具的完全垄断权，这与封建制下行政工具被封臣所占有以及职务行为和私人家计、公共领域与私人事务相互混同格局构成了鲜明对比。至此，经过行政技术改革和理性主义、专业主义改造，现代官僚体制在警察国家时代初露端倪。不过，警察国时期官僚的权力行使至少有二：其一，任务的超常规性和临时性。有别于旧时的常设官员，警察国时期的官僚即"特派员"因新任务和新问题而由君主临时任命的。其二，职位的获得缺乏法律依据。警察国时期官员权力的行使是基于君主或派遣人的命令，命令失效官职终止，不像旧时官职的设置或爵位的授予须经过明确的法律。①

在警察国时代，"警察法与公法成为同义词"，而这些规范民众行为的警察法也就是"概括的警察命令"的集合体，② 宽泛的警察权力以法令为依据实施着对人民日常生活的统治与管理。专制君主（领主）作为享受绝对权力的卫士和法律的创造者，可以随心所欲变更和废止实在法，甚至可以通过公权请求权干预救济程序。③ 可见，除了自然法和宗教法的道德约束，警察国时代的国家权即广义警察权是恣意且专横的。在分权制衡机制尚未真正确立之时，国家高权也就无法接受来自法律（他者意义上的）的拘束与矫正。比如在当时的德国，"相对于臣民而言，诸侯（即各邦君主——笔者注）的权力是没有法律限制的，其意愿就有约束力……如果说有限制，那么一方面就是对主和良心的责任，一方面就是对目的性和可行性的理智权衡，当然还有其他并不可靠的东西。拥有权力的人就是权力的唯一限制，法律与之完全没有干系。""警察机关在其职权范围内是没有法律限制的，……公务人员在其职权范围内对于臣民而言也实际上像一个小小的王侯一样，臣民必须服从其安排，因为公务人员的职权被确定来普遍地而且是无所不包地处理该

---

① See Otto Hintze, *The Historical Essays of Otto Hintze*, edited by Felix Gilbert, New York: Oxford University Press, 1975. pp. 287 – 288.

② 陈新民：《德国公法学基础理论》（上册），济南，山东人民出版社，2004 年，第119 页。

③ 参见〔德〕汉斯·J. 沃尔夫等：《行政法》（第一卷），高家伟译，北京，商务印书馆，2002 年，第72 页。

事务。"①

16 世纪前后，随着等级制向警察国的转型，基于军事竞争和财政汲取的双重压力，等级制国家僵化的权力配置和特权结构，导致君主不得不绕过昔日讨价还价式的政治协商机制，通过重建官僚体制独自制定政策和法律，以便夺取等级阶层的特权，把"行政工具"收归中央实现国有化。也正是从这个意义上，韦伯说："在任何地方，现代国家的发达，都是由君主发动的"②。故此，作为绝对主义国家，警察国家具有超常规性，与等级制国家相比较，警察国家的新官僚产生伊始就是神圣传统的非法僭越者。绝对君主基于传统家长制下的实质正义观和福利理念所享有的宽泛的自由裁量权，以及盛行于该时期的"国家理由"一起，共同塑造了现代早期绝对君主专制主义的历史特征。③ 在此背景下，法治国及其行政权力规制的法律保留和法律优位技术就呼之欲出了。④

综上，"警察国的巨大成就一方面是在于国家权力的绝对优势，另一方面是使国家生活受民法和民事审判的调整"⑤。在这一承继了罗马法传统的民法司法化和国家公私二元主体资格的建构中，促生了至今仍然影响德国的"国库理论"，国库行为的私法化也是奥托·迈耶行政行为体系建立的重要理论源泉。

随着对绝对君主专政体制下官僚权力制约和规范的日益迫切，立宪政体开始在各国逐步确立，"对于人民权利的限制以及国家行政权力行使的依据，皆需透过立法者的法律方得为之，是为法律保留原则。此时期也标志着警察国家时代的终结"⑥。这也昭示着（自由）法治国时代的到来。

---

① 〔德〕奥托·迈耶：《德国行政法》，刘飞译，北京，商务印书馆，2016 年，第 42、44 页。

② 参见〔德〕马克斯·韦伯：《学术与政治》，康乐等译，桂林，广西师范大学出版社，2004 年，第 204 页。

③ 参见陈涛：《法治国、警察国家与领袖民主制：西欧现代国家建构的三条线索》，《社会》2020 年第 6 期。

④ 参见〔德〕卡尔·施密特：《宪法学说》，刘峰译，上海，上海人民出版社，2016 年，第 184 页。

⑤ 〔德〕奥托·迈耶：《德国行政法》，刘飞译，北京，商务印书馆，2016 年，第 57 页。

⑥ 陈新民：《德国公法学基础理论》（上册），济南，山东人民出版社，2004 年，第 118 页。

二、（自由）法治国时代及其行政法治①

法治国（Rechtsstaat）是一典型的欧陆概念，"法治国"一语起源于德国，是德国法治上的理论和实践范畴，英语世界并无同样的用语。英美法系国家是在法治即"法律主治"（Rule of Law）的意义上，描述类似法治国治理形态及其行政法治类型的。可见，由于不同的法文化传统和相异的现代化进路，西方两大法系的法治国家构造大异其趣。不过，这不能成为否定二者"近亲关系"的理据，特别是在价值理念和基础性宪法构造上的一致性与同构性，其都是基于对行政权必须以法律为依据并接受司法审查的理念而建构起来的。

简而言之，所谓法治国描述的是依法律而治的国家组织结构与运行状态，它是一种可预期、有限度且分权管束的扁平化的制度性安排，与其相对的是"人治"及人治的无常与专横。在德国，相对于法治国的是强权国（Machtsstaat），而德语"Macht"可译为暴力、强权、独裁等。②"德国自十九世纪中叶起，美国和法国则早在十八世纪末，进入了所谓的市民法治国时期。"③

（一）法治国生成的理论模型

"以我所见，宗教问题实为中西文化的分水岭。中国古初与希腊罗马古代社会，彼此都不相远。但西洋继此而有之文化发展，则以宗教若基督教者作中心；中国却以非宗教之周孔教化为中心。此后两方种种不同，悉决于此；特别是社会构造的演化不同。周孔教化'极高明而道中庸'于古代家庭家族生活无所骤改，而润泽以礼文，提高其精神。西洋却由基督教转而向大团体生活，而家庭以轻，家族以裂。此其大较也。"④"儒教的主观性原则，是从仁、智、诚立论的。基督教的主观性

---

① "自由法治国"和"社会（福利）法治国"的用语借鉴了葛克昌教授的说法。参见葛克昌：《国家学与国家法：社会国、租税国与法治国理念》，台北，月旦出版股份有限公司，1996年，第139页。

② 参见陈新民：《德国公法学基础理论》（上册），济南，山东人民出版社，2004年，第117页。

③ 翁岳生：《行政法》（上册），北京，中国政法大学出版社，2000年，第51页。

④ 梁漱溟：《中国文化的命运》，北京，中信出版社，2010年，第102页。

原则，是从 Universal love 立论的。……博爱是从上帝而来，孔子的仁，则从自己的生命而来。……虽然在仁的步步向外感通的过程中，当然具有普遍的、宇宙的、泛博的涵义，然而它不单具有普遍性，而且由于感通有远近亲疏之别，所以具有不容忽视的'差别性''特殊性'或者'个别性'。……儒家思想中对仁、智、诚的表现，则是一个向外推扩的过程。正因为向外推扩，才出现远近亲疏的层次观，由家庭的父母兄弟，推至家庭外的亲戚朋友，以至无生命的一瓦一石，由亲及疏的层次井然不乱，依顺人情而不须矫饰。"① 上述牟宗三对中西文化中普遍主义和特殊主义分殊的观察可谓入木三分，其对传统中国的"差序格局"和"差序人格"与费孝通的观点如出一辙。

由于两个世界的二元分离，一个历史性价值谱系的比照在民众心中也自然天成，即我们如何让自身所在的社会及其规则体系，充满人类所有的美好向往与价值期待。换言之，"自然状态"下无法安全有序生存而必须建立共同体，如果不是精心编织的虚构故事的话，我们如何使共同体的"实然"状态更加接近于理想中的"应然"。这一社会契约化的心路历程，与其说是人类个体在自然资源和人的理性双重有限语境里如何自处与共处的问题，不如说是我们相处其中的共同体的行为规范体系建构与规则有效性持续维护何以成就的问题。

霍布斯式的主权建构完成后，也同时产生了一个庞大的"利维坦"；而卢梭的人民主权理论无法避免广场政治下的"多数人暴政"，以及人民主权与个体人权之间的高度紧张；康德对道德律令约束的形而上证成，揭示了个人理性与自由王国的关系，从而为法治国生成奠定了坚实的人性基础。康德说："任何时候都不应把自己和他人仅仅当作工具，应该永远看做自身就是目的。""每个有理性的存在，在任何时候都要把自己看作一个由于意志自由而可能的目的王国中的立法者。"② 也正是沿着这一逻辑脉络，韦伯晚年基于对新教伦理和资本主义精神的研究而"反求诸己"，挖掘容忍、节制、禁欲等宗教戒律对扩大再生产、财富积累观，特别是企业家精神塑造的深刻影响和重大意义。故

---

① 牟宗三：《中国哲学的特质》，上海，上海古籍出版社，2007 年，第 42 页。
② 〔德〕伊曼努尔·康德：《道德形而上学原理》，苗力田译，上海，上海人民出版社，2005 年，第 53－54 页。

此，社会人在和自己一样处境的"同伴"共同组建的社会中，如何能够保持人之为人同等水平的原初自由与人格尊严，是思考一切法治问题的道德起点。

1. 法律的有效性与平等的自由观

法治国不可或缺且相互关联的构成要件至少有两端：其一，法律（规则）体系的创制；其二，法律自身的"合法性"与有效性。"当国家同时确保以下两者时，法的规范就具有有效性：一方面，国家确保对这种规范的平均的遵守，必要时用制裁来强迫遵守，另一方面国家保障这种规范的合法产生的建制条件，从而随时都可能出于对法律的尊重而遵守法律。"① 不过，再强大的国家，也没有足够资源完全仰赖强制的方式获得统治，即使用武力获得对法律的普遍遵守。国家暴力仅仅是法的有效性的兜底性担保机制，对法律的普遍遵守端赖法律信赖机制，即"法律必须被信仰，否则它将形同虚设"②。而"信法为真"的普遍民众心理也只有在"合法之法"的创制过程中才能获致。"现代法律秩序只能从'自决'这个概念中获得其合法性：公民应该时时都能够把自己理解为他作为承受者所要服从的法律的创制者。"③ 申言之，法律获得"同意的计算"④ 的比率越高，公民的认同感和法律的合法性就越强，进而国家的治理成本就越低。这是一个有关规则共识凝聚的过程，也是共同体认同生成的过程。

可见，"说到底，法治国组织为之服务的目的，是一个自由、平等的公民联合体通过权利体系而构成的共同体的政治上自主的自我组织。法治国的各种建制应当确保具有社会自治性的公民有实效地运用其政治自主"⑤。这里暗含着自由与平等二元价值，在一定程度上同时成就的

---

① 〔德〕哈贝马斯：《在事实与规范之间：关于法律和民主法治国的商谈理论》，童世骏译，北京，生活·读书·新知三联书店，2004年，第448页。

② 〔美〕哈罗德·J. 伯尔曼：《法律与宗教》，梁治平译，北京，中国政法大学出版社，2003年，第3页。

③ 〔德〕哈贝马斯：《在事实与规范之间：关于法律和民主法治国的商谈理论》，童世骏译，北京，生活·读书·新知三联书店，2004年，第215页。

④ 〔美〕詹姆斯·M. 布坎南、戈登·塔洛克：《同意的计算》，陈光金译，北京，中国社会科学出版社，2000年，第23页。

⑤ 〔德〕哈贝马斯：《在事实与规范之间：关于法律和民主法治国的商谈理论》，童世骏译，北京，生活·读书·新知三联书店，2004年，第215页。

内在逻辑要求。

一方面，自由是法治国家建构的首要价值。"自由的价值在于它为不曾预见的和不可预见的行为所提供的机会。"① 换言之，自由意味着无限的可能性和无穷的创造力，自由就是自主，自主伴随着自律与责任。在自由缺失的情况下，无法从"私人自主"实现"公共自主"，进而法律也就无法在"自我立法"的民主程序中得以创制并被普遍认同。其实，"法治国原则的核心在于经由法来保障人类的自主决定：个人自主领域的承认和界定、根据基本正义前提确保并界定彼此的个人自主领域，以及指引足以使理性呈现的权利厘清程序，所有这些都是法治国家的中心任务。……法治国思想的开端却是个体的自由。经由如此方式，法治国证实其作为维护自主距离的一种国家形式。"②

另一方面，基于相互性的社会原则，在从自然人到社会人的共同体建构进程中，自由的个体还必须学会"换位思考"，即从他者的视角看待自己，"而只有学会采取那样的视角，他们各自的自由才不显得是一种遇到事实抵抗的天然自由，而是一种通过互相承认而构成的自由"③。故此，"他在性"是商谈和对话的前提与基础。④ 正如康德的普遍法权原则表述的那样：一个行动，如若其行动准则允许一个人的意志自由同每个人的自由，是可以根据一个普遍法则而相互共存，就是正当的。这恰恰就是罗尔斯在其正义第一原则中表达的"平等的自由观"，即"每个人对与其他人所拥有的最广泛的基本自由体系相容的类似自由体系都应有一种平等的权利"⑤。更为重要的是，平等性保证了法律规范的抽象性和普遍性即一般性；反之亦然，法律规范愈抽象、普遍，愈能保障人人平等。这种"市民社会"模型中的平等观，让"自我立法"的公

① 〔英〕弗里德利希·冯·哈耶克：《法律、立法与自由》（第一卷），邓正来等译，北京，中国大百科全书出版社，2000 年，第 89 页。

② 〔德〕施密特·阿斯曼：《秩序理念下的行政法体系建构》，林明锵等译，北京，北京大学出版社，2012 年，第 46 页。

③ 〔德〕哈贝马斯：《在事实与规范之间：关于法律和民主法治国的商谈理论》，童世骏译，北京，生活·读书·新知三联书店，2004 年，第 114 页。

④ 〔美〕戴维·约翰·法默尔：《公共行政的语言：官僚制、现代性与后现代性》，吴琼译，北京，中国人民大学出版社，2009 年，第 350 页以下。

⑤ 〔美〕约翰·罗尔斯：《正义论》，何怀宏等译，北京，中国社会科学出版社，1988 年，第 60 – 61 页。

民相互成为"法律同伴",从而在主体间承认的基础上,"法律同伴们"通过平等商谈中的交往理性,提升共同体法律的黏合度、认同感与亲和力。唯有如是,法律才能经由创制即获得充分的有效性与合法性。其实,早在13世纪,英格兰法律家布拉克顿就意识到了主体间性即平等之于法治的重要性:"国王有个上司,该上司不仅在成就国王的上帝和法律中,而且在他的国王委员会(curia)中——在国王的同伴即男爵和伯爵中——有同伴者即有主人,因此,如果国王超越法律,同伴们应给他戴上笼头。"① 可见,平等和自由有时尽管有序列上的人为安排,但二者须臾不能分离。

2. 法律的有效性与程序性民主

法的特有功能就在于稳定行为期待,以便为权利护航。当"神法"的神圣拱顶坍塌后,如何型塑"人法"的世俗性强制力,并形成巨大的服从心理,就变得异常关键了。服从法律具有自我服从的人性亲和优势和较低治理成本,决定了民主之于法治国家的前提性与基础性。故此,"民主不实现,法律就没有自主性可言。"

不过,民主一旦和主权相遇,人民主权原则就具有了压迫性力量。故此,必须驯服"民主暴政",才能调适集体性权力和个体权利之间的矛盾,确保一种"无人称的法治"。为此,以一种程序性的民主取代结果意义上的民主,阻止法律的工具主义倾向,实现法律的"不可随意支配性",就成为法治(国)建构的又一重要课题。因为"法律系统不是独自获得其自主性的,它的自主程度,仅仅取决于为立法和司法的目的建制化的那些程序,在多大程度上保障公平的意见形成和意志形成过程,并且以这种方式使道德的程序合理性有可能同时进入法律和政治之中"②。

可见,在程序性民主的商谈理论中,那种人为割裂民主与法治,认为无民主法治可自行的观点是荒谬的,其必然带来法治工具主义的灾难与恶果。反观形式法治和实质法治的理论分类,其谬误之处恰恰就在于脱离了法律创制的民主正当程序,在法律合法性缺失的前提下划分法

---

① W. S. Holdsworth, 1956:"A History of English Law", *Methuen*, Vol. Ⅱ, p. 53.

② 〔德〕哈贝马斯:《在事实与规范之间:关于法律和民主法治国的商谈理论》,童世骏译,北京,生活·读书·新知三联书店,2004年,第616页。

（规则）的善恶，这种结果意义上的纯粹实证主义的价值判断，严重影响着法律体系在活泼的、动态的民主程序中自我纠错能力的发挥，从而偏离了法律民主创制的程序轨道。

3. 法律的有效性与分权制衡

法律的创制和法律的执行分属两个不同的系统，前者是"论证性"商谈，后者属于"实用性商谈"。"实用性商谈的目的是为实现立法部门给定的价值和目标而选择既定条件下合适的技术与策略。"①

夏尔·德·瑟孔达·孟德斯鸠（Charles de Secouolatmontes quieu）在总结其分权理论时说："在上述三权中，司法权在某种意义上可以说是不存在的。所余的只有二权了，这二权需要一种权力加以调节，使他们趋于宽和。"② 可见，"孟德斯鸠所讲的权力分立实质上是两权分立而非三权。司法权之所以在'某种意义上不存在'，是因为司法权在性质上与立法权、行政权不同，它不是一种'国家性的权力'，而是一种'市民性的裁判权力'"③。故此，由于司法权力的民间性、先在性和独立性，从逻辑和历史两个方面观察，规范论证和规范运用的功能性分工都主要是在立法和行政之间进行的。拉斯莱特的观点也有一定的启发性：洛克为何没有提及司法权，是因为司法权不是一种分立的权力，而是国家自有的一种属性，把它与执行权和立法权并列没有意义。司法权中立且公正，有声望和有权威，仅此而已，不再要求其他的东西。④

"当议会获得稳定的宪法地位时，人们就要寻找立法权和行政权之间的界限，一方面在基本权利的层面上——只能以法律形式干预'自由和财产'；另一方面在区分'持久的'立法和'变化的'行政活动中，

---

① 〔德〕哈贝马斯：《在事实与规范之间：关于法律和民主法治国的商谈理论》，童世骏译，北京，生活·读书·新知三联书店，2004 年，第 227 页。

② 〔法〕孟德斯鸠：《论法的精神》（上册），张雁深译，北京，商务印书馆，2004 年，第 190 页。

③ 参见程春明：《司法权及其配置：理论语境》，北京，中国法制出版社，2009 年，第 12 – 27 页；李栋：《司法审判权与政治统治权两权分立理论的"知识考古"及其合理性评说——以英格兰"中世纪宪政主义难题"为线索》，《比较法研究》2011 年第 6 期。

④ 〔英〕彼得·拉斯莱特：《洛克〈政府论〉导论》，冯克利译，北京，生活·读书·新知三联出版社，2007 年，第 153 页。

换言之，在一般和特殊的对立矛盾中进行寻找。"① 正如施密特揭示的那样，只有当法律被理解为一般性规范时，权力分立制度才有意义。若无一般性，立法、行政和司法的区分将不复存在。② 也正是基于此，奥托·迈耶认为，法治国家的首要原则就是"法律的法规创造力原则"，即一切法规均由法律来创造，从而为依法律行政原则的生成奠定基础。③

可见，与立法（法律）比较，行政必须在专业性、技术性和执行性上寻求自己恰当的法治定位，在普遍规则（法律）和由"偶然事实"构成的一个个具体案件之间发挥"传送带"的程序性功能，严禁行政"自我编程现象"的出现。故此，"在民主的程序中获得合法性的法规的优先性，具有这样的认识意义：行政部门自身不拥有作为其决定之基础的规范前提"④。

（二）法治国的原则：依法律行政

与警察国不同，法治国的行政作用或活动都是以法律形式决定和展现的，"法治国就是经过理性规范的行政国家"。"司法是不在这一领域中的，司法自始就没有问题。现在所要规定的是司法之外的一种国家行为。"⑤ 在宪政分权的意义上，行政也就是指"司法之外的一种国家行为"。换言之，至少在德国等欧陆诸国，所谓的法治国家原初就是指依照法律约束行政的国家治理形态，即将"行政"关进立法设置的"法律"的笼子里。职是之故，法治国的基本原则是围绕着行政的法律约束建构起来的。正如法治国和法治行政（政府）含义相同一样，法治国原则与行政法基本原则也是同义词。

行政的法治化，也就是"行政应尽可能地被司法化"，即在行政领域内尽可能地确立如同司法一样的个案处理模式。为此，奥托·迈耶创立了法治国的三项原则：法律的法规创制力原则、法律优先原则和法律

---

① 〔德〕米歇尔·施托莱斯：《德国公法史（1800—1914）：国家学说和行政学》，雷勇译，北京，法律出版社，2007 年，第 496 页。

② 〔德〕卡尔·施密特：《宪法学说》，刘锋译，上海，上海人民出版社，2005 年，第162 页。

③ 参见王贵松：《论法律的规范创造力》，《中国法学》2017 年第 1 期。

④ 〔德〕哈贝马斯：《在事实与规范之间：关于法律和民主法治国的商谈理论》，童世骏译，北京，生活·读书·新知三联书店，2004 年，第 212 页。

⑤ 〔德〕奥托·迈耶：《德国行政法》，刘飞译，北京，商务印书馆，2016 年，第 61 页。

保留原则，这三项原则共同构筑成为依法律行政原则（原理）。该原则在日本称为行政的"法治主义"。

"依法律行政，旨在藉由法律的合理性控制行政的恣意，并获得法的安定性和民主性"，"强调法律在行政中的支配性地位，它以权力分立为前提，承认议会的优势地位"①。依法律行政是"权力分立思想在行政法平面上的一个投影"②。可见，依法律行政原理是一种透过法律对行政实施民主控制的机制，是行政的法律治理方案和模型。值得强调的是，在最初的意义上，依法律行政原则的制度构造并非以保障人的权利与自由为目的，保障人权与自由是其运行的间接性客观结果。③

1. 法律的法规创造力原则

"一般性"是议会立法，即法律有效性和正当性的内在规定性，立法者不能用个别意志去毁灭一个公民。④ 即所谓"公则一，私则万殊，至当归一"⑤。"立法是抽象的一般性规范，而行政则是具体的个别处理；前者体现为法律，后者体现为行政行为"，行政行为本质上是法律的个案表现形式。这种法律的一般规则创制力被称为"法律的法规创造力"，详言之，"所谓法律的法规创造力，是指一切法规均应由法律来创造。其中，所谓法规是指由一般性标准显示构成要件，对符合构成要件的所有人就什么是法所作的规定"⑥。据此，该原则包含以下三层内涵：

首先，创制性。法律的法规创造力原则就是通常所谓的法律的创制原则，法律创制垄断于（从最根本的意义上）立法者，并由立法者独享的一种特别能力，即"形成法律规范的能力"。尽管为了一定目的，法律还可将其立法权在一定范围内授予另一机构，以此方式实现其最初独享的这种能力。⑦ 但是，对行政的立法授权严格区别于对行政的行为

---

① 王贵松：《依法律行政原理的移植与嬗变》，《法学研究》2015 年第 2 期。

② 〔日〕藤田宙靖：《行政法总论》，东京，青林书院，2013 年，第 53 页。

③ 参见赵宏：《法治国下的目的性创设：德国行政行为理论和制度实践研究》，北京，法律出版社，2012 年，第 67 页。

④ 〔法〕孟德斯鸠：《论法的精神》（上册），张雁深译，北京，商务印书馆，2004 年，第 158 页。

⑤ 《程氏遗书》卷十五。

⑥ 参见王贵松：《论法律的规范创造力》，《中国法学》2017 年第 1 期。

⑦ 〔德〕奥托·迈耶：《德国行政法》，刘飞译，北京，商务印书馆，2016 年，第 70 - 71 页。

授权。可见，法律创制意味着"有法律则有行政，无法律则无行政"（Ohne Gesetz Keine Verwaitung），法律创造并约束着行政及其行为方式。换言之，凡法律不存在之处，便没有行政，以此确保"法的实现"①。

其次，标识性和形式性。通过法律的法规创造力原则，法律和其他国家权力作用方式之间实现了严格的宪法区分：只有法律是一般性和普遍性的，具体性和个案性的行为方式不是司法就是行政，而绝不会是立法，议会的行政化将带来灾难性的宪政危机。② 可见，法律的法规创造力还具有行为模式的可辨识性和可建制化的制度功能，而这种可识别性是分权的基本路径。

最后，作用力和约束力。被创制的法律必然要遭遇"实际生活的不间断的多样性"发出的反作用力，针对这种变动不居的社会情势，法律欲实现其规范效力，即法的作用力，必须对行政的执行力有足够的约束能力和规制能力。否则，活泼的行政反倒会成为权利保障最危险的渊薮。可见，法律的法规创造力原则是对行政实施法律支配的第一道防线和关卡。

2. 法律优先原则

在宪政主义的分权视域里，法律是国家意志中最强烈的表现形式。与司法不同，行政本初"是一种自我形成的国家意志，并不只是服务于法律，而是自行从不同程度优势地位出发决定什么是正确的。"若要树立法律的权威，就必须建立——"以法律形式出现的国家意志依法优先于所有以其他形式表达的国家意志；法律只能以法律的形式才能废止，而法律却能废止所有与之相冲突的意志表达，或使之根本不起作用"③ ——法律之于行政的序列性和位阶性的优势地位。这种国家制度的理性化安排，④ 被称之为"法律优先"。

法律优先又称为"法律优位"，"是指法律在行政的活动中具有优越地位，行政的一切活动均不得违反现行的法律"⑤。可见，法律优先

---

① 门中敬：《"立法"和"行政"概念的宪法解释》，《政法论坛》2019年第5期。
② 刘丽：《税权的宪法控制》，北京，法律出版社，2006年，第63－64页。
③ 〔德〕奥托·迈耶：《德国行政法》，刘飞译，北京，商务印书馆，2016年，第71页。
④ 参见杨利敏：《行政法与现代国家之构成：两大法系行政法结构性特质形成之探析》，北京，北京大学出版社，2016年，第144页。
⑤ 王贵松：《论行政法上的法律优位》，《法学评论》2019年第1期。

只要求行政不得违反法律、不得与法律相抵触。故此，法律优先原则又称为消极的依法律行政原则。① 法律优先是对行政进行民主控制的第二道防线，它意味着人民先于国家，法律（立法）先于行政。同时，"被制定和继续有效的法律"的先在性与既定性，满足了行政的持续性、经常性和不可间断性。正如洛克所言："立法权就是最高的权力，因为谁能够对另一个人制定法律就必须是在他之上。""立法机关没有经常存在的必要，而且经常存在也是不方便的，但执行机关的经常存在却是绝对必要的，因为并不经常需要制定新的法律，而执行所制定的法律却是经常需要的。"②

3. 法律保留原则

多样性和易变性决定了，行政对法律并不具有天然的依附性。换言之，法律对于行政的规范力度和规范密度是有差异性的，从而让行政在变动不居的社会治理中具有一定的灵活性和自主性。不过，至少在关涉公民基本权利和其他重要权利领域，行政必须以法律的形式方可发生作用。"我们把这个在特定范围内对行政自行作用的排除称之为法律保留。"③ 据此，所谓法律保留原则是指，特定领域的国家事务保留由立法者以法律的形式予以规定，行政权唯依照法律的指示始能决定行止。也就是说，在特定领域比如在生命、自由和财产等宪法权利的疆域内，行政行为非有法律依据不得为之。

"法律保留在法技术观点上明显对行政权的发动造成了一种'附带许可的保留禁止'效果，使行政权对法律保留范围内的事项，在未经立法事先'允许'前，不得有所主动、积极作为。就此现象有人把它捧为巩固议会民主制度的基石。"④ 法律保留原则又称为"积极的依法律行政原则"。理解该原则至少应注意以下七点：

其一，历史的流变性。随着社会的发展，法律保留原则的内涵和外延都在发生变化，即法律保留原则的调整范围在不断发生变化。于是，也就有了法律保留的诸多理论，比如"干预保留说""全面保留说"和

---

① 参见翁岳生：《行政法》（上册），北京，中国政法大学出版社，2000 年，第 172 页。
② 郑春燕：《行政》，北京，生活·读书·新知三联书店，2017 年，第 62、64 页。
③ 〔德〕奥托·迈耶：《德国行政法》，刘飞译，北京，商务印书馆，2016 年，第 73 页。
④ 许宗力：《法与国家权力》，台北，元照出版公司，1999 年，118 页。

"重要事项保留说"①。

其二，法律保留原则得以确立的时代，是在侵害行政即干预行政的意义上理解和运用该原则的，即只有行政作出侵害私人自由和财产行为时，才需要法律的根据；同时，也只在有干预必要时，行政才会出场。这种界定符合宪政之初自由主义视野里安全和秩序维护的现实需要。②

其三，与法律保留原则相对，还存在一个"行政保留"的概念与范畴。行政保留原则是"现代立宪政体的必要原则"，一般认为，行政保留的领域是指特定范围内的国家和社会事务由行政自主决定、不受其他权力过度干涉的自主空间，诸如外交、军事等行政特权领域。③ 在德国，行政保留原则的典型例证就是特别权力关系理论，不过，该理论当下已全面式微。

其四，德国的法律保留原则强调的是立法权与行政权的关系问题，而法国的行政保留解决的却是行政权与司法权的分离问题。从实质意义上来讲，1215 年英国大宪章所揭示的罪刑法定原则，以及君主立宪时代的"租税同意权"即"不出代议士不纳税"，是法律保留原则广义上的历史先导。

其五，在法律保留原则规范和调整的疆域内，立法者有积极立法的义务。不过，这并不意味着在法律保留事项范围之外，立法者就全然不能涉足。④

其六，在和行政的关系上，法律分为组织规范、规制规范和根据规范。其中，"组织规范"是行政存在的基础，"根据规范"的授权是要件，而对"规制规范"的遵循是行政合法的内在要求。法律保留原则更多强调的是，组织规范存在基础上根据规范的制定问题。⑤

其七，"法律保留的特殊之处在于，它是自行并且是普遍性地事先发挥作用的；而法律的拘束力和法律优先则是相反，是依据已颁布的法

---

① 参见翁岳生：《行政法》（上册），北京，中国政法大学出版社，2000 年，第 180 页以下。

② 〔日〕盐野宏：《行政法总论》，杨建顺译，北京，北京大学出版社，2008 年，第 44 页。

③ 门中敬：《规范行政保留的宪法依据》，《国家检察官学院学报》2017 年第 1 期。

④ 许宗力：《法与国家权力》，台北，元照出版公司，1999 年，第 119 页。

⑤ 〔日〕盐野宏：《行政法总论》，杨建顺译，北京，北京大学出版社，2008 年，第 46 - 47 页。

律才形成的。"① 可见，法律优先更多是拘束行政和司法，而法律保留首先拘束立法，其次才构成对行政的规范与调整。

（三）法治国的发生学

"'自由法治国'又称'夜警国'，即'守夜人'式的国家，它描述的是西方资本主义国家在近代的一种整体规模和形态。"② 法治国是对欧洲中世纪特别是警察国时代国家治理体系的整体反思与全面提升的产物，其产生有着深刻的社会政经文化背景，也是各种复杂因素综合发酵的结果，本讲仅从人权观念、自由市场和知识格局三个方面予以探讨和总结。

1．消极人权观

欧洲文艺复兴时期人文主义精神的一般特征是推崇人的自然本性、强调人性尊严和独立价值。不过，人文主义者的人权论证大多是借助上帝展开的：上帝造人就是让人自由地发展，使人具有自己的特性即人性，理性则是人性的核心内容。③ 比如，但丁·阿利吉耶里（Dante Alighieri）就说："人的高贵，就其许许多多成果而言，超过了天使。"而彼特拉克则提出："不认识自己，决不能认识上帝。"④

随着宗教改革的推进和新教伦理的逐步确立，无须藉由神职人员的权威就可径直和上帝沟通的清教徒们，从神权里发现了人权，即人性的光辉，上帝神圣与人性之美共存。正如格奥尔格·威廉·弗里德里希·黑格尔（Georg Wilhelm Friedrich Hegel）所言："在和上帝发生绝对关系的地方，一切外在性都消失了；一切奴性服从也随同这种外在性，这种自我异化消失干净了。"⑤ "人类靠自己是注定要变成自由的。"⑥ 路

---

① 〔德〕奥托·迈耶：《德国行政法》，刘飞译，北京，商务印书馆，2016 年，第 76 页。
② 刘丽：《税权的宪法控制》，北京，法律出版社，2006 年，第 38 页。
③ 夏勇：《人权概念起源——权利的历史哲学》（修订版），北京，中国政法大学出版社，2001 年，第 133 – 134 页。
④ 北京大学西语系资料组：《从文艺复兴到十九世纪资产阶级文学家艺术家有关人道主义人性论言论选集》，北京，商务印书馆，1971 年，第 3、11 页。
⑤ 〔德〕黑格尔：《哲学史讲演录》（第 3 卷），贺麟、王太庆译，北京，商务印书馆，1996 年，第 379 页。
⑥ 〔德〕黑格尔：《历史哲学》，王造时译，北京，商务印书馆，1963 年，第 464 页。

德更加直接地说："一个基督徒因着信仰就在凡事上自由。"① 也正是在这个意义上，韦伯说新教伦理促生了资本主义精神，即资本主义与人们普遍过着一种忍耐、节制、禁欲式的道德生活不无关系，所以"无止境的营利欲并不等同于资本主义，更加不是其'精神'所在。反之，资本主义倒可以等同于此种非理性冲动的抑制、或至少是加以理性的调节"②。

于是，在对自身的发现与赞美的歌唱中，人人平等（在造物主面前）和人权不可侵犯观念，开始确立并最终成为普遍的社会共识。尽管起初所谓的人权只是特定群体和阶层范围内的人权——比如，男性对比女性、白人相对黑人等，但人权以其无比巨大的解释力和无法阻挡的普及力，迅速成为现代性建构的价值核心和目的指向。此外，罗马法复兴运动也促进了西欧社会的发展，律法的世俗化和世俗社会的法律化的双重建构，唤起了人们对古典法文化的热爱，对理性的崇拜，对权利的珍视，以及对个性的尊重。③

不过，在近代自由法治国时代，人们秉持一种消极的、否定的和静态的人权观，并将人权等同于财产权有效保障基础上的自由权，天然地排斥国家对个人私法生活的干预，哪怕是以善意为目的。④ 正如亚当·斯密描述的那样："只要不违反公正的法律，那么人人都有完全的自由以自己的方式追求自己的利益。"⑤ 美国历史学者查尔斯·A. 比尔德（Charles A. Beard）更是不无偏颇地说："宪法是一群财产利益直接遭受威胁的人们，以十分高明的手段写下的经济文献。"⑥

这种消极权利观来源于自然法思想。"自然法学派自然权利理论的显著特征是其所暗含的道德上的个人主义。自然权利论者都承认并宣扬

---

① 〔德〕马丁·路德：《路德选集》（上册），香港，金陵神学院托事部、香港基督教辅桥出版社，1957 年，第 32 页。

② 〔德〕马克斯·韦伯：《新教伦理与资本主义精神》，康乐、简惠美译，桂林，广西师范大学出版社，2015 年，第 4 - 5 页。

③ 夏勇：《人权概念起源——权利的历史哲学》（修订版），北京，中国政法大学出版社，2001 年，第 143 页。

④ 参见刘丽：《西方福利国家危机对中国控税的启示》，《上海交通大学学报》2007 年第 6 期。

⑤ Adam Smith，"The Wealth of Nation"，Oxford：The Clarendon Press，1930，Vol. 2，p. 184.

⑥ 〔美〕查尔斯·A. 比尔德：《美国宪法的经济观》，何希齐译，北京，商务印书馆，1983 年，第 19 页。

人的自成目的性，并认为在预设的'自然状态'中，初民是'原子式'的个人，每个人都具有'合理自利'的本性和'自我保存'的倾向，享有来自上帝即天赋的不可剥夺的自然权利。一旦这些权利被外力任意侵犯和剥夺，个人也就丧失了其人之为人的道德根基。"① 如约翰·洛克（John Locke）所言："上帝扎根在人类心中和铸刻在他的天性上的最根本和最强烈的要求，就是保存自己的要求，这就是每一个人具有支配万物以维持个人生存与供给个人使用的权利的基础。"故此，自我保存和达至个体幸福，是每一个无法逃脱时间性的个人的终极追求。每个人"在自然法的范围内，按照他们认为合适的办法决定他们的行动和处理他们的财产和人身，而无须得到任何人的许可或听命于任何人的意志"②。简而言之，自然权利就是"利用一切可能的办法来保卫自己"③。

消极人权观的警惕性和防御性源于自然权利理论，在这里"法律不被认为是为了积极的社会目的。实际上，'政府实质上被认为是征召和动员私人力量去达成私人目的'"④。消极人权观的基本内涵为：其一，所谓人权就是指人的自由权，特别是政治意义上的自由权，比如言论、良心等近乎绝对的自由等；其二，人权的消极性一方面表现为不干涉才能够实现自由，另一方面昭示着自由的消极状态，也就是一种自治和自律前提下的责任的个人化状态。可见，个人自由首先是一种自我责任；其三，消极人权的保障对社会有着结构性的要求，其必须在"市民社会"框架体制下才能够得以实现。理性节制下的生活样式，才能以自律排斥他律，用自治赶走他治，进而促生"国家－社会"的二元结构体系。

英国哲学家赛亚·柏林（Isaiah Berlin）在其名著《两种自由的概念》中，把自由分为"消极自由"（negative liberty）和"积极自由"

---

① 倪洪涛：《从"道德宪法"到"政治宪法"：一种税权控制的研究视角》，《法学评论》2006 年第 3 期。

② 〔英〕洛克：《政府论》（上篇），瞿菊农、叶启芳译，北京，商务印书馆，1997 年，第 8、37、38 页。

③ 〔英〕霍布斯《利维坦》，黎思复、黎廷弼译，北京，商务印书馆，2008 年，第 97－98 页。

④ 〔美〕O. C. 麦克斯怀特：《公共行政的合法性：一种话语分析》，吴琼译，北京，中国人民出版社，2009 年，第 59 页。

（positive liberty）两种类型。① 此后，在人权法学和宪法学领域中也广泛出现了"消极权利"（negative right）和"积极权利"（positive right）之分。其中，"消极权利是指要求国家权力作出相应不作为义务的权利，自由权即属于这一类型；而积极权利则是指要求国家权力作出相应作为义务的权利，参政权和社会权即然"②。

消极权利伴随的是生机勃勃的社会，同时亦内在地要求一种"无为而治"的国家治理状态。从另外一个角度来看，"不干预"也意味着法律规定下的干预，即必要时方能实施干预，行政用权的范围和方式是既有法律事先规定好了的。可见，消极人权成就法治国家，法治国家又必须是一种最小意义和最弱意义上的"小政府"。大社会与小政府互为表里，强人权与弱公权共生共存，这就是秦晖教授所谓的"次优国家"，即"最小权力最小责任"的国家形态。③ "在这里，国家仅负有消极地维持秩序和安全的任务。它'以经济上独立、精神上自主的市民作为人的基本形象'，私人享有不受国家干预的自由，国家和社会之间保持一定的'距离'，形成一种'对峙'关系。"④ 换言之，法治国是一种"自由防御型行政法治"。否则，一旦国家权力过于强大和积极主动，我们小心翼翼地避免了"臭鼬或狐狸的恶作剧"，结果"却被狮子吞掉了"。⑤

2. 市场万能观

在上述"国家-社会"二元结构框架里，一种基于利己性引导的经济模式即自由市场，开始发生并极大地促进了社会发展。自由市场的运行机理全在生产要素动员能力和激励性分配机制的双重确立。换言之，经营的自主性和交易的自愿性共同创造了一个繁荣的市场。

正如大卫·休谟（David Hume）指出的那样，市场这一自生自发的经济秩序严格遵守着三项基本自然法则："稳定的财物占有""根据同意转移所有物"和"履行许诺"。否则，就不可能建立良好的交往

---

① See Berlin, *Four Essays on Liberty*, Oxford University Press, 1969, p. 129.

② 林来梵：《从宪法规范到规范宪法：规范宪法学的一种前沿》，北京，法律出版社，2007 年，第 90 页。

③ 秦晖：《权力、责任与宪政：兼论转型中政府的大小问题》，香港中文大学《二十一世纪》2003 年 12 号。

④ 王贵松：《作为利害调整法的行政法》，《中国法学》2019 年第 2 期。

⑤ 倪洪涛：《从"道德宪法"到"政治宪法"：一种税权控制的研究视角》，《法学评论》2006 年第 3 期。

（交易）关系。① 可见，财产权保障制度是自由市场的坚实基础，而契约精神、诚信观念则维系着交易的可预期性与安全性，公正司法则是争议兜底性化解的担纲者。

在自由市场的语境里，一切的制度安排似乎与行政无关，只有在安全和秩序等狭小的范围内，才有行政权发挥作用的正当性与必要性空间。行政权就如同"守夜人"一样，默默地守护着公民的财产权等基本人权不受侵犯。正如有学者所言："直到 1914 年 8 月，除了邮局和警察外，一名具有守法意识的英国人可以度过他的一生却几乎没有意识到政府的存在。"②

在此背景下，行政基于维护社会安全与秩序以及有限的公共设施建设之需，谋求着自己的法权角色与位置。由于行政（权）发挥作用的场景往往是干预性的和秩序性的，法治国家放弃了古典社会的福利供给，仅在干预行政的民主控制方面发挥着建制化的法律功能。一定层面上讲，自由法治国就是一个"自由市场 + 司法正义"的治理状态，行政权偏于一隅并被法律所严格规训。

3. 知识的分立性

自由市场是建立在"产业分化"和"劳动分工"基础之上的，分工是合作的前提，合作是分工的深化，无怪乎亚当·斯密（Adam Smith）《国富论》的开篇就是"论分工"。亚当·斯密说："劳动生产力上最大规模的增进，以及运用劳动时所表现的更大的熟练程度、技巧和判断力，似乎都是分工的结果。"因为"人类把注意力集中在单一事物上，比把注意力分散在许多事物上，更能发现达到目标的更简易更便利的方法"，而"分工起因于交换能力，分工的程度，因此总要受交换能力大小的限制，换言之，受市场广狭的限制"③。

随着专业分工在纵横两个向度上的日益精进，人们不得不练就一身在"针尖"上谋生活的能力，亚里士多德大百科全书式的人物在现代社会消失不见了，取而代之的是专业性和技术性人才。专业性的急剧深

---

① 〔英〕休谟：《人性论》（下册），关文运译，北京，商务印书馆，2005 年，第 566 页。

② 〔英〕威廉·韦德：《行政法》，徐炳等译，北京，中国大百科全书出版社，1997 年，第 3 页。

③ 〔英〕亚当·斯密：《国民财富的性质和原因的研究》（上册），郭大力、王亚南译，北京，商务印书馆，2004 年，第 5、10、16 页。

化，又造成了知识在生产、分布和占有上的"分立性"，此即哈耶克所谓的人类现代社会"知识上的构成性局限"，这种"知识上的构成性局限是我们不可经由理性而建构整体社会的一个永恒的障碍"①。在知识的分立性格局里，一方面人类的整体知识增量呈现几何倍数的扩展，甚至出现了知识的"大爆炸"，知识的聚合效应带来了生活便利，科技的快速发展改变着我们的生活方式，提升了我们的生活品质，也加快了我们的生活节奏；另一方面，每一个体却被现代性抛入并局限于深刻的"无知"处境里无法自拔。② 正如哈耶克所揭示的那样，这种"理性不及"的个人状态，导致了深深镶嵌于"大社会"秩序中的每一个人"必然的且无从救济的无知处境"③。换言之，在现代社会，整体性力量的增进和个人的无力感同时并存。

这样，专业分工和专业训练使得专家成为社会生活中最重要的日常机能的担纲者，官僚科层制得以不断优化和固化，专家治国成为社会常态。同时，生产生活的技术化和专业化所刻画出的道道沟壑，也提升了整个社会的交往成本和治理成本，这是自由法治国家无法逃避的历史境遇，尊重专家和专业诚信同样重要。技术理性和专家治理的发展，呼唤建构法律与行政的理性关系，即要求确立一种"按程序规则行事而可资估量"的行政和法律制度，"缺乏了这些条件，冒险者以及投机商人的资本主义，或者取决于政治的一切可能形式的资本主义也许还可能存在，然而任何具有固定资本与确定计算的、合理的私人经营却是绝对无法生存的"④。故此，法治国为了营造良好的市场环境，就要对行政进行严格的法律控制，塑造一种"管理最少，管理最好"即"最好的政府最少管理"的法治状态。

（四）法治国时代行政法治的主要特征

在法治国时期，行政法治的形态主要是"秩序行政""干预行政"

---

① 〔英〕弗里德利希·冯·哈耶克：《法律、立法与自由》（第一卷），邓正来等译，北京，中国大百科全书出版社，2000 年，第 21、12 页。

② 刘丽：《税权的宪法控制》，北京，法律出版社，2006 年，第 70 页。

③ 〔英〕弗里德利希·奥古斯特·冯·哈耶克：《法律、立法与自由》（第一卷），邓正来等译，北京，中国大百科全书出版社，2000 年，第 8 页。

④ 参见〔德〕马克斯·韦伯：《新教伦理与资本主义精神》，康乐、简惠美译，桂林，广西师范大学出版社，2015 年，第 11 - 12 页。

和"强制行政"。从法治原则的角度来看，"依法律行政原则"处于主导地位。法治国时代行政法治的主要特征可以约略描述如下：

1. 依法律行政是法治国的基石

依法律行政原则首先是分权原则，其次才是治理意义上的制衡原则和控权原则，其包含着民主主义、分权主义和法律主义，从而既保证现代西方科层行政官僚制的高效率运行，又防止和避免行政权像警察国时期那样恣意与专横。当然，依法律行政在一定层面是西方"小国寡民"状态下议会主导型的国家治理形态，对于大国治理而言，依法律行政或许仅仅是理想的理论模型，大国的法治建设只能从比如法位阶理论、基本权利保障理论以及法律保留原则等更加具体的方案中获得启迪。否则，一旦由于单一来源导致的规则供给不足或者严重滞后，则大国在处理风险社会应急性问题时，就会走向制度设计的反面。但无论如何，依法律行政原则是任何致力于现代化法治建设的国家都无法跨越的法文化阶段，任何意义上的绕行都势必会打乱法律和行政之间的基础性民主关系。故此，依法律行政原理（原则）既是一时空序列和理论序列，更是一宪政序列和基础性法权结构体系。

行政权的行使有纵向和横向两个维度。在纵向上，法治国时期对行政实施着近乎僵化和机械的法律控制。特别是在工业时代早期，由于社会的风险性和不确定性尚不突出，行政权对社会事务干涉的强度和深度还没有那么显著，行政裁量权及其滥用的治理也不是主要的时代法治议题。正如埃德加·博登海默（Edgar Bodenheimer）所言："19 世纪，美国政府的工作重点几乎完全集中在那些严格限制行政范围的法律约束之上、行政中的自由裁量范围也不可避免地被缩小到了一种无可奈何的地步。"[①]

合法律性是法治国时代首要的行政法原则。尽管在对警察国的反思和矫正过程中，就已经开始了比例原则等合理行政的制度构建，但行政合理性问题直到福利国时代，才作为合法律性原则的必要补充，真正开始走向前台、崭露头角。罗斯科·庞德（Roscoe Pound）对当时美国情况的描述，很形象地说明了法治国时代的上述状况：

---

① 〔美〕E. 博登海默：《法理学：法律哲学与法律方法》，邓正来等译，北京，中国政法大学出版社，1999 年，第 368 页。

"法律使行政陷于瘫痪的状况，在当时是屡见不鲜的。几乎每一项有关治安或行政的重要措施都被法律所禁止。……别的国家在行动前提交行政审查和监督机构的事情，在美国却交给了法院，人们宁可用一般性法律来告知个人所应负担的义务，宁可让他依自己判断自由行事，并宁可在他的自由行动违反了法律时再对他们进行起诉和施以预定的刑罚，将行政限于无以复加的最小限度，在当时被认为是我们这个政体的根本原则。换言之，当其他一些国家走向一个极端并接受官僚支配时，我们却走向了另一个极端并接受法律的支配。"①

2. 行政权行使的范围狭小

从行政用权的横向范围上看，法治国时代行政的权力指向（从内政的角度）主要集中在两个方面：一方面是国内安全与秩序的维护，另一方面是必要公共设施和公共产品的供给，以便弥补市场明显不足导致的公益侵害。

西方保守主义的开拓者埃德蒙·柏克（Edmund Burke）说："给我们提供生活必需品，这不是政府权力所能及。""是人民供养了政治家，而不是政治家供养人民。""国家应该把自己限制在真正的、严格的公共事务——公共和平、公共安全和公共繁荣——的范围内。"② 这也正是亚当·斯密的市场逻辑，他清晰地论证道，君主（国家）只有三个方面应尽的义务："第一，保护社会，使不受其他独立社会的侵犯。第二，尽可能保护社会上各个人，使不受社会上任何其他人的侵害或者压迫，这就是说，要设立严正的司法机关。第三，建设并维持某些公共事业及某些公共设施（其建设与维持绝不是为着任何个人或任何少数人的利益），这种事业与设施，在由大社会经营时，其利润常能补偿所费而有余，但若由个人或少数人经营，就决不能补偿所费"③。

罗伯特·诺齐克（Robert Nozick）发展了亚当·斯密的理论，他强

---

① Roscoe Pound, 1914: "Justice According to Law", *Columbia Law Review*, Vol. 1, pp. 12 –13.

② 郑春燕：《行政》，北京，生活·读书·新知三联书店，2017年，第106、110页。

③ 〔英〕亚当·斯密：《国民财富的性质和原因的研究》（上册），郭大力、王亚南译，北京，商务印书馆，2004年，第253页。

调建立"最弱意义上的国家"（a minimal state），"即一种仅限于防止暴力、偷窃、欺骗和强制履行契约等较有限功能的国家"，"任何功能更多的国家（extensive state）都将因其侵犯到个人不能被强迫做某些事的权利而得不到证明。""最弱意义国家是能够证明的功能最多的国家。任何比这功能更多的国家都要侵犯人们的权利。"①

综上，在法治国时代，普遍国家观是："人们组建国家的目的是避免'自然状态的种种不便'引发的'无具体对象的焦虑与恐惧'"②。如是，行政被要求必须是疆域狭小且权责清晰，它只是市场秩序的维护者，而市场则是个人自治的领地。

3. 行政作用方式单一

在法治国时代，由于行政目的的安全与秩序指向和行政法渊源上的单一性，即仅指议会立法，导致了行政作用方式的单一性，行政用权主要是"命令－服从"的强制模式，多元和灵活的行政行为模式是福利国家行政法治的时代特征。

法治国时代行政的用权格局暗合着秩序行政的法律特性，也与法治国时代通过法律对行政行为的司法化塑造密切相关，对行政格式化或者建制化的法律规制，对应的是损益行政中的人权保障和利害关怀，是消极人权观深入人心的时代反映。

米尔顿·弗里德曼（Milton Friedman）在试图重构开放市场时说："自由社会政府的基本作用：提供给我们能够改变规则的手段，调解我们之间对于规则意义上的分歧，和迫使否则就不会参加游戏的少数几个人遵守这些规则。""当冲突发生时，必须限制一个人的自由以便保存另一个人的自由，正像一个最高法院的法官说过的那样——'我移动我的拳头的自由必须受到你的下巴的接近程度的限制'。"③ 其实，行政就是迫使遵守游戏规则的公共力量，他出场的时机是"冲突发生时"。不过，由于是侵益行为，"拳头"的挥舞受到"程度的限制"，而这个程度性限制的准据就是法律。

---

① 〔美〕罗伯特·诺齐克：《无政府、国家与乌托邦》，何怀宏等译，北京，中国社会科学出版社，1991年，第1、155页。
② 刘丽：《税权的宪法控制》，北京，法律出版社，2006年，第83页。
③ 郑春燕：《行政》，北京，生活·读书·新知三联书店，2017年，第223页。

三、福利（法治）国时代及其行政法治

（一）福利国的理论范畴

1. 福利国的内涵与外延

福利国，也称福利法治国或社会（法治）国（德语为：Sozialstaat；英语为：Welfare State），"福利国家是社会在基本需求方面为其成员的福祉承担法定责任的，因此是正式的和明确的责任的制度表征"[①]。

在英国，"福利"这一术语与"国家供给"同义。"'福利国家'却总是一个包含着国家、私人、非政府组织以及其他非正式元素的混合体。""福利国家是养老金、医疗保险、劳动力市场及教育政策的总和。……是一个深深植根于流行与政治话语的政治性概念。""在英国的社会政策中，福利国家曾被解释为涉及针对稳定收入、健康、教育与住房的公共政策机构。"[②]

在德国，社会（福利）国被视为当前的一项宪法原则，并与联邦国、民主国和法治国作为整体成为《基本法》中不可修改和废弃条款。1930 年，赫尔曼·黑勒（Hermann Heller）在其著作《法治国抑或专制?》中指出："只有当市民法治国或自由法治国家发展成社会国家时，才能避免国家的专制化。"这是社会（福利）国家概念的首次提出。黑勒认为，（市民或自由）法治国家和社会（福利）国家的差异性集中体现在对"平等"问题的理解上，在（市民）法治国家观念中，"平等"仅仅是形式上的，即此种意义上的平等并不考虑个人是否真正有能力行使平等，在此宪法框架下形成的法治形态，也就是所谓的"形式法治"。与此相对，社会国或福利国不仅追求形式法治上的平等，其也将努力实现实质平等视为重要的国家目标，旨在促进"实质法治"。"二战"后，在德国著名国家学家卡尔·施密特（Carl Schmmit）等诸多学人的共同努力下，"社会国家原则"被规定在联邦德国《基本法》第 20

---

① H. Girvetz, Welfare State. International Encyclopedia of the Social Sciences, 1968, Vol. 16, S. 512（Ubers. V. Verf.）.

② 〔英〕马丁·瑟勒博－凯泽：《福利国家的变迁：比较视野》，文姚丽主译，北京，中国人民大学出版社，2020 年，第 20、233、234 页。

条第 1 款和第 28 条第 1 款之中。① 与包括我国在内的世界其他国家宪法将国家具体的社会给付义务以基本权利形式直接在宪法中予以规定——即"社会基本权利立宪模式"——之通常作法不同，1949 年德国《基本法》有意放弃了"社会基本权利立宪模式"，而是采用"社会国家原则立宪模式"。根据德国的宪政实践，《基本法》上"社会国家原则"的内容主要包括，国家之社会义务（Die Sozialpflichtigkeit des Staates）和基本权利之社会责任（Die Sozialbindung der Grundrechte）两大部分。可见，德国《基本法》中的基本权利条款并不包括所谓的"社会基本权利"即福利基本权利，而只是将"社会国家"作为德国的"国家目的"或需要满足的客观的宪法规范予以规定，这样，福利（社会）权就要仰赖立法机关制定具体法律才能予以实现。因为任何社会政策的法律化常常与公共财政资金之分配紧密相关，而分配问题只有经由充分的民主讨论方能合理化和合法化。也正是从这个意义上讲，德国《基本法》在社会（福利）国问题上坚守"社会给付法律主义"②。

从时间维度上看，福利制度在西方近代的发生，最早可以追溯至1601 年英国《济贫法》的出台。此后，社会（福利）国及其理念在近（现）代西方国家早期的许多重大宪法性文件中开始渐次出现。1776年，《弗吉尼亚权利宣言》规定"每个人都应该获得安全和幸福，而每个政府都应该致力于整个社会福利和安全水平的提高"；法国大革命时期的宪法宣言也有对于工作权及救助贫困者的相关规定；1849 年的《保罗教堂宪法》（Paulskirchenverfassung）则明确提出了职业培训请求权；1871 年《德意志帝国宪法》序言中有"促进德意志人民的整体福利"的明文规定；更具标志意义的是《魏玛宪法》第 151 条明确规定，"经济生活的秩序必须依据公平原则保障每一个人最低限度的尊严"③。不过，值得强调的是，作为法治形态的福利国家，集中建构于 19 世纪下半叶至 20 世纪上半叶。至于西方世界福利国家的真正全面确立，则

---

① 德国《基本法》第 20 条第 1 款规定："德意志联邦共和国乃是民主、社会联邦国家"；该法第 28 条第 1 款规定："各州的宪政秩序必须与本基本法所规定的共和、民主、社会和法治国的基本原则相符合。"

② 参见胡川宁：《德国社会国家原则及其对我国的启示》，《社会科学研究》2015 年第3 期。

③ 参见张志铭、李若兰：《迈向社会法治国：德国学说及启示》，《国家检察官学院学报》2015 年第 1 期。

是"二战"后的事情了。

欲全面认识和了解福利国家，可以从如下五个方面着手：

首先，福利国家是近现代民族国家在特定历史时期表现出的一种制度特征或者结构侧面。福利国以法治国为基础，是对法治国后期经济危机和社会危机的矫正与补救。福利国在一定程度上实现了个体自由保障和集体风险防范的同时提升，克服了自由市场与行政权力的传统对峙，调和了平等与自由之间的内在冲突。在福利国时代，"'法律成为政治的工具，但同时它也为政治规定了法律可以被它利用的程序条件。'法律形式施加给政治的限制是结构性的，而非（如新自由主义所担心的那样）是数量上的。"因为"法治国之侵蚀的症状确实标志着一些危机倾向，但是这些倾向所显示的与其说是法治国原则对越来越复杂的政治活动提出了无法解决的过分要求，不如说是法治国原则的建制化程度还不够充分"①。正如德国学者伯哈德·施密特·阿斯曼（Eberhard Schmidt-Assmann）所言：

"根据传统的理解，在行政法秩序里面，法律占据核心地位。经由行政的法约束，行政受到法形式的纪律化，法律的实质决定计划必须按照方法论上精确步骤经由个别行为加以转换。正是因为这样，法律对于现代行政法的意义现在受到不断的质疑。社会给付国家快速转换的活动以及科学技术发展的自我动力都显得较为不适合经由事先拟定的抽象计划加以操控。然而这样的质疑不能导致在行政法体系中告别法律。一方面，这些现象只涵盖了部分行政法领域，在其他领域当中，法律的古典操控功能不容置疑。在确认法律作用不足的地方，必须思考经由其他操控手段以及其他执行方式加以补充。法律具有的目的计划、程序规定或者组织形成的纲要秩序等功能也对此提供了基础。只有当法律的民主功能被探究以及法律的权力分立结构更精确地展开，法律的任务以及适合于此的构成要件结构才能精致地被决定，但是单从法治国家的角度来看，我们便可以说法律除了主观权利功能以外，其结构化以及创造透明性的功

---

① 郑春燕：《行政》，北京，生活·读书·新知三联书店出版社，2017年，第257、264页。

能即使在今天仍然是行政法无可以取代的支柱。"①

其次，福利国是特定"国家目标"的具体化。比如"对急难和贫困进行救助，使每个人都能达到合乎人的尊严的最低生活水平；通过缩小贫富差距和控制依附关系实现更多的平等；对'生活的沉浮'提供更多的安全保障"②；等等。可见，福利国意味着行政功能的多元化和行政任务的复杂化，诸多先前没有的行政职责被赋予和激活，更加积极的作为成为行政的时代特征。

再次，如果说"自由"是法治国建制化的根基，那么"平等"就是福利国的核心价值诉求；法治国对应着公民的自由权，而福利国则更强调社会权或曰福利权的保障。一旦人们发现所谓的自由仅仅是"贫困的自由"时，国家治理形态的转型就会成为历史发展的必然——以"平等"规训"自由"，用"市场规制"取代"自由放任"，通过生存手段分享上的扁平化和普遍化，尽可能地消弭贫富差距和社会矛盾。故此，"由国家推动的社会保护扩展到保障每一个人的社会权利的这一趋势，是福利国家发展的典型特征"③。"向福利国家模式过渡的理由在于，主观权利不仅可以受到行政部门非法干预的侵害，而且也会受到行政部门拒不提供服务的侵害，社会的结构性变化使人们向往享受平等自由的普遍权利所具有的客观法内容。"④

复次，福利国不是同质化的，该理论范畴涵盖着多样性的福利观念和福利实践。在西方社会，"福利法治国"可粗略地分为三种类型：①以美国为代表的英美"自由式福利国家"形态；②以瑞典为代表的北欧"社会民主式福利国家"形态；③介乎二者之间的，以德国为代表的欧陆"保守式福利国家"形态。上述三种类型的福利国家，尽管对"平等"价值的重视程度各不相同，但在宪政语境下，"法治"却是

---

① 〔德〕施密特·阿斯曼：《秩序理念下的行政法体系建构》，林明锵等译，北京，北京大学出版社，2012年，第79页。

② 〔德〕弗兰茨－克萨韦尔·考夫曼：《社会福利国家面临的挑战》，王学东译，北京，商务印书馆，2004年，第14页。

③ 〔德〕弗兰茨－克萨韦尔·考夫曼：《社会福利国家面临的挑战》，王学东译，北京，商务印书馆，2004年，第23页。

④ 郑春燕：《行政》，北京，生活·读书·新知三联书店出版社，2017年，第256页。

它们的共同坚守。①

最后，福利（社会）国制度及其理论体系有着丰富的内涵。具体而言，福利（社会）国家的基本内涵包括：①社会形成（Sozialgestaltung），即更多地利用租税、补助等手段照顾人民生活；②社会安全（Sozialsicherheit），即国家通过为人民提供一种合乎人性尊严的生活条件，让人民免于匮乏，脱离经济困境；③社会正义（Sozialgerechtigkeit），即国家致力于多元利益主体的矛盾调和，竭力谋求社会平等。② 也有学者根据德国的福利法治实践，将福利国家的内涵总结为五项："创造可忍受之生活条件、引进社会安全体系、强调社会公平、确保社会自由、建立必要之公法补偿体系"③。

2. 古代社会的福利制度

古代社会也存在着福利制度，无论中西。古代福利制或者表现为城邦提供的公共服务，譬如古希腊、古罗马建造的圆形剧场、竞技场、公共浴场等公共设施；或者表现为对无工作能力者、孤儿、残障人士的社会救助。在雅典，就有一项名为"城市的钱"的专门福利预算，早在公元前358年，雅典公民大会就将"观剧津贴"制度化。至罗马共和晚期，"面包和马戏"已成为新兴权力阶层对普通民众的刚性承诺，即国家不仅要对民众的物质生活（"面包"）负责，而且还要为民众的精神享受（"马戏"）创造条件。④ 到了中世纪，在政教分治、封建割据的状态下，教会成为最重要的社会福利担纲者，教会建造了大量的育婴堂、孤儿院、救济所、医院等福利机构。这些社会福利性设施不仅催生了现代医学和现代教育，而且也是现代慈善事业的组织雏形和制度前身。⑤

在中国古代传统农业社会里，儒家伦理倡导的"家国同构"孕育了"长老统治"的社会形态，衍生了"孝文化"，也形成了中国延续几千年的独特社会福利或社会保障制度体系。如《孟子·梁惠王上》记载："五亩之宅，树之以桑，五十者可以衣帛矣。鸡豚狗彘之畜，无失

---

① See Esping. Adersen. G, *The Three of Worlds of Welfare Capitalism*, London：Polity, 1990, p. 96.

② 参见胡敏洁：《福利权研究》，北京，法律出版社，2008 年，第 59 页。

③ 翁岳生：《行政法》（上册），北京，中国政法大学出版社，2000 年，第 59 页。

④ 参见秦晖：《权力、责任与宪政：关于政府"大小"问题的理论与历史考查》，《社会科学论坛》2005 年第 2 期。

⑤ 刘丽：《税权的宪法控制》，北京，法律出版社，2006 年，第 83 页。

其时，七十者可以食肉矣。百亩之田，无夺其时，数口之家可以无饥矣。谨庠序之教，申之以孝悌之义，颁白者不负戴于道路矣。七十者衣帛食肉，黎民不饥不寒，然而不王者，未之有也。"

乡土中国遵循"伦理本位"，"伦理关系即情谊关系，亦是一种义务关系"①。以血缘关系为中心向外推开的古代中国社会在形态上呈现出"长老统治"的特征，老人享有"教化权"。在"事亲从兄"的孝文化语境里，父义当慈，子义当孝；兄之义友，弟之义恭。"孝道"本质上是一种"交易"，"养儿"交换的是"防老"，人人都会变老，"养儿防老是自利性的家族互保甚至社会福利"。同时，古代中国社会还有财产宗族共有制，比如祭田、义庄和义学，这种独特的共有财产制将家庭代际保障制度部分地扩展至宗族，作救济孤寡贫困和辅助教育之用。但无论如何，传统中国与古代西方的福利观在文化层面差异巨大。

在中国农业社会的"差序格局"②（上下有序、内外有别）和"伦理本位"语境里，以血缘为纽带的家（宗）族互助制和家庭代际养老制，塑造了一种独具特色、稳定而有效的以家庭为核心的宗族养老保障体系。这种社会制度经过礼教强化和文学艺术的千年传唱，已经深入民心并外化为普遍的行为习俗。《民法典》（2020年）第26条规定："父母对未成年子女负有抚养、教育和保护的义务。成年子女对父母负有赡养、扶助和保护的义务。"这种国家责任的家庭承担，既是我国福利体系亟待现代化的体现，也在一定程度上反映了深受文化传统影响的民众对社会权保障的"集体无意识"。可见，将亲子之间的精神陪护与国家的物质保障相分立，也许是我国亟待着力健全的教育和养老福利制度的未来方向。这种中华民族传统文明与西方法治文化的理性对接，定会让我们具备一种升华了的制度优势。

其实，现代许多南欧国家的"家庭主义"福利体制，还有日本的"社区－家庭"社会保健体系，与我国古代宗族互保机制有着一定层面的相似度。比如日本的"民生委员"和"措置制度"就值得借鉴，当下日本有20万来自社区且非常熟悉社区的民生委员（平均年超过60岁），他们日常性地探望当地社区成员，然后向1.8万名政府福利机构

---

① 梁漱溟：《中国文化的命运》，北京，中信出版社，2010年，第134页。
② 费孝通：《乡土中国》，北京，北京大学出版社，1999年，第24页以下。

官员报告他们认为需要支持资助的国民，而这 1.8 万名福利官员为 1.34 亿人提供着福利服务。[①]

（二）福利国的成因

从自由法治国到福利法治国的历史转型，既有"市场万能"迷信破灭的原因，亦可导源于价值层面上对平等的强烈诉求，更是风险社会的内在逻辑要求。

1. 经济因素

到目前为止，市场经济仍然是一个不坏的制度安排，因为市场暗合了"有限理性"的人性假设和"资源稀缺"的人类处境。正如大卫·休谟（David Hume）所言："因而我们可以容易的断言，如果每样东西都同样丰富地供给于人类，或者每个人对于每个人都有像对自己的那种慈爱的感情和关怀，那么人类对于正义和非正义也就都不会知道了。"[②] 换言之，如果把人的善心和大自然的丰足增加到足够程度，正义就变得没有必要了。

不可否认的是市场有着其自身无法克服的缺陷，自由市场必然引发经济危机，进而形成社会危机甚或宪政危机。在此自然规律下，西方国家在不同理论的指引下开始分道扬镳，走出了三条迥异的自由市场补救之路：其一，法西斯的极权主义引爆了世界大战；其二，凯恩斯主义的改良模式，试图用政府"看得见的手"弥补市场"看不见的手"，以"罗斯福新政"为典型代表的福利化改革，顺势登上了历史前台，造就了西方的福利国家建设；其三，马克思主义的"幽灵"为世界带来了社会主义模式，从而形成了影响至今的世界格局。

概而言之，自由市场的缺陷主要表现在：一方面，形式上的人格平等无法长期掩盖事实上的不平等，出生决定了我们每个人在诸多方面的真实差异性，当然，"生物多样性"意义上的千人千面，也许是人类社会发展更为深刻和持久的动力，至少让世界看起来是那么的丰富多彩。由于强加于每个个体身上的上述偶然因素无法完全消除，所谓公平竞争

---

① 〔英〕马丁·瑟勒博－凯泽：《福利国家的变迁：比较视野》，文姚丽主译，北京，中国人民大学出版社，2020 年，第 114－120 页。

② 〔英〕休谟：《人性论》（下册），关文运译，北京，商务印书馆，2005 年，第 535－536 页。

和自由放任市场运行必然会导致垄断，垄断是自由市场不借助外力无法医治的痼疾，而社会达尔文主义更加剧了垄断后果的惨烈性与灾难性。另一方面，由于"搭便车"的普遍社会心理，① 很难要求市场的逐利者维护公共利益，"公地悲剧"即市场的外部性难以避免，从而导致"公共产品"供给不足和生态环境恶化。

另外，尽管市场经济可以促进社会财富的整体增进，但市场本身却是一种极其浪费的经济形态。为了营销和逐利，资本在有意识地、夸张地制造和拓展着不必要甚至有害的消费领域和消费需求，这种单纯的消费刺激很多时候走向了需求侧的负面，比如过度包装、节日消费、夜宵经济等等，更不用说剩余产品的人为销毁。故此，市场一定意义上又是很不"经济"的。

2. 积极人权

在法治国时代，公民享有的主要是消极的自由权，而福利国时代积极的福利权（即社会权）很快得到了法律确认与全面发展。正如日本宪法学家芦部信喜揭示的那样："在 20 世纪人权发展的潮流中，存在'从自由权到社会权'的取向，即在传统自由权之外，社会权逐渐登场，并同时得到保障。"② 同时，芦部信喜沿着上述二分法逻辑，将自由分为三种类型：防御国家的自由（Freedom from State）、接近国家的自由（Freedom to State）和依靠国家的自由（Freedom by State）。他认为自由权属于防御国家的自由，参政权属于接近国家的自由，而社会权则属于依靠国家的自由。可见，如果说"自由权指的是排除国家权力对个人领域的介入，以保障个人自由的意志决定和活动的人权"的话，那么"社会权则是针对那些伴随着资本主义高度化发展而产生的失业、贫困、劳动条件恶化等弊害，为保障社会的、经济的弱者而形成的 20 世纪的人权。"故此，自由权是"不受国家干涉的自由"，而社会权则是"由国家给予照顾的自由"③。史蒂芬·霍姆斯（Stephen Holmes）亦有

① 参见胡肖华、倪洪涛：《行政权的宪法规制》，《行政法学研究》2004 年第 1 期。
② 林来梵：《从宪法规范到规范宪法：规范宪法学的一种前沿》，北京，法律出版社，2007 年，第 91 页。
③ 参见〔日〕芦部信喜（高桥和之增订）：《宪法》，林来梵等译，北京，北京大学出版社，2006 年，第三版，第 72 页；林来梵：《从宪法规范到规范宪法：规范宪法学的一种前沿》，北京，法律出版社，2007 年，第 91 页；倪洪涛：《大学生学习权及其救济研究：以大学和学生的关系为中心》，北京，法律出版社，2010 年，第 55 页以下。

类似的表述："谈到设计出能够明智地解决问题的政治制度时，宪政政体必须不只是限制权力的政体，它还必须能有效地利用这些权力，制定政策，提高公民福利。"①

福利国时代社会权的确立和发展，是对法治国"贫困的自由"和"形式（法治）平等"的制度补救，也是实质（法治）平等对自由的价值抑制与平衡，那种"无福利即自由"的时代渐渐远去了。美国学者凯斯·R. 桑斯坦（Cass R. Sunstein）的比对极具启发性，揭示了现代积极权利即社会权保障的内在逻辑，要求政府积极地创设与服务：

> "消极权利禁止政府行为，并把它拒之门外；积极权力需要并盛情邀请政府。前者需要公职人员蹒跚而来，而后者需要公职人员雷厉风行。消极权利的特点是保护自由，积极权利的特点是促进平等；前者开辟出了一个私人领域，而后者要再分配税款；前者是剥夺与阻碍，后者是慈善与奉献。如果消极权利成为我们躲避政府的处所，那么积极权利则是提供我们政府的服务。前者包括财产权、契约权，当然也包括免受警察刑讯的权利；后者包括获得食品券的权利、住房补贴以及最低生活保障费。"②

3. 风险社会

科学技术是一把双刃剑。"科学技术的发展本应给人类社会带来幸福和便利，但反过来也造成了新的危险、不安和威胁。这就是一个悖论。科学技术的发展给生活带来了高级化、复杂化和综合化。"③ 随着科学技术的高度发展，人类紧随着工业社会，又步入一个专业性和技术性非常显著的"风险社会"，而福利国家也是在风险社会生成的过程当中不断发展完善的。故此，福利国也呈现出一些"风险国家"的法治特征，换言之，福利国本就隐含着风险国。当然，"风险"的苗头，在

---

① 〔美〕史蒂芬·L. 埃尔金、卡罗尔·爱德华·索乌坦：《新宪政论》，周叶谦译，北京，生活·读书·新知三联书店，1997 年，第 156 页。

② 〔美〕史蒂芬·霍尔姆斯、凯斯·R. 桑斯特：《权利的成本：为什么自由依赖于税》，毕竟悦译，北京，北京大学出版社，2004 年，第 26 页。

③ 〔日〕森英树：《宪法学上的"安全"与"安心"》，王贵松译，载《宪政与行政法治评论》（第五卷），北京，中国人民大学出版社，2011 年，第 68 – 69 页。

现代之初甚至在古希腊的科学逻辑思维中就早已埋下了伏笔，只是 20 世纪以来随着全球化进程的加速影响更大、危害更甚、愈加频繁罢了。对此，我们将在后文中予以深入剖析。

由工业社会到风险社会，意味着人类社会发生了整体性的结构变迁。① 随着社会的加速发展，因资源、人口、环境、公平、安全、秩序、自由等引发的各类社会冲突和矛盾集中爆发，人类进入了一个高风险的社会。② 比如重大突发公共卫生事件，2011 年日本的核泄漏危机，甚至美国的"9·11"事件也是风险社会的另一侧面，即"武装攻击"和"恐怖活动"引发的局部危机。当然，更加日常的风险还隐藏于垃圾焚烧、化工工业、食品安全、生物科技（转基因）、人工智能、大数据等诸多领域内。可见，这种"公共风险"或称"社会风险"，主要包括健康、环境、安全、经济稳定和福利的风险。③

在宪法上，将作为人的具体权利的"安全"称为"Safety"，是指排除具体危险而获得的客观的安全。作为政府的制度化任务的"安全"称为"Security"，是指整体上的不担心、没有不安，也就是主观的"安心"。抽象的、整体的主权意义上的"国家安全"，不能遮蔽甚至取代"人的安全"，实现从国家安全到人的安全的范式转型，确立包括国家安全的整体性的人的安全观势在必行。④

"公共风险"意味着国家紧急性和应急性高权介入的不可避免。传统行政法关注的是公民消极自由之保障，期待国家的"最小干预"。进入风险社会后，当公民个体无法面对现代社会不可预期的巨大整体风险时，国家作为一般意义上社会秩序的维护者和社会资源的掌控者自应强力介入，排除或减少危害，满足公民的合理预期，这也是一种福利意义

---

① 参见李燕：《风险社会中现代行政法所面临的规制危机及应对》，《新远见》2010 年第 1 期。

② 参见戚建刚：《风险规制的兴起与行政法的新发展》，《当代法学》2014 年第 6 期。

③ See Julia Black："The Role of Risk in Regulatory Processes", in *The Oxford Handbook of Regulation*, Edited by Robert Baldwin, Martin Cave and Martin Lodge, Oxford University Press, 2010, p. 305.

④ 〔日〕森英树：《宪法学上的"安全"与"安心"》，王贵松译，载《宪政与行政法治评论》（第五卷），北京，中国人民大学出版社，2011 年，第 68 – 69 页。

上的特殊生存照顾形态。① 面对突发性和紧急性的社会风险，就需要跳出以法院为中心的治理范式，倚重行政的主动性和灵活性展现出的明显的风险预防和管控优势。② 于是，当人类面临高度不确定性和前所未有的风险时，行政权的膨胀与行政机构的快速自我复制就很难避免了，人类在建构福利国家的同时，行政国也已悄然形成。哈贝马斯也意识到了"法治国"，特别是"福利国家"和"安全保障国家"紧密相关的历史事实，他论证道：

> "政府越来越卷入一些新的、受科学技术影响的风险的产生，不管是因为其行动，还是因为其不作为。随着这种风险——比如说产生于核能或基因技术的风险——的出现，提出了为未来世代而采取预防措施的问题，这种问题要求人们（当然也是要求立法者）具有更广的视域来代表他人进行利益感受。一般来说，风险社会的种种危险向专家的分析能力和预测能力，也向承担预防风险职责的行政权力的处理问题能力、采取行动准备和应急措施的速度，提出了如此高的要求，以至于福利国家中存在的法规约束问题和法律确定性问题一下子激化起来。……立法者的预防性规范只能对他们进行部分的规范性调节，并把它们与民主过程连接起来。另一方面，用于经典性预防目的、也就是更适合于应付物质性风险而不是潜在的对于大规模人群的危险的那些强制性导控手段，已经失效。……福利国家既提供授权又监护的辩证法也变得更加尖锐了……一个社会产生了那么多的安全风险，以至于它只能通过大大扩展监视机构才能保护受到威胁的基本权利价值。"③

（三）福利国的原则：依法行政

如上所述，法治国时代行政法的原则是"依法律行政"，而福利国

---

① 参见朱新力、梁亮：《公共行政变迁与新行政法的兴起》，《国家检察官学院学报》2013 年第 1 期。

② See Susan Rose-Ackerman, 1988："Progress law and Economics and the New Administrative Law"，*Yale Law Journal*, Vol. 98, pp. 341 – 367.

③ 〔德〕哈贝马斯：《在事实与规范之间：关于法律和民主法治国的商谈理论》，童世骏译，北京，生活·读书·新知三联书店，2004 年，第 535 – 536 页。

时代行政法的原则，由严格甚至僵化的"依法律行政"演化为了"依法行政"。正如尤尔根·哈贝马斯（Jürgen Habermas）所言："一旦行政部门受福利国家立法者的要求而承担进行计划和政治导向的任务，古典意义上的法规就不足以为行政部门的实践提供规划了。"① 在此背景下，行政立法逐渐发展。

依法行政原则至少包含以下四层内涵：其一，从法的渊源上看，与依法律行政原理相比较，依法行政中"法"的范围更加广泛，"法律"仅指代议机关的立法，而"法"既包括了狭义的议会立法，还拓展到了国家行政立法，甚至自治立法如校规、党规、村规民约等，这也就意味着行政作用的依据从单一走向了多元。"委任立法"的大量出现，导致宪法分权开始相对化和模糊化。如是，"随着政府任务的数量增长和质量变化，合法化任务也发生了变化，法律越是被当作政治导向和社会规划的手段而使用，法律的民主产生所必须承担的合法化负担就越是沉重"②。其二，既然立法主体呈现多元化存在格局，那么对法的品质要求就显得越来越重要，一种法位阶理论下的实质行政便成为时代发展的必然要求，恶法非法既拷问着法的合宪性又追诉着法的合法律性；就行政控制而言，问题则转化为在合法性基础之上行政行为还必须满足并通过合理性审查。其三，随着行政作用从具体的执行性活动发展到规则创制这一抽象性行为，在自我立法、自我执法的背景下，对行政活动的程序性规制就显得尤为重要，行政程序法治建设成为福利国时代的必然要求。于是，行政控权模式也由行政的民主控制转型为行政的程序控制，通过有序的公众参与，补救民主断裂造成的行政的合法性和正当性危机，行政决策亦须同时满足合法性、民主性和科学性三个条件。③ 最后，依法行政仍然是法治国治理逻辑和治理理念在福利国的延伸，或言之，福利国并未也不被允许脱离法治国的治理框架。不过，由于行政权运行范围的不断扩大，不同行政领域对依法行政原则的适用也发生了变化。比如，在行政强制等传统秩序行政领域，对行政的法治要求依然很

① 〔德〕哈贝马斯：《在事实与规范之间：关于法律和民主法治国的商谈理论》，童世骏译，北京，生活·读书·新知三联书店，2004 年，第 533 页。
② 郑春燕：《行政》，北京，生活·读书·新知三联书店出版社，2017 年，第 257 页。
③ 参见王锡锌：《公众参与和中国新公共运动的兴起》，北京，中国法制出版社，2008年；王锡锌：《行政过程中公众参与的制度实践》，北京，中国法制出版社，2008 年。

高，而在行政给付领域特别是使用行政指导模式的情形下，依法行政原则的规范密度和适用强度就要减弱很多。① 具体而言，福利国时代行政法原则的变迁主要归因于：

一方面，福利国家行政任务的急剧增加，极大强化了全社会对官僚科层的体制性依赖程度，科层制的高度发达也意味着行政专业化和技术化程度的提升，而社会风险的叠加效应，更加剧了行政任务的紧急性与突发性。在此背景下，传统议会立法已无法应对海量的规则需求，因为"传送带理论最大的缺点也就在于它这种'法律形式主义'。仅强调是否有通往国会的'传送带'并不能恰当地描绘现代管制国家中行政权行使的实况。在当今行政权实际状态中，往往在法律上很难找到坚实的传送带，或仅能勉强找到丝缕关联……在此时，传送带理论用国会控制行政权以建立行政权正当性的说法，就显得薄弱而缺乏解释力了"②。同时，议会行为模式的行政化、具体化和政策化，既不可欲也极端危险，于是出现了行政行为模式的议会化。行政立法开始以"委任"的形式走向了历史前台，从而打破了权力分立与制衡的宪法界限，导致国家权力的结构性失衡。③ 正如美国行政法教科书描述的那样：行政机关制定的"法规犹如汪洋大海，法律只是漂浮在大海中的少数孤岛"④。行政立法的大量存在，历史性地改变了规则的供给机制和规制的体系结构，行政行为的依据从质到量均在发生历史性的调整，随之而来的必然是传统行政约束机制的无力与失灵。对此，哈贝马斯进行了详细论证：

"古典的干预性行政活动的特点是反应性的、两极性的和选择性的；在这种政府行政之外，出现了具有完全不同实践方式的计划性的、服务性的政府行政。现代的服务性行政承担的是提供基本生活保障、准备基础设施、制订计划和预防风险，也就是说承担广义的政治导向任务。这种政府行政的行动是面向未来的、面向铺开的；而且，它们的干预所涉及的是公民之间和社会群体之间的关

① 参见北京市第一中级人民法院（2016）京01行初字1321号行政判决书。在该案中，法院认为"新能源汽车补贴行为不必具有行为法依据"。
② 李建良等：《行政法入门》，台北，元照出版公司，2005年，第163页。
③ 刘丽：《税权的宪法控制》，北京，法律出版社，2006年，第64页。
④ 曾繁正等编译：《美国行政法》，北京，红旗出版社，1998年，第21页。

系。现代行政实践方式表现出'如此高程度的复杂性、情景依赖性和不确定性，以至于它无法事先在想象中被充分认识，也无法事后在规范上加以最后确定。古典的规范类型是条件性纲领，它列出一些事实作为国家可以正当进行干涉的条件，并确定一些国家可以运用的措施作为法律后果。在这里，这种规范模式大致上是失效了。'法律的形式范围已经扩大，把具体法规、试行法规和预备性法令也包括在内。总括性条款、一般性条款和所有不确定的法律概念涌入立法者的语言中，激起了令美国法学界和德国法学界同样感到不安的有关'不确定性'的讨论。"①

另一方面，从纵向上看，伴随立法任务的日益技术化和专业化，福利国家的议会立法不得不为行政保留更加广泛的裁量空间和判断余地。申言之，行政在广度扩权的同时，深度上也在不断地拓展着干涉强度。行政裁量权的扩大，既昭示了议会立法的无力和无奈，也意味着行政纵向"开疆拓土"的成功。大量行政裁量权的存在，构成了福利国时代行政法治的又一显著特征。② 至此，依法律行政原则变得力有不逮了，因而必须依赖依法行政原则强化对行政的程序性和合理性约束。可见，仅从放松规则创制主体资质的角度思考行政法原则的转型，只能揭示问题的一个侧面。与依法律行政原理比较，与其说依法行政放松了对行政的管制力和控制力，毋宁说行政约束的强度和密度经由依法行政原则的确立得以多层次、多维度的强化与提升。比如在依法行政论域里，比例原则和正当法律程序原则的确立，以及信赖保护原则的日常化应用就是明证。

综上，依法行政是对依法律行政的超越和升华，而依法律行政是依法行政不可逾越的前置阶段。正是由于对依法律行政原则的严格执行，才成就了法治国家的行为范式、生活样式和思维方式，进而为福利国家奠定了牢固的规则基础。也正是在这个意义上，福利国又称为福利法治国，即福利国是法治国的升级版，而不是背反。

---

① 〔德〕哈贝马斯：《在事实与规范之间：关于法律和民主法治国的商谈理论》，童世骏译，北京，生活·读书·新知三联书店，2004 年，第 533－534 页。

② 参见周佑勇：《行政裁量基准研究》，北京，中国人民大学出版社，2015 年。

（四）福利国行政法治的主要特征

福利国的社会平衡之道只能在约翰·罗尔斯（John Bordley Rawls）的正义观里获得政策性的理论支援："没有一个人能说他的较高的天赋是他应得的，也没有一种优点配得到一个社会中较为有利的出发点。"[1]不过，福利国就这样在争议中不可避免地必然发生了，还深远地影响了全世界。如果说法治国家的行政法是"干预行政""强制行政"和"秩序行政"的话，那么，福利国家的行政法就是"给付行政""服务行政"和"福利行政"。如上所述，①福利国的行政法治原则是依法行政；②福利国时代产生了发达的行政立法；③福利国广泛存在着行政裁量权；④由于对行政的程序性控权的迫切需求，福利国时代的行政程序法治得到飞速发展；[2]⑤社会权即福利权成为一类新型的积极人权；⑥福利国家在一定层面也是风险国家。

除此，福利国时代行政法治的主要特征还表现在：

1. 行政用权范围急剧扩大

在福利国时代，行政主体不仅要继续做好传统秩序行政领域固有的工作，又要对民众实施社会救助、生存关照和福利给付，还要调控经济运行、管控社会风险、治理生态环境、优化文教卫条件、提供文化艺术服务、完善更高层次公共产品供给等等，行政权的触角已深入到了民众生活的各个领域。如果说法治国家是"最好的政府最少管理"，那么福利国家则实现了从"摇篮"到"坟墓"的行政服务（管制），甚至一个人尚未出生就已通过父母与卫生行政当局发生了关联。故此，福利国秉持的理念是"最好的政府最多服务"。

当然，福利国的制度转型和理念更张也经历了一个过程，下面以美国为例简要说明之：

1905 年，在洛克纳诉纽约州（Lochner v. New York）劳工权益一案中，[3]美国联邦最高法院多数意见坚持——"任何人都可以自由地凭借其财产做他们想做的事情"——"法律达尔文主义"则认为纽约州的立法

---

① 〔美〕约翰·罗尔斯：《正义论》，何怀宏等译，北京，中国社会科学出版社，2003年，第 102 页。

② 参见胡肖华、倪洪涛：《行政权的宪法规制》，《行政法学研究》2004 年第 1 期。

③ Lochner v. New York, 198 U. S. 45 (1905).

"剥夺了个人财产自由"。尽管"伟大的异议者"霍姆斯和其他三位大法官提出的异议铿锵有力：只有面包工人的身体健康了，才能生产出安全的面包来。然而，"让雇工每天工作10小时以上"的面包房老板，却凭借彼时社会上普遍流行的自由财产观念，最终还是获得了胜诉。

1908年，马勒诉俄勒冈州案（Muller v. Oregon）上诉到了联邦最高法院。由于有洛克纳案的教训在先，出庭律师布兰代斯（后成为联邦最高法院大法官）意识到，仅靠法律逻辑几乎不可能打赢这场性质相同的官司。于是，布兰代斯依靠自己丰富的社会科学素养另辟蹊径，一改过往以法律论证法律的诉讼策略，用社会科学研究成果和医学文献材料支持自己的观点，以大量的科学数据唤起法官的良知和民众的注意，并最终赢得了官司。大量统计数据和医学报告显示，劳动时间过长对妇女健康产生的危害进而会影响下一代的健康。最后，联邦最高法院一致认为，妇女抚育后代的特殊社会责任需要特别保护，因为"健康的母亲为强壮的后代所必须，为了种族的强健，妇女身体健康必须成为公众利益和关怀的一部分"①。

随着富兰克林·德拉诺·罗斯福（Franklin Delano Roosevelt）"新政"（New Deal）的推行，联邦最高法院经由一系列具有显著"社会"取向的判决超越了先例，达到了节制资本和福利建构的宪法目的。例如，在"西岸宾馆诉帕里什"（West Coast Hotel Company v. Parrish）一案②中，最高法院认为州宪法可以规定最低工资，推翻了"阿德金斯诉儿童医院案"（Adkins v. Children's Hospital）③的判决结论。在沃伦法院时代（1953—1969年）和伯格法院时代（1969—1980年）的早期，联邦最高法院开始以正当程序、新平等保护条款支持诉讼中的福利请求。④

1970年，在戈德伯格诉凯利案（Goldberg v. Kelly）⑤判决中，联邦最高法院认为，福利补助是有领受资格的人员享有的一项法定权利（statutory entitlement），对他们停止发放这一补助，有适用程序性正当

---

① Muller v. Oregon, 208 U. S. 412 (1908).

② West Coast Hotel Company v. Parrish, 300. U. S. 379 (1937).

③ Adkins v. Children's Hospital, 261 U. S. 525 (1923).

④ 参见胡敏洁：《福利权研究》，北京，法律出版社，2008年，第22页。

⑤ Goldberg v. Kelly, 397 U. S. 254 (1970).

程序（procedural due process）之余地。公共补助金为适格的领受人提供了必需的食物、衣物、住房和医疗服务，领受人在确保这一补助不受妨害方面所享有的利益，加上州政府在确保补助金不被错误终止方面的利益，显然胜过州政府在阻止财政和行政负担增加方面所存在着的竞争性关切。①

2. 行政机构臃肿

罗斯福在1944年的一次演讲中说："我们现在已经清楚地认识到这样的事实，真正的个人自由在没有经济安全和独立的情况下是不存在的。"② 不过，随着福利国行政事务的不断拓展，行政权日益膨胀，三权集于一身，行政人员数量开始急剧增加，行政机构也变得臃肿肥大。福利国家在发挥社会救济和生存关照等技术优势的同时，也被巨大的财政赤字拖累着，危机在不断地发酵和聚集。各国行政公务员和行政机构设置在数量上的历史性变化，可参见江必新教授的著作《行政法制的基本类型》③，这里不再赘述。对此，马克思曾经论证道："从经济上说，一个国王究竟能够给予人民什么，这仍然是一个谜。首先人民应当制造武器，交给国王，然后才有可能从国王那里取得武器。国王永远只能把人民给予他的东西给予人民。从经济上说情况就是这样。但是，恰恰在人们开始识破这个经济秘密的时候，立宪的国王就出现了。因此捐税问题始终是推翻天赋的国王的第一个原因。普鲁士的情况也是这样。甚至无形的商品，即国王在人民的压力下给予人民的特权，也是人民以前给予国王的，可是人民在取回这些特权时总是要付出现实的东西——鲜血和金钱。回顾一下11世纪以来的英国历史，就可以十分准确地计算出，宪法上的每一个特权是牺牲了多少头颅和花费了多少英镑才取得的"④。

3. 行政行为方式的多元化

由于承担了不同领域和不同属性的行政任务，行政的行为方式在福利国家中也开始了多元化发展。行政权的运行方式既表现为传统的行政

---

① 施立栋译：《社会福利行政中的正当程序——戈德伯格诉凯利案》，《苏州大学学报（法学版）》2015年第4期。

② 〔美〕埃里克·方纳：《美国自由的故事》，王希译，北京，商务印书馆，2002年，第328页。

③ 江必新：《行政法制的基本类型》，北京，北京大学出版社，2005年。

④ 《马克思恩格斯全集》（第五卷），北京，人民出版社，1958年，第511页。

征收、行政强制和行政处罚，又产生了供给行政、社会保障行政和资助行政等福利行政内在要求的行为模式，[①] 还有服务行政视野下的信息公开、行政指导、事实行为等。除了上述具体行政行为以外，行政立法等抽象行为方式被得以广泛应用，还有介乎二者之间的行政决策、行政规划等行为模式，[②] 最为典型的当属行政协议这一合意行为的出现。

可见，行政行为从法治国时代的"命令－服从"模式，转向了福利国时代的多样化、人性化、科技化和柔性化的多元模式。近代行政法强调利益关系的对立性，即命令与服从、权力与控制；当代行政法注重多元利益的协调一致，即服务与合作、信任与沟通、协商与对话，从而使行政摆脱了与人权对立的角色束缚和身份羁绊，实现了政府与公众之间的和谐共处和合作双赢，体现了行政法人文主义的精神面貌。[③]

4. 从国家行政到公共行政

在法治国时期，由于行政事务局限于警察、邮政、税收等有限的内政范围中，自由市场承担着经济社会的主要任务。这样，一方面国家行政保持着行政法治的基本面；另一方面，在自治的市场中也不断地孕育着有组织的社会力量，这些自治组织分担了很大一部分公共治理职能，在国家和公民个体之间发挥了缓冲带和沟通桥梁的作用。到了福利国家时代，先前早已存在的社会性的中坚力量，最终发展成为一种自治行政模式，弥补着国家行政的不足，并与后者形成了良性互动关系，共同担负着公共服务和公共治理的职能。这样，福利法治国最终从国家行政走向了公共行政，[④] 国家行政仅是公共行政中最为典型和最为制度化的表现形态，自治行政等社会公共行政成为不可或缺的新兴的行政形态，处于二者之间的则是授权行政。

---

① 参见姜明安：《行政法与行政诉讼法》，北京：北京大学出版社、高等教育出版社，2015 年，第六版，第 233 页。

② 参见王青斌：《行政规划法治化研究》，北京，人民出版社，2010 年；王青斌：《区域规划法律问题研究》，北京，中国政法大学出版社，2018 年。

③ 参见叶必丰：《行政法的人文精神》，北京，北京大学出版社，2005 年。

④ 参见石佑启：《论公共行政与行政法学范式的转换》，北京，北京大学出版社，2003 年。

四、后福利时代及其行政法治

(一) 福利国危机

由于法哲学根基的缺失，福利国从一开始就潜伏着危机，比如社会连带增大了社会风险，庚吃卯粮解构着代际民主等等，又比如行政的低（无）效率、高浪费，行政垄断导致的产品与服务质量低劣等。① 福利国危机发生的内在逻辑与机理主要表现在：

一方面，"行政征收"是"行政给付"的前提，福利国家的所有奥秘都隐藏在这"一拿""一予"和"一征""一付"之间。② 少征影响国家的动员能力和资源的整合能力，也不足以平衡贫富差距、满足社会救助；征多则遏制市场活力、影响企业扩大再生产，其间的矛盾与紧张导源于政府政策安排的低效率。在民主竞争中政府这只看得见的手为了选票，往往会非理性扩大福利范围，盲目作出远超财政承受能力的政治承诺。同时，贫困救助本身就是一种社会控制，即所谓的"控制贫民"。如巴里·莫里斯·戈德华特（Barry Morris Goldwater）所言："一个依靠中央政府的资助和补贴而生活的人民不能称自己是自由的。"③更为重要的是，"在任何认同公平观念具有其积极价值的社会政策评价方法之下，都存在使所有人的境况变得更糟的情形。"因为福利政策制定的"事前视角"和追求个人福利最大化的"事后视角"存在难以调和的内在张力，所以为了避免"坏运气"而普遍的强制保险，成本上可能超过了风险防范的价值。④ 如是，福利国家最终深陷"高福利、高支出、高税收、高赤字和高债务"的恶性循环之中难以自拔，"福利病"成为现代西方社会的通病。

另一方面，政府无法证明自己相较于市场更加高明、更加理性。"公共垄断者和私营垄断者的行为不会有什么区别，其原因并非垄断组

---

① 郑春燕：《行政》，北京，生活·读书·新知三联书店出版社，2017 年，第 266 页。

② 参见刘丽：《西方福利国危机对中国控税的启示》，《上海交通大学学报》2007 年第 6 期。

③ 郑春燕：《行政》，北京，生活·读书·新知三联书店出版社，2017 年，第 326 页。

④ 〔美〕路易斯·卡普洛、蒂文斯·沙维尔：《公平与福利》，冯玉军、涂永前译，北京，法律出版社，2007 年，第 2（序言）、482 - 491 页。

织的雇员特别贪婪和腐败，而是因为在相同的大环境的激励下，人们必然作出相同的反应。所以垄断结构具有低效、无能和缺乏回应性的天然倾向。"① 只有在市场充分竞争的环境下，公共服务的选择才能够多样和自由，也只有实现了"公共服务供给中的自由选择权"，公众对个性化服务的需求偏好方可得到高效率的满足。以公园管理为例，"一旦公园为公共所有，公共部门雇员——他们没有所有权，因而与公园没有长期的利害关系——会认为砍树烧柴更合算。这个故事告诉我们，有时候私人所有权可以实现公共目标，而公有制却未必。亚里士多德两千年前曾对此做过精辟的阐释'一个物品的共同拥有者越多，它所受到的关爱就越少'"②。同时，政府及其工作人员也无法穷尽社会生活的每个细节和每个社会成员的个性偏好，从而精准无误地对接贫困、提供给付。福利国里潜伏着权力的高傲和对计划的崇拜，从而形成了对"自生自发秩序"的排斥与阻隔。这种"致命的自负"③，最终在"市场失灵"之后导致了"政府失效"。"如果以一元的政策去应对'多元中心社会'中的'多样性目的'，其结果必然是对自由的扼杀。"④

（二）福利改革及其措施

福利国在快速运行了几十年后，出现了经济上的财政危机、政治上的信任危机和组织上的管理危机，最终引发了整体社会危机。庞大的行政权压挤着权力结构的平衡关系，严重冲击着西方既有宪政框架的稳定性。于是，西方国家不得不艰难地走上福利改革之路，从行政法治角度而言，这也是一种"政府瘦身"和"市场归回"之路。

1979 年，撒切尔夫人（玛格丽特·希尔达·撒切尔 Margaret Hilda Thatcher）上台之后，英国开始大刀阔斧地推行激进的政府改革计划。撒切尔改革的基本进路是：引入竞争机制，实施私有化，强调减轻国家

① 〔美〕E. S. 萨瓦斯：《民营化与公司部门的伙伴关系》（中文修订版），周志忍等译，北京，中国人民大学出版社，2017 年，第 98 页。

② 〔美〕E. S. 萨瓦斯：《民营化与公司部门的伙伴关系》（中文修订版），周志忍等译，北京，中国人民大学出版社，2017 年，第 94 页。

③ 〔英〕弗里德里希·奥古斯特·冯·哈耶克：《致命的自负》，刘戟锋译，北京，东方出版社，1991 年，第 71 页。

④ 〔英〕弗里德利希·奥古斯特·冯·哈耶克：《法律、立法与自由》（第 2、3 卷），邓正来等译，北京，中国大百科全书出版社，2000 年，第 20 页。

责任和顾客（民众）导向。正如撒切尔夫人在其日记中记录的那样："……通过私有化……削减国家的力量并且提高公民的能力……私有化是确保自由不受任何侵害的中心环节……现在几乎所有的口头承诺都是支持私有化的，很难回忆起在 20 世纪 70 年代末这一切多么具有革命性。"① 尽管 1994 年英国"社会公平报告委员会"（the Commission on Social Justice Report）否定了"完全私有化的未来"的改革计划，只是谨慎地接受公私合作模式。② 不过，托尼·布莱尔（Tony Blair）于 1997 年仍然坚信："我们简单地通过高税收和高支出维持的未经改革的福利体系，已经达到了公众意愿的极限。"③

20 世纪 80 年代，美国里根总统（罗纳德·威尔逊·里根 Ronald Wilson Reagan）也开始了福利改革，其基本政策主张包括减税、削减政府开支、控制货币发行量和减少国家干预等方面；1993 年，克林顿总统（威廉·杰斐逊·克林顿，Willian Jefferson Clinton）又提出了"重塑政府运动"，坚持结果控制、顾客导向、简化程序和一削到底的原则；新西兰和澳大利亚政府在 20 世纪 80 年代的改革中更明确地提出，在公共部门中引入私人部门的管理方式和市场机制。

福利改革的基本方向是进一步平衡政府和市场的关系，正如里根总统所言："政府不是解决问题的办法，而是问题本身。""选择官僚主义解决问题的做法永远只应该是第二等的最好做法，只有在其他一切办法都证明确实不能发挥作用的情况下，才有必要采取这种解决办法。"④ "如果必须通过大规模地改变官僚制组织的结构和刺激机制才能提高绩效的话，那么何不仰赖于那些已存在于私人市场之中的结构和刺激机制呢？"而且"大量原先由政府资助的服务或者是可以市场化，或者是具有在私营部门中加以市场化的潜在可能性"⑤。

西方国家福利改革的主要措施：其一，通过出售国有企业、压缩社

---

① Thatcher, M., *The Downing Street Years*, London: Harper Collins, 1993, pp. 676 - 677.

② 〔英〕马丁·瑟勒博 - 凯泽：《福利国家的变迁：比较视野》，文姚丽主译，北京，中国人民大学出版社，2020 年，第 24 页。

③ Timmins, N. *The Five Giants. 2nd Edition*, London: Harper Collins, 2001, p. 559.

④ 〔法〕亨利·勒帕日：《美国新自由主义经济学》，北京，北京大学出版社，1985 年，第 146 页。

⑤ Niskanen, William A., *Bureaucracy: Servant or Master?* London: Institute of Economic Affairs, 1973.

会福利规模、放松市场管制，收缩政府的社会经济职能，因为"福利国家"同时也是"规制国家"①；其二，通过公共服务的民营化和市场化，转换公共服务供给侧，营造竞争性的服务供给市场，比如消费者付费、服务外包等；其三，推动绩效改革，由注重过程向关注结果转变，提高政府效能。② 通过公共部门与私人部门之间的合作，为公众提供满意的服务，面向市场和社会以"协同性政府"模式取代"竞争性政府"模式，是西方福利改革的核心主张。

通过上述改革措施的逐步落实，西方国家都不同程度地实现了民营化。比如，澳大利亚联邦政府和州政府、公私部门之间在实践中建立了伙伴关系；加拿大联邦政府和州政府，以及不同部门通过横向绩效目标协调相互之间的工作，不同主体联合起来参与服务供给；荷兰中央政府和地方政府之间、政府部门之间、社会团体之间也通过绩效目标改善相互的合作与协同关系。又如美国联邦政府公务员仅有 263.71 万人，而与其合作的承包商和 NGO 中的工作人员多达 1050 万人。在基础设施建设领域实行公私合作（PPP），已经成为世界各国的通行做法，国际上应用 PPP 比较成熟的国家，公共物品供给采取 PPP 模式的比例占到了15%～25%。③ 1998 年英国与全英慈善与社区中心、2001 年加拿大政府与志愿组织，2011 年澳大利亚政府与非营利部门，分别都签署了全国性合作协议，形成了政府与社会协作的长期制度安排。④

（三）后福利时代行政法治的特征侧面：依约行政

后福利时代也就是当代。面对当代社会生活的高度复杂性和不确定性，德国公法学者施密特·阿斯曼（Eberhard Schmidt-Aβmann）提出了"分配行政"和"多边法律关系"等概念。所谓分配行政，并非指与秩序行政、给付行政并列的第三种行政样态，而是超越秩序建构与福利供给二分法，对行政活动整体性特征的高度概括，强调行政必须将资源或

---

① 郑春燕：《行政》，北京，生活·读书·新知三联书店出版社，2017 年，第 309 页。

② See Hood，Christopher，1991："A Public Management for All Seasons"，*Public Administration*，Vol. 69，p. 1.

③ 参见孙洁：《管理视角下的 PPP 特点、构成要素与基本原则》，《地方财政研究》2015 年第 8 期。

④ 参见〔美〕萨缪·鲍尔斯：《微观经济学：行为、制度和演化》，江艇等译，北京，中国人民大学出版社，2006 年，第 354 页。

负担在私人之间实施合理配置。换言之，行政活动不仅是对某个人课予负担或者授予利益，而是对私人之间复杂利害关系的结果性调控。为此，行政的调控功能必须既保持"法治国家的距离"——给私人留下足够的个人自主空间，又坚持"法治国家的差异"——国家必须认同和尊重每个人的"个性"。"行政法需要从以往作为调整行政主体与相对人关系的'单一权利防御型'规则体系，逐步转向'复效行政活动多边利害纷争调整型'规则体系。"①

可见，西方福利改革是一种全方位的社会改革和法治续造，以便在治疗"福利病"的过程中，消除机构臃肿，提升行政绩效，激活市场活力，实现公私合作，转换供给方式，优化社会保险体制，完善风险防范机制。从行政法治的角度而言，当代所谓的新行政法的主要特征体现在：

1. 行政任务的民营化与公私协力

福利法治国危机意味着市场和政府的双重失灵，那么剩下的只有如何优化二者的合作了，这就是西方福利国家改革的逻辑起点。福利事务的市场化回归，也就是行政任务的民营化（Privatization），而民营化与市场化、私有化是同义词。不过，正如民营化大师 E. S. 萨瓦斯（E. S. Savas）所言："民营化不仅是一个管理工具，更是一个社会治理的基本战略。它根植于这样一些最基本的哲学或社会信念，即政府自身和政府在自由健康社会中相对于其他社会组织的适当角色。民营化是一种手段而不是目的；目的是更好的政府，更美好的社会"②。

这一席卷全球的民营化改革浪潮，③倚重的是公私协力和官民协同，强调社会参与和公民合作的重要性与基础性作用，进而在法治领域造就了后福利时代公私法治的高度融合之势。"公共行政的民营化改革，试图透过政府采购、服务外包（Outsourcing）、公私合作（public-private-partnerships，PPP）、契约行政（Government by Contract）和特许经营（Franchise）等诸多法律技术手段，吸纳、整合官民双重智慧和多元

---

① 鲁鹏宇：《德国公权理论评介》，《法制与社会发展》2010 年第 5 期。

② 参见〔美〕E. S. 萨瓦斯：《民营化与公司部门的伙伴关系》，周志忍等译，北京，中国人民大学出版社，2002 年，第 350 页。

③ 〔美〕E. S. 萨瓦斯：《民营化与 PPP 模式：推动政府和社会资本合作》，周志忍等译，北京，中国人民大学出版社，2015 年，第 17 页。

资本，在'政府瘦身'和'国家再造'的同时，实现公共产品和公共服务质优价廉的竞争性高效供给。"① "人们使用许多概念来表述民营化，如公私伙伴关系、合同外包、非国有化、非政府化、非国家化、股份化、政府撤资等。其他的词如公司化、商业化、市场化等既可以用来指民营化，也可以泛指使政府企业在市场环境下运营的一切努力。"但无论如何"竞争性"法治氛围的营造，是民营化的核心和改革成败的关键。"任何民营化努力的首要目标是（或者说应该是）将竞争和市场的力量引入到公共服务、国企运营和公共财产利用过程中。"②

值得强调的是福利改革又会导致行政权对传统宪制下民主控制的进一步逃离和行政责任的私法化隐遁，合作行政有公法"遁入私法"的高风险，③ 加剧了行政权过程性程序规制和结果性绩效管理之间的紧张。故此，面对美国"私人监狱"④ 的高歌猛进和英国电信办对民营化进程审慎规制的成功范例，⑤ 德国在 20 多年的"民营化亢奋"后，"再国家化"和"再地方化"在地方公共团体的公共领域悄然兴起。⑥

2. 三方关系与行政规制

行政任务民营化并不意味着国家承担的公共行政义务和福利给付责任被免除，即所谓的"国家除任务化"，它仅仅表明私人部门对某些行政事务程度不同的竞争性参与，⑦ 特别是政府角色及其行为方式的法治转型。

在民营化进程中，随着政府的身份转换，行政法领域产生了区别于传统双边行政法律关系的三方法律关系。比如，公用事业的特许经营或者 PPP 项目的实施，产生了政府、政府合作方和用户之间的三方关系。我们可以在公法意义上相对容易地解决政府和政府合作方的关系，也可

---

① 倪洪涛：《论行政特许延续的阻却》，《行政法学研究》2018 年第 1 期。

② 〔美〕E. S. 萨瓦斯：《民营化与公司部门的伙伴关系》（中文修订版），周志忍等译，北京，中国人民大学出版社，2017 年，第 97、100 页。

③ 敖双红：《公共行政民营化法律问题研究》，北京，法律出版社，2007 年，第 170 页。

④ 〔美〕朱迪·弗里曼：《合作治理与新行政法》，毕洪海、陈标冲译，北京，商务印书馆，2010 年，第 533 页。

⑤ 〔英〕卡罗尔·哈洛、查理德·罗林斯：《法律与行政》（下卷），杨伟东等译，北京，商务印书馆，2004 年，第 664 页。

⑥ 赵宏：《德国行政民营化的制度发展与学理演进》，《国家检察官学院学报》2016 年第 5 期。

⑦ 章志远：《公共行政民营化的行政法学思考》，《政治与法律》2005 年第 5 期。

以在私法意义上成功化解政府合作方和用户之间的关系。问题的关键是在公私协力的语境里如何让政府真正代表用户即公民，实现对政府合作方的行政规制，从而保证项目和事业的公共性与公益性。

申言之，一方面政府和政府合作方之间不仅仅是合作关系，前者代表用户（公共利益）还肩负着市场规制的行政责任，这种双重法律角色和行为身份一旦错位，要么损害以用户为代表的公共利益，要么损害合作方的私人资本利益。另一方面，政府的合作方和用户之间也不仅仅是纯粹的私法关系，作为政府的"代理人"，政府合作方是以私法的方式承担公法任务或公共任务，即公共产品和服务的供给职能，如果其纯粹以盈利为目的，结果将是灾难性的，必然会引发公共安全危机。

另外，用户也不是纯粹私法层面的消费者，他们同时也是福利行政意义上的接受给付的公法主体。公用事业必须遵循连续性原则、可改变原则和平等原则。[①] 倘若制度的设计和运行完全按照私法逻辑展开，用户的公共福利不但很难得到有效保障，而且很可能会成为泡影。譬如天然气特许经营者不得拒绝为偏远地区用户铺设管网，他们必须依法或者依约履行普遍服务义务；再如公共交通特许经营者应当承担特殊群体（如老幼或残障人士）优惠票价的减免义务，即用社会福利替代给付义务。申言之，根据透明人理论，"契约中的一方当事人是'假的私人'，它含有极高的透明度，让人一看即知其为公法人的伪装、化身或傀儡"[②]。

再以行政特许为例，行政主体在作出特许决定以后，不能完全"功成身退"，其至少应该履行两个方面的法律职责：一方面，为了公共利益，作为行政特许协议的一方当事人，当许可持有人的行为出现重大法律纰漏或特殊情势发生时，政府应当立即从幕后走向前台，对特许事项进行"接管"或作好撤回特许后的危机应对工作，从而以"替补""取代""救火"的方式对社会承担补充性或兜底性责任；另一方面，特许经营模式代表着政府"对私人利益的公共利用"[③]，故此，政府同时又

---

① 〔法〕让·里韦罗、让·瓦利纳：《法国行政法》，鲁仁译，北京，商务印书馆，2008年，第455页以下。

② 袁维勤：《公法、私法区分与政府购买公共服务三维关系的法律性质研究》，《法律科学》2012年第4期。

③ 〔新西兰〕迈克尔·塔格特：《行政法的范围》，金自宁译，北京，中国人民大学出版社，2006年，第52页。

是这一领域的规制主体，在政府和特许持有人之间的行政法律关系中，前者对后者必须担负起日常的规制职责。就特许持有人和用户之间的公共服务法律关系而言，政府也不能因其关系形式上的表见代理化和私法化，而听之任之甚至放任自流，政府应承担经由用户保护的公共利益维护职责。①

3. 行政协议与依约行政

如果说法治国时代的行政法的原则是依法律行政、福利国的原则是依法行政的话，那么在后福利时代"依约行政"就应该成为多元行政法原则体系中的重要"成员"。因为在公私法治融合的历史背景下，与其说是行政协议或行政合同治理模式带来了挑战——双边或多边行政法律关系日益增多导致了传统高权行政的式微，毋宁说是整个行政法领域都充满着合作共赢和公私协力的竞争性法治氛围。

在公私合作的过程中，行政法治必须确立依约行政原则，强化政府契约化、协同化和商谈化的扁平式治理能力，提升行政机关及其工作人员的平等观念和诚信意识，真正确立服务行政和有限政府柔性执法的法治格局。对依约行政原则的坚守，既要体现在行政协议的签订过程中，更要贯彻于行政协议履行的全过程。因为行政协议"是现代行政管理活动发生重大变革的重要体现，是公众社会治理参与权和公共资源分享权的必然结果，是现代社会服务行政、给付行政等发展理念的具体体现。行政机关通过与公民、法人或者其他组织协商签订的协议，一方面充分发挥了市场在资源配置中的决定性作用，让一切生产要素在公开、公平、公正的程序中竞争，另一方面能够更好发挥政府的职能作用，让社会资本潜力充分释放，更好地实现行政管理和公共服务目标"②。法国行政合同的治理模式已相对比较成熟，而英国公共事务的契约化程度更高。

现以我国为例，简要分析依约行政原则一般性的法治要求：

首先，树立依法行政基础上的全面履约观。依法律行政是依法行政的基础，依法行政是依约行政的前提，既然契约就是当事人双方的法律，那么在依法行政的基础上，必须全面、及时地履行行政协议的约

① 倪洪涛：《论行政特许延续的阻却》，《行政法学研究》2018年第1期。
② 《推进诚信政府法治政府建设 最高法发布审理行政协议案件司法解释》，《人民法院报》，2019年12月11日，第001版。

定，无法定和约定情形发生，不得单方擅自解除、变更协议。

其次，健全政府守信践诺机制。"政府守信践诺机制是社会诚信建设的重要基石。""加强政府诚信建设，确保行政机关按照行政协议的约定，严格兑现面向社会及行政相对人依法作出的政策承诺，确保行政机关认真履行在招商引资、政府与社会资本合作等活动中与投资主体依法签订的各类合同。"禁止以政府换届、领导人员更替等理由违约、毁约。①

再次，在行使行政优益权的同时，遵循财政平衡原则②。为了公共利益，在社会情势发生变化或者行政协议所依据法律法规"废改立"等情况下，行政机关享有行政优益权，即可以审慎地单方变更甚至解除行政协议。然而，在针对协议采取单方行动时必须同时满足：①完成公共利益论证，因为公共利益论证的法定责任在政府一方，即政府对变更或解除协议的必要性和可行性承担举证责任；②遵循财政平衡原则，即在履行行政协议的过程中，当出现严重损害国家利益、社会利益的情形，政府作出变更、解除协议时，应该坚持对协议另一方当事人的充分补偿原则。另外，当行政机关违约时，还应坚持充分赔偿原则，确保行政协议当事人权益至少在经济上得到有力保护。③ 换言之，不能因为公共利益和政府方的单边行为，让另一方协议主体承受高于一般民众之外的额外负担。

复次，提升行政工作人员的签约能力。面对公共治理和协商行政，我国的行政公务员必须把工作前移，提升自己的商谈能力和签约能力，增加协议文本的厚度和严谨度，提高行政协议的文本质量，实现协议文本的规范化、精细化、技术化和法律化，注重查漏补缺、防微杜渐。革除先前仅仅依靠税费减免等手段进行招商引资的积弊，把工作重点从会议纪要移至协议条款。

最后，建立行政协议管理责任制。协商能力是签约能力的前提，而签约也只是行政协议公共治理模式的起点。如果要保证协议全面、及时

---

① 《最高法发布审理行政协议案件司法解释明确以政府换届为由毁约侵权要担责》，《法制日报》2019 年 12 月 10 日。

② 〔法〕让·里韦罗、让·瓦利纳：《法国行政法》，鲁仁译，北京，商务印书馆，2008年，第 577 页。

③ 参见《最高人民法院关于审理行政协议案件若干问题的规定》（法释〔2019〕17 号）第 15 条、第 16 条等条款的规定。

履行，必须提升协议履行过程中的风险防范意识，建立协议履行的过程监管机制、法律风险预警机制和行政协议管理责任机制，切实维护公共利益。

五、"风险国家"及其行政法治①

伊甸园是一个隐喻，其意味着人类从狩猎采集时代（"园子中各样树上的果子，你可以随意吃"）迈入了农业社会——"你必终身劳苦才能从地里得吃的"，"地必给你长出荆棘和蒺藜来；你也要吃田间的菜蔬"。尔后在从农业社会到工业社会的历史转型过程里，人类整体开始被欧洲人带入并被深深镶嵌于"现代性"的"想象的现实"② 之中。而"现代性"也是"风险"（risk）的别称，现代社会就是"风险社会"。笔者认为既然"风险"是伴随"现代"始终的，所谓的"风险社会"既可以被视为独立的行政法治形态即"风险国家"，也可以被看作是福利国以及后福利时代行政法治的一个显著特征或者说是一个应急性的治理侧面。

（一）"风险国家"的形成

1. 从"风险社会"到"风险国家"

除了哈贝马斯以"安全保障国"描述现代社会的高风险外，"风险国家"的概念尚未被普遍应用，学界使用更多的是"风险社会"这一概念及其理论范畴。"风险社会"理论发端于 20 世纪 50 年代，但作为一个公众议题被关注，则是 20 世纪 80 年代末的学术现象了。特别是进入 20 世纪 90 年代，风险社会首先成为社会学的核心概念，同"现代性"一起，被用来解释后工业时期的诸多时代特征。当下"风险社会"业已成为社会科学探讨人类未来走向的核心议题：全球化与社会风险③。

最早提出"风险社会"概念及其理论范畴的是德国著名社会学家

---

① 该部分内容参见倪洪涛：《论"风险国家"及其行政应急治理》，《东南法学》2020 年第 1 期。

② 〔以色列〕尤瓦尔·赫拉利：《人类简史：从动物到上帝》，林俊宏译，北京，中信出版社，2017 年，第 30 页。

③ 翟学伟：《信任与风险社会——西方理论与中国问题》，《社会科学研究》2008 年第 4 期。

乌尔里希·贝克（Ulrich Beck）。1986 年，贝克在其出版的德文版著作《风险社会》一书中，首次提出并系统阐释了"风险社会"理论，遗憾的是由于语言上的障碍，当时该理论并未引起社会的广泛关注。1992年，英文版的《风险社会》出版；1999 年，贝克又出版了另一本英文版论著《世界风险社会》①。至此，"风险社会"理论在西方学界引起了巨大反响和热烈讨论，其作为理论分析工具的学术价值被越来越多的学人所推崇②。贝克之后，英国社会学家安东尼·吉登斯（Anthony Giddens）③ 和德国社会学家尼克拉斯·卢曼（Niklas Luhmann）④等也投身于"风险社会"理论的讨论之中。吉登斯特别强调社会风险的结构性特征，而卢曼则从技术层面提出了风险社会复杂的社会系统理论。

在贝克的论域里，"现代性"几乎不可控制地使社会自身的复杂性与不确定性不断增加，现代性始终与市场化、工业化、科技化、全球化紧密关联，以全球化和科技化为主要标志的社会变迁引发了人们的日常性的"焦虑"与"不安"，而所谓现代性就是"寻求一种对不安的答案"⑤。"不安"意味着"风险"的常在性，当代的社会风险实质上是一种"文明的风险"，人类"生活在文明的火山上"⑥。而"现代性"表现出的这种人类的普遍不安状态被称为"风险社会"，"不明的和无法预料的后果成为历史和社会主宰力量"的社会形态。

如果说阶级社会的驱动力是"我饿"，那么风险社会的驱动力则可

① Ulrich Beck, *Risk Society: Toward a New Modernity*, London: Sage Publications, 1992; Ulrich Beck, *World Risk Society*, Cambridge: Polity Press, 1999.

② 周战超：《当代西方风险社会理论研究引论》，载薛晓源、周战超《全球化与风险社会》，北京，社会科学文献出版社，2005 年，第 1 - 2 页。

③ 〔英〕安东尼·吉登斯：《现代性的后果》，田禾译，南京，译林出版社，2000 年；〔英〕安东尼·吉登斯：《现代性与自我认同：晚期现代中的自我与社会》，夏璐译，北京，中国人民大学出版社，2016 年；〔英〕安东尼·吉登斯：《失控的世界：全球化如何重塑我们的生活》，周红云译，南昌，江西人民出版社，2001 年。

④ 〔德〕尼克拉斯·卢曼：《信任：一个社会复杂性的简化机制》，瞿铁鹏、李强译，上海，上海人民出版社，2005 年；Niklas Luhmann, *A Sociological Theory of Law*, London: Routledge & Kegan Paul, 1985; Niklas Luhmann, *Essays on Self-Reference*, New York: Columbia University Press, 1990.

⑤ 〔法〕达尼洛·马尔图切利：《现代性社会学——二十世纪的历程》，姜志辉译，南京，译林出版社，2007 年，第 1 页。

⑥ "Living on the Volcano of Civilization", Ulrich Beck, *Risk Society: Toward a New Modernity*, London: Sage Publications, 1992, p. 17.

表达为"我怕","焦虑"的共同性代替了"需求"的共同性，最终使得工业社会的逻辑基础发生实质性变迁，从"财富分配逻辑"转型为"风险分配逻辑"，社会结构的变异出现了。① 换言之，风险昭示了自然和传统的终结，在自然和传统失去其效力，转而依赖于人决定的地方，才谈得上风险②。可见，"风险社会不是一种可以选择或拒绝的选择，它产生于不考虑其后果的自发性现代化的势不可挡的运动之中"③。

贝克将现代社会的技术风险分为：其一，17 到 20 世纪早期的"第一次现代化风险"；其二，20 世纪中后期以来的"第二次现代化风险"。在贝克看来，"第二次现代化风险"是"文明风险的全球化"，世界上所有国家和地区已经结成一个"非自愿的风险共同体"。并且，全球风险是"有组织的不负责任"的一种表现形式，因为它是一个极端非个人化的制度形式，以至于即便是对自己也无须为此承担任何责任。"西方的现代化用市场的疯狂代替了人类需要有节制的满足。现代工业文明无节制增长的模式，与地球资源的有限性从根本上是不相容的，它的生产力的扩张具有如此大的毁灭人的生存环境的潜力，最终必将导致这种文明体系的全面崩溃。"④ 基于此，吉登斯认为，整个世界已演变成一个"失控的世界"⑤，新的诸多风险如同悬于人类头上的达摩克利斯之剑，现代性本身仿佛成为一个巨大的自杀机器。

可见，贝克和吉登斯不约而同地认为，风险社会的出现是现代性的背反。为了化解全球风险的"有组织的不负责任"问题，贝克建议开展风险意识的现代启蒙运动，并提出了"生态民主政治"的方案⑥。而卢曼和吉登斯则将问题的纾解诉诸系统性社会信任体系的建构，让信任

---

① 薛晓源、刘国良：《全球风险社会：现在与未来——德国著名社会学家、风险社会理论创始人乌尔里希·贝克教授访谈录》，《马克思主义与现实》2005 年第 1 期。

② 〔德〕乌尔里希·贝克、〔德〕威廉姆斯：《关于风险社会的对话》，载薛晓源、周战超《全球化与风险社会》，北京，社会科学文献出版社，2005 年，第 3 - 4 页。

③ 〔荷〕沃特·阿赫特贝格：《民主、正义与风险社会：生态民主政治的形态与意义》，周战超译，《马克思主义与现实》2003 年第 3 期。

④ 章国锋：《反思的现代化与风险社会——乌尔里希·贝克对西方现代化理论的研究》，《马克思主义与现实》2006 年第 1 期。

⑤ Anthony Giddens, *Runaway World: How Globalisation is Reshaping Our Livers*, London: Profile Books, 1999.

⑥ 〔德〕乌尔里希·贝克、〔德〕约翰内斯·威尔姆斯：《自由与资本主义：与著名社会学家乌尔里希·贝克对话》，路国林译，杭州，浙江人民出版社，2001 年，第 161 - 165 页。

成为一种风险投资，即在风险"脱域"（disembeding）的背景下建立起全球化的社会信任。"脱域"的信任包含两种类型：一是象征标志（symbolic tokens），二是专家系统（expert system）。前者如人们对"货币"这一通货的信任，后者是建立在对专家及其知识体系的制度化信任之上的，而非对某一具体专家的属人性信任。[①]

2．"风险国家"的风险性特征

"公共风险"甚至"公共危机"的潜在性和高发性，意味着国家紧急性和应急性高权介入危机处理的不可避免，也前所未有地激发了行政作用的"活泼"和"破坏"基因，因为风险防范、应对和化解的复杂性、技术性特别是紧迫性特征，对行政的应急力和执行力、统筹力和整合力均提出了相当高的要求。故此，就行政法的角度而言，现代民族国家同时也是"风险国家"，现代行政法治必然伴随着一套随时都有可能被风险激活的行政应急法律制度体系，以便补救常态行政法治的不足。

特别是人类步入后福利时代以来，全球化和智能化史无前例的双重深化，迫使我们生活在一个卢曼所谓的"除了冒险别无选择的社会"[②]之中，可以说社会风险无处不在、无时不在，也已成为我们生活日常的伴生物，风险不仅来自自然性和制度性的环境，也来自集体或个人做出的决定、选择和行动当中。我们被社会风险包围的同时，也制造着新的风险[③]。基于此，吉登斯将风险分为"外部风险"（external risk）和"人造风险"（manufactured risk）两大类。

可见，"风险国家"的特征日趋显著。如果说传统法治国家行政关注的是公民消极自由的保障，而福利国家对行政的生存关照和积极给付义务提出了新的法律要求。进入"风险国家"之后，当公民个体无法应对现代社会巨大的、无法预料的整体风险时，国家作为一般意义上的秩序维护者、资源掌控者自然须要高效地强力介入，以便化解危机、消除恐慌，满足民众的安全预期。当然，在一定层面，这也可视为福利社会的一类特殊生存照顾。

---

① 〔英〕安东尼·吉登斯：《现代性的后果》，田禾译，南京，译林出版社，2000年，第6－8页；〔德〕尼克拉斯·卢曼：《信任：一个社会复杂性的简化机制》，瞿铁鹏、李强译，上海，上海人民出版社，2005年，第24－27页。

② Niklas. Luhmann, *Risk：A Sociological Theory*, Berlin：A. de Gruyter, 1993, p. 218.

③ 杨雪冬：《全球化、风险社会与复合治理》，《马克思主义与现实》2004年第4期。

　　具体而言，"风险国家"具有以下三方面风险性特征：

　　首先，风险的潜在性。在"风险国家"里，随着人们风险意识的普遍提升，风险几乎成了新的主导性"意识形态"。在贝克看来，"与以前的危险不同的是，风险是具有威胁性的现代化力量以及其所引发的结果。它们在政治上具有反思性"①。作为"预测和控制人类行为未来后果的现代方式"，风险"成了政治动员的主要力量"，这种力量导致传统法治话语体系的无力甚至不合时宜。可见，风险既是反思机制，更是建构机制。其反思和警惕着现代性自身无法克服的短板，同时也在建构着人类的智识结构和国家的治理结构。值得强调的是，在反思现代性的语境里，风险可以是"虚拟的现实"，也可视为"现实的虚拟"②。

　　其次，风险的脱域性。现代社会风险的破坏力极强，其具有跨界脱域的显著特征，动辄引发全国甚至全球范围内的公共危机。此时，也许"民族国家在世界社会的格局中再也不能提供保障了"③。比如 2008 年美国次贷危机（subprime crisis）引发的金融危机迅速波及全球就是有力佐证。20 世纪 90 年代末开始涌现出的纳米材料、人工智能、生物医学、转基因等新兴技术，更是带来了全社会的极大恐慌④。新兴技术在可能引发的科技伦理后果上的高度不确定性，成为新的不可预测和难以管控的风险源。贺建奎等人的"基因编辑婴儿案"⑤，尽管以追究其非法行医罪而告终，但在国内外却造成了极其恶劣的影响；而当下飞速发展的人工智能技术如若不被高度重视和有效规制，其对人类未来的深远影响则更加难以预料。

　　最后，风险的平等性。与财富分配不平等导致的相对贫困和绝对贫困相比，风险的分配却更多地呈现出天然的平等性特征，可以说风险面前基本上是人人平等，一旦突发公共卫生疫情任何人都无法使自

---

　　① Ulrich Beck, *Risk Society: Towards a New Moder-nity*. London: Sage Publications, 1992, p. 21.

　　② Ulrich Beck, *World Risk Society*, Cambridge: Polity Press, 1999, pp. 3 - 4, p. 136.

　　③ 〔德〕乌尔里希·贝克、〔德〕约翰内斯·威尔姆斯：《自由与资本主义：与著名社会学家乌尔里希·贝克对话》，路国林译，杭州，浙江人民出版社，2001 年，第 159 页。

　　④ George's Day, Paul J. H. Schoemaker with Robert E. Gunther, *Wharton on Managing Emerging Technologies*, New Jersey: John Wiley & Sons, Canada, 2000.

　　⑤ 《"基因编辑婴儿案"贺建奎因非法行医罪被判三年》，中国法院网，2019 年 12 月 30日，https://www.chinacourt.org/article/detail/2019/12/id/4750322.shtml。

己免受其影响，个体即便在物质意义上如何富足，也无法避免医疗资源短缺特别是医疗技术短板而导致的治疗困境。风险的平等性主要表现在：①风险的突发性、快速传导性使得任何人都有可能立刻陷入无法抗拒的公共危机之中；②风险的无差别对待则意味着，无论什么职业、什么领域都无法幸免。上述特征说明，与传统危险比较，一般情况下现代风险是非个体性、非集团性、非地（区）域性的，其表现出了强烈的公共性和跨界性，特别是在当今深刻的全球化背景下更是如此。

综上，"风险国家"时代的到来，在国际层面引发了人们对现代性和全球化的全方位反思，也必将深刻地改变着全球化的运行模式和人类发展的未来方向。而在国家层面，突发性和紧急性的重大公共危机，严重影响着哈贝马斯论域里建制化了的法治国形态，对典型的宪法分权模式构成了强烈的冲击，甚至在一定范围和层面导致宪法危机的频发。故此，超越"依法律行政"的控权结构，跳出立法中心主义或司法中心主义的治理范式，在特定情形下转而求助于积极行政及其正当程序，成为"风险"应对的必然趋势，因为行政的主动性、执行性和灵活性，展现出了其风险预防和危机处置显著的比较优势。如是，当人类遭遇未知世界的高度不确定性和前所未有的风险时，行政权的急剧膨胀与行政机构的迅速自我复制和编程就在所难免了，这构成了"风险国家"的基本特征。换言之，"风险国家"同时就是行政国家。

（二）"风险国家"的二元法治结构

1. "风险国家"法治难题的化解路径

"风险国家"面对的首要难题，就是如何对待风险发生时的宪法和法律问题。换言之，紧急状态下逃离法治的危机应对和严格规范主义法治观之间有无第三条道路可供选择。对此，至少出现了绝对主义、相对主义和自由主义三种路径。[①]

有人以康德哲学为基础，坚持法治的规范主义路径选择，固守法的

---

① 参见戚建刚：《绝对主义、相对主义和自由主义——行政紧急权力与宪政的关系》，《法商研究》2004 年第 1 期。

"一般性"原理，无论风险如何发生，仍然将法规范视为绝对的、无例外的和至高无上的。康德的"普遍法则公式"强调，"要只按照你同时能够愿意它成为一个普遍法则的那个准则去行动"①。不过，这种僵化和机械的法治进路无疑是对"风险国家"的全盘否定，其对紧急状态下风险的化解缺乏建设性。

也有人基于"刀剑之下，法律沉默"的诫命，推崇卡尔·施密特（Carl Schmitt）的理论。在施密特看来，"特殊解释一般及其自身。如果人们想正确地研究一般，就只好先找到真正的特殊。特殊比一般更清楚地揭示一切。""非常状态比规范更令人感兴趣。规范证明不了什么，而非常状态却能证明一切：它不仅确认规范，而且确认规范的存在，因为，规范只能来自非常状态。"可见，对施密特来说，"一切法律均是'具体处境中的法'"②。然而，施密特这种带有强烈绝对主义倾向的理论，却最终让现实遁入了极权主义泥潭。因此该种理论已被人类惨痛的历史经历所否定，尽管其在风险的暂时性化解方面可能功效显著，但是从长远上是不可取的。

还有很多学者采"中庸之道"，当面对"非常状态"时，在洛克"特权理论"的论说中找到了国家机动性和灵活性的理据，并坚持法治在平常状态下的优先性③。在他们看来，洛克的特权理论似乎在法治规范主义和行政应急权的极度扩张之间寻找到了适度的平衡。约翰·洛克（John Locke）认为："因为世间常能发生许多偶然的事情，遇到这些场合，严格和呆板地执行法律反而有害（例如，邻居失火，不把一家无辜的人的房屋拆掉来阻止火势蔓延）。"此时，就必须采取非常措施应对非常之情势，而"这种并无法律规定、有时甚至违反法律而依照自由裁处来为公众谋福利的行动的权力，就被称为特权"④。由于是为了维护人民更大的福祉，人民也会允许这种维护公共利益的特权的

---

① 〔德〕康德：《道德形而上学的奠基（注释本）》，李秋零译注，北京，中国人民大学出版社，2013年，第40页。

② 〔德〕卡尔·施密特：《政治的神学》，刘宗坤、吴增定等译，上海，上海人民出版社，2015年，第30－32页。

③ 参见吴昱江：《紧急状态下的法治与行政特权——康德、施密特与洛克的理论局限》，《政法论坛》2017年第3期。

④ 〔英〕洛克：《政府论（下篇）》，叶启芳、瞿菊农译，北京，商务印书馆，1982年，第102－105页。

存在。

哈贝马斯恪守洛克的古典自由主义立场，以一种审慎而又乐观的态度看待"风险国家"，并试图在交往理性和商谈程序中化解法的一般性和具体性之间的高度紧张。一方面，他认识到了社会风险对法治国基本构造的强烈冲击，"政府越来越卷入一些新的、受科学技术影响的风险的产生，不管是因为其行动，还是因为其不作为。随着这种风险——比方说核能或基因技术的风险——的出现，提出了为未来世代而采取预防措施的问题，这种问题要求人们（当然也是要求立法者）具有更广的视域来代表他人进行利益感受"。不过，"如此高程度的复杂性、情景依赖性和不确定性，以至于它无法事先在想象中被充分认识，也无法事后在规范上加以确定"。于是，行政便被赋予了与日俱增的"政治导控任务"，这样，"考虑到忙于预防的政府行政必须根据有争议技术考虑来填满的自由裁量空间，即使把基本权利的保护作能动的理解，也无法确保提供充足的法律保护"①。另一方面，在哈贝马斯看来，这种风险应对中行政权膨胀及其引发的危机倾向，"与其说是法治国原则对越来越复杂的政府活动提出了无法解决的过分要求，不如说是法治国原则的建制化程度还不够充分"②。经由人类对风险社会的理性建构，一定有方法将行政应急权纳入法治轨道。换言之，风险管控下的行政应急权是可以被建制化的，尽管现代性会以一种别样的方式存在和发展。

2. 宪法框架下的二元法治结构

基于"风险国家"公共危机的潜在性，笔者以为，应该确立二元宪法结构，形成正常状态和非常状态两类法律体系及其法治模式。其中，常态法治模式也就是通常意义上的法治国模式，其原理包括依法（律）行政、依法（律）审判和正当法律程序等；而非常法治模式又被称为"风险法治模式"，即在风险发生的紧急状态下启动的特殊法治模式，其重要的法治原则是行政应急性原则。常态法治模式是风险法治模式的基础，而风险法治是常态法治在风险发生时的必然延伸和有效补

---

① 〔德〕哈贝马斯：《在事实与规范之间：关于法律和民主法治国的商谈理论》，童世骏译，北京，生活·读书·新知三联书店，2003 年，第 535、533、539、540 页。

② 〔德〕哈贝马斯：《在事实与规范之间：关于法律和民主法治国的商谈理论》，童世骏译，北京，生活·读书·新知三联书店，2003 年，第 533 页。

救，二者共同组成现代宪法的二元法治结构。

在此二元宪法结构里，除了常态法治模式下国家权力体系外，风险法治模式下的紧急权力——主要表现为行政应急权——及其行使程序的宪法条款得以同时创制，并且根据该宪法紧急权力条款建构起从战争到特别紧急状态再到一般紧急状态的完备的法律体系。当然，基于公共危机应对的高度裁量属性，这里所谓的有关紧急权力的法律体系，主要也是框架性和授权性的规范体系，因为风险的多元性、易变性和不确定性决定了法律无法做到高密度地规范行政应急行为。二元宪法结构确立的目的在于保证包括行政应急权在内的任何权力行使的合宪性。这样，在公共危机应对过程中，即便为了公共利益而突破常态法治的法规范，行政应急权也不能逃离宪法和风险法治法规范的约束。否则，突发性公共危机一旦引发宪法危机，非常状态也就很难实现对正常状态的法治回归，专权也就会成为社会常态了。

尽管在洛克看来，"以公共利益为目的的自由裁量的特权，该权力并不需要法律的规定，而且在某些场合下甚至可以违反法律的规定"[①]，而美国的国父们却坚持认为，法律由政府制定，政府可以修改法律，而宪法由人民创制，政府无权置喙。[②] "在一个秩序良好的共和国中，没有必要诉诸超宪法的措施，因为这种措施尽管在短期内有好处，但是这种先例是有害的，为了美好的目的而不顾法律的行为一经确立，以后就有可能为了邪恶的目的而不顾法律。"[③]

当然，一般法治即常态法治和应急法治或曰风险法治并行于同一宪法，势必会导致宪法内在结构、文本逻辑等方面的冲突与紧张。申言之，紧急状态的宣布、应急措施的采取，必然会克减和限缩公民的基本权利，如行为自由、言论自由、隐私权等等，而"宪法的功能是通过在

---

　　① 〔英〕洛克：《政府论（下篇）》，叶启芳、瞿菊农译，北京，商务印书馆，1982年，第99页。

　　② 〔美〕亚历山大·汉密尔顿、约翰·杰伊、詹姆斯麦·迪逊：《联邦党人文集》，程逢如、在汉、舒逊译，北京，商务印书馆，1989年，第273页。

　　③ Machiavelli, *The Discourse*, *Edited by Bernard Crick*, *Harmonds worth*, Middley Sex: Penguin Books, 1970, ch. 34.

宪法中规定的基本人权来实现的"①。如是，不同的控权逻辑在同一宪法结构里似乎难以融洽。

笔者以为，宪法紧急权力条款的启动意味着宪法一般法治条款在适用上的暂时性中断，但这绝不会导致一般法治条款，特别是基本权利条款的"休眠"，在公共危机的处置过程中，它们如同夜晚起飞的猫头鹰，始终保持着应有的警觉，以免紧急权力的行使因走得太远，而背离制度设计的初衷。正如有学者所言，宪法不可能把"宪法权力"授出去，而自己却消失了。因此，宪法只有在形式上存在才能够对此"自圆其说"②。也正是在个意义上，联合国《公民权利及政治权利国际公约》第4条明确规定，在紧急状态威胁到国家并经正式宣布时，缔约国得采取措施克减公民在本公约下所承担的义务，但克减的程度以紧急情势所严格需要者为限。此等措施不得克减公民的生命权、人格权等基本权利，并确保人道待遇，即"任何人均不得加以酷刑或施以残忍的、不人道的或侮辱性的待遇或刑罚。特别是对任何人均不得未经其自由同意而施以医药或科学试验。"任何人不得使为奴隶、不应被强迫役使、不应被要求从事强迫或强制劳动。③

其实，很多国家的宪法中均有紧急权力体系的制度设置。如《菲律宾宪法》第7章第18条规定，戒严期间不得停止实施宪法；《马尔代夫共和国宪法》第37条规定，在国家面临紧急情况时，共和国总统有发布命令临机应变之权，但这种临变命令不得违反宪法；《丹麦王国宪法》第23条规定，在紧急情况下当议会不能举行会议时，国王可以发布临时性法律，但这些临时性法律不得与宪法法令相抵触；《阿尔及利亚民主人民共和国宪法》第123条规定，在战争状态期间宪法暂停实施，国家元首行使一切权力。而《南非共和国宪法》规定，由于紧急状态宣布后而制定的任何法律，在符合条件时可与权利法案相背离，该背离是紧急状态的严格需要或该法律与适用于紧急状态的共和国的国际

---

① 〔瑞士〕莉蒂亚·R. 芭斯塔：《宪政民主的反思：后现代和全球化的挑战》，载刘海年、李林《人权与宪政：中国－瑞士宪法国际研讨会文集》，北京，中国法制出版社，1999年，第8－9页。

② 莫纪宏：《现代宪法的逻辑基础》，北京，法律出版社，2001年，第284－285页。

③ 刘海年：《〈经济、社会和文化权利国际公约〉研究》，北京，中国法制出版社，2000年，第313页。

义务相一致；《新加坡共和国宪法》规定，在紧急状态下立法机关和行政机关均有权制定违反宪法的法律。① 这里所谓的"背离"和"违反"，在二元宪法理论语境里，只能是对常态法治模式下相关法律的背离或违反，而不是说紧急状态完全脱离法治的看护。对紧急权力规定最为详尽的要数法国宪法，根据法国现行宪法第 16 条之规定，② 总统享有紧急情况条例制定权，而所谓"紧急情况条例"系指总统根据宪法第 16 条规定的特别权力为应对危机而制定的条例。③

（三）"风险国家"与行政应急原则

在公共危机来临之际，"用于经典性预防目的，也就是更适合于应付物质性风险而不是潜在的对于大规模人群的危险的那些强制性导控手段，已经失效。""一个社会产生了那么多的安全风险，以至于它只能通过大大扩展监视机构才能保护受到威胁的基本权利价值。"④ 可见，重大突发事件引发的公共危机，激活了行政应急性原则并拓展了其适用空间，行政应急性原则赋予了行政机关在"正常"状态下禁止采取的诸多"非常"处置权力，甚至对公民基本权利也可进行适当的限缩与克减，比如采取居留管制、关闭集会场所、禁止通行、日夜巡查等措施。正如孟德斯鸠所言："有些场合需要给自由蒙上轻纱，犹如人们遮护众神的雕像。"

不过，紧接着的问题是如何保证"特殊时期的合法性"或"危机合法性"，以便最大限度地减小对个体权益的影响甚至损害。值得强调的是，应急性原则的启用并不意味着对依法（律）行政原则及其建制化的完全解构。应急性原则以法治原则为基础和前提，是依法（律）

---

① 参见郭春明：《论紧急状态下的宪法效力》，《法学》2003 年第 8 期。

② 法国 1985 年宪法第 16 条规定："当共和国体制、国家独立、领土完整或国际义务的履行受到严重和直接的威胁时，以及依据宪法产生的公共权力机构正常行使职权被中断时，共和国总统在同总理、议会两院议长和宪法委员会主席正式磋商后，根据形势采取必要的措施。总统用咨文把情况通告全国。这些措施应该是为了保证依据宪法产生的公共权力机构在最短期间拥有完成其任务的手段，对于这些措施的主要内容，应同宪法委员会磋商。议会自行举行会议。在行使特别权力期间，国民议会不得被解散。"参见肖蔚云等：《宪法学参考资料（下册）》，北京，北京大学出版社，2003 年，第 989－992 页。

③ 王名扬：《法国行政法》，北京，中国政法大学出版社，1997 年，第 142－145 页。

④ 〔德〕哈贝马斯：《在事实与规范之间：关于法律和民主法治国的商谈理论》，童世骏译，北京，生活·读书·新知三联书店，2003 年，第 536 页。

行政原则在紧急情况下的必要延伸与适度修正；应急性原则弥补着依法（律）行政原则的僵化与不足，提升了危机应对的效率和能力，优化了风险化解的资源整合。而依法（律）行政原则规制着应急性原则的价值取向和公益方向，以避免紧急状态完全遁入半战争或战争状态；依法（律）行政原则对人权的坚守，制约着行政应急性原则对效率的单一追求。可见，完全脱离法治的行政应急无异于对战争状态的宣布——"法律止于战争"。现代社会即便是战时状态也有战争法和人道底线的约束，而不可能毫无规则可循。

正如有学者所言："应急行政与常态行政占据两种交替性的、互不隶属的时间结构，即短暂的时间结构和连续的时间结构。常态行政先于应急行政，当突发事件发生时应急行政取代常态行政，突发事件结束时常态行政重新恢复，应急行政退居幕后。应急行政是对常态行政的打断，是一种短暂的和临时的时间结构。"[①]

小 结

哈贝马斯说："关于政府任务之复杂性增长的主要线索，有这样一种大致的分期，根据这种分期，政府必须相继地专门完成这样一些任务；起初是古典的维护秩序的任务，然后是对社会补偿的公正分配，最后是应付集体性的危险情况。制约绝对主义的国家权力，克服资本主义产生的贫困，预防由科学技术引起的风险，这些任务提出了各个时代的议题和目标：法律确定性，社会福利和风险预防。适合于这些目标的，被认为是一些理想的国家形式——法治国、福利国和安全保障国（Sicherheitsstaat）。"[②] 其实，西方行政法治的各种形态，都不同程度地存在着叠加现象。除了警察国不是完全意义上的"行政法治"形态，而至多是一种特殊的"行政法制形态"外，福利国中必然包含着法治国，福利国家同时又是风险国家，尽管风险的复杂性和频发性没有后福利时代突出。

---

① 戚建刚：《应急行政的兴起与行政应急法之建构》，《法学研究》2012 年第 4 期。
② 〔德〕哈贝马斯：《在事实与规范之间：关于法律和民主法治国的商谈理论》，童世骏译，北京，生活·读书·新知三联书店，2004 年，第 537 页。

就本质而言，现代性构筑起来的西方行政法治类型及其法文化形态是一典型"地方性知识"，但其带来的"文明病"——对人造物的高度依赖，却以"侵入"的方式深刻影响了全人类。一方面，依法律行政即法治国逻辑搭建的立法和行政关系，源于"小国寡民"的古希腊，仅规则供给能力一项就很难说完全适用于大国治理；另一方面，整体观之，西方现代化的进程就是个体"离家出走"的过程，表现出明显的远离"家"而拥抱个人主义和自由主义的建构倾向。① 至此以往，西方现代性始终伴随着个体、家庭和国家之间的关系紧张，因为"国家－社会"的二元建构，遮蔽了个体幼年时的羸弱和老年时的无助，造成了完整生命历程的断裂与朴素自然情感的丧失，难以真正抚慰人生的亲情挫败。② 于是，西方国家才吸收马克思主义原理建立了福利国家，陌生人开始在行业、职业等组织和国家的生存关照下获得物质帮助。然而，由于庚吃卯粮、消费无度等诸多因素，福利国家全面运行不过数十载，"福利病"就旋即成为现代西方社会之通病，甚至在藉由全球化和科技金融等手段将沉重福利负担"平摊"给其他国家情况下，也无法完全根治其福利危机引发的整体社会危机。此外，技术理性隐藏着人文与自然的内在冲突，"风险"伴随"现代"始终。③ 而所谓现代性从一定层面上讲，就是在不断制造"不安"的同时，又在"寻求一种对不安的答案"④。"不安"意味着"风险"的常在性，社会风险实质上是一种"文明的风险"，人类"生活在文明的火山上"⑤。也正是从这个意义上，世界期待"人类文明新形态"。

就我国而言，改革开放以来，我国迅速形成了法治国、福利国和风险国的三重叠加效应，从而使得我国当下社会主义建设处于一种史无前例的复杂和胶着状态，既有法治建设的重任，又有社会保障普惠化的问

---

① 肖瑛：《"家"作为方法：中国社会理论的一种尝试》，《中国社会科学》2020 年第 11 期。

② 刘丽、邵彤：《我国家庭教育地方立法的经验与不足——兼评〈中华人民共和国家庭教育法（草案）〉》，《湖南师范大学教育科学学报》2021 年第 3 期。

③ 倪洪涛：《论"风险国家"及其行政应急治理》，《东南法学》2020 年第 1 期。

④ 〔法〕达尼洛·马尔图切利：《现代性社会学——二十世纪的历程》，姜志辉译，南京，译林出版社，2007 年，第 1 页。

⑤ "Living on the Volcano of Civilization", Ulrich Beck, *Risk Society: Toward a New Modernity*, London: Sage Publications, 1992, p. 17.

题，更有社会风险的高发性管控重任。经此宪法原则引领，中国摆脱了绝对贫困，并为世界范围内消除贫困、实现和平发展作出了历史性的巨大贡献，展示了社会保障法治建设的中国智慧。我国社会科学必须挖掘并弘扬中国传统社会丰富的优秀制度和文化资源，并结合新时代法治建设的伟大实践，总结中国经验、形成中国模式、擅于中国表达，不断提升国家治理体系和治理能力的现代化水平。

第三章 西方行政法制的历史沿革

引 言

根据各国法律的基本特征，全世界可分为五大法系①：中华法系、大陆法系、英美法系、伊斯兰法系和印度法系。在世界上，中华法系、伊斯兰法系和印度法系在人类历史上曾经创造了属于它们各自那个时代的辉煌的法文化，对人类多元文明的发展做出过巨大贡献。不过，毋庸讳言，人类社会近（现）代化特别是法治化进程，至少在近代化中期以前，是在英美法系和大陆法系国家主导下或自愿或被裹挟被强制完成的。欧美国家就是我国学界所谓的"西方"，这种"现代性"实现的过程，对包括中国（西学东渐）在内的很多国家而言，一定层面就是"西化"的过程。

故此，本书关于世界行政法制的历史沿革，介绍的主要是上述意义上的"西方"国家，并且如果不加特别说明，主要是以英美和法德为例，阐述西方两大法系发生的历史背景和制度特色，以及二者之间的复杂关系、文化差异、逻辑勾连。因为它们分别代表着"现代性"语境里两种不同的法政传统，即欧洲大陆的目的性国家（purposive state）传统和英美海洋国家的公民联合（civil association）传统。② 同时，普鲁士式的目的性国家观后来居上，也许在一定历史时期更加具有世界性的破坏力，但仅从行政法制的多样性介绍而言，我们无法绕过法国而径直走向德国。

法国二元司法体制之间不可避免的管辖权冲突，于英国法律发达史则表现为普通法院和衡平法院之间的长期斗争。"但没有衡平法院就没

①　何勤华：《中华法系之法律学术考——以古代中国的律学与日本的明法道为中心》，《中外法学》2018 年第 1 期。

②　Michael W. Spicer, *Public Administration and the State: A Postmodern Perspective*, Tuscaloosa: The University of Alabama Press, 2001, 125 – 126.

有公正，而没有最高行政法院，法国就可能出现如英国一样适应现代英国需要的那种复杂的司法审查机构。"① 如果说英国法治的确立伴随的是"警醒的舆论""警觉的议会"、自律的行政机关（自然正义主导下的行政程序）和普通法院以外的司法化机构（行政裁判所），如果更加注重行政的事中程序控制，那么法国的行政控制依赖的则是行政法院管控下的事后的司法约束。正如韦尔（Prosper Weil）教授评述的那样："法国行政法在美感上经常使法律人比普通公民更满意，这是因为它在事后发挥作用，并且在行政机关和被管理者的单独交往中不能始终感受到它的存在。"②

可见，在行政权规控方面，"英国的方式是由见多识广的局外人——法官和监察专员（Ombudsman）来进行审查。法国的方式则是由独立于公共机构却又熟悉公共事务的人士来进行审查"③。这样，以两国作为典型代表，铺陈出了西方两大法系殊途同归的行政法制发展之路。

一、西方两大法系行政法制的殊途与同归

（一）两大法系行政法制上的差异

1. 是否有独立的行政法院体系

大陆法系国家多采用二元司法体制，即设置独立于普通法院的行政法院，专司行政争议的解决。其中，以法国为代表的行政型行政法院体制（双重双轨制）和德国为代表的司法型行政法院体制最为典型。

英美法系国家则大多是一元司法模式，即三大诉讼案件或违宪审查（如美国）案均由普通法院审理，一般情况下行政争议和民事争议遵循统一的诉讼程序。英美法系国家坚持认为普通法院是公民权利最可靠的保障，是防止行政专横的最有力工具，④ 诉讼平等是宪法平等原则在司法领域中的落实与体现。英美法系国家警惕并始终否认法律关系和行政

---

① See P. Cane, Administrative Law, 3rd edn. (Oxford, 1996).

② P. Weil, The Strenghth and Weakness of French Administrative Law, （1965）CLJ 242, 257.

③ 〔英〕L. 赖维尔·布朗、约翰·S. 贝尔、〔法〕让－米歇尔·加朗伯特：《法国行政法》，高秦伟、王锴译，北京，中国人民大学出版社，2006年，第五版，第277－278页。

④ 王名扬：《英国行政法》，北京，北京大学出版社，2007年，第3页。

争议的特殊化处理。

比如在美国，权力的分立与制衡是美国宪政之基石，因此美国司法审查的核心目的在于通过司法权制约行政权甚至立法权，这与法德行政审判体制建立的初衷大异其趣。同时，美国的司法审查在一定程度上继受了英国的普通法传统，普通法精神深刻地影响了美国的制度安排和价值取向。早在英国的封建时代，普通法在同王权的抗衡中逐渐形成了将国王、议会、选民一视同仁的法治观，确立了法律至上原则。① 这一原则在英国和美国分别演化成为议会至上与司法至上。② 英国爱德华·柯克（Sir Edward Coke）大法官关于法律至上的思想与判例对美国司法体制的建构影响甚巨，使得美国通过"马伯里诉麦迪逊"等判例逐渐树立了司法优位主义的价值观。③ 在对行政决定的司法审查问题上，美国的权力分立主义和司法优位主义决定了只能由普通法院行使司法审查权，平民主义的司法取向也使立法者更加倾向赞同普通法院与非专业的裁判者能够藉由常识与理性完成对行政行为合法性审查与判断的重任。因此，司法在"机构独立与专业判断的抉择"问题上，美国选择了"机构独立"即司法独立，并将行政行为的司法控制权直接交由普通法院行使。

2. 是否有独立的行政法体系

公私法治是否二元分立构成了两个法系第二个显著区别。"就大陆法系的历史渊源而言，有罗马法、日耳曼法、教会法、地方习惯法、封建王室法、中世纪商法和城市法等，而其中最为重要的是罗马法。"④ 罗马法传统中的公私二元法治以及对法典编纂的热衷深刻影响并最终促成了拿破仑"六法全书"的制定。⑤ 基于公法和私法二元分立体系，大陆法系国家中作为宪法分支的行政法当属公法序列，行政作用和行政诉讼以首先适用行政法等公法规则为原则，以使用私法规则为例外和补充。

---

① 参见〔美〕罗斯科·庞德：《普通法的精神》，曹相见译，上海，上海三联书店，2016 年，第 35 页。

② 参见崔林林：《严格规则与自由裁量之间——英美司法风格差异及其成因的比较研究》，北京，北京大学出版社，2005 年，第 125 页。

③ 参见〔美〕爱德华·S. 考文：《司法审查的起源》，徐爽编译，北京，北京大学出版社，2015 年，第 4 页。

④ David M. Walker. *The Oxford Companion to Law*. Oxford：Clarendon Press，1980，p. 222.

⑤ 参见何勤华：《大陆法系变迁考》，《现代法学》2013 年第 1 期。

在英美法系国家，无公私法二元体系建构。在英美法系普通法体系中，行政法很长一段历史时期并不是一门独立的法律学科，亦未形成区别于一般法的特别法律体系。① 如同审理民事案件一样，英美普通法院采用统一的一般法律规则审理行政争议，只是在审查标准和强度上根据不同行政行为进行了类型化处理。

3. 是否有成熟的公法主体理论

在大陆法系国家，围绕着"公域"或"公共利益"的界定而进行的私法主体和公法主体的甄别是行政审判的基础性和前提性工作。否则，将无法确定行政诉讼的被告和违法行政的责任主体。故此，公法人理论和行政主体理论及其制度应运而生，比如在法国就存在三类行政主体：国家、地方公共团体和公务法人。②

而英美法系国家在分权理论基础上，以公共行政及其运行为核心，识别采用何种行政程序和建构行政法律关系。所以，其只有公共行政机构（Public agencies）的范畴体系，而无公法人等行政主体存在的理论空间。正如一位英国学者所言："英国行政法是围绕着对公共机构行为造成的侵害给予正式救济为核心建立起来的，这也赋予了它与众不同的英国品味。"③故此，大陆法系国家早期行政法主要是秩序法，而在英美法系则是典型的救济法。

4. 是否有精细化的行政行为体系

由于大陆法系国家整体上"重实体、轻程序"，特别是德国行政法鼻祖奥托·迈耶创设行政行为理论以来，德法日等国尤其注重并擅长行政行为的类型化。行政（法律）行为作为行政作用上法的手段，成为行政法学研究的恒久核心问题。这种行政行为的类型化、模式化与规范

---

① 比如在美国，至少"行政法并非一个单一、紧密的法律体系，而是包含于宪法、行政程序法、行政机构实施的实体法、法院意见、总统施加的义务以及行政系统的其他规范中若干原则的集合。"〔美〕菲利普·哈特：《美国行政法》，载《欧美比较行政法》，勒内·J. G. H. 西尔登、弗里茨·斯特罗因克编，伏创宇等译，北京，中国人民大学出版社，2013年，第340页。

② 参见王名扬：《法国行政法》，北京，中国政法大学出版社，1988年，第40页以下；〔日〕盐野宏：《行政法Ⅲ：行政组织法》，杨建顺译，北京，北京大学出版社，2008年，第三版，第3页以下。

③ Cf. Roger Warren Evans, 1965："French and German Administrative Law：with Some English Comparisons"，International and Comparative Law Quarterly，Vol. 14，p. 1104.

化，依赖行政行为适法性特征的分析路径，实际上是"从实定法的角度划定该行为之容许性与界限"①。

而英国、美国、澳大利亚、新西兰等英美法系国家，则倚重行政程序特别是司法审查对行政法治的推动作用，将行政法构建在程序之治和司法审查之上，并不注重行政行为的"模式化"和体系化。② "我们可以说，行政诉讼需求向行政法的外化与转移，构成了德国、法国、日本行政法的一个显著特点。"相比而言，在普通法系国家的行政法中，行政法总论只有行政组织、委任立法等内容，行政法问题集中在行政诉讼上，这是普通法国家行政法最突出的特征。不过，大陆法系和普通法系国家在行政法结构上的差异不是本质性的，而只是一种形式，只不过是"涌入前端"（狭义行政法）还是"涌入后端"（行政诉讼）上的差别而已。③

（二）两大法系行政法制差异性的缘由

两大法系行政法的制度差异，既可归因于各国不同的法文化传统和政经结构及其力量对比，又与它们近（现）代化的不同路径选择密切相关，还和各个国家的民族心理和思维方式（归纳和演绎）甚或法哲学进路密不可分。下文以英国和法国为中心作以简要分析。

1. 行政权和司法权的关系对比

在旧制度时代，法国有一项法令登记制度，该制度规定政府通过的法令必须在法院进行登记，未经登记（公布程序）不具有法律效力，换言之，司法其实享有一定的立法权。特别是在路易十五时代以后，法令登记制逐渐成为传统特权集团和贵族旧势力阻碍新兴阶级制定并通过进步改革措施的法宝，法院对不符合利益集团的法令动辄拒绝登记，④这成为大革命以后行政权与司法权在法国永远分立的重要历史原因。基于此，在 18 世纪，12 个皇家法院或"最高法院"（特别是巴黎高等法

---

① 高秦伟：《行政法学方法论的回顾与反思》，《浙江学刊》2005 年第 6 期。

② 参见姜明安：《行政法与行政诉讼法》，北京，北京大学出版社、高等教育出版社，2015 年，第六版，第 154 页以下。

③ 余凌云：《行政诉讼法是行政法发展的一个分水岭吗？——透视行政法的支架性结构》，《清华法学》2009 年第 1 期。

④ 参见王名扬：《法国行政法》，北京，中国政法大学出版社，1988 年，第 552 页。

院）不仅广泛干涉行政事务，而且更加强势地阻止君主试图引入的改革措施。作为反击，国王也经常将大量行政案件提至枢密院审理，并派主事官或总督在地方审理税务和公共工程方面的案件。① 而法官依凭巴黎高等法院拥有的王室法令登记权和谏诤权，日常化地阻碍国王的改革措施，以便维护等级贵族的各项特权。巴黎高等法院甚至声称在三级会议不再召开之际，其有权代表整个民族。1760 年 5 月 10 日，鲁昂高等法院谏诤书中的表达就是明证：“在三级会议停开期间，这一权力（即接受法律的权力）由被民族视为立法受托者的机构行使，只有通过它们，这一神圣永恒的权力才能继续存在。”② 尽管法国国王并不认可，不过司法贵族的主张却并非毫无依据。这是由于起初巴黎高等法院如同英国上院一样，是皇家大议政会议（Magnum Consilium Regis），兼具立法权和司法权，其从 14 世纪开始才通过逐渐排除封建贵族和高级教士的传统势力并由专业法学家最终掌权，最终转型为一个纯粹意义上的法庭。可事实上，全国三级会议还在巴黎高等法院的大院召开，二者直至 15 世纪才分开。③ 1641 年，圣杰曼公告（Edict of Saint Germain）禁止最高法院对任何涉及国家、行政或政府的案件进行裁判，将该项权力转移到国王及其任命的官员手中。④ 但是，司法贵族并未退缩，大革命前夕，国王和法院之间围绕财政权的斗争和冲突仍旧僵持不下。1787 年，路易十六召开休会了 160 年的显贵会议，试图借此避免司法贵族对改革法令的粗暴干涉，但是此次会议未获得贵族们的支持，政府法令提交巴黎高等法院登记时还是遭遇抵制，司法贵族呼吁国王召开三级会议，声称只有三级会议才有权力通过新税法。这些主张得到了第三等级的支持。这样在反抗王权问题上市民阶层和特权贵族形成了短暂的“统一战线”，可由于在代表人数和投票权上的实质性分歧，在 1789 年召开的三级会议上第三等级与特权贵族旋即决裂。最终，第三等级冲垮了三级会

---

① 参见〔法〕让·里韦罗、让·瓦利纳：《法国行政法》，鲁仁译，北京，商务印书馆，2008 年，第 686 页。

② 〔法〕亚尔培·马迪厄：《法国革命史》，杨人楩译，北京，商务印书馆，2011 年，第 10 页。

③ 参见陈涛：《法治国、警察国家与领袖民主制：西欧现代国家建构的三条线索》，《社会》2020 年第 6 期。

④ 参见〔英〕L. 赖维尔·布朗、约翰·S. 贝尔、〔法〕让－米歇尔·加朗伯特：《法国行政法》，高秦伟、王锴译，北京，中国人民大学出版社，2006 年，第五版，第 41 页。

议，于 1789 年 6 月 17 日成立了国民公会。1789 年至 1791 年，贵族特权被最终废除，至此法国被视为一个不可分割的整体，公民个体的权利被承认，自由、平等、博爱得以确立并成为法国现代国家建构的价值指引。在此背景下，大革命后，法国先后通过了《1791 年宪法》和《法国共和三年宪法》（又称《法国 1795 年宪法》），确立了行政权与司法权的彻底分立原则，严禁普通法院法官染指行政事务。

在英国历史上，各种类型的法律和法院体系共存共生且相互竞争。早期，"诺尔曼朝之制，政府诸官府绝无区别，悉集于国王之掌握。首先分化者为国会，国会分化后，司法行政无法律的区别甚久，重要言之，往往肩负两职，而皆视为国王之臣仆"①，治安法官（J. P）在地方的大量存在就是明证。在亨利二世强化王室司法管辖权以前，"除了教会和城市法院外，对普通法律事务的一般司法管辖权一直指定给地方和封建法院，后两种法院不是专门的法院，而是由邻居和庄园成员组成的会议"②。后来，英国国王通过王座法院、星座法院等，不断强化中央司法权和中央对地方官员的司法管控，并以不同诉讼形式与令状制度结合而形成的司法程序，彰显普通法院在制度设计上的竞争优势，最终在宪法平等原则的催化下，完成了排斥"特权"法院的英伦民族心理塑造。

2. 对分权原则的不同理解

作为权力分立学说关键创立者之一的孟德斯鸠的故乡法国，在司法与行政的关系上③秉持一种僵化而又机械的权力分立观：既然分权，就应彻底分开，哪怕是行政争议的解决也应归属于行政权，普通司法权不得越雷池一步干涉行政。如是，在"审理行政，此亦行政"④原则的支

---

① 〔美〕古德诺：《比较行政法》，白作霖译，王立民、王沛勘校，北京，中国政法大学出版社，2006 年，第 302 页。

② 〔美〕哈罗德·J. 伯尔曼：《法律与革命——西方法律传统的形成》，北京，中国大百科全书出版社，1996 年，第 545 页。

③ 1958 年法国第五共和国宪法，尽管行政和立法之间的同样采用了刚性分权制度，但宪法却直接授予行政机关广泛的通过命令（decret）进行规制的权力。政府条例制定权（pouioir reglementaire）与议会立法权（pouioir legislatif）的区分是法国宪法理论的基本点。参见〔英〕L. 赖维尔·布朗、约翰·S. 贝尔、〔法〕让－米歇尔·加朗伯特：《法国行政法》，高秦伟、王锴译，北京，中国人民大学出版社，2006 年，第五版，第 9 页。

④ See Henrion de Pansey, *De l'autorite judiciaire en France*, 1818, p. 11.

配下，法国产生并逐渐形成了拿破仑所谓的"半行政，半司法"的独特行政法院体制。法国的三级行政法院体系，也正是在两个层面严格分权的基础上生成的：就行政法院外部而言，通过行政法院的设置，行政与司法完全分离，实现了"有节制的司法权"的宪法配置格局；在行政法院内部，行政法院的行政职能和诉讼职能渐次分开，行政诉讼日益中立化和司法化，以独特的制度模式守护行政审判的公正性与权威性。

在英美法系国家，形成了"你中有我，我中有你"分权制衡的宪政机理，即分权不是目的，制衡更为根本。由于深受横向扁平化公共治理理念的影响，英美法系在普通法精神的滋养和催化下，"法律面前人人平等"的法治意识深入人心且根深蒂固。正如在法治文化语境里，英美法系国家最初并不承认作为独立法律部门的行政法的存在。直到1935 年，英国高等法院首席法官 G. 休厄特（Gordon Hewart）仍然坚持认为，行政法是大陆的"行话"①。法国学者弗朗斯（Flauss）晚近也曾说："与法国法律的任何其他法律部门相比，我们的行政法过去看起来是极其地道的法国的法国法（Franco-French Law），实际上是更名副其实的在法律面前法语特有的语句。"②英国人认为法国式的行政法院体制是一种特权的存在方式，而"特权"是法治的天敌。换言之，法治即"法之统治"（Rule of Law），其天生就站在特权的对立面，是反特权的，法治本身就是特权被铲除后的国家治理状态。"法律必须平等地对待政府和公民，但是，既然每个政府必须拥有特别权力，很显然，就不可能对两者同样的对待。法治所需要的是，政府不应当在普通法律上享有不必要的特权和豁免权。"③ 英国的（行政）法治观，通过英国著名宪法学家戴雪（Albert Venn Dicey）的学理阐释，在相当长的历史时期内，成为英语世界的学界通说和社会共识。戴雪在其成名著《英宪精义》中论证道：

> "四境之内，大凡一切阶级均受命于普通法律，而普通法律复在普通法院执行。当法律主治用在此项指意时，凡一切意思之含有

---

① 王名扬：《英国行政法》，北京，北京大学出版社，2007 年，第5 页。

② J. F. Flauss in J. Schwarze, Administrative Law under European Influence（London, 1996）, 113.

③ 〔英〕威廉·韦德：《行政法》，北京，中国大百科全书出版社，1997 年，第27 页。

官吏可不受治于普通法律及普通法院者皆被摒除。因此之故，在英格兰中无一物可符合法国所谓'行政法'（droit administratif）或者'平政院'（tribunaux administratifs）。诚以行政法有立于法律背后者一个观念，这个观念是：凡事涉政府，或案关公家仆役，应由具有多少官家性质的机关处理。惟其如是，英格兰的法律对于此项意思盖未尝前闻；他的传统思想与风习复与此项意思绝端反对。"①

"申言之，行政法在今代之法国，或在古代法国，均与早经确立于英国的人人在法律前是平等的观念显然反对（其实，这点反对性质在19世纪时尤显）。"基于此，戴雪总结说："行政院及行政官吏的政治行动亦须独立于法院的管辖权之外，而不应横受干涉"，与英国的"法吏的独立"（法官独立）不相符合，是对权力分立的"双重误会"——即孟德斯鸠对英国的误会，大革命时代的政治家对孟德斯鸠的误会。②

不容否认的是，戴雪的名著"对英国的行政法产生了长久的扼杀作用。"其实，戴雪理论也常被称之为"传统的谬误"③，其对法国行政法的诠释何尝不是另一种误读呢？在人类法治史中，"平权"往往导源于"特权"。或言之，通向平权的大道往往是特权铺就的，特权常为平权的起点和萌芽状态。譬如英国历史上授予北美殖民地的特权令和剑桥等大学的特权令，以及城市特权令状，等等，它们像法国行政法一样，经过历史的长期冲刷和洗礼，慢慢扩大并演化为法治常态下普通人权装置。故此，我们认为只要不偏离制度的内在逻辑方向和事务的本质特征，多元化的法治发展路径反倒有利于克服"现代性"大一统法治文化带来的社会流弊。

（三）两大法系行政法制的融合

"直到1914年8月，除了邮局和警察以外，一名具有守法意识的英国人可以度过他的一生却几乎没有意识到政府的存在。"④ 然而，随着

① 〔英〕戴雪：《英宪精义》，雷宾南译，北京，中国法制出版社，2001年，第245页。
② 〔英〕戴雪：《英宪精义》，雷宾南译，北京，中国法制出版社，2001年，第362、367页。
③ 〔英〕威廉·韦德：《行政法》，北京，中国大百科全书出版社，1997年，第28－29页。
④ AJP Taylor, English History, 1914－1915, p. 1. 转引自〔英〕威廉·韦德：《行政法》，北京，中国大百科全书出版社，1997年，第3页。

福利国时代的不期而至，特别是行政国家的逐渐形成，在对公民"从摇篮到坟墓"①的生存关照和对繁杂社会事务的行政规制过程中，面对越来越臃肿肥大的行政机构及其裁量权与判断余地的不断拓展，英美法系国家也不得不承认行政法的存在了。不过，不可否认的是来自传统的反对力量仍然强大，丹宁勋爵（阿尔弗雷德·汤普森·丹宁 Alfred Thompson Denning）就曾说："我们英国不允许公共官员受行政法的庇护"②。1964 年，理德（Lord Reid）在里奇诉鲍德温（Ridge v. Baldwin）一案中仍然坚持："我们确实没有一个发达的行政法体系，但这也许是因为我们并不需要。" 1971 年，英国内政大臣在讨论移民法草案时公开表示："我在英国从来没有看到过任何意义上的行政法，因为行政法无非意味着政府以外的其他人为政府作决定而已。"③

其实，一直以来，英美法系国家只不过是将公法问题以私法模式予以处理而已，行政法调整范围内的事务不仅存在而且在迅速增加。正如古德诺在 1897 年宣称的那样："英美两国未能认识到行政法实际上也已成熟，不是因为这些国家不存在这一法律部门，而是出于英国学者未能划分出这一法律部门的众所皆知的原因。……行政法一直存在于英国，同样存在于美国。"④ 1888 年，梅兰特也敏锐地发现："假如你拿起一本现代的王座法庭判例汇编，你将会看到大约有一半的判例是关于行政法，我是指像地方税、地方委员会的权力、各种职业执照的授予、公共卫生法、教育法等等。"在英国，1977 年程序改革后，与行政法有关的案件均集中至高等法院的王座法庭处理，这实际上是将王座法庭变成了高等法院的一个行政庭。⑤

上述改变，是社会形态变化前提下，英国人对法国"大陆方言"重新审视和不断接纳的结果。英国人逐渐认识到，在一个以效率、责任和权利保护为主要评价指标的时代里，"意味着一套独特的行政法原则需要建立"。同时，"未经人民同意就毋庸置疑地影响我们生活的行政

---

① 〔英〕卡罗尔·哈洛、查理德·罗林斯：《法律与行政》（上卷），杨伟东等译，北京，商务印书馆，2004 年，第 44 页。
② 〔英〕威廉·韦德：《行政法》，北京，中国大百科全书出版社，1997 年，第 29 页。
③ 张越：《英国行政法》，北京，中国政法大学出版社，2004 年，第 157、170 页。
④ Frank J. Goodnow, Comparative Administrative Law（1893），pp. 6 – 7.
⑤ 〔英〕威廉·韦德：《行政法》，北京，中国大百科全书出版社，1997 年，第 14 页。

权也在急剧增长。一部好的行政法，能对行政决定的合法性进行更加严格的审查，能在个人因公共利益遭受损失的情况下有更广泛的归责体系，且能够平衡急剧增长的行政权。在以这种方式形成原则的过程中，法国行政法充分证明了它的独立存在的正当性。"① 米切尔教授更是意识到，因未能认识"政府机构在行政合同中的特殊地位"，英国法制所呈现出的落后。②

英国行政规制机构，尤其是作为行政救济机构的行政裁判所"就像蘑菇一样的发展"③，恰是经验主义主导下英国人接受现实——行政法是客观存在的——更加有力的佐证。继 1958 年颁布《裁判所与调查法》之后，2007 年 7 月，英国通过了《裁判所、法院与执行法》，该法对行政裁判所的制度体系进行了有史以来最大幅度的调整。经此改革，英国既有行政裁判所的管辖权将全部移交给新设立的裁判所，即初审裁判所（First-tier Tribunal）和上诉裁判所（Upper Tribunal）。初审裁判所主要负责审理一审行政案件，后者则负责不服初审裁决的行政上诉审。裁判所分设若干法庭，每个法庭负责同一类别的案件。2008 年 11 月 3 日，英国统一的裁判所体系正式诞生。目前，初审行政裁判所设立了社会保障法庭，健康、教育和社会福利法庭，战争补助与军人赔偿法庭，税务法庭；上诉行政裁判所设立了行政上诉法庭、财政和税务法庭、土地法庭。④ 至此，英国的行政裁判所俨然被改造成为行政法院了。

1887 年，州际贸易委员会这一联邦第一独立管制（规则）机构的成立，被视为美国行政法的开端。⑤ 其实，根据美国杰瑞·马萧（Jerry Mashaw）教授近十余年来的最新研究成果，美国国会在 19 世纪就设立了许多行政机关，并授予这些机关包括规则创制和对个人权利纠纷的裁决等权力，而当时人民挑战行政侵权的方式，是通过侵权或财产类普通诉

---

① 参见〔英〕L. 赖维尔·布朗、约翰·S. 贝尔、〔法〕让-米歇尔·加朗伯特：《法国行政法》，高秦伟、王锴译，北京，中国人民大学出版社，2006 年，第五版，第 279 页。

② See The Contracts of Public Authorities, (Landon, 1954) 242.

③ 〔英〕卡罗尔·哈洛、查理德·罗林斯：《法律与行政》（上卷），杨伟东等译，北京，商务印书馆，2004 年，第 66 页。

④ 郑磊、沈开举：《英国行政裁判所的最新改革及其启示》，《行政法学研究》2009 年第 3 期。

⑤ 参见朱维究、王成栋：《一般行政法原理》，北京，高等教育出版社，2005 年，第 25 页。

讼寻求行政机关雇员的个人赔偿。① 更为重要的是，根据杰瑞·马萧（Jerry Mashaw）教授的研究结论，按照 1852 年国会制定的《蒸汽轮船安全法》而设立的蒸汽轮船安全委员会，可能是美国历史上首个独立管制机构。②

随着罗斯福新政的推行，美国涌现出了数量庞大的、集三权于一身的独立管制委员会，即"政府中没有顶头上司的'第四分支'"。其实，早在 1916 年美国律师协会主席伊莱休·鲁特（Elihu Root）在一次演讲中就已预见到："有一个特别的法律部门，其发展已然呈现出不可阻挡之势。我们正在开始创造全新的行政法体系。"③ 作为"隐藏的法官"，美国独立管制委员会中的行政法官发挥了独特的制度功能，大多数行政纠纷在行政程序中得以化解，"体现了美国人对行政过程、行政复议、行政救济等理念的独特认识。"以社会保障行政案件为例，"1980 财政年度，社会保障署的行政法官完成了 252023 宗案件，而所有的联邦地区法院法官当年仅审结了 192475 项案件；在 2003 年财政年度，社会保障署的行政法官处理了 602009 宗案件，而所有的联邦地区法院法官仅审理了 12948 宗案件"④。

另一方面，1946 年美国《联邦行政程序法》的颁布意味着具有鲜明程序法治特征的美式行政法的日益成熟，正当法律程序原则主导下完善的行政程序法治构成了美国行政法又一重要制度特色。"正如《谢尔曼法》为反垄断法奠定了基本框架一样，《行政程序法》为联邦行政法的建立奠定了法律框架。"⑤ 美国学者伯纳德·施瓦茨（Bemard Schwanz）教

---

① See Jerry Mashaw, 2006："Recovering American Administrative Law：Federalist Foundations" 1787－1801, *Yale L. J.*, Vol. 115, p. 1256；Jerry Mashaw, 2007："Reluctant Nationalists：Federal Administration and Administrative Law in the Republican Era", 1801－1829, *Yale L. J*, Vol. 116, p. 1636；Jerry Mashaw, 2008："Administration and The Democracy：Administrative Law from Jackson to Lincoln", 1829－1861, *Yale L. J.*, Vol. 117, p. 1568；Jerry Mashaw, 2010："Federal Administration and Administrative Law in the Gilded Age", *Yale L. J.*, Vol. 119, p. 1362.

② 〔美〕理查德·J. 皮尔斯：《行政法》（第一卷），苏苗罕译，北京，中国人民大学出版社，2016 年，第五版，第 12 页。

③ 〔美〕理查德·J. 皮尔斯：《行政法》（第一卷），苏苗罕译，北京，中国人民大学出版社，2016 年，第五版，第 13 页。

④ 高秦伟：《行政救济中的机构独立与专业判断——美国行政法官的经验与问题》，《法学论坛》2014 年第 2 期，第 149 页。

⑤ 〔美〕理查德·J. 皮尔斯：《行政法》（第一卷），苏苗罕译，北京，中国人民大学出版社，2016 年，第五版，第 4 页。

授的名言是："行政法更多的是关于程序和补救的法，而不是实体法。"①《联邦行政程序法》的颁行尽管在"尊重技术统治"和规制行政滥权之间一度达成了适度平衡，不过，独立管制机构对立法和司法控制的双重脱轨与逃离，依然是美国进入 21 世纪以来争论不休的重大法律关切，围绕民主价值在行政国家里将扮演何种层面和何种程度的恰当角色的辩论还在持续。

与此同时，大陆法系国家透过行政合同在行政和司法两大领域的法治实践也显示着私法模式公法借鉴的历史发展大趋势。特别是 1980 年以来，市场失灵和政府失效的接踵而至，开启了以理性市场回归为向度的行政任务民营化（Privatization）全球改革浪潮，② 更加显著地预示了后福利时代公私法治甚至两大法系的融合之势。公共行政的民营化改革，试图利用政府采购（Government Procurement）、服务外包（Outsourcing）、公私合作（public-private-partnership，PPP）、契约行政（Government by contract）和特许经营（Franchise）等诸多法律技术，吸纳、整合官民双重智慧和多元资本，在"政府瘦身"和"国家再造"的同时，实现公共产品和公共服务质优价廉的高效供给。同时，改革过程中公私法治融合带来的行政权力民主化控制的失效和行政责任的私法化转移，也成为经济学家和政治家留给法（律）学家亟待解决的时代课题。③

（四）英美法系国家行政法制的特点④

无论"红灯理论"还是"绿灯理论"，抑或将行政法比喻为"永远闪亮的黄灯"⑤，都无法否认英美法系国家行政法天生的控权法特征。王名扬先生总结英国学者对本国行政法问题讨论时说，他们对行政组织

---

① 〔美〕伯纳德·施瓦茨：《行政法》，徐炳译，北京，群众出版社，1986 年，第 2 页。

② 参见〔美〕E. S. 萨瓦斯：《民营化与公司部门的伙伴关系》，周志忍等译，北京，中国人民大学出版社，2002 年，第 13 页；〔美〕E. S. 萨瓦斯：《民营化与 PPP 模式：推动政府和社会资本合作》，周志忍等译，北京，中国人民大学出版社，2015 年，第 17 页。

③ 参见倪洪涛：《论行政特许延续的阻却》，《行政法学研究》2018 年第 1 期。

④ 由于中国行政法制尤其是行政诉讼法制，具有浓厚大陆法系的制度特征，基于本书篇幅和研究重点的考虑，下文将笔墨主要着置于对法、德、日三国行政法制特别是行政诉讼制度的介绍方面，而仅在此处简要概括英美法系国家行政法制特征的整体轮廓——笔者注。

⑤ 参见〔英〕卡罗尔·哈洛、查理德·罗林斯：《法律与行政》（上卷），杨伟东等译，北京，商务印书馆，2004 年，第 73 页以下。

部分一般都不大看重，而对行政程序特别是行政救济制度研究得比较详细。根据王名扬先生的归纳，英国行政法制的特征主要包括："①委任立法；②行政裁判；③司法审查；④行政责任；⑤议会行政监察专员等。"① 朱维究教授则认为，英国行政法是以委任立法、行政裁判所和司法审查为核心发展起来的。美国行政法的主要特征表现在："①独立管制机构；②委任立法；③行政程序；④司法审查。"② 就整体而言，笔者认为，英美法系国家是在以下三个方面展现其行政法制度秉性的：

首先，行政法就是行政程序法。与行政立法和行政裁量相伴随的，是英美法系国家法律与行政之间宪法关系的重大调整。当议会立法和司法审查的宪政安排，已无法透过民主主义和精英主义二者间的结合有效控制行政权膨胀并最终引发宪政危机时，建构事中的行政程序机制，以此约束和规范行政权，就成为最经济的、退而求其次的补救式制度选择。此背景下，英美法系国家特别是美国，以英国古老"自然正义"原则所蕴含的价值为指引，并根据正当法律程序原则的宪法要求，通过行政程序的法典化，建构起行政权的程序控制机制，并在程序的意义上最终承认了行政法作为独立法律部门的自洽性。正如美国学者所言："行政法涉及的是行政机关赖以作出决定的程序，并非决定的实体内容，尽管决定的内容实体将影响到何谓适合的程序。"③

其次，司法审查对行政权的事后监督。英国学者韦德说："行政法是关于行政管理机构的权力和活动程序的法，特别是还包括关于对行政行为司法审理的法。"④ 而美国学者约翰·弥勒特则认为："大体而言，行政法即为建立行政机构对各私人及利益执行其业务有所遵循及提供司法拘束以限制行政权威之施展之程序或方法之法律部分。"⑤ 可见，除了行政程序法治这一显著特征外，司法审查及其审查标准的类型化和精细化，亦是英美法系行政法治的重要制度特征，从而在相当程度上显示了英美社会对司法治理的高度依赖。司法主治还是行政主导是大陆法系

---

① 王名扬：《英国行政法》，北京，北京大学出版社，2007 年，第 7 页。

② 朱维究、王成栋：《一般行政法原理》，北京，高等教育出版社，2005 年，第 25 页。

③ 〔美〕菲利普·哈特：《美国行政法》，载《欧美比较行政法》，勒内·J. G. H. 西尔登、弗里茨·斯特罗因克编，伏创宇等译，北京，中国人民大学出版社，2013 年，第 340 页。

④ 张焕光等：《行政法学原理》，北京，劳动人事出版社，1989 年，第 31 页。

⑤ 〔美〕约翰·弥勒特：《美国政府与公共行政》，陈侃伟、万德群译，台北，黎明文化事业股份有限公司，1974 年，第 495 页。

和英美法系国家治理模式上的重大差异。

最后，独特行政体系内纠纷解决机制。如上文所述，美国的独立管制机构采合议制且不对总统负责，总统对这类机构成员即行政法官只有有限免职权，从而保障其技术性、专业性和独立性。这类机构主要有证券交易委员会（SEC）、联邦铜须委员会（FCC）、联邦动力委员会（FPC）、联邦贸易委员会（FTC）等等。同时，美国还设立了许多行政机关，履行诸如减少种族歧视、保护健康和安全、优化环境和向个人分配福利的政府职责。在英国，行政裁判所尽管更加侧重行政纠纷的事后化解，从而有别于美国的独立管制委员会，但与美国独立管制机构相比较，其在制度上的填补性优势却达到了异曲同工的法治效果，从而成为英国行政法治的显著特色。更为重要的是，英国裁判所的司法化程度更高，具有法国化即行政法院化的发展倾向。

二、法国的行政法制

就世界范围而言，近（现）代意义上的行政法（治）最早产生于法国。英国是"议会之母"，法国是"行政法的母国"①。一部法国行政法制史，也就是一部法国行政法院及其判例体系的建构史，即一部法国行政诉讼法制及行政判例体系形成、发展、成熟和不断完善的历史。正如一位法国学者所言："在历史上行政法根本就是一部法官法。"② 可见，法国行政法制发达史，又是二百余年法国行政法院史。在二百余载的历史进程中，法国行政法院直接或间接的法治影响从欧陆一直辐射至全世界，并深刻影响了世界法律发达史的局部走向。目前，在 27 个欧盟国家中，有 21 个国家采用行政法院体制。其中，除了法国自身，几乎直接照搬法国行政法院体制的就有 4 个国家：荷兰、比利时、意大利和希腊。③

---

① 杨建顺：《日本行政法通论》，北京，中国政法大学出版社，1998 年，第 52 页。

② 〔法〕特雷斯舍·布鲁诺：《法国行政法精要》，沈军译、张艺耀校，载《公法研究》（第 4 卷），北京，中国政法大学出版社，2005 年，第 376 页。

③ 参见李广宇、梁凤云：《中国行政法官代表团赴法考察报告》，载《行政执法与行政审判 2010 年第 4 集》（总第 42 集），中华人民共和国最高人民法院行政审判庭编，北京，中国法制出版社，2010 年，第 139 页。

（一）法国行政法院体系形成简史

法国是典型的二元双轨制司法模式，"一种专门审理行政诉讼且与普通法院分立的司法机构的存在，乃是法国制度的基本特征之一。因此，法国有两种法院：一种是普通法院，其顶端是法国最高法院；一种是行政法院，处于最高行政法院的领导之下"①。其中，普通法院审理民事和刑事案件，行政争议解决归属行政法院主管。

法国行政法院是按照"审判行政，仍然是行政"（Juger l'administration, c'est encore administrer）②的原则建构起来的，分为普通行政法院和专门行政法院，二者都隶属于最高行政法院。普通行政法院有权受理属于行政法院管辖权限内的各类行政争讼案，无须法律明确授权；而专门行政法院则只能受理法律明确规定的特定领域的行政争议案，其职权行使受到严格限制。③在法国，有数以千计的专门行政法院，诸如审计法院、森林法院、财政和预算纪律法院、补助金和津贴法院、战争损害赔偿法院等。各种职业团体的纪律惩戒委员会也是特殊类型的专门行政法院，譬如各种层次的教师评议会就是惩戒委性质的专门行政法院，再比如医生、药剂师、建筑师和会计等重要公共职业的惩戒机构。专门行政法院有的永久设立，有的属于临时性、变动大的机构，④有些专门行政法院历史悠久，在旧制度时代就早已存在。

在二百多年行政法制的历史进程中，法国逐步形成了三级普通行政法院体系。截至 2010 年，法国有 42 个初审行政法院（Tribunaux Administratifs，可直译为"行政法庭"）、8 个上诉行政法院（Cours Administratives d'Appel）和 1 个最高行政法院（Conseil d'Etat）。上诉行政法院均设置在法国本土，而目前有 9 个初审行政法院设置于法国海外省或海

---

① 〔法〕让·里韦罗、让·瓦利纳：《法国行政法》，鲁仁译，北京，商务印书馆，2008年，第 685 页。

② See Henrion de Pansey, *De l'autorite judiciaire en France*, 1818, p. 11.

③ 参见〔法〕让·里韦罗、让·瓦利纳：《法国行政法》，鲁仁译，北京，商务印书馆，2008 年，第 741 页。

④ 王名扬：《法国行政法》，北京，中国政法大学出版社，1988 年，第 600 页。

外领地。① 法国初审行政法院和上诉行政法院的设置并不严格受行政区划的拘束，而是根据地域大小、人口多寡等综合因素分别设立。有的初审行政法院管辖 4 个省，而巴黎初审行政法院尽管只负责巴黎一个地方，却是全国最大的初审行政法院，法官人数达百余人之多。

法国行政法院体系的建构肇始于最高行政法院的创建，发展于初审行政法院的设置，并最终成熟于上诉行政法院的整备。法国三级普通行政法院体系的产生和发展，可粗略地分为三个历史时期：①形成期。这个时期是法国最高行政法院一般行政审判权确立的过程。该时期从1790 年的宪政分权，一直到 1889 年"卡多案"行政判例的作出。其间，重大标志性事件有三——其一，1799 年国家参事院的成立；其二，1872 年布朗戈案判决的作出；其三，1889 年卡多案判决的作出。②成熟期。初审和上诉行政法院的创设。该时期从 1889 年的"卡多案"到1987 年上诉行政法院的成立。其中，标志性年份是 1953 年和 1987 年；③发展期。行政法院的进一步司法化和中立化。这个阶段从 1987 年至今。

1. 形成期：法国最高行政法院一般行政审判权的确立（1790—1889 年）

法国行政法院体系建构的漫长历史，也是权力分立和职权配置逐步清晰化的历史。法国的分权是在两层面上进行的：其一，在外部关系上，司法权和行政权在宪治层面的分立，即行政及其审判与普通法院的分立问题；其二，在内部关系上，参事院（行政法院）内部行政和司法两种职能的分立。换言之，参事院如何在保留部分行政职权的情况下真正实现司法化。② 这是二元双轨制司法模式即双重双轨制建构中必须妥善解决的两大问题。

依此为准据，法国最高法院一般行政审判权确立的过程，可分为四个阶段：行政官法官时期（1790—1799 年）、保留审判权时期（1799—

---

① 海外现有的 9 个初审行政法院分别设在：瓜德罗普、圭亚那、马提尼克、留尼汪、圣皮埃尔和密科隆群岛、新喀里多尼亚、法属波利尼西亚、马约特岛、瓦里斯和富图纳群岛。参见李广宇：《访法日知录》，载《行政执法与行政审判 2010 年第 5 集》（总第 43 集），中华人民共和国最高人民法院行政审判庭编，北京，中国法制出版社，2010 年，第 126 - 127 页；〔法〕让·里韦罗、让·瓦利纳：《法国行政法》，鲁仁译，北京，商务印书馆，2008 年，第 775 页。

② 〔法〕让·里韦罗、让·瓦利纳：《法国行政法》，鲁仁译，北京，商务印书馆，2008 年，第 687 页。

1872 年)、委托审判权时期（1872—1889 年）、取消部长法官制时期（1889—1953 年）。①

（1）行政官法官时期（1790—1799 年）。法国 1790 年 8 月 16—24 日的法律即《禁止司法的法院法》第 13 条规定："司法职能是而且永远是与行政职能分立。法官不得滥用职权，设法干涉行政活动，也不得以行政官员的履职情况为由将其传唤。"共和三年果月 16 日法律规定："反复申述禁令，杜绝法院审理任何行政行为，法院无此权力。"② 据此，法国在外部关系上确立了司法与行政分立原则。"司法职能明确清晰且与行政职能分立，除非渎职，法官不受任何行政主体的干扰。"③

上述规定成为法国司法双重双轨制确立的重要法律渊源，普通法院从此禁止受理法律授权以外的任何行政争议案件。这样，在行政诉讼制度的初创时期即共和八年（1799 年）以前，行政审判权实际上是由行政机关自己组成的合议制机构集体行使的。换言之，是由行政官员自己处理行政纠纷的。地方发生的部分行政争议案件，由省总督处理，而 1789 年至 1792 年间大多数行政案件，交由国王组织的部长会议审理。《法国共和三年宪法》第 15 条明令废止部长集体负责制，部长从 1792 年开始成为审理行政案件的法官，并对自己主管部门领域内发生的行政案件享有管辖权。④ 直至 1799 年，行政争议都是在行政部门内部解决的，并且国王享有最终决断权。这一时期，被称为法国历史上的"行政官法官"时期，实行的是"行政官－法官合一体制"⑤。不过，毋庸置疑的是该段时间却是法国行政和司法僵化分权制

---

① 参见凡夫：《外国主要国家行政诉讼体制介绍》，载《行政执法与行政审判 2003 年第 2 辑》（总第 6 辑），中华人民共和国最高人民法院行政审判庭编，北京，法律出版社，2003 年，第 208 页；参见朱维究、王成栋：《一般行政法原理》，北京，高等教育出版社，2005 年，第 22 页。

② 〔法〕让·里韦罗、让·瓦利纳：《法国行政法》，鲁仁译，北京，商务印书馆，2008 年，第 687 页。

③ 〔法〕特雷斯舍·布鲁诺：《法国行政法精要》，沈军译，张艺耀校，载《公法研究》（第 4 卷），北京，中国政法大学出版社，2005 年，第 375 页。

④ 金邦贵、施鹏鹏：《法国行政诉讼纲要：历史、构造、特色及挑战》，《行政法学研究》2008 年第 3 期。

⑤ 〔法〕让·里韦罗、让·瓦利纳：《法国行政法》，鲁仁译，北京，商务印书馆，2008 年，第 687 页。

度型塑的关键期，为法国二元双轨司法体制的最终确立奠定了宪政基础。

（2）保留行政审判权时期（1799—1872 年）。拿破仑一世执政后，共和八年霜月 22 日（1799 年 12 月 15 日）宪法第 52 条规定："在执政的领导下，国家参事院负责为国家草拟法律草案和公共行政条例，解决行政上所发生的困难。"① 共和八年雪月 5 日（1799 年 12 月 26 日），法国制定了首部国家参事院（Le Conseil d'Etat，即后来的最高行政法院）组织条例。② 据此，法国成立了国家参事院——其实是旧制度时代国王参事院建制在新时期的恢复。1799 年 12 月 25 日，即当年的圣诞节，国家参事院第一届全体会议在卢森堡宫举行，法国甚或世界近（现）代行政法制发达史就此真正拉开帷幕，国家参事院的成立，是法国行政法院体系建构史上最为重要的标志性法治事件。

最初，国家参事院分为五个部门——战争组、海军组、财政组、立法组和内务组，每个部门负责一个专门的行政领域。③ 国家参事院由国家元首主持工作，起初是第一执政，后来是皇帝。起先，五个部门的工作职责是起草新的法律和行政规章，并解决行政过程中出现的难题，这为国家参事院司法职能的增长提供了宪法基础。在行政争议解决方面，当时的方案是首先向部长提起诉求，不服部长的决定，可将对部长的申诉提交国家参事院。④

国家参事院是旧制度时代国王参事院的政治化身和制度延伸。法国行政法院的制度萌芽于 1319 年菲利普五世设立的审计法庭和 1387 年查理六世设立的辅助税法庭，⑤ 这两类法庭都具有专门行政法院的法律属性。

① 参见王名扬：《法国行政法》，北京，中国政法大学出版社，1997 年，第 601 页。
② 参见张莉：《法国行政诉讼法典化述评》，《法学家》2001 年第 4 期。
③ Le Conseil d'Etat（1799 – 1974），ch. 2.
④ 参见〔英〕L. 赖维尔·布朗、约翰·S. 贝尔、〔法〕让－米歇尔·加朗伯特：《法国行政法》第五版，高秦伟、王锴译，北京，中国人民大学出版社，2006 年，第 43 页。
⑤ 参见蔡志方：《行政救济与行政法（一）》，台北，三民书局股份有限公司，1993 年，第 5 页。

国家参事院成立伊始，便具有了两大职能①：一是立法职能，即帮助第一执政起草法律草案；二是行政职能，即作为第一执政的顾问，在作出重大决策和解决行政争议等方面为其提供法律咨询意见，并以第一执政的名义作出裁判。在此期间，国家参事院即最高行政法院并未被法律赋予独立的审判权，其更大意义上属于以国家元首为代表的行政机关的咨询机关，在理论上其对案件处理的建议仅仅是国家元首作出裁判的参考性意见，行政审判权保留于国家元首。这类似于英国历史上枢密院委员会（Judicial Committee of the Privy Council）的职能配置，当年枢密院以谦虚谨慎的方式向英王提出建议并总是被采纳。正是基于此，该种行政审判权配置形态被称之为"保留裁判权制度"（le systeme de justice retenue）。

1806年，国家参事院院内设立诉讼委员会，诉讼委员会对行政争议作出初步裁决，呈交国家参事院大会批准后，以建议的形式向国家元首提出。"诉讼委员会的成立是行政审判向专业化和独立化发展的开端。"② 1831年，诉讼委员会开始受理司法事务，并在一定程度上实行公开审理。同年，政府专员制度被创设，最初政府专员代表政府方的意见，很快就"冒称他自己具有独立的职能"，是公共利益的代表。③ 1849年，诉讼委员会改称"诉讼组"，并从参事院的其他部门中分立出来。至此，国家参事院内分为行政组和诉讼组两类内设组织，分别职掌行政和审判两大权能。

故此，从1799年到1872年，在法国行政法制史上被称之为"保留

---

① 后来最高行政法院行政职能中的审判职能剥离了出去，并实现了立法职能和行政职能的"合并"，即立法职能和行政职能都归属于行政组。现在最高法院行政组的职能主要包括：其一，当政府向议会提交法律案时，必须提交最高行政法院征求意见；其二，就行政依据宪法第37条制定的"自治命令"草案，提供咨询意见；其三，就政府制定的委任性立法提供咨询意见；这种"适用命令"被最终认为是最高行政法院的命令；其四，向政府和部长提供一般法律咨询意见；其五，自1963年开始，向总统提交年度工作报告，通过该报告最高法院可以积极地推动政府改革，事实上享有了准立法的启动权；最后，通过报告和研究组，最高法院还承担着年度数据统计和判决执行监督的职责。参见〔英〕L. 赖维尔·布朗、约翰·S. 贝尔、〔法〕让-米歇尔·加朗伯特：《法国行政法》（第五版），高秦伟、王锴译，北京，中国人民大学出版社，2006年，第五版，第59-60页。

② 王名扬：《法国行政法》，北京，中国政法大学出版社，1997年，第602页。

③ 参见〔英〕L. 赖维尔·布朗、约翰·S. 贝尔、〔法〕让-米歇尔·加朗伯特：《法国行政法》，高秦伟、王锴译，北京，中国人民大学出版社，2006年，第五版，第44-45页。

行政审判权"时期，又称为"部长审判"时期。这一时期也是法国行政法院内部职权不断分化和日益优化，并最终迈向行政审判独立的重要历史时期。

（3）委托审判权时期（1872—1889 年）。就行政法制发展而言，法国 1872 年 4 月 24 日法律在两个问题上获得了突破性进展：一方面，1872 年的法律授予国家参事院"代理司法权"，即形成了所谓的"委任裁判制度"（Le systeme de justice deleguee）。这样，从第三共和国（1872—1940）开始，国家参事院尽管仍然隶属行政体系，但开始以"法国人民的名义"独立行使行政审判权，成为法律意义上真正的最高行政法院，这一改革举措在法国行政法院发展史上具有里程碑式的重大意义。

另一方面，基于司法不得拒绝裁判的法治原理，两种法院并存和公法私法二元，无论在逻辑上还是在实践中，都不可避免地存在着诉讼主管上的权限纷争。为此，1872 年法律创设了权限争议法庭（院）[1]，专司行政法院和普通法院之间的管辖权争议的解决[2]。权限争议法庭的设置，标志着司法和行政之间分权的进一步拓展和深化，更意味着司法和行政彻底分权体制在法国的最终确立。

值得注意的是，从 1872 年开始，最高行政法院虽然被赋予了法律上的完全管辖权，但其行政审判权却受到一项前置程序的限制，即部长和中央的驻省代表依然被视为一般法律上的行政官法官，当事人必须先向其提起申诉，不服申诉结论方可向最高行政法院起诉。[3] 换言之，根据行政不受任何法院统制的宪法原则，"部长审判"制度仍然被保留。

---

① 法国的权限争议法庭由八名正式成员和两名候补人员组成，最高法院和最高行政法院各选派三名成员，这六名法官再挑选两名成员和两名候补者，他们任期均为三年。权限争议庭（院）长由司法部部长担任，其只有在双方票数相等这一特殊情况下才介入案件的处理，权限争议法庭的日常工作由副庭（院）长主持。

② 普通法院和行政法院间的权限争议即管辖权争议分为积极争议和消极争议两大类。前者是指行政机关否认普通法院对某一案件具有管辖权的情形；后者则是指普通法院和行政法院均认为自己不是某案管辖法院的情形。参见〔法〕让·里韦罗、让·瓦利纳：《法国行政法》，鲁仁译，北京，商务印书馆，2008 年，第 691 - 702 页。

③ 参见王名扬：《法国行政法》，北京，中国政法大学出版社，1997 年，第 603 页；金邦贵、施鹏鹏：《法国行政诉讼纲要：历史、构造、特色及挑战》，《行政法学研究》2008 年第 3 期。

1873 年 2 月 8 日，权限争议法庭对"布朗戈案"的判决，① 成功检验了上述权限争议处理机制设计的合理性，并在两类法院之间确立了管辖权限划分的"公务标准"。"必须明确在涉及个体与个体之间的争议时，可以依据民法规则来确认行政责任，当然行政责任也有一些特殊的规则，这些规则必须根据公务的需要以及协调国家法律与司法的需要而有不断改变。"② 布朗戈案对法国行政法原则、体系的判例化建构，作出了重大贡献，产生了深远的影响，被认为是整个法国行政法体系的基石。

（4）取消部长法官制时期（1889—1953 年）。1889 年 12 月 13 日，最高行政法院对"卡多（Cadot）案"③ 作出判决。该案的基本案情为：卡多是法国马赛市水源与道路公司的主任工程师，1889 年，马赛市取消了主任工程师一职，卡多提出了损害赔偿之诉。马赛市政府拒绝受理他的申诉，卡多转而向普通法院起诉。普通法院认为，将卡多与马赛市连在一起的合同不具备民事合同特征，所以普通法院无权受理。卡多继而又向省参事院提出申诉，后者也声称无权受理，因为他申诉的理由不是建立在中断执行公共工程合同之上的。卡多只得向内政部长提出申

---

① 法国纪龙德省国营烟草公司雇佣的工人在开翻斗车作业时，不慎将布朗戈女儿撞伤。于是，布朗戈向普通法院提起诉讼，要求国家赔偿。他认为，对于国营烟草公司雇员所犯过失，国家应负民事责任。其诉讼的依据为《法国民法典》第 1382 条的规定："任何行为使他人受损害时，因自己的过失而致使损害发生之人，对他人负赔偿责任"；该法第 1383 条规定："任何人不仅因其行为所引起的损失，而且对因其过失或疏忽所造成的损害，负赔偿责任"；而第 1384 条规定："任何人不仅对其自己的行为所造成的损害，而且对应由其负责的他人的行为或在其管理下的物件所造成的损害，均应负赔偿责任"。布朗戈先生在该案件中控告的纪龙德省省长，是国家在该省的代表，该省行政机关的首脑。普通法院受理了布朗戈的起诉，但由于是国家公务活动中发生的案件，应由行政法院审理，所以，纪龙德省省长向该普通法院提出了不服管辖书，而普通法院又坚持认为自己对该案有管辖权，从而产生了普通法院与行政法院之间的管辖权限争议。该争议被提到了权限争议法庭审理。权限争议法庭对布朗戈案件的判决如下："因国家在公务中雇佣的人员对私人造成损害的事实而加在国家身上的责任，不应受在民事法典中为调整私人与私人之间关系而确立的原则所支配，这种责任有其固有的特殊规则，依公务的需要和调整国家权力与私权利的必要而变化。"权限争议法庭的判决排除了普通法院对公务案件的管辖权，确定行政法院是审理该类案件的唯一权限机关。参见应松年：《行政法与行政诉讼法词典》，北京，中国政法大学出版社，1992 年，第 680－681 页；舒适：《法国著名行政赔偿案例评析》，《现代法学》1992 年第 4 期。

② 〔法〕特雷斯舍·布鲁诺：《法国行政法精要》，沈军译，张艺耀校，载《公法研究》（第 4 卷），北京，中国政法大学出版社，2005 年，第 376 页。

③ 参见应松年：《行政法与行政诉讼法词典》，北京，中国政法大学出版社，1992 年，第 682 页。

诉，可部长的答复则是，既然马赛市政府拒绝受理，那么内政部长也别无他法。卡多的申诉几经周折，最后到了最高行政法院。最高行政法院认为内政部长拒绝受理做得正确，这种申诉部长无权受理，应由行政法院管辖。

"卡多案"判决中，最高行政法院否定了部长法官制，取消了行政诉讼的前置程序。当行政争议发生后，原告可径直诉诸最高行政法院，无须求告其他主体。至此，除非法律有特别规定，但凡行政争议都可以向最高行政法院提起行政诉讼，最高行政法院对行政纠纷的诉讼解决取得了一般意义上的普遍管辖权。"卡多案"成为参事院改革的决定性案件。

2. 成熟期：初审和上诉行政法院的创设（1953—1987年）

（1）设置初审行政法院。最高行政法院成为行政案件的一般管辖权限法院后，透过一个个判例促进了法国行政法制的长足发展。然而，由于大多数行政案件都可直接诉诸最高行政法院，导致最高行政法院积案如山，难堪重负。"二战"后，法国每年有6000位原告在最高行政法院登记案件，尽管诉讼组成员竭尽全力，也只能就4500个案件作出裁决。[①] 1952年至1953年间，最高行政法院每年受理的案件超过2.4万件。[②] 截至1954年1月1日，尚有2.6万案件悬而未决，如此庞大数量积案未来四年内也难以办结，行政审判变得极其无效率。[③]

1799年法国各省设置了省参事院，1926年9月6日和26日的政令式法律将86个省参事院集中整合为26个跨省的参事院，并于1934年和1938年两度扩大其管辖权范围。然而，由于（跨）省参事院只有特授权限，即主要受理直接税、公共工程等领域的部分行政争议，故其在化解审判压力问题上依然乏善可陈。可见，围绕提高司法效率的行政审判改革势在必行。

于是，为了减轻最高行政法院的审判压力，扭转公平和效率之间的

---

① 参见〔英〕L. 赖维尔·布朗、约翰·S. 贝尔、〔法〕让－米歇尔·加朗伯特：《法国行政法》，高秦伟、王锴译，北京，中国人民大学出版社，2006年，第五版，第46页。

② 参见蔡志方：《行政救济与行政法（一）》，台北，三民书局股份有限公司，1993年，第10页。

③ 〔法〕让·里韦罗、让·瓦利纳：《法国行政法》，鲁仁译，北京，商务印书馆，2008年，第742页。

严重失衡局面，1953 年 9 月 30 日的《行政审判组织条例》和 1953 年 11 月 28 日作为补充的《公共行政条例》推出了重大改革措施，决定再次重组（跨）省参事院，将其改造为初审行政法院。

1953 年改革的主旨是设立初审行政法院，以代替原来的（跨）省参事院，经过此次改革，大多数行政案件的一审管辖权由最高行政法院移转至初审行政法院。至此，除了法律规定保留于最高行政法院的一审管辖权外——诸如对法令提起的撤销之诉、针对部长或全国性机构作出的行政行为提起的诉讼等，改革后初审行政法院成为行政案件的一般管辖权法院，就一审而言最高行政法院则变成了特定权限法院。最初，全法国设置了 33 个初审行政法院，截至 2007 年增至 37 个，而到了 2010 年，法国已设立了 42 家初审行政法院。

（2）上诉行政法院的创设。审判实践表明，初审行政法院的设置尽管在一定程度上缓解了行政审判压力，但并未消除最高行政法院案件堆积如山的不利局面，积案仍然与日俱增，改革后也只有 1/3 的一审案件提交初审行政法院。进入 20 世纪 80 年代，法国最高行政法院平均每年审理约 1 万宗案件，裁判 7000 件左右。1983 年以来，半数以上案件的审理期限是两年左右，20%～30% 的案件审理周期超过三年，几乎有三万宗案件无法及时审理终结。[①] 到 1986 年 12 月 31 日，最高行政法院还有 23577 宗案件待审。仅 1985 年，最高行政法院就受理了 9162 宗案件，其中 1592 宗上诉案。该年度最高行政法院审结案件 10588 宗，应审结而未审的案件尚余 18086 件。可见，两级行政法院设置后，案件积压依旧十分严重，司法改革再一次成为法国行政法制的时代主题。

根据 1987 年 12 月 31 日《行政诉讼改革法》（共计 17 条），1989 年元旦前完成上诉行政法院的设置工作。[②] 最初，全法国设置了 5 个上诉行政法院，后又在 1997 年、1999 年和 2002 年各增设了 1 个。截至

---

① 参见蔡小雪、凡夫：《瑞士、法国行政诉讼制度概要及对完善我国行政诉讼制度的启示》，载《行政执法与行政审判 2005 年第 2 集》（总第 14 集），中华人民共和国最高人民法院行政审判庭编，法律出版社 2008 年 2 月版，第 162 页。

② 参见蔡志方：《行政救济与行政法（一）》，台北，三民书局股份有限公司，1993 年，第 12 页。

2010 年，法国有 8 个上诉行政法院。[①]

法国上诉行政法院没有一审管辖权，只有二审案件的上诉管辖权。一般情况下，上诉行政法院仅受理普通行政法院的上诉案，专门行政法院的上诉案判权，有法律明确规定时才由上诉行政法院管辖。

另外，最高行政法院还保留了三类案件的上诉管辖权：其一，关于解释和审查行政决定合法性的上诉案；其二，对行政条例提起越权之诉的上诉案；其三，有关省市议会选举诉讼的上诉案。可见，通过 1987 年改革，法国行政诉讼的上诉审判权，并未因上诉行政法院的设置而趋于统一。[②]

上述法国三级行政法院形成的过程，也是行政审判体制改革有序推进的过程，这一进程展现出如下法治发展脉络和制度演进特征：其一，最高行政法院是整个行政审判体制改革的聚焦点，"这些变革几乎都是以最高行政法院为轴心进行的，以至于我们几乎可以说法国行政法院在头一个半世纪中就是最高行政法院的发展史。最高行政法院始终起着决定性的作用"[③]；其二，改革的向度是自上而下的，无论是初审行政法院的设置，还是上诉行政法院的创立，均表现为最高行政法院审判权的下放和分流；其三，改革的价值取向是公正前提下司法效率提升，即通过优化行政审判权的审级配置，达到提高司法效率的目的。

至 1987 年改革完成，在诉讼职能方面，最高行政法院既有初审管辖权，又保留了部分上诉管辖权，还有复核审管辖权。法国行政法上的复核审类似我国的再审制度，只是在复核审程序中法国最高行政法院仅就法律问题进行审查。复核审适用于全部不以最高行政法院为上诉法院的已决案件。

3. 发展期：行政法院进一步司法化（1987 年至今）

1987 年，法国行政审判体制改革后，上诉行政法院受理的案件约占上诉案件总数的 90%，在二审层面大大缓解了最高行政法院的积案

---

① 参见金邦贵：《新时代法治环境下法国行政诉讼制度的发展：对中国进一步完善行政诉讼制度的启示》，载《行政执法与行政审判 2007 年第 1 集》（总第 21 集），中华人民共和国最高人民法院行政审判庭编，北京，法律出版社，2008 年，第 162 页。

② 参见王名扬：《法国行政法》，北京，中国政法大学出版社，1997 年，第 621 页。

③ 金邦贵：《新时代法治环境下法国行政诉讼制度的发展：对中国进一步完善行政诉讼制度的启示》，载《行政执法与行政审判 2007 年第 1 集》（总第 21 集），中华人民共和国最高人民法院行政审判庭编，北京，法律出版社，2008 年，第 161 页。

压力，与 1987 年 25000 件左右的积案相比，2005 年，最高行政法院的积案总数降到了 11363 件。不过，司法领域存在的诸多问题并未随着上诉行政法院的设立而完全化解。2004 年，全法国上诉行政法院新受理案件 14813 件，审结 20979 件，尚未审结的案件为 36420 件；2005 年，全法国上诉行政法院新受案 20527 件，审结 24385 件，尚未审结的案件为 32705 件。

同时，法国初审行政法院承担着最为繁重的审判任务，2004 年和 2005 年，全法国 37 家初审行政法院新受案数分别是 162508 件和 167150 件，审结数分别为 147242 件和 166512 件，分别还有 228842 件和 229368 件待审。① 尽管初审行政法院审结行政案件保持平均 6% 的年增长率，2001 年审结 120773 件，2006 年达 164342 件，2011 年增至 186493 件。但是，与此同时，法国行政案件则从 1997 年的 115001 件增至 2011 年的 225608 件。

另外，法国行政法院的审理期限漫长。譬如 2001 年初审法院审结一个案件平均费时 9.8 个月，上诉行政法院审结案件的诉讼周期是 37.2 个月，最高行政法院则需 20.2 个月才能审结一个案件。案件数量快速增长与漫长审理周期之间，长期以来形成了司法叠加效应，压挤着行政审判的效率提升，最终导致了法国行政审判的"窒息"痼疾。②

公正和效率一直是法国行政诉讼法治改革的两大主题。"进入 21 世纪，法国行政诉讼的制度危机在公正与效率二者之间同时爆发。法国的改革者们力图在保障行政审判公正性的前提下，提高行政审判的效率。"③ 同时，更为关键的是，在欧洲一体化进程中，欧盟对其成员国的司法中立提出了很高要求，法国独特的行政法院体制开始遭受严峻挑战。④ 在此背景下，法国行政法院的改革必须进一步深化，而不能止步

---

① 参见金邦贵：《新时代法治环境下法国行政诉讼制度的发展：对中国进一步完善行政诉讼制度的启示》，载《行政执法与行政审判 2007 年第 1 集》（总第 21 集），中华人民共和国最高人民法院行政审判庭编，北京，法律出版社，2008 年，第 161－162 页。

② 陈天昊：《公正、效率与传统理念——21 世纪法国行政诉讼的改革之路》，《清华法学》2013 年第 4 期。

③ 陈天昊：《公正、效率与传统理念——21 世纪法国行政诉讼的改革之路》，《清华法学》2013 年第 4 期。

④ 参见王敬波：《欧共体法影响下的法国行政法的新发展》，《中国社会科学院研究生院学报》2007 年第 7 期。

于 1987 年。

（1）提升行政审判效率。《欧洲人权公约》和欧洲人权法院的司法实践对欧盟成员国产生了深远影响，《欧洲人权公约》中有关"获得公正诉讼权"（Right to a fair trial）的规定，首先要求成员国法院必须保证合理审理期限。在欧盟的推动下，为了缩短行政审判期，提高审判效率，法国又采取了一系列的改革措施。主要包括：

其一，创设紧急审理程序（Procedure durgence）。长期以来，由于"行政决定先行执行力原则"和"诉讼不停止执行原则"的制度羁绊，诉讼过程中法国行政法院应对紧急情况的快速反应能力不足，从而在权利保障方面留下了重大制度缺陷。为此，2000 年 6 月 30 日法国颁布第 2000 - 597 号法律，开启了紧急审理制度的重大变革。[1] 经过本轮次改革，确立了法国独具特色的紧急审理制度体系。具体而言，法国的紧急审理程序包括一般法上的紧急审理程序和特殊紧急审理程序两大类。

根据是否以紧急情况为程序启动的必要条件，一般法上的紧急审理程序可分为一般紧急审理程序和特急紧急审理程序。其中，一般紧急审理程序又包含三种：查证紧急审理程序、预审措施性紧急审理程序和预付紧急审理程序。以紧急情况为前提要件的特急紧急审理程序亦包括三种：暂停执行紧急审理程序、维护基本自由紧急审理程序和保全性紧急审理程序。

特殊紧急审理程序数量最多，举其要者有：税收紧急审理程序、视听紧急审理程序和缔约前紧急审理程序等。[2] 缔约前紧急审理程序对我国行政协议前期纠纷的解决，具有很大的制度借鉴意义。

在上述紧急审理程序制度建构的过程中，最具革命性和创新性的程序设计主要体现在暂停执行紧急审理程序和维护基本自由紧急审理程序两个方面。前者的创新之处表现为：一方面，修正了程序启动和程序适用的法定条件，扬弃了"难以恢复"和"严肃怀疑"双重判断标准，在"存在紧急情况"且行政行为"看似会被撤销"的情况下，就可适

---

① 〔法〕让·里韦罗、让·瓦利纳：《法国行政法》，鲁仁译，北京，商务印书馆，2008 年，第 839 页。

② 参见金邦贵：《新时代法治环境下法国行政诉讼制度的发展：对中国进一步完善行政诉讼制度的启示》，载《行政执法与行政审判 2007 年第 1 集》（总第 21 集），中华人民共和国最高人民法院行政审判庭编，北京，法律出版社，2008 年，第 166 - 169 页。

用暂停执行程序；另一方面，将暂停执行否定性行政行为也纳入到了紧急审理程序的适用范围，这就意味着在行政主体不作为且情况紧急时，法官有权裁决行政主体作出行政行为。[①]

传统上，公民基本权利保障类案件属于普通法院的管辖范围，行政机关侵犯公民基本人权构成"暴力行为"。而维护基本自由紧急审理制度则规定，当行政主体的行为对相对人的基本权利构成严重、明显的不法侵害且情况紧急时，行政法官应该在 48 小时内作出裁决，采取包括暂停行为执行在内的任何措施，保护涉案公民基本自由免于侵犯，从而在行政行为公定力、确定力和人权保障之间寻求平衡。

其二，推广行政审判的法官独任制（Le juge statuant seul）。合议制一直是法国行政审判的制度特色和历史传统，以此确保行政诉讼的裁判质量和司法品质，这也是法国行政判例体制的内在要求。早在 1801 年，省参事院就曾指出："行政管理由一人作出，而审理案件则由多人实施。"

在法国，独任制是在 20 世纪 80 年代末才引入行政审判的。为了进一步提高审判效率，1995 年 2 月 8 日，法律扩大了行政诉讼独任制的适用范围。除了紧急审理程序案件，独任制主要在三种情形下适用：第一，终止诉讼案件的裁定。包括准许撤诉、不属于管辖范围而驳回起诉、裁定驳回明显不应受理的起诉等。第二，"类型化"案件的裁定。即"不需要进行新的法律定性或评估，其需要裁判的法律问题也与之前已经裁判过的案件完全一样"[②] 的案件。第三，简单案件的裁定。所谓"简单案件"，一般是指重复性强、裁判结果比较明显和诉讼标的额小的案件。

值得强调的是，独任制的引入一直倍受学界质疑，因为该项制度强烈冲击着法国传统与现代、公正与效率、判决质量与司法成本之间的价

---

①　受行政行为公定力理论影响和基于行政效率方面的考虑，我国《行政复议法》第 42 条和《行政诉讼法》第 56 条，分别确立了复议、诉讼不停止执行原则，而《行政强制法》第 44 条和《最高人民法院关于审理行政协议案件若干问题的规定》（法释〔2019〕17 号）第 24 条，似乎是对诉讼不停止执行的制度突破。故此，我国复议和诉讼不停止执行原则及其例外制度，亟待精细化的体系建构。参见黄学贤：《行政诉讼中的暂时性法律保护制度探析》，《东方法学》2008 年第 4 期；胡肖华：《论预防性行政诉讼》，《法学评论》1999 年第 6 期。

②　陈天昊：《公正、效率与传统理念——21 世纪法国行政诉讼的改革之路》，《清华法学》2013 年第 4 期。

值平衡。于是，2006 年以后，独任制的扩张势头在法国受到了限制。法国在行政诉讼的价值选择上一直坚守着公正先于效率原则，这与法国的行政判例制和客观诉讼的司法架构密切相关。正如法国最高行政法院一位副院长所言："我们的任务并不是做出漂亮的统计数字，而是高质量地输出正义"①。

（2）改革公共报告人（政府专员）制度。公共报告人是法国行政审判中一项极具象征意义的古老制度形式，被认为是法国行政审判的核心制度。1831 年 2 月 2 日和 3 月 12 日的法令首次决定在行政法院内设置这类行政法官职位，其立法目的在于增强审判的透明度和说理性。最初，这类行政法官被称为"行使检察官职能的查案官"或者"国王专员"。1840 年，该类行政法官不再以国家名义表达观点，而成为所谓的"法律专员""权利专员"或"判例专员"②。1849 年，被更名为"政府专员"。

法国《行政诉讼法典》（2000 年）第 L.7 条规定："由行政法院的法官履行政府专员职责，负责公开、完全独立地阐明个人对法院受理案件涉及问题的看法并提出案件审理意见。"可见，政府专员不是诉讼当事人，而是法院内部负责全面、客观评析待决案件的独立行政法官。在行政诉讼中政府专员的主要职责有二：一是在庭审时公开陈述个人独立意见。为此，政府专员不仅要对案件进行全面分析、提出争议解决方案，还应在庭审时当众宣读其起草的案件分析报告。二是政府专员列席案件的评议，但不参与决定判决结果的投票。③

政府专员在增强行政审判公开、维护公共利益和保证行政判例质量等方面，发挥着不可取代的独特制度功能，特别是"最高行政法院政府专员发表的案件审理意见，篇篇都是短小精悍的法学教材，全面系统而又带有理论深度，不仅有助于揭示行政法官判案的思路，还带动着行政法学的发展"④。

---

① 陈天昊：《公正、效率与传统理念——21 世纪法国行政诉讼的改革之路》，《清华法学》2013 年第 4 期。

② 参见李广宇、梁凤云：《中国行政法官代表团赴法考察报告》，载《行政执法与行政审判 2010 年第 4 集》（总第 42 集），中华人民共和国最高人民法院行政审判庭编，北京，中国法制出版社，2010 年，第 145 页。

③ 参见王名扬：《法国行政法》，北京，中国政法大学出版社，1997 年，第 641 页。

④ 张莉：《法国行政诉讼政府专员制度改革述评》，《国家检察官学院学报》2011 年第 8 期。

不过，因政府专员中立性和独立性问题所引发的对行政审判公正性的质疑一直存在，特别是欧盟成立以来欧洲人权法院透过判决所表达的质疑，使得法国不得不对此出台回应性的积极改革措施。1996 年 2 月 20 日，欧洲人权法院在"Vermeulen 诉比利时案"的判决中，否定了比利时行政诉讼中原告无法对政府专员意见发表评论的作法。随后，在 2001 年的"凯尔斯诉法国案"和 2006 年的"马迪丽案"中，欧洲人权法院更是把矛头直指法国的政府专员制度。欧洲人权法院认为，政府专员的意见在庭审最后阶段发表，事先并未告知当事人，导致当事人特别是原告对他的意见无从辩驳，另外，政府专员列席案件评议也对原告不公平，违反了"公正诉讼"条款。

在此背景下，法国最高行政法院针对政府专员制度，出台了以下三个方面改革的措施：第一，变更此类行政法官的名称，先从形式上消除误解。2009 年 1 月 1 日的行政法规决定，用"公共报告人"这一更加中性的名称代替"政府专员"。第二，当事人有权提前获得公共报告人的书面意见，并有权在公共报告人发言之后，口头或书面对其发表自己的意见。第三，2006 年 8 月 1 日的行政法规规定，禁止政府专员出席初审行政法院和上诉行政法院的案件评议，但仍可出席最高行政法院的案件评议。[①]

经过上述改革，公共报告人的制度定位和价值取向向诉讼当事人程序保障方向偏移了许多，加强了公共报告人与当事人的双向沟通与对话，增加了当事人诉讼防御的机会。

（3）行政诉讼的法典化。早在 1970 年，法国就已经开始行政诉讼法典化的工作。根据 1973 年 7 月 13 日颁布的两个法令，法国制定了《初审行政法院法典》，对 1953 年设立的初审行政法院的组织结构等予以规定。1987 年上诉行政法院设立后，这部法典又推广至上诉行政法院，于 1989 年形成了法规汇编《行政法庭和行政上诉法院法典》。[②]

法国政府根据议会授权法，通过颁布 2000 年 5 月 4 日法令和另外两个配套命令的形式，完成了法国《行政诉讼法典》（共 9 卷，730 多

---

① 陈天昊：《公正、效率与传统理念——21 世纪法国行政诉讼的改革之路》，《清华法学》2013 年第 4 期。
② 参见张莉：《法国行政诉讼政府专员制度改革述评》，《国家检察官学院学报》2011 年第 8 期。

条）的汇编工作，《行政诉讼法典》于 2001 年 1 月 1 日生效。《行政诉讼法典》属于官方法规汇编性质，与法典编纂还存在很大差距。但不可否认的是，该部法典不仅将长期处于分散状态的最高行政法院的相关规范纳入了法典，实现了行政法院法律规范统一的目的，而且还在法典中增设首编，明确规定了行政诉讼的十大原则。

法国行政诉讼的十大原则具体包括：判决以法兰西人民名义作出；判决由合议制审判组织作出，但法律另有规定的除外；除法律另有规定外，诉讼不具有停止执行的效力；案件预审采辩论主义，但紧急情况可作相应调整；法庭辩论公开进行原则；公共报告人公开独立发表意见原则；法官评议秘密主义；判决应当说明理由；判决公开并注明审案法官姓名；判决具有执行效力。[①]

（二）行政法院的组织与审判程序：以最高行政法院为例

法国总理是最高行政法院的法定院长，但不参加最高行政法院的任何活动，最高行政法院的日常工作，实际上由副院长主持并负责。[②] 法国最高法院内部分为数个行政组和一个诉讼组。

截至 2013 年，法国最高法院内部共有六个行政组。其中，内政组和财政组可追溯至 1799 年，公共工程组在 1852 年创立，而社会组最终于 1946 年形成；[③] 1963 年法国最高法院内部创建了一个新的行政组叫作"报告和研究组"，负责总结最高行政法院的工作，向总统提呈年度报告，并以最高行政法院的名义对立法和一般行政提出改革意见；2008 年设立了行政管理组。每个行政组设组长一名，工作人员 6—7 人，并至少有一名来自诉讼组的行政法官。可见，行政组依然坚持"混合原则"。

诉讼组设组长一人，副组长三人，下辖十个诉讼小组，负责审判普通行政争议案件。每个诉讼小组设小组长一人，大法官二人，行政法官

---

① 参见金邦贵：《新时代法治环境下法国行政诉讼制度的发展：对中国进一步完善行政诉讼制度的启示》，载《行政执法与行政审判 2007 年第 1 集》（总第 21 集），中华人民共和国最高人民法院行政审判庭编，北京，人民法院出版社，2008 年，第 173 – 175 页。

② 参见王名扬：《法国行政法》，北京，中国政法大学出版社，1997 年，第 606 页。

③ 参见〔英〕L. 赖维尔·布朗、约翰·S. 贝尔、〔法〕让－米歇尔·加朗伯特：《法国行政法》，高秦伟、王锴译，北京，中国人民大学出版社，2006 年，第五版，第 61 页。

（即报告人）10～12 人。① 最高行政法院共有 20 名公共报告人，每个诉讼小组 2 名，年龄在 35～45 岁之间，既年富力强又有相当工作经验。② 目前最高行政法院有近 300 名成员，其中承担审判任务的行政法官有 100 多人。③

就一般行政案件而言，行政法院的诉讼程序可分为四个阶段：①诉讼程序的开始；②案件的预审；③审理和判决阶段；④执行阶段。

1. 起诉和立案

在行政决定前置主义规则的拘束下，当事人提起行政诉讼必须有明确的行政行为作为标的，并在被诉行政行为做出 2 个月内提起诉讼，符合起诉条件即立案。立案后，案件被分配到相应的诉讼小组，诉讼小组组长对案件进行研究和审查。然后，任命一位行政法官作为该案的报告人，同时还要将案件分配给一位公共报告人，两位行政法官对案件分别进行研究。另外，在此环节还必须完成诉讼文书的送达工作。

2. 查阅材料和草拟裁判文书

报告人收到案件材料后，就开始查阅案件相关资料，包括查阅法律和判例、核查证据、询问当事人等。在此环节，报告人还应该归纳案件焦点和确定法律争执点，并附理由说明。最后，报告人草拟裁判文书并提交诉讼小组组长审查，诉讼小组组长委托另一位资深法官以复审人的身份对报告进行解读和审核。

3. 预审程序

严格来讲，上述"查阅材料和草拟裁判文书"应该包含在预审程序中，预审的目的在于阐明事实和寻找（发现）法律。在这个环节，当事人及其律师都不参与，只有诉讼小组的全体成员参加，从而表现出了形式上的书面主义和纠问主义。不过，预审阶段的以下措施，制约着

---

① 1806 年，最高行政法院内部成立了一个诉讼委员会，该委员会成为行政审判专业化发展的起点。1849 年，诉讼委员会更名为诉讼组，一直沿用至今。参见李广宇、梁凤云：《中国行政法官代表团赴法考察报告》，载《行政执法与行政审判 2010 年第 4 集》（总第 42 集），中华人民共和国最高人民法院行政审判庭编，北京，中国法制出版社，2010 年，第 139 页。

② 参见李广宇：《访法日知录》，载《行政执法与行政审判 2010 年第 5 集》（总第 43 集），中华人民共和国最高人民法院行政审判庭编，北京，中国法制出版社，2010 年，第 128－134 页。

③ 参见〔法〕让·里韦罗、让·瓦利纳：《法国行政法》，鲁仁译，北京，商务印书馆，2008 年，第 839 页。

"超级法官"的出现：①法官不被允许提出超出原告诉请的审判事项；②对抗的程序设计意味着诉讼当事人都必须有机会看到对方的证据和论点，并有权对其发表意见；③当事人有权获得卷宗资料，并根据卷宗资料论证和发表自己的观点。正如有学者所言："说程序有纠问式的特点（用传统与习惯的说法）是为了表明这个程序不是在双方当事人而是在法官的掌控之下进行的。"① 预审会议讨论案件时，先由报告人宣读调查报告和建议解决意见，经小组讨论后形成小组意见。如果公共报告人认为草拟的裁判意见不适当，就会和其他法官反复交流沟通，以便达成共识。倘若无法达成共识，公共报告人就要鲜明地表明和保留个人的法律意见。

4. 开庭与判决

这个环节包括开庭审理和秘密评议两个阶段。开庭时首先由报告人宣读预审报告中的事实、双方论点摘要和预审的调查分析，然后由双方的律师发表意见，最后公共报告人当众宣读其结论书，发表个人对案件处理的法律意见。公开审理结束后，案件进入秘密评议程序，一般情况下公共报告人列席评议。判决结论往往会采纳公共报告人的意见，但也可以与公共报告人的结论不同。②

当遇到较为疑难的案件时，负责预审该案的诉讼小组有权建议由2～3个诉讼小组共同组成"联合诉讼小组"审理该案；特别疑难案件则由"诉讼组判决庭"审理，该判决庭由诉讼组组长、3位副组长、10位诉讼小组组长以及2位来自行政组的法官和1位报告人组成；而极其疑难的案件则提交到"判决大会"，其由最高行政法院副院长主持，6位行政组组长、1位诉讼组组长、3位诉讼组副组长、负责该案预审的诉讼小组组长以及1位报告人，共计13人参加审理。③

（三）法国行政诉讼的类型

欧陆诸国的司法制度大多都有行政诉讼类型及其对应审判程序的设

---

① R. Chapus, Droit du contentieux administratif, no. 718.

② 参见王名扬：北京，中国政法大学出版社，1997年，第641－650页。

③ 参见陈天昊：《公正、效率与传统理念——21世纪法国行政诉讼的改革之路》，《清华法学》2013年第4期；〔法〕让·里韦罗、让·瓦利纳：《法国行政法》，鲁仁译，北京，商务印书馆，2008年，第760页。

计，试图通过不同的行政诉讼类型，满足多元行政诉讼功能的发挥。英美法系国家尽管没有行政诉讼类型的明确表述，但是以令状制度为典型代表的、更加复杂多样的诉讼程序的存在，也在用另一种方式展现其诉讼目的与诉讼功能的多层次性。正如英国梅因爵士（Henry sumner Maine）所指出的那样，英国法是从程序的缝隙中分泌出来的。

在法国，根据行政诉讼标的的不同性质即诉讼欲以保护"法益"上的差异，理论上将行政诉讼分为客观诉讼和主观诉讼。前者是指提起行政诉讼的主要目的是维持客观公法秩序，并确保公法实施的有效性。在客观诉讼中，行政诉讼的"功能取向在于协助行政创造或重建行政行为的客观合法性"，这种行政诉讼类型呈现出的维护客观公法秩序的功能取向，是突出监督行政和公共利益维护价值选择的必然结果；所谓主观诉讼是指原告提起行政诉讼旨在救济自己的主观公法权益，而客观法秩序的维护只是在保障个体主观公权利时产生的"副产品"和"意外收获"。① 可见，主观诉讼以个人权利救济为目的，而客观诉讼以公共利益维护为依归。

在传统上，法国以法官权力的大小为标准，结合主观诉讼与客观诉讼的二元结构，围绕撤销之诉这一核心类型，建构起了一套完备的行政诉讼类型体系。下面简要分述之：

1. 完全管辖权之诉

在这类诉讼中，行政法官行使完整的审判权，可以撤销、变更行政行为，还可以判决行政主体承担赔偿责任。该类诉讼的主要特点包括：①从诉讼客体上讲，该类诉讼适用于撤销之诉以外的大多数行政诉讼，涵盖行政赔偿诉讼、行政合同诉讼和直接税诉讼等；②从性质上看，由于直接关涉当事人的个人权益的救济，完全管辖权之诉属于主观诉讼；③就救济程序而言，完全管辖权之诉遵循行政救济前置主义，即只有经过了行政复议等行政救济程序遭拒后，方可提起行政诉讼；④在法国，该类诉讼实行强制律师代理制度，即当事人必须由律师代为诉讼，否则行政法院不予受理。②

---

① 参见邓刚宏：《论我国行政诉讼功能模式及其理论价值》，《中国法学》2009年第5期。
② 参见蔡小雪、凡夫：《瑞士、法国行政诉讼制度概要及对完善我国行政诉讼制度的启示》，载《行政执法与行政审判2005年第2集》（总第14集），中华人民共和国最高人民法院行政审判庭编，北京，法律出版社，2008年，第164页。

2．撤销之诉

撤销之诉，又称越权之诉，是法国行政诉讼的核心。在这类诉讼中，当事人提起诉讼的目的是请求行政法院撤销行政主体作出的损害自己合法权益的违法行政行为。法官只就行政行为的合法性进行审查，并作出驳回原告诉讼请求或撤销违法行政行为的判决，但不得判决变更，也不得判决重新作出行政行为，更不能径直判决行政主体赔偿原告损失。撤销之诉的主要特征是：①诉讼客体是行政主体的单方行政决定（行为），对行政合同和行政赔偿不得提起撤销之诉；②撤销之诉遵循行政决定前置原则，类似于美国的"成熟性原则"，即必须以行政行为的成熟与作出为诉讼的前提；③原告仅能主张行政行为违法即越权，并请求撤销被诉行政行为，不得提出其他诉讼请求。

3．解释及审查行政行为的意义和合法性之诉

一般而言下，这类诉讼在以下两种情况下发生：①被诉行政行为的效力是另一行政行为合法性的判断前提；②被诉行政行为的效力和合法性是普通法院审理另一个民事案件的前提，普通法院的民事审判依赖被诉行政行为效力的确定与合法性的认定。在此类诉讼中，行政法官不能径直作出产生法律效果的裁判，只享有对被诉行政行为的解释权和确认权。

4．处罚之诉

行政处罚之诉是指行政法院根据省长的请求，对违反不动产公物保管规则的行政进行处罚。这类诉讼是为了公（物）产保护之需设立的，维护公共利益是其目的指向。另外，值得注意的是，该类诉讼具有显著的"官告民"的司法特征。

5．国家代表之诉①

所谓国家代表诉讼是指国家代表②认为地方政府和其他公法主体的行政行为违法，向初审行政法院提起行政诉讼，以此监督地方公共团体遵守和落实国家法律的诉讼形式。理解法国国家代表诉讼制度至少应注

---

① 参见金邦贵：《新时代法治环境下法国行政诉讼制度的发展：对中国进一步完善行政诉讼制度的启示》，载《行政执法与行政审判2007年第1集》（总第21集），中华人民共和国最高人民法院行政审判庭编，北京，人民法院出版社，2008年，第171－172页。

② 即中央任命的代表中央在省级负责对地方分权机构进行监督和行使中央保留职权的行政首脑，原称为"省长"。

意以下几点：①设立国家代表诉讼的法律依据是 1982 年 3 月 2 日的地方分权法；②国家代表负有使用包括提起诉讼在内的多种方法确保国家法律在地方贯彻实施的义务；③国家代表拒绝提起诉讼的，请求其起诉的当事人可对该拒绝行为提起越权之诉。

（四）法国行政诉讼的主要特点

法国行政法自成体系，是欧陆行政法制的典型代表。除了上文论及的公共报告人这一独特的制度形式外，笔者以为，法国行政（诉讼）法制还有以下几个方面的鲜明特点。

1. 行政型行政法院体制

二百多年来，法国形成了独特的行政型行政法院体制。法国的行政法院自成体系，但性质上却属于行政机关系统，行政法官的地位与其他文职行政官员相同，受公务员一般地位法的支配。[①] 这与德国司法型行政法院体制形成了鲜明对比，且平分大陆法系行政法治辉煌成果的秋色。"双重双轨制"的权力配置及其构造，使得法国的行政法官既有丰富行政经验，又具有司法官的思维方式，更加有效地完成了对行政主体及其工作人员的公务监督，提升了公益维护的强度和私益救济的力度。

行政型行政法院制度的组织构造，从形式上看有悖于中立性和超然性的司法品质。不过，法国人始终认为："行政审判权内所含之事项，其性质较为特别。欲满足处理之，则必有特别之知识为不可望于普通之审判官者。"[②] 长期以来，法国的行政法官发挥了行政专家和法律专家的双重优势，恪守着独立审判的职业道德和司法伦理，成功维护了行政型司法的尊严与权威，保持着行政审判的司法公正，极大地丰富了世界行政法治经验和法文化资源，对人类法治的多元化和差异性作出了重大贡献。在法国，行政和司法功能在行政法的相互渗透，使得行政法官能够胜任确定"良好政府的标准"和"良好行政的原则"的法治使命。正如弗罗（J. Rivero）在描述行政法官任务时说的那样，行政法官"使

[①] 参见朱维究、王成栋：《一般行政法原理》，北京，高等教育出版社，2005 年，第 22 页。

[②] 〔美〕古德诺：《比较行政法》，白作霖译，王立民、王沛勘校，北京，中国政法大学出版社，2006 年，第 302 页。

整个法国公共生活服从不成文的道德规范"①。法国行政法院体制的良好运行再一次表明："越是民族的，越是世界的。"

2．行政判例是重要行政法原则之源

法国是典型的大陆法系国家即成文法国家，然而，在行政法上却采用了判例制，行政判例是法国行政法的主要法源，重要的行政法治原则都由判例发展而来。法国行政判例制的确立既有历史原因，也与调整范围广泛、难以形成统一规则体系这一行政法本质特征高度契合。正如瓦莱里·吉斯卡尔·德斯坦（Valéry Giscard d'Estaing）总统在 1979 年演讲中表达的那样："最高行政法院的实质贡献是，在没有立法机关的干预下，仅仅通过判例法，循序渐进和审慎的优点，成功地把法治精神注入法国行政当中，即尊重法律，并且使它逐步充满这种精神。"② 故此，"判例与学说的紧密协力是法国行政法学的主要特征"③。

法国行政法院特别是最高行政法院精细复杂的审判程序，保证了行政判例的高质量和高品质。法国最高行政法院的诉讼程序实质上包含着严格的三重审查：其一，报告人对案件事实和法律的首次审查；其二，合议庭对案件的集体审查；其三，公共报告人对案件独立而全面的审查。"政府专员维护了行政判例的协调性、延续性和发展性，这对法国行政法而言无疑具有重要意义"。如是，经过行政专家和法律专家的层层把关，行政判决的质量获得了充分的程序保障。也正是在这个意义上，无论来自欧洲人权法院质疑与挑战有多大，法国最高行政法院始终固守公共报告人出席评议的历史传统。正如法国代表所言："政府专员就是一名法官，一名在审判程序中被授予特别职能的法官。"④ 法国的公共报告人制度在维护公共利益和监督合议庭成员的司法恣意方面，发挥着不可估量的独特制度优势。在我国员额制为中心的司法改革进程中，暴露出（员额制）法官在失去原有制约力量的情形下，滥用裁量权甚至徇私枉法的突出问题，法国公共报告人制度对我国形成内部监督

①　J. Rivero Le juge administratif francais：un juge qui gouverne，D 1951 Chr. 21，24.

②　Etudes et Documents du Conseil d'Etat，no. 31，1979－1980，p. 227.

③　〔日〕兼子仁、矶部力、村上顺：《法国行政法学史》，东京，岩波书店，1990 年，第 3 页。

④　陈天昊：《公正、效率与传统理念——21 世纪法国行政诉讼的改革之路》，《清华法学》2013 年第 4 期。

机制、防止司法腐败很有借鉴意义。

总之，"如果我们设想立法者大笔一挥，取消全部民法条文，法国将无民法存在；如果他们取消全部刑法条文，法国将无刑法存在；但如果他们取消全部行政条文，法国的行政法仍然存在，因为行政法的重要原则不存在于成文法中，而存在于判例之中。"① 这也印证了德国行政法学鼻祖奥托·迈耶名言的深意："宪法消失，而行政法长存。"②

3. 行政诉讼具有强烈的客观诉讼特征

法国行政诉讼制度发轫伊始，就具有强烈的公共利益维护的目的指向，即行政诉讼呈现出强烈的客观诉讼（或曰公益诉讼）的制度特征，这从书面预审机制和纠问式诉讼模式揭示出的过度强调行政法官的作用③，以及行政法院对客观行政法秩序维护的态度，特别是公共报告人独特的制度设计，即可窥其堂奥。尤其是撤销之诉及其宽泛的、形式化的原告资格，更加充分地展示了法国行政诉讼客观化的制度面向。

与德国将公民对国家的主观权利作为公法基础不同，法国不存在该理论信条。自大革命以来，法国司法作用与行政作用彻底分离，行政诉讼源于行政组织内部的体系性监督机制的建构，行政诉讼本身就是"行政作用"的一种方式。法国主导性的学说与德国的公权论相对抗，或者拒绝公法权利理论，或者仅在有限的意义上承认行政实体法规范之中解读出来的私人权利概念。法国将越权诉讼视为客观诉讼，而把与越权诉讼并列、包含撤销行政决定以外判决形式的完全管辖权之诉理解为主观诉讼类型。④ 比如，法律规定担任某职位必须获得某种毕业证书，若行政机关任命了未取得该种毕业证书者充任公务员，取得证书者就可以提起越权之诉。又如，市镇的纳税人可针对市镇议会通过的影响市镇财政或财产的违法决定，提起撤销之诉。再如，一家长联合会对于妨碍教学自由的命令，一禁酒协会对于有利于酿酒商的条例，均有权提起越权之诉。此外，当一行政机关在其利益受到其他行政机关决定的侵害而其本

① 弗德尔：《行政法》，1984年，第107页。转引自王名扬《法国行政法》，北京，中国政法大学出版社，1997年，第21-22页。

② 〔德〕奥托·迈耶：《德国行政法》，刘飞译，北京，商务印书馆，2002年版，前言。

③ 〔法〕特里·奥尔森：《法国行政诉讼程序》，张莉译，载《行政执法与行政审判2010年第2集》（总第40集），中华人民共和国最高人民法院行政审判庭编，北京，中国法制出版社，2010年，第148-149页。

④ 参见〔日〕山本隆司：《客观法与主观权利》，王贵松译，《财经法学》2020年第6期。

身又无权撤销和改变该决定时，亦可向行政法院提起撤销之诉。一部长可提起行政诉讼，请求撤销另一部长的决定。地方议会议员可以将议会的不合法决定诉诸行政法院。可见，几乎任何人对任何违法行政行为都可以提起越权之诉，换言之，任何人都可以在越权之诉中充任检察官的法治角色。故此，法国越权之诉具有"全民诉讼"的部分特征。[①]

三、德国的行政法制

德国联邦宪法法院前任院长弗里茨·维纳曾经断言："行政法就是宪法的具体化。"[②] "宪法所设定的任务由能动的行政法来完成，而行政法之动力源泉则首先形成于司法裁判之中。"职是之故，在德国，行政诉讼法被誉为"公法之钥匙"[③]。

"集体记忆的时钟，在法国和在德国走的不是同样的时间。"[④] 与法国行政型行政法院模式不同，德国是司法型行政法院体制。在德国，除了联邦和邦两级宪法法院外，设置了相互独立且并行不悖的五大法院体系：普通法院、行政法院、财政法院、社会法院和劳动法院。严格意义上讲，通常我国所谓的德国行政法院应称之为普通行政法院或一般行政法院，而财政法院和社会法院，由于处理的是特殊领域的专门行政争议，在法律性质上属于特别行政法院，这类似于法国的专门行政法院。[⑤]

（一）德国行政法院体系形成史[⑥]

德国行政法院体制漫长的形成历史，可粗略地分为以下三个时代：①行政司法时代（从欧洲中世纪末期至 1863 年）；②行政法院的邦国时

---

① 参见王名扬：《法国行政法》，北京，中国政法大学出版社，1997 年，第 678－681 页。
② 〔德〕哈特穆特·毛雷尔：《行政法学总论》，高家伟译，北京，法律出版社，2000 年，第 13 页。
③ 刘飞：《德国公法权利救济制度》，北京，北京大学出版社，2009 年，第 41、43 页。
④ 〔德〕哈贝马斯：《在事实与规范之间：关于法律和民主法治国的商谈理论》，童世骏译，北京，生活·读书·新知三联书店，2004 年，第 621 页。
⑤ 参见刘飞：《德国公法权利救济制度》，北京，北京大学出版社，2009 年，第 45－46 页。
⑥ 本书下文所谓的德国行政法院，如果不加特别说明，指的是普通行政法院——笔者注。

代（1863—1945 年）；③"二战"后德国行政法院的体系化（1945 年至今）。

1. 行政司法时代（从欧洲中世纪末期至 1863 年）

在德国，"行政法院的第一种形式，也就是司法行政"①。随着帝国法院的建立，臣民可以到帝国法院和帝国枢密院寻求公法救济。不过，所谓的"帝国法院"也就是一些行政机关，兼司行政执法与争议裁判。1781 年，奥尔登堡（Oldenburg）的邦法规定，政府机关为裁判法院；②1790 年，汉诺威（Hannover）的邦法亦明确规定，行政官署自行裁判高权行政的合法性；19 世纪初，巴伐利亚（Bavaria）邦的君主受法国法制的影响，设立枢密院等官署，这些官署内部也分行政部门和裁判部门。

19 世纪中叶，司法和行政分离的呼声日益高涨。1849 年 3 月 28 日的保罗教堂宪法即法兰克福帝国宪法第 182 条规定："停止行政司法，一切违法行为均由法院裁判。"这一宪法条款有三重内涵：其一，将行政置于法院的监督之下；其二，这里的法院指的是普通法院；其三，法院不得再行承担行政任务。但是上述制度愿景因保罗教堂宪法的失败而破灭。值得庆幸的是独立行政法院的制度尝试随后却在各邦竞相展开。

在行政司法时代，德国独特的"国库理论"逐渐形成。所谓"国库"是国家私法人身份的别称，即国家在面对公民时，存在公法人和私法人双重身份：一方面，当国家实施高权行政时，属公法人身份；另一方面，当国家处理财务或者财产事务（国库）时，则是私法人身份。作为国家的"替罪羊"，国库行为遵循民法原则，相关纠纷由普通法院使用私法规则处理。这样，随着行政法制的不断完善，如下四个层面的分类逐渐清晰化：①国家的公法行为；②国家的私法行为，即国库行为或曰公共行政上的"私法后备行为"；③公共行政上的"私法经营行为"（如国有企业）；④以及介乎公私法之间的公共行政的私法化行为（行政私法），这主要集中在公用事业领域，比如提供城市公共交通的

① 〔德〕弗里德赫尔穆·胡芬：《行政诉讼法》，莫光华译，北京，法律出版社，2003 年，第 23 页。
② 参见蔡志方：《行政救济与行政法（一）》，台北，三民书局股份有限公司，1993 年，第 34 页。

行为、政府特许经营的市场主体的行为等。① 国库理论对德国行政法制塑造的结果是：直至今日，德国普通法院仍然管辖关于为公共福祉而牺牲个人利益和因公法上管理所产生的财产请求权以及因违反公法契约以外的公法上义务所产生的损害赔偿请求权等方面有关行政的案件（主要是国家赔偿、补偿类案件）。②

2. 行政法院的邦国时代（1863—1945 年）

德国大多数邦从 1863 年开始陆续成立独立于普通法院的行政法院。1863 年巴登（Baden）邦建立了德国历史上第一个行政法院，率先实现了行政与司法的分离。尔后，普鲁士于 1872 年、黑森－达姆施塔特于 1875 年、符登堡于 1876 年、巴伐利亚于 1878 年、拜恩于 1879 年……纷纷建立行政法院。③ 最晚设置行政法院的是不莱梅（Bremen）邦，成立时间是 1924 年。而在帝国方面，当时只成立了一些特别行政法院，如 1873 年的公务员惩戒法院等。可见，德国行政法院遵循了一个从各邦到联邦的渐次发展路径。

当时各邦行政法院的行政审判在整体上呈现如下三个特点：其一，在受案范围上采列举原则，诉讼只能针对干预行政领域法律有明确规定的行政活动，如警察法和职业法上的行政处理行为；其二，行政法院在裁判时具有实质上的独立性，而只有最高审级的法院才有人事上的独立性，初级和上诉行政法院在法律上还是行政机关的分支机构，审判人员并非职业法官；其三，只有当主观权利受到侵害时，受害人方能提起行政诉讼。④

在各邦行政法院制度建构的进程中，存在三个层次的激烈争议：一是一元司法和二元司法之辩，即德国究竟由普通法院还是由特设的行政

---

① 〔德〕汉斯·J. 沃尔夫等：《行政法》（第一卷），高家伟译，北京，商务印书馆，2002 年，第 73 页。

② 参见陈敏等译：《德国行政法院法逐条释义》，台湾"司法院"2002 年印行，第 267－280 页。

③ 〔德〕弗里德赫尔穆·胡芬：《行政诉讼法》，莫光华译，刘飞校，北京，法律出版社，2003 年，第五版，第 25 页。

④ 〔德〕汉斯·J. 沃尔夫等：《行政法》（第一卷），高家伟译，北京，商务印书馆，2002 年，第 77 页。

法院裁判行政案件；① 二是法国式行政型行政法院模式与司法型行政法院模式的竞争，德国最终另辟蹊径，建立了区别于法国的司法型行政法院体制；三是"北德方案"和"南德方案"之争。"北德方案"以普鲁士行政法院制度为代表，认为行政法院的功能应定位为客观法秩序的维护；而德国南方和中部各邦则认为，行政诉讼法应该是为公民主观公权利提供司法救济的法律体系。随后的历史表明，"南德方案"在竞争中胜出，并成为德国现代行政法院制度的直接历史渊源。② 换言之，德国最终建立起了区别于法国行政法院的、以公法权利救济为中心的司法型行政法院体制。

1919 年的《魏玛宪法》，以议会民主制取代了君主制，不过，此次宪制变革对德国行政法的发展却影响甚微。《魏玛宪法》第 107 条明确规定："在帝国和各邦内，必须依法设立行政法院，以保护个人权利不受行政机关之命令与处分的侵害。"然而，当时德国既未建立帝国行政法院，各邦在行政法院运行机制上的巨大差异一如既往。③ 故此，魏玛共和国时代，德国联邦层面行政法制的发展乏善可陈，一般行政法实际上仍然停留在习惯法的水平上。值得注意的是，1926 年 6 月 10 日，图林根邦通过了《邦行政法》；普鲁士邦于 1931 年 6 月 1 日通过了《警察行政法》；符登堡邦也在进行着行政法典化的努力，1931 年，邦一般公法典委员会公布了附有行政程序法草案的符登堡邦行政法院草案。④

在纳粹独裁时代，1934 年 1 月 30 日《新体制法》公布后，各邦国失去了独立性，所有公共行政都是帝国行政。1941 年 4 月 3 日，纳粹政权以元首公告的形式建立了帝国行政法院，这是德国历史上第一个中央（联邦）层面的行政法院。但不可否认的是，个人权益的法律保护状况在纳粹时代是不断恶化的，战争开始后个人行政诉权的保障近乎为零。

3. "二战"后德国行政法院的体系化（1945 年至今）

德国"当今意义上完备的行政法院形成史的历史转折点是在 1945

---

① 参见蔡志方：《行政救济与行政法（一）》，台北，三民书局股份有限公司，1993 年，第 36 - 40 页。

② 参见刘飞：《德国公法权利救济制度》，北京，北京大学出版社，2009 年，第 45 页。

③ 〔德〕弗里德赫尔穆·胡芬：《行政诉讼法》，莫光华译，刘飞校，北京，法律出版社，2003 年，第五版，第 27 页。

④ 〔德〕汉斯·J. 沃尔夫等：《行政法》（第一卷），高家伟译，北京，商务印书馆，2002 年，第 80、82 页。

年之后才开始的。"① 1945 年德国战败后，曾暂时关闭了现存的行政法院，行政审判一度陷入停滞状态，直至 1946 年 10 月 10 日第 36 号有关行政法院的法律颁布。

1949 年 5 月 23 日，德意志联邦共和国通过了《基本法》（1949 年 5 月 24 日生效）。《基本法》第 19 条第 4 款规定："如果任何人的权利受到了公权力的侵害，则法律途径向其敞开。如果别无其他机关管辖时，其可向普通法院起诉。第 10 条第 2 款第 2 句不因此而受到影响。"该条款被学界誉为法治发展的"万有引力点""整体的马达""能量聚集点"等。② 作为法治国家的"拱顶石"和"光辉顶峰"，该条规定意味着：其一，法治国原则要求必须为公民权利保护提供全面、有效且无漏洞的法律救济途径，这预示着行政诉讼法上受案范围的列举原则将成为历史；其二，《基本法》确认的公民基本权利体系，本身就是限制公权滥用的客观法秩序和法的价值体系。当然，公民诉权更多意义上是主观权利保护的程序性基本人权，谨防将行政诉讼不当扩大为全民诉讼。换言之，行政诉讼的客观化是缺乏宪法基础的。

在德意志联邦共和国，随着 1960 年《行政法院法》（即《行政诉讼法》）的颁布，德国的行政法院体系基本定型，即便是后来德国统一和欧洲一体化带来了复杂的法治挑战，也无法动摇德国行政法院体制的制度根基；1972 年颁布的《法官法》，实现了德意志联邦共和国和邦法院法官的任职条件与职业资格的法律化；1976 年德意志联邦共和国颁布《行政程序法》，完成了德国行政程序的法典化。

（二）德国行政法院的组织

当下，德国实行的是三级行政法院体制，即初级行政法院（VG）、高级行政法院（OVG）和联邦行政法院（BVerwG）。③ 其中，初级行政法院和高级行政法院由各邦设立，每邦至少设立一个初级行政法院，至

---

① 〔德〕弗里德赫尔穆·胡芬：《行政诉讼法》，莫光华译，刘飞校，北京，法律出版社，2003 年，第五版，第 29 页。

② 参见刘飞：《德国公法权利救济制度》，北京，北京大学出版社，2009 年，第 1 - 5 页。

③ 下文有关行政法院组织体系的介绍参见：〔德〕迈哈特·施罗德：《德国行政法》，载《欧美比较行政法》，勒内·J. G. H. 西尔登、弗里茨·斯特罗因克编，伏创宇等译，北京，中国人民大学出版社，2013 年，第 142 - 144 页；刘飞：《德国公法权利救济制度》，北京，北京大学出版社，2009 年，第 50 - 52 页。

多设立一个高级行政法院。联邦行政法院是联邦唯一的，也是整个德国联邦最高的行政法院。1977 年以前，联邦行政法院所在地为柏林，之后移至莱比锡市。

初级行政法院即一审行政法院，其审判组织由 3 名职业法官①和 2 名荣誉法官②组成。一般情况下，高级行政法院即上诉行政法院，也同时受理部分一审行政案件，特别是涉及重大技术问题和风险行政的案件，如核电站、飞机场项目等。上诉行政法院的审判组织通常由 3 名职业法官组成，部分邦规定荣誉法官也可以参加上诉案件的审理。联邦行政法院通常由 5 名职业法官组成审判庭，无须言辞辩论时，也可以由 3 位职业法官组成合议庭审理案件，不过，荣誉法官不得参加联邦行政法院的审判活动。联邦行政法院主要是上诉审法院，且原则上只是法律审，而不进行事实审，审理案件时只适用联邦法律。联邦行政法院管辖的一审行政案件，仅限于《行政法院法》第 50 条规定的争议类型，如联邦与邦、各邦之间非宪法类公法争议，针对联邦内政部长根据《结社法》下达的结社禁令和有关措施提起的诉讼，针对联邦在联邦调查署业务范围内的职务行为提起的诉讼，等等。

为了保证司法统一和司法质量，高级行政法院和联邦行政法院还设有联合法庭即大审判庭。当一案件的核心法律问题偏离行政法院另一审判庭或者大审判庭自己先前的判决时，由大审判庭审理该案并作出判决。另外，基于提高司法效率和缓解积案压力两个方面的考虑，1993 年修订的《行政法院法》第 6 条第 1 款规定，倘若行政案件不是特别疑难或者具有重大原则意义，由独任法官审理。至此，独任制成为了德国行政审判组织的常态。

（三）德国行政诉讼的类型

德国有着成熟的行政诉讼类型体系，德国行政诉讼的类型化甚至在

---

① 职业法官有两类，即专职法官和非专职法官。前者的职务是终身的，必须是大学毕业且通过了国家法律考试，经过司法机关任职后方可被任命。后者包括兼职法官、见习法院委任的法官。除了不得担任首席法官外，非专职法官和专职法官享有同等的审判权——笔者注。

② 荣誉法官即"外行法官"，资质资格比较低，但是其在言辞审理和形成判决上与职业法官具有平等的权利和独立性。

一定程度上超过了法国。所谓诉讼类型，又称为"诉的种类"①，既与诉的适当性和适法性密切相关，也关涉公民权利救济的具体实现形式。在德国，按照《基本法》对公民诉权保障的宪法要求，行政诉讼类型的厘清与辨识是法院的职责，原告只需保证诉求明确即可。德国行政诉讼的主要类型包括：撤销之诉、课予义务之诉、确认之诉、一般给付之诉、规范审查之诉（程序）和内部机构争议之诉，以及其他的形成之诉。以下简要分述之：

1. 撤销之诉

德国《行政法院法》第42条第1款第1句是撤销之诉的法律依据。撤销诉讼为形成之诉，其判决属形成判决。撤销诉讼的适用范围和诉讼对象主要是在自由法治国传统下的干涉行政或曰秩序行政领域，尤其是警察行政、财政行政以及卫生行政等公共安全领域发生的损益性具体行政行为。② 可见，撤销之诉以违法行政（法律）行为的纠错和矫正为其诉讼目的设计的类型，主要是对奥托·迈耶意义上行政（法律）行为的监督与救济，撤销之诉是整个德国行政诉讼的基础性类型。另外，尽管德国的撤销之诉依然是主观诉讼的制度安排，但却在结果上达到了客观诉讼公益维护的法律效果。

2. 课予义务之诉

《行政法院法》第42条第1款第2句规定，原告有权提起行政诉讼，请求判决被告作出其拒绝作出或未作出的具体行政行为，这是德国课予义务之诉的法律依据。与撤销之诉比较，课予义务之诉主要针对的是行政主体的授益性行政行为。课予义务之诉本质上属于给付之诉，为了区别于"一般给付之诉"，也称其为"特殊给付之诉"。在德国，（课予）义务之诉至少可分为：①拒绝作为情形下的否定决定之诉；②不作为情况下的不作为之诉；③原告请求答复的答复之诉。③

根据《行政法院法》第113条第5款的规定，课予义务之诉"具备理由"的前提是：①被告被动适格，即拒绝作为、停止作为或不作为系违法；②原告权利受到上述行为的侵害；③案件须成熟至可裁判的程

---

① 参见刘飞：《德国公法权利救济制度》，北京，北京大学出版社，2009年，第78页。

② 彭凤至：《德国行政诉讼制度及行政诉讼实务研究》，台湾"行政法院"1998年6月刊行，第42页。

③ 参见刘飞：《德国公法权利救济制度》，北京，北京大学出版社，2009年，第79页。

度即"裁判时机成熟"。所谓"裁判时机成熟"是指"对于一个即将终结的关于诉讼请求的法院决定而言,所有事实和法律上的前提皆已具备"① 的状态。

在课予义务诉讼中,德国行政法院是直接责令行政机关满足原告请求,还是仅责令行政机关就原告请求自行作出决定,不能一概而论,要看裁判时机成熟的程度。当时机未成熟时,法院不能直接责令行政机关满足原告请求,只能责令行政机关就原告请求依法作出一个决定;② 而当时机非常成熟,即应当依法作出什么样的行为非常明了时,行政法院也不排除直接责令行政机关满足原告诉求。不过,无论如何,一个基本的法治遵循是,行政法院不能代替行政机关做决定。

3. 一般给付之诉

随着福利国即德国基本法上所谓"社会国"时代的到来,行为意义上的课予义务之诉已经无法满足现实行政诉讼实践发展的需求。于是,必须激活法律规定的"兜底性诉种"③,德国《行政法院法》第43条第2款第1句规定,原告的权利通过提起形成诉讼或者给付诉讼即可获得请求的,不得提起确认诉讼。德国学者由此推论,在撤销之诉以外,行政诉讼法上应有形成诉讼的另外形态;而在课予义务之诉之外,也应允许其他类型的给付诉讼存在。

广义而言,行政诉讼法上的给付之诉是指,基于公法请求权提起的请求责令行政机关为一定行为、容忍或不作为的一种诉讼形态。由于德国《行政法院法》并无一般给付之诉适用要件的明确规定,所以,如欲界定一般给付之诉的适用范围,采用排除法或者"减法"最为便利。申言之,除了法律明确规定的课予义务之诉外,其他的给付诉讼都可归为一般给付之诉的范畴。可见,一般给付之诉是课予义务之诉的有益补充和制度延伸。④

在德国,一般给付之诉在福利国时代的适用范围广、种类多。一般

---

① 〔德〕弗里德赫尔穆·胡芬:《行政诉讼法》,莫光华译,刘飞校,北京,法律出版社,2003 年,第五版,第443 页。

② 参见陈敏等译:《德国行政法院法逐条释义》,台湾"司法院"2002 年印行,第693 页。

③ 〔德〕弗里德赫尔穆·胡芬:《行政诉讼法》,莫光华译,刘飞校,北京,法律出版社,2003 年,第五版,第456 页。

④ 彭凤至:《德国行政诉讼制度及行政诉讼实务研究》,台湾"行政法院"1998 年6 月刊行,第44-45 页。

给付之诉存在以下 4 种亚类型：①不得作为之诉，即请求责令行政机关不得或不再做出干涉性的行政事实行为等而提起的诉讼。②规范颁布之诉，即请求责令行政机关颁布低位阶的行政规章或行政规范而提起的诉讼。由于规范创制者享有规范形成自由权，现实中规范颁布之诉往往基于平等原则请求责令对某一规范进行补充，很少直接针对规范制定本身提出诉求。③预防性不作为之诉，即请求责令行政机关将来不得作出一定行政行为而提起的诉讼。① ④行政主体对公民提起的一般给付之诉。在德国，不仅公民可以提起一般给付诉讼，行政机关在特定的情形下亦可提起一般给付之诉，从而突破了行政诉讼"民告官"的"单行道"制度羁绊。比如在行政合同中，如若不能以单方行为实现行政主体方面的合同权益，行政机关就获得了给付请求权。另外，该种"官告民"的行政诉讼类型还可能发生在一般的返还请求和无因管理等情形下。②

4. 确认之诉

确认之诉与给付之诉不同，其判决不包含给付命令，是纯粹诉讼法上的一种制度设计，其不以实体法上的权利实现为初衷，目的是为原告的公法请求权提供一种特殊保护方式。确认之诉的裁判结果是作出经诉讼程序证实的、具有确定力的、宣示性的司法认定。③ 行政确认之诉和民事确认之诉相同，合法要件均须法律明确规定。

《行政法院法》第 43 条第 1 款规定，原告就及时确认有正当利益时，可提起诉讼请求确认法律关系存在与不存在，或请求确认行政行为无效。据此，确认之诉可分为行政法律关系（含行政合同法律关系）确认之诉和行政行为无效确认之诉两大类。其中，前者又可细分为一般确认之诉、预防性确认之诉（对未来行政法律关系请求确认）和中间确认之诉（对诉讼中部分行政法律关系存在与否请求确认）。在一般确认诉讼中，请求确认的行政法律关系存在的，称为积极确认之诉；请求确认的行政法律关系不存在的，则称为消极确认之诉。④ 行政行为无效

---

① 参见刘飞：《德国公法权利救济制度》，北京，北京大学出版社，2009 年，第 80 页。

② 〔德〕弗里德赫尔穆·胡芬：《行政诉讼法》，莫光华译，刘飞校，北京，法律出版社，2003 年，第五版，第 462 页。

③ 彭凤至：《德国行政诉讼制度及行政诉讼实务研究》，台湾"行政法院"1998 年 6 月刊行，第 47 页。

④ 参见刘飞：《德国公法权利救济制度》，北京，北京大学出版社，2009 年，第 79 页。

确认之诉是指，请求确认具体行政行为自始无效。有学者主张，广义上德国的规范审查程序和继续确认之诉也应涵盖在确认诉讼之中，不过，也有学者对此持反对意见。

5. 继续确认之诉

《行政法院法》第 113 条第 1 款第 4 句规定，具体行政行为（行政处分）在判决前因撤回或者其他方式而终结，当原告就确认系争具体行政行为有正当利益时，行政法院得依请求判决该具体行政行为曾经是违法作出的，此即继续确认诉讼，又称之为"事后确认诉讼"。比如，行政主体自行撤销了自己或下级机关作出的违法行政行为，但其未对行政行为的违法性进行确认，这样就无法在普通法院提起赔偿诉讼，作为普通法院诉讼程序开启的先决问题，事后确认之诉就非常必要了。

继续确认之诉是请求确认已不再发生法律效力的、先前作出的具体行政行为违法的行政诉讼形态。其发生的时间段为原告提起撤销之诉后直至法院作出判决前，在此期间，如系争具体行政行为的法律效力终止，则必然发生先前提起撤销之诉的诉讼类型的变更与转换问题。换言之，撤销之诉只有转换为确认违法之诉，案件的诉讼程序方才有继续进行的必要，否则，撤销诉讼将因请求撤销的标的行为不复存在而变得毫无法律意义。[①] 可见，继续确认之诉是撤销之诉在特定情形下的替代诉讼形态。也正是从这个层面上讲，继续确认之诉是实体法而非程序法上的确认之诉，因之与上述"确认之诉"类型存在本质区别。

6. 规范审查程序

根据《行政法院法》第 47 条的规定，还存在一种规范审查程序，由于德国行政诉讼以公民主观公法权利的救济为依归，规范审查具有客观诉讼的明显法律特征，故此，一般不称其为"规范审查之诉"，而称为"规范审查程序"。通常情况下，启动规范审查程序的法定条件有：①系争规范须客观违法，主观权利侵害不是起诉条件；②系争规范是法律以下位阶的行政法规和行政规章等；③系争双方当事人称作申请人和被申请人，而非原告和被告。[②]

---

① 彭凤至：《德国行政诉讼制度及行政诉讼实务研究》，台湾"行政法院"1998 年 6 月刊行，第 48 页。

② 〔德〕弗里德赫尔穆·胡芬：《行政诉讼法》，莫光华译，刘飞校，北京，法律出版社，2003 年，第五版，第 472 页以下。

7. 机构之诉

由于长期受一个主体不可能对自己提起诉讼和行政机关自组织力理论的桎梏，德国司法程序上一般不接受"内部诉讼"。不过，越来越多的事实表明机构内部引发的公法争议不仅存在而且种类繁多。正是在此背景下，德国行政诉讼法允许机构内部产生的"非宪法性公法争议"进入司法程序，此即德国行政诉讼上所谓的机构之诉，亦称为"内部机构争议程序"。机构之诉，是内部争议诉讼解决的全部程序设计的总称，机构诉讼通常采用的诉讼类型有一般给付之诉、确认之诉、规范审查等。[①] 譬如，被剥夺表决权的镇代表大会的代表就可提起机构之诉。

（四）德国行政诉讼的主要特色

德国行政法学鼻祖奥托·迈耶受民法上行为分类的制度启迪，创设了行政（作用）行为理论，从而促成了德国高度发达的行政行为体系，此其一；其二，行政诉讼的类型化和体系化，是德国行政法治的另一重大世界性制度贡献；其三，在行政法原则方面，德国的法律保留原则、信赖保护原则和比例原则等，也以其无与伦比的诠释力和分析力，表现出了强大的制度魅力和理论影响力。除此，我们认为，德国行政诉讼在以下几个方面呈现出的制度特色和司法优势，也值得着重介绍：

1. 司法型的行政法院体制

与法国行政型双重双轨制行政法院体制构成鲜明对比的是，德国是典型的司法型行政法院体制。德国的"行政法院不仅与普通法院分离，也独立于行政机关"[②]。

由于司法的先在性，德国立宪的过程也就是行政与立法之间的分权过程，同时也是行政监督和控制机制建构的过程，即"管理法治国也应使司法及其裁判的控制及于行政"。这就需要借鉴司法行为模式对行政活动实施技术改造，以便通过行政活动的模式化和范式化，使其"被迫依照司法的被紧密约束的、有规律的形式进行"，实现行政控制的可欲

---

① 参见刘飞：《德国公法权利救济制度》，北京，北京大学出版社，2009 年，第 81 页。
② 〔德〕迈哈特·施罗德：《德国行政法》，载《欧美比较行政法》，勒内·J. G. H. 西尔登、弗里茨·斯特罗因克编，伏创宇等译，北京，中国人民大学出版社，2013 年，第 141 页。

性与规范性。故此，在德国，"法治国意味着对行政尽可能的司法化"①。如是，改造后的行政与司法成为两种不同的法律执行模式，必须分离不得混同，二者因主动执法和被动执法上的区别保持着各自的本质属性。基于此，德国行政法院是司法机关，行政法院的法官不是行政官员而是法律官即司法官，受法官一般地位法的统一支配。

德国首先实现了行政与司法的分离，如德国《行政法院法》第1条规定："行政法院之审判权，由与行政机关分立而独立设置之法院行使之"。进而，基于多元并行的司法体制构造，德国又进一步实现了行政法院与普通法院之间职权划分。《行政法院法》第39条规定："不得赋予法院行政外之行政事务"，即禁止将普通法院管理事务之外的其他事务交付予行政法院，以确保法院司法事务的纯粹性而不至于变成其他性质的国家机关。② 同时，也不得将一般行政事务划归普通法院，从而保证行政法院的管辖权。

2. 制定法是行政审判的依据

法国行政法是判例法，而德国在行政法上属于典型的成文法国家。首先，德国《基本法》第19条第4款是行政诉讼制度得以确立的宪法依据；其次，德国《行政法院法》既是行政法院组织法，也是德国的行政诉讼法典；再次，德国还制定了《行政程序法》和《法官法》，规范着行政官和法官的过程性行为；最后，除了行政诉讼法和行政程序法的法典化外，在实体法方面，德国也有着极高的法典化程度。以联邦立法为例，战后德国的行政立法取得了巨大成就，如《行政送达法》（1952年），《联邦公务员法》（1953年），《行政执行法》（1853年），《联邦建筑法》（1960年/1986年/1998年），《违反秩序法》（1968年），《社会法典》（1975年以后），《联邦数据保护法》（1977年/1990年），《土地保护法》（1998年），等等。③

3. 典型的主观诉讼

在诉讼类型上，如果说法国的行政诉讼主要是客观诉讼的话，德国

---

① 〔德〕奥托·迈耶：《德国行政法》，刘飞译、何意志（德）校，北京，商务印书馆，2016年，第65-66页。

② 参见黄先雄：《德国行政诉讼中司法权的边界及其成因》，《比较法研究》2013年第2期。

③ 〔德〕汉斯·J. 沃尔夫等：《行政法》（第一卷），高家伟译，北京，商务印书馆，2002年，第87-88页。

160

就是主观诉讼的典型代表。在德国，是局限于从客观法的行政法规范直接读取个人的个别利益这种原本的可能范围之内开展行政诉权证成分析的；而在法国，则是通过在客观法实现公共服务理念与私人利益关系的过程中表达行政诉讼内部监督和纠错的制度功能的。根据德国《基本法》第 19 条第 4 款规定及其立宪原义，"为公民提供无漏洞、有效的司法保护是德国行政诉讼的主要目的"①。公民诉权全面而又充分的保障是"二战"后德国人民对纳粹统治的反思在制度上的体现。"德国行政诉讼的立足点不是为了审查行政行为的合法性，而是审查被诉行政行为是否侵犯了原告的合法权益。"②

德国行政法院法官在审理案件时，主要考虑的是原告的权利保护，而不是考虑如何帮助行政机关矫正错误，行政法院不必承担对行政机关的教育职责。可见，德国行政诉讼法的立法目的（或曰功能定位）是单一的，即以提供完善司法救济的方式，保障利害关系人的合法权益。换言之，德国行政诉讼制度不以公共利益维护为其价值追求，而是以公民非宪法性的公法权益保障为鹄的。正是基于这样的行政诉讼功能定位，德国行政诉讼制度确立了完备的处分原则，在诉讼进程中原告可通过撤回诉讼、放弃诉讼与诉讼和解等方式终结诉讼程序，也可以变更诉讼请求。如是，当事人自治是主导，司法救济仅是当事人自治不能时的"国家帮助"；当事人自治是问题的主要方面，而司法救济是补强、担保和兜底机制。

4. 受案近乎无范围

历史上，德国行政受案范围在很长的时间内采用的是列举主义，行政法院的管辖范围非常狭窄，而经过演变，目前的行政诉讼制度却形成了非常宽泛的、概括式的受案范围——从某种意义上讲，这实质是对行政诉讼受案范围制度的否定与取消，至少是绝大部分的否定与取消。

德国《行政法院法》第 40 条规定："一切未被联邦法律划归其他法院管辖的非宪法性质的公法争议，对之均可提起行政诉讼。"据此，

① 杨伟东：《行政行为司法审查强度研究》，北京，中国人民大学出版社，2007 年，第 137 页。

② 刘天庆：《德国行政审判考察报告》，载《行政执法与行政审判 2007 年第 6 集》（总第 26 集），中华人民共和国最高人民法院行政审判庭编，北京，人民法院出版社，2008 年，第 1230 页。

在德国，基于无漏洞权利保护理念，任何意义上的争议都可以在宪法法院等六大法院系统寻求有效救济，德国公民的诉权保障是充分而又完备的。故此，德国行政诉讼的受案范围非常广泛，"如果将其宪法法院和普通法院主管的那部分行政案件一起考虑，可以说，在德国，没有什么行政案件被排除在法院的受案范围之外"①，此其一。

其二，近乎无条件的行政诉讼立案制度。在德国，基于司法和平主义，行政诉讼立案采完全登记制。同时，立案工作人员不是法官，无权力也无能力判断案件是否符合行政诉讼的起诉条件。这样，在"起诉问题上形成了宽进严出的局面"②。几乎所有的行政争议都可以非常便利地诉诸法院，实质意义上的原告资格审查是在案件进入法院后进行的，并且根据不同的诉讼类型，德国设计了严格的程度不同的多元审查标准。一般情况下，立案后行政法院既要审查行政行为的违法性，还要审查原告公法权益是否受到侵害，以及违法行政和权益侵害之间是否有因果关联，从而确定起诉人与被诉行政行为之间是否有利害关系。我国2015年开始实施的新《行政诉讼法》首次确立了行政诉讼的立案登记制。但是，由于法官对《行政诉讼法》第25条原告资格条款和第49条起诉条件条款的形式化理解，再加之立案登记制度设计上的不彻底性，即"半登记立案制"或"准登记立案制"③，导致一方面很多不应进入法院的案件在浪费、消耗着稀缺的司法资源，行政案件数量飞涨和法官办案压力激增，人民法院行政审判庭不堪重负；另一方面，为了缓解审判压力，又不得不违背登记主义的立法初衷，未经开庭就重操形式审查"故技"，或者简单粗暴地驳回起诉，或者在立案阶段就直接拒收起诉材料。从这方面讲，德国"宽进严出"式的立案后审查、审理模式值

---

① 宪法法院主管涉及公民基本权利的宪法性质行政案件；普通法院主管公民个人特殊公共负担产生请求权、公法上的财产请求权和违反公法契约以外公法义务所生之损害赔偿请求权诸方面的行政案件（主要包括国家赔偿、补偿等），当其他未被联邦和邦法律明文规定为其他法院管辖的争议发生时，普通法院还有兜底管辖职责；财政法院主管租税方面的行政案件；社会法院主管社会保险、提供就业机会和失业金等社会福利方面的行政案件。参见黄先雄：《德国行政诉讼中司法权的边界及其成因》，《比较法研究》2013年第2期。

② 刘天庆：《德国行政审判考察记报告》，载《行政执法与行政审判2007年第6集》（总第26集），中华人民共和国最高人民法院行政审判庭编，北京，人民法院出版社，2008年，第1233页。

③ 参见我国现行《行政诉讼法》第51条的规定。

得我国学习和借鉴。

5. 职权调查主义

根据《行政法院法》第 86 条第 1 款的规定，德国行政诉讼确立了职权调查原则即法官的职权调查主义。在此原则支配下，行政诉讼举证（证明）责任在当事人之间的配置就显得没那么重要了。行政法官本着对客观事实的追求，开展独立案件调查，依职权探知案件事实，既不受当事人提供证据的拘束，也没有严格的时间甚至范围限制。同时，根据法律规定职权调查是行政法官的一项法定职责，从而和民事诉讼当事人主义司法模式下的辩论原则构成了鲜明对比。不过，德国行政诉讼的职权调查也是有边界的：职权调查主义的结果不得导致原告诉讼地位的恶化，不得超越原告诉讼请求使用调查获得的证据材料。

在行政诉讼当事人之间的力量对比关系中，职权调查主义恰恰是"引入"了一种外力，旨在补强和支持原告诉讼，法官主动依职权调查取证，是为了平衡原被告之间在诉讼能力、证明能力上的悬殊与差异。可见，职权调查主义是行政诉讼属性决定的独特的司法结构性安排。[1]

德国行政诉讼的职权调查主义还体现在原告是否出庭的法律后果方面。在德国，当原告出庭对判决至关重要时，可以对其实施拘传。一般情况下，原告不出庭并不影响行政法院审判活动的正常进行。其理由是：一方面，公民诉权保障的内在要求，即出庭有困难的原告不出庭，也是诉权保障的题中应有之义；另一方面，经过法官的调查和庭前合议，行政诉讼法庭讨论的主要是法律问题，而不是事实问题，当原告因诉讼能力和举证能力等原因缺席时，法官会利用自己的司法权威性和司法能动性，弥补原告诉讼上的结构性弱势。[2]

6. 有限的复议前置主义

行政复议在德国行政纠纷解决机制中作用重大，80% 的建筑类行政

---

① 参见刘飞：《德国公法权利救济制度》，北京，北京大学出版社，2009 年，第 49 页；刘天庆：《德国行政审判考察记》，载《行政执法与行政审判 2007 年第 1 集》（总第 21 集），中华人民共和国最高人民法院行政审判庭编，北京，人民法院出版社，2008 年，第 185 页。

② 刘天庆：《德国行政审判考察记》，载《行政执法与行政审判 2007 年第 1 集》（总第 21 集），中华人民共和国最高人民法院行政审判庭编，北京，人民法院出版社，2008 年，第 195 页。

案件通过复议程序得到了彻底解决,① 而学者统计的结果更加乐观：在90%的案件中，公民接受了行政复议决定，未再提起行政诉讼。② 可见，德国行政复议发挥着有效的行政案件分流功能和化解功能。

德国有限的行政复议前置主要包括以下几个方面的制度要点：①行政复议制度规定在《行政法院法》中，《行政法院法》第68条第1款第1句是行政复议制度确立的法律依据。①行政复议只针对特定的公法争议，即法定的复议前置只适用于撤销之诉和课予义务之诉。在其他种类的行政诉讼中，行政复议不是必经程序。同时，如果涉案行政行为是由联邦和邦高级行政机关作出的，如联邦总理、部长等，也可以径直诉诸行政法院，无须遵循穷尽行政救济原则。③ ③通常情况下，德国的行政复议决定往往是由原机关的直接上级机关作出的，④ 而在"直接上级机关"是联邦和邦的最高行政机关的情形下原行政机关是复议机关。可见，德国有着多重复议程序的制度设计，与我国的一级复议制为原则的制度安排形成了鲜明对比。④行政复议停止执行制度。一般而言，行政复议程序具有停止执行系争行政行为的效力，除非涉及的是租税行为和警察行为等不可延迟执行的案件。

四、日本的行政法制

如上所述，就行政审判体制而言，法国是行政型的行政法院模式，德国则是司法型的行政法院模式。不过，与英美法系司法主导支配下"司法权一元性"的普通法院体制比较，法德两国均属于二元司法模式。有着独特历史发展轨迹的日本，几经法制移植和改造，其现行行政诉讼法制演化成为"普通司法审判机构＋独立的行政诉讼程序"这种

---

① 刘天庆：《德国行政诉讼漫游之旅》，载《行政执法与行政审判2006年第2集》（总第18集），中华人民共和国最高人民法院行政审判庭编，北京，法律出版社2006年，第187页。

② 〔德〕迈哈特·施罗德：《德国行政法》，载《欧美比较行政法》，勒内·J. G. H. 西尔登、弗里茨·斯特罗因克编，伏创宇等译，北京，中国人民大学出版社，2013年，第150页。

③ 〔德〕迈哈特·施罗德：《德国行政法》，载《欧美比较行政法》，勒内·J. G. H. 西尔登、弗里茨·斯特罗因克编，伏创宇等译，北京，中国人民大学出版社，2013年，第148 - 149页。

④ 参见〔德〕弗里德赫尔穆·胡芬：《行政诉讼法》，莫光华译，刘飞校，北京，法律出版社，2003年，第五版，第84 - 85页。

别具一格的混合模式，即以"英美法系的行政审判体制运用大陆法系的行政诉讼程序审理行政案件"。换言之，现在日本的行政审判机关是普通法院，适用的程序则为独立于民事诉讼法的行政诉讼法，从而成为两大法系之外的"第三种行政诉讼模式"①。

作为亚洲第一个君主立宪国，日本行政法也影响了中国近（现）代化早期的行政法制建构。当下，我国的行政审判工作也是由普通法院承担，并制定行政诉讼法典，作为行政审判的程序依据。但与日本由民事审判庭及其民事法官审理行政案件相区别，我国是在普通法院内设立行政审判庭专司行政争议解决的，从而显示出了我们制度设计上借鉴和独创并存的特点。

（一）日本行政审判发展简史

日本是一个善于学习的国家。它首先学习中国，成为中华儒家文明圈的重要成员；而后又通过"明治维新"决绝地"脱亚入欧"，在世界东方率先推行宪政改革和近（现）代化建设。如果说日本上述两次重大社会变革是主动且自愿为之的话，那么，"二战"后在美军主导下"剔除好战的国家主义"的民主化改造②，则具有强烈的被动属性和强制属性。

日本行政（诉讼）法制的发展历史可划分为三个时期：①建构期——明治维新时代日本的行政审判；②改造期——"二战"后日本的行政审判；③发展期——2004年至今日本的行政审判。

1. 建构期——明治维新时代日本的行政审判

日本明治时代的行政审判体制，是在借鉴德国行政法院制度的基础上确立的。但值得玩味的是，日本在明治时代进行法律移植后，却最终建构了法国式的行政型行政法院体制。这种"橘逾淮则为枳"的制度建构结果，归因于日本建立行政诉讼制度的最初动机，是为了化解司法统制行政引发的危机，其制度创建伊始就深受"行政权独立性保障论"和"行政权优益性"理论的影响。法律创设过程中的深刻的价值冲突和激烈的法文化碰撞可见一斑。

---

① 参见江利红：《日本行政诉讼法》，北京，知识产权出版社，2008年，第688-690页。
② 杨建顺：《日本行政法通论》，北京，中国政法大学出版社，1998年，第29页。

明治五年（1872年）日本司法省第46号通知规定，针对地方官厅的违法行政处分即具体行政行为，人民可向地方法院和司法省法院起诉。从而开启了日本"民告官"的制度先河。不过，随后的实践表明，这种制度设计存在着严重的"司法官钳制行政之弊端"。申言之，日本在司法改革之初，遭遇到了法国大革命前夕类似的境况，即司法权对行政权的过度干涉和强力介入，反倒阻碍了改革的顺利推进。于是，从1874年开始，改革措施规定涉及府县知事以上官员为被告的行政诉讼，须向控诉院提起，该院就是否受理向司法省陈情，司法省附意见后呈太政官裁定。这里的"太政官"是行政部门的机关。①

1889年（明治二十二年）2月11日，日本颁布了《大日本帝国宪法》，并于1891年11月29日正式实施，史称"明治宪法"。明治宪法第61条规定："由于行政官厅的违法处分而导致权利受到损害的诉讼，应属于另外法律规定的行政法院审判的，不能由司法法院予以受理。"1890年6月30日，日本以第48号法律的形式颁布了《行政裁判法》（共计47条），以及《关于行政厅违法处分的行政审判的事宜》（法律第106号），1890年10月10日又颁布了《诉愿法》即行政复议法（法律第105号）。至此，日本明治时代行政争讼制度得以确立。②

根据明治宪法和上述法律的规定，日本明治时代的行政诉讼呈现如下特点：①全国成立唯一一所行政法院（有时也被译为"行政裁判所"），设置地点为首都东京；②行政审判实行一审终审制；③行政法院独立于普通法院，但是隶属于行政机关；④受案范围采列举主义，法律列举了五类可诉的行政处分：租税及费用的征收、租税滞纳处分、营业许可处分、水利土木工程类行政处分和土地方面的官民区分审查处分；⑤职权探知主义和书面审理主义；⑥诉愿前置主义。③

综上，日本明治宪法时代的行政审判体制是典型的法国模式，制度创设的形式意义大于实质意义。"从1890至1915年行政裁判的新受理

---

① 〔日〕盐野宏：《行政法Ⅱ：行政救济法》，杨建顺译，北京，北京法学出版社，2008年，第四版，第44页。

② 〔日〕盐野宏：《行政法Ⅱ：行政救济法》，杨建顺译，北京，北京法学出版社，2008年，第四版，第45页。

③ 参见〔日〕盐野宏：《行政法Ⅱ：行政救济法》，杨建顺译，北京，北京法学出版社，第四版，2008年，第45页；江利红：《日本行政诉讼法》，北京，知识产权出版社，2008年，第21－23页。

案件数平均每年大致 277 件，而从 1916 年至 1939 年行政裁判的新受理案件数平均每年大致 313 件"①，而原告胜诉率 20% 左右。可见，彼时日本国民权益的行政救济很不充分。②

2. 改造期——"二战"后日本的行政审判

"二战"后，日本在美国为首的盟军主导下开始了民主化改造。1946 年 11 月 3 日，日本公布了《日本国宪法》，并于 1947 年 5 月 3 日实施。《日本国宪法》第 76 条规定，一切司法权属于最高法院及由法律规定设置的下级法院；不得设置特别法院，行政机关不得施行作为终审的判决。③ 据此，日本废止了原先的《行政裁判法》和《诉愿法》，并撤销了行政法院。作为替代性立法，日本于 1947 年制定了《伴随着日本国宪法实施的民事诉讼法的应急措施法》，1948 年制定了《行政案件诉讼特例法》（1848 年法律第 81 号），该法共计 12 条。

作为过渡期内应急性颁行的法律，《行政案件诉讼特例法》（以下简称"特例法"）实现了日本由行政型行政法院体制向英美法系一元司法体制的历史转型。因为该部法律仅仅列举规定了审理行政案件时民事诉讼法未规定的诉讼程序，所以称之为"特例法"，即民事诉讼法的特别法之谓也。根据特例法的规定，行政案件由普通法院审理。

显然，如此粗糙的法律规定是很难回应现实行政审判需求的。于是，1962 年 5 月 17 日，日本制定并公布了《行政案件诉讼法》（1962 年法律第 139 号），同年 10 月 1 日开始实施。不久，1962 年 9 月 15 日，日本又制定并公布了《行政不服审查法》，实施的时间起点同为 1962 年 10 月 1 日。④ 尽管《行政案件诉讼法》并非完整意义上的行政诉讼法，行政诉讼在相当程度上仍旧依存于民事诉讼法。但是，与特例法比较，该法已可称之为"行政诉讼一般法"了，并且是和民事诉讼法与刑事诉讼法并列的独立诉讼法典。⑤

日本《行政事件诉讼法》的主要内容如下：①该法以撤销诉讼为

① 〔日〕行政裁判所：《行政裁判所五十年史》，东京，行政裁判所，1941 年，第 509 – 512 页。

② 江利红：《日本行政诉讼法》北京，知识产权出版社，2008 年，第 23 页。

③ 吴东镐、徐炳煊：《日本行政法》，北京，中国政法大学出版社，2011 年，第 284 页。

④ 参见马怀德：《中华人民共和国行政复议法释解》，北京，中国法制出版社，1999 年，第 193 – 210 页。

⑤ 江利红：《日本行政诉讼法》，北京，知识产权出版社，2008 年，第 30 – 31 页。

中心，初步实现了行政诉讼的类型化，明确规定了抗告诉讼、当事人诉讼、民众诉讼和机关诉讼四种诉讼类型；②有限的复议（审查申请）前置主义，即在处理审查申请和诉讼的关系上，以自由选择主义为原则，以审查申请前置为例外；③放宽了原告资格限制，用"法律上的利益"标准取代了"法律上的权利"标准；④规定撤销诉讼判决效力及于第三人，增设了第三人参加诉讼的程序机制；⑤缩短了行政诉讼的起诉期限，将主观性起诉期限——知道或者应当知道——由行政行为作出之日起 6 个月缩短为 3 个月。①

3. 发展期——2004 年以后日本的行政审判

2004 年，日本对《行政事件诉讼法》进行了全方位修改，修改后的行政诉讼法也就是日本现行行政诉讼法。经过四十余载的实施，原《行政事件诉讼法》出现了"国民权利救济"和"司法统制行政"的双重困境。同时，行政审判的无效率也严重制约着国民对司法资源的便捷和有效利用。于是，日本迎来了明治时代以来的第三次司法改革，旨在通过行政诉讼法治的改革，实现从行政规制型社会向司法治理型社会的历史性转型，构建能充分满足国民行政救济需求的行政审判制度。经过反复酝酿和充分讨论，2004 年 6 月 9 日，日本完成了《行政案件诉讼法》的修订工作。此次修订的主要内容包括：

（1）进一步放宽原告资格限制。修改后的《行政案件诉讼法》第 9 条增加的第 2 款规定，法院在判断"法律上利益"时，"不应仅依据作出处分或裁决根据的法令规定的文句内容，还要考虑法令的宗旨、目的以及作出该处分时应当考虑的利益的内容、性质。在考虑法令的宗旨及目的时，如果存在与该法令有共同目的的相关法令，也应当参照其宗旨及目的；在考虑该利益的内容及性质时，也应当酌量该处分或裁决违反其据法令而侵害的利益及性质，以及利益受损的状态及程度"②。可见，修改后的行政诉讼法，尽管措辞上仍然沿用"法律上利益"，但是对其必须依法进行系统化和整体化的理解，不能仅局限于语词的字面文意而割裂案件发生的具体语境。如是，法官方可通过综合考虑，形成自

---

① 参见〔日〕盐野宏：《行政法Ⅱ：行政救济法》，杨建顺译，北京，北京法学出版社，2008 年，第四版，第 48 页；江利红：《日本行政诉讼法》，北京，知识产权出版社，2008 年，第 29 页。

② 吴东镐、徐炳煊：《日本行政法》，北京，中国政法大学出版社，2011 年，第 304 页。

由心证，充分保障公民诉权。

（2）增加并优化了行政诉讼类型。本次修改实现了课予义务之诉和停止诉讼的法定化。同时，通过对《行政案件诉讼法》第 4 条的修改，将公法关系的确认之诉明确为当事人诉讼的一种亚类型。

（3）增加了"释明处分的特殊规则"。经过对证据规则的修改和完善，实现了对当事人主义诉讼模式的修正和"谁主张、谁举证"证明责任配置机制的制度性补充，强化了法院在行政审判中的职权色彩和调查职能，旨在通过撤销诉讼的结构性完善，平衡公共利益和私人利益，协调被告代表的客观法秩序和原告的主观公法权利之间的关系。

（4）修改了被告资格。为了便于起诉人识别和辨识行政诉讼的被告，提升行政诉讼的便捷性和简易性，将行政官厅这种碎片化的被告资格设置修改为国家、地方公共团体、其他公法人等行政主体，完成了被告资格从"行政官厅主义"到"行政主体主义"① 的优化转型。被告资格的类型化，对行政审判效率的提高大有裨益，也是司法民主主义的内在要求。

（5）设立教示制度。修改后的《行政案件诉讼法》第 46 条第 1 款规定，行政厅在作出能够提起撤销诉讼的处分或裁决时，对该处分或裁决的相对人必须以书面方式教示下列事项：有关处分或裁决的撤销诉讼的被告、起诉期限、是否审查申请前置等。教示制度是便民原则和司法民主的具体化、制度化的重要体现。

（6）临时性救济制度的优化。为了提升行政诉讼的实效，强化对原告权益的保障力度，这次修法还优化了临时性救济制度。具体包括：缓和了停止执行的要件；针对行政机关的不作为，增设了临时课予义务措施制度；针对行政机关不利作为行为，增设了临时停止措施制度等。

（二）日本行政诉讼的主要类型

《行政案件诉讼法》是以诉讼类型为中心，安排其结构框架与章节序列的，并且整部法律采"撤销诉讼中心主义"。换言之，日本行政诉讼类型体系的建构是以撤销之诉为起点并围绕撤销之诉逐步展开的。日本与德国公民行政诉权的无漏洞充分保障不同，如果原告起诉的诉讼类

---

① 江利红：《日本行政诉讼法》，北京，知识产权出版社，2008 年，第 50 页。

型有误，就要承担驳回起诉的不利法律后果。换言之，在日本，选择行政诉讼类型的法律责任承担者是当事人而不是法官。

根据 2004 年修订后的《行政案件诉讼法》，日本行政诉讼现有四大类型：其一，抗告诉讼，也就是"具有法律上利益者"提起的主张"与自己法律上利益相关"的行政处分违法的撤销诉讼等——第 3 条、第 9 条、第 10 条第 1 款、第 36 条、第 37 - 2 条第 3 款、第 37 - 4 条第 3 款；其二，当事人诉讼，即"关于公法上法律关系的诉讼"（第 4 条）；其三，民众诉讼，系指"以选举人资格以及其他不涉及自己法律上利益的资格提起的请求纠正国家或公共团体机关不符合法规行为的诉讼"（第 5 条）；其四，机关诉讼，则是指"关于国家或公共团体的机关相互之间权限存在与否以及有关权限行使的纷争的诉讼"（第 6 条）。① 日本学界和实务界一般认为，上述机关诉讼和民众诉讼由于以保护法规适用的客观正当或一般公共利益为目的，属于客观诉讼的范畴；而抗告诉讼和当事人诉讼关涉"法律上的争讼"，故而系以保护个人权利或利益为目的的主观诉讼。以下对上述四种类型作简要介绍：

1. 抗告诉讼

抗告诉讼是指国民不服行政机关公权力行使作出行为而提起的诉讼，分为有名（法定）抗告诉讼和无名抗告诉讼两大类。有名抗告诉讼包括撤销之诉（处分撤销诉讼和裁决撤销诉讼）、无效确认诉讼、不作为违法确认诉讼、课予义务诉讼和停止诉讼；无名抗告诉讼即法定外抗告诉讼，包括权力性妨碍排除诉讼、抽象性规范统制诉讼和变更诉讼。

值得说明的是，处分撤销诉讼是针对行政机关作出的传统意义上的行政处分（具体行政行为）提起的行政诉讼；裁决撤销诉讼的被诉行政行为则是复议（不服审查）机关的复议裁决或异议申诉裁决。同时，与德国保护规范理论学说类似，日本最高法院认为，《行政案件诉讼法》第 9 条第 1 款规定的对请求撤销处分有法律上利益的人，指的是其权利或法律上保护的利益因该处分（行政行为）而受到侵害或有必然受侵害之危险者。此时，若作出该处分所依据的行政法规范包含的目的不限于吸收和消释不特定多数人利益的公共利益，还应特别保护个别利

---

① 参见〔日〕山本隆司：《客观法与主观权利》，王贵松译，《财经法学》2020 年第 6 期。

益，此种个别利益也就属于法律上保护利益的范畴，从而被视为主观权利受到司法保护，赋予个别利益主体以行政诉讼原告资格。

根据行政行为公定力理论，如果说撤销诉讼是"可撤销诉讼"的话，确认无效诉讼则是"应撤销诉讼"，① 是撤销之诉在起诉期限层面的补充之诉，故又称为"错过时机的撤销诉讼"。严格意义上讲，确认无效诉讼还包括有效确认诉讼、失效确认诉讼、存在确认诉讼和不存在行为确认诉讼等。②

与课予义务诉讼和停止诉讼以个别行政行为为被诉对象相对，权力性妨碍排除诉讼是指，针对概括性权力作用并以概括性、人格性利益为基础请求排除而提起的诉讼。譬如"大阪国际空港案"就涉及运输大臣航空行政权引发噪音等不利影响的排除及其赔偿。③

2. 当事人诉讼

与抗告诉讼这类"行为诉讼"比较，日本行政诉讼法上的当事人诉讼是"关系诉讼"。《行政案件诉讼法》第4条规定："本法所称的当事人诉讼是指，有关确认或形成当事人之间法律关系处分或裁决的诉讼，而根据法令的规定该诉讼是以该法律关系的一方当事人为被告，以及有关公法上的法律关系的确认诉讼与其他有关公法上的法律关系的诉讼。"④ 据此，当事人诉讼可分为形式当事人诉讼和实质当事人诉讼两大类。

理解形式当事人诉讼应注意以下两点：①诉讼必须基于具体的法律（令）的规定；②争议的是公法问题，但是在形式上必须以民事关系的对方当事人为被告。比如尽管土地征收中的赔偿是公法意义上的赔偿，但是诉讼的被告却是未来的土地利用者。

实质当事人诉讼，又称为"公法上的当事人诉讼"，是指请求确认公法法律关系的诉讼。比如请求确认公务员地位，请求确认征税过多并要求返还不当得利等。⑤

---

① 参见〔日〕盐野宏：《行政法Ⅱ：行政救济法》，杨建顺译，北京，北京法学出版社，2008年，第四版，第145页。

② 江利红：《日本行政诉讼法》，北京，知识产权出版社，2008年，第495、498页。

③ 参见〔日〕盐野宏：《行政救济法（行政法Ⅱ）》，杨建顺译，北京，北京法学出版社，2008年，第四版，第172页。

④ 吴东镐、徐炳煊：《日本行政法》，北京，中国政法大学出版社，2011年，第303页。

⑤ 江利红：《日本行政诉讼法》，北京，知识产权出版社，2008年，第579页。

3. 民众诉讼和机关诉讼

根据《行政案件诉讼法》第 5 条之规定，民众诉讼是指当事人请求纠正国家或公共团体等行政主体的不合法行为的诉讼。该诉讼中的当事人是以选举人资格及其他同自己法律上利益无关的资格而提起的行政诉讼。民众诉讼就是日本的行政公益诉讼，最典型的民众诉讼当属《地方自治法》设置的"住民诉讼"。另外，还有《公职选举法》规定的有关选举效力和当选效力方面的民众诉讼；根据《最高法院法官国民审查法》规定，遭受罢免的法官提起的诉讼也属于民众诉讼。不过，由于是被罢免法官自己提起诉讼，有学者主张这类诉讼更大意义上应属于主观诉讼，而不完全符合客观诉讼的法律特征。

根据《行政案件诉讼法》第 6 条规定，机关诉讼是指有关国家或公共团体的机关相互之间围绕权限是否存在及权限行使所发生的纠纷而提起的行政诉讼。这是日本式的"官告官诉讼"，与德国的机构之诉有一定的相似之处。我国目前机关之间的权限争议的处理，仍停留在行政方式处理阶段，亟待实现职权争议解决的司法化。

根据《行政案件诉讼法》第 42、43 条之规定，理解日本民众诉讼和机关诉讼须注意以下两端：其一，"在法律规定的情形下，限于法律所规定的当事人，才可以提起民众诉讼和机关诉讼"；其二，在民众诉讼和机关诉讼中，根据当事人请求种类的不同，在程序上分别准用撤销诉讼、确认诉讼或当事人诉讼。可见，实体法定性和诉讼程序上的附属性是这两大诉讼类型的重要制度特征。

（三）日本行政诉讼的主要特征

1. 第三种行政审判体制

在明治时代，日本建立了法国式的行政型行政审判体制。战后，经过美国式的民主化改造，日本重塑行政审判体制，形成了介乎大陆法系二元司法模式和英美法系一元司法模式之间的司法体制。现行的日本行政诉讼在以下几个方面展现了其制度上的独特性：其一，由普通法院及其普通法官（无行政的专业和技术背景）审理行政案件，并未建立独立的行政法院和行政判例制度，从而和大陆法系相区别；其二，普通法院内并未设置专司行政争议解决的行政审判庭，而是由民事审判庭及其民事法官审理行政案件，这一点和我国行政诉讼法制形成了鲜明对比；

其三，三大诉讼法并行不悖，《行政案件诉讼法》在一定意义上成为行政诉讼的一般法，从而不同于英美法系无行政诉讼程序和民事诉讼程序二分的诉讼程序机制。正是在这个意义上，日本在行政型行政审判和司法型行政审判之外，走上了行政诉讼的"第三条道路"，形成了别具一格的行政审判模式。

2．行政审判在程序上对民事诉讼的依赖

日本的行政诉讼法，在"二战"初期只是民事诉讼的"特例法"，这从《行政案件诉讼特例法》这一名称和该法规定的简易程度，即可窥其端倪。也正是从这个意义上讲，日本随后的司法改革特别是行政诉讼法治改革，旨在逐步脱离对民事诉讼法程序性依附，实现行政诉讼法典化和独立化。不过，《行政案件诉讼法》运行至今，日本行政诉讼法也未完全取得独立地位，依然高度依附于民事诉讼程序及其诉讼机理。比如审级上民事审判和行政审判一样采用四级三审终审制就是明证。这一方面说明了行政诉讼和民事诉讼具有天然的亲和力，另一方面也是日本法系混合和立法资源整合的必然结果。

3．行政诉讼的高度类型化

尽管日本从来没有建立起德国式的行政法院的体制，可日本对德国高权行政特别是行政行为及其效力理论的继受却是根深蒂固的。这主要表现在两个层面：

一方面，日本的"撤销诉讼中心主义"就是德国秩序行政下行政优益权和行政法律行为理论直接影响下的产物。不过，在"两种撤销诉讼观"[1] 之间，日本基于自己的天皇体制和等级文化，[2] 未选择德国式的权利救济观，而是以公共利益和客观法秩序的维护型塑着自己行政审判的功能定位和价值方向，这一点又使得日本的撤销之诉打上了法国行政法的烙印。

另一方面，可以说日本的行政诉讼法就是一部行政诉讼类型的分类法，整部行政诉讼法典是以抗告诉讼为起点，通过分类方式"谋篇布局"的。诉讼类型既是救济途径，也是救济方法，更是不同司法理念和

---

[1] 〔日〕小早川光郎：《行政诉讼的构造分析》，王天华译，北京，中国政法大学出版社，2014年，第7页。

[2] 〔美〕鲁思·本尼迪克特：《菊与刀：日本文化诸模式》，吕万和等译，北京，商务印书馆，2003年，第44页。

司法功能的体现。故此，撤销之诉的客观诉讼属性和行政诉讼类型的体系封闭性，严重制约着日本民众权利救济和保障水平的提升，也深深地影响着日本行政诉讼法制的实际运行效率和未来演进方向。

4. 自由选择主义下行政复议与行政诉讼的衔接

日本的行政复议称谓"行政不服审查"。在日本，不服申请分为审查申请和异议申请，向作出处分或不作为的行政厅以外的行政厅提起的称为"审查申请"，而向行为作出的原行政厅提出的申请则称之为"异议申请"。经过复议裁决后再提起的申请，称谓"再审查申请"，再审查申请在法律有明确规定和行为委托两种情况下方能提起。

除了法律明确规定外，日本不服审查采用"自由选择主义"，实现了国民行政救济的便利化和自由化。2011 年，日本约有 4.8 万件行政复议案件，与 2000 件左右的行政诉讼案件相比，行政复议制度受到了很大的社会青睐（近十年来日本行政诉讼平均每年在 1 万件左右）。即便如此，日本国民对行政复议的公正性、简易性、实效性的改革呼声依然很高。于是，2014 年 6 月，日本首次实质性地修改了实施了半个世纪之久的《行政不服审查法》。[①] 可见，就权力分立与制衡原理角度而言，行政并不当然具有接受司法监督的义务，即如果仅仅是为了行政争议的解决，行政诉讼并无建立必要，行政诉讼制度仅是"依法律行政"原理的终局性程序担保而已，其法治兜底功能远胜于争议解决的司法实效。

---

① 王贵松：《日本行政复议改革有新动向》，《检察日报》2014 年 9 月 9 日。

第四章　中国百年行政法制史[①]

引　言

从 1914 年中国历史上首部行政诉讼法典的颁行，到 2014 年《中华人民共和国行政诉讼法》第一次修正，古老中国的行政法制，走完了制度变迁的百年历史。百年沧桑、沟壑蜿蜒，既是思想启蒙和制度续造的过程，也是中华法系近（现）代化转型的艰难历程。可以说，"中国百年行政诉讼法制变迁史归结为一点，就是一部以'民告官'为制度象征的行政诉讼法制移植史和一部在'民告官'千古传统笼罩下的法律文化继受史"[②]。在回顾百年中国行政法制建构之路以前，有两个前提性和基础性问题有待拓清：其一，中国古代有无行政法；其二，何为一国行政法治真正确立的标志。

传统中国"行政权力支配社会"，立法和司法皆为行政的手段，甚至专制君主也常屈从于建制化程度极高的官僚体系，[③] 形成了一个独特的别样"行政国家"[④]。故此，关于中国古代有无行政法，主要是以何种判断标准加以衡量和定义行政法及其概念的问题。[⑤] 若以形式法律制度之有无论，答案当然是肯定的。正如梁启超先生所言："近世学者解释行政法之定义，谓行政法者，总括关于政权作用之法规的全体也，此定义若当，则今传之唐六典足以当之矣。我国自汉以来，诸种法典中，虽偏重刑法，而关于行政作用之规定者，固已不少。"据此，"所谓会

---

① 本章部分内容已作为国家社科基金后期资助重点项目"新行政法释论"（项目批准号：20FFXA001）的阶段性研究成果公开发表。参见倪洪涛：《清末民国时期中国行政诉讼法制论》，《时代法学》2021 年第 2 期。

② 胡建淼、吴欢：《中国行政诉讼法制百年变迁》，《法制与社会发展》2014 年第 1 期。

③ 〔美〕孔飞力：《叫魂——1768 年中国妖术大恐慌》，上海，上海三联书店，1999 年，第 247 页。

④ 郭宝平：《中国传统行政制度通论》，北京，中国广播电视出版社，2000 年，第 3 - 4 页。

⑤ 参见章剑生：《现代行政法专题》，北京，清华大学出版社，2014 年，第 32 - 33 页。

典者，即行政法也。"或言之，"公法之中，有规定国家之根本组织者，是名宪法；有规定行政机关及其活动之规律者，是为行政法"①。张晋藩先生亦认为，中华民族有着四千多年未中断的国家统治历史，行政管理制度颇为严密，行政法规也自成体系，② 如《周官》《唐六典》《元章典》《大清会典》等关于国家行政方面的法典。日本学者织田万曾感慨说："夫近世诸国锐意秀发，力编成典，而未见有纂修行政法典之势，独清国自二百数十年前早有斯大典，岂非可奇乎！"③

不惟如是，在古代中国，历代统治者为了维护其专制政权，透过监察御史等制度形式，监察百官、纠弹官邪、救济民权，调处官民矛盾，解决行政纠纷。④"从严治吏"的御史监察制度、"为民申冤"的直诉京控制度和"便民告官"的越诉特许制度等，⑤ 无不沉淀着"以上制下"和逐级申控的千年官治传统。在悠悠华夏文明的历史长河里，也不乏"民告官"的典型范例。⑥ 不过，这些"民告官"的制度安排和救济途径，均为皇权一统语境里行政权与司法权混同难辨的产物，是行政救济和司法救济混合的产物，不可遽然称之为近现代意义上的行政诉讼制度和行政法。⑦ 如果"把这种东西名为行政法，足以表明中国人在现代法

---

① 梁启超：《论中国成文法编制之沿革得失》，载《饮冰室合集（文集第十六册）》，上海，上海中华书局，1941 年，第 25 – 26、41、51 页。

② 张晋藩、李铁：《中国行政法史》，北京，中国政法大学出版社，1991 年，前言，第 1 页。

③ 〔日〕织田万：《清国行政法》，李秀清、王沛点校，北京，中国政法大学出版社，2003 年，第 6 页。

④ 参见林莉红：《中国行政诉讼的历史、现状与展望》，《河南财经政法大学学报》2013 年第 2 期。

⑤ 范忠信：《官与民：中国传统行政法制文化研究》，北京，中国人民大学出版社，2012 年，第 741 – 759 页。

⑥ 后汉明帝永平十一年（68 年），在庐江郡下属的皖侯国，一日有个陈爵的小男孩在一湖边钓鱼，发现湖水中有金币，遂回家告诉其父陈国（字君贤）。陈国率邻居到湖边搜寻，共得金币十余斤。陈国等将此事禀报侯国相，侯国相随即向庐江郡太守报告。太守于是派人到村中收走了全部金币上交朝廷，并向皇帝奏报了获得金币的过程，但未给予陈国等人任何报酬或奖赏。次年，因未得奖赏，陈国等人遂向皇帝上书讨说法："贤等得金湖水中，郡牧献，讫今不得直。"他们要求依法获得拾金不昧的适当报酬。皇帝接到上书，下诏责问庐江太守为何不给陈国等奖赏；郡太守回答说：因为君贤等人"所采金自官湖水，非贤等私渎，故不与直。"皇帝对这种看法很不满意，乃令太守："视时金价，畀贤等金直。"即下令按黄金时价，给陈国等人发放报酬。参见范忠信：《传统中国法秩序下的人民权益救济方式及其基本特征》，《暨南学报》2013 年第 5 期。

⑦ 胡建淼、吴欢：《中国行政诉讼法制百年变迁》，《法制与社会发展》2014 年第 1 期。

常识上的缺失"①。

从实质法治层面观之，行政法的发生学，一般以人权保障和权力分立为前提，舍此便无行政法。② 民主主义和自由主义是行政法产生的价值指引，依法律行政原则所隐含的立法与行政的分立，以及法律对行政的先定力、创制力、拘束力与规控力是行政法发生的宪制基础。故此，尽管中国自身的政治和社会背景为近代行政法的诞生提供了民族文化土壤，雕塑了中国行政法最为基本的个性和品格。③ 但是，"现代意义上的行政法是伴随着有限政府、权力制衡发展起来的。我国古代虽然有发达的行政体系和严密的官制等级，但是现代意义上的行政法最初却是清末法制改革时期学习借鉴西方的行政法而逐渐发展起来的"④。如前所述，起先英美法系国家并不承认行政法作为一个部门法的独立学科地位。更有甚者，以为行政法本身就是一反法治的特权法律体系⑤。行政法最先是欧陆诸国，特别是法国的"地方性知识"，尽管其有着巨大的本土制度建构力和世界性影响力，但并不具有普遍适用性和跨文化的拓展力。

在大陆法系国家，行政诉讼制度的确立，实为行政法产生的标志。⑥ 早在1914年，有留英背景的章士钊先生就持类似观点："行政法之为名，以入英美、大陆两派学者之论潮，其意义专限于行政裁判一点。苟其国设行政裁判者，谓之采行政法之国"⑦。这也印证了法国学者的判断："在历史上行政法根本就是一部法官法。"⑧ 其实，作为行政法的母国，法国行政法（学）是围绕着行政法院及其判例建构起来的，法国行政法的渊源主要是行政法院的判例。⑨ 我国行政法制有着浓厚的大陆法系背景，行政争议解决机制确立的过程，也应视为我国行政法建

① 梁治平：《新波斯人信札》，贵阳，贵州人民出版社，1998年，第44页。
② 王贵松：《论近代中国行政法学的起源》，《法学家》2014年第4期。
③ 何海波：《中国行政法学的外国法渊源》，《比较法研究》2007年第6期。
④ 何勤华、龚宇婷：《中国近代行政法制的转型——以夏同龢〈行政法〉的开创性贡献为中心》，《贵州大学学报》（社会科学版）2016年第1期。
⑤ 〔英〕戴雪：《英宪精义》，雷宾南译，北京，中国法制出版社，2001年，第237页。
⑥ 王贵松：《民初行政诉讼法的外国法背景》，《清华法学》2015年第2期。
⑦ 秋桐（章士钊的笔名）：《行政法》，《甲寅杂志》1914年第1卷第3号，第9页。
⑧ 〔法〕Trescher Bruno：《法国行政法精要》，沈军译，张艺耀校，《公法研究》（第4卷），北京，中国政法大学出版社，2005年，第376页。
⑨ 何勤华：《法国行政法学的形成、发展及其特点》，《比较法研究》1995年第2期。

立的过程。正如应松年教授所言：“行政法治的发展，从建立行政救济制度开始，也是世界性规则。法国就是从建立行政法院开始的。”① 德国学者胡芬也表示：“事实上，有关实体性公法（宪法和行政法）的高度专业化知识将毫无用处的，如果它们不涉及行政诉讼法，并借以获得相应解释和实现的话。”② 基于此，下文有关我国百年行政法制变迁史的论述，主要围绕我国行政救济制度特别是行政诉讼制度的建构过程展开。

耶鲁大学法学博士王宠惠先生，从另一侧面进一步阐释了上述两个基础性问题。现摘录于下：

> “以广义言之，虽英美亦有行政法；以狭义言之，则惟欧洲大陆国始有之（日本采用欧洲大陆法派，亦有行政法）。所谓广义云者，凡法律中之关乎行政事项者，即可称为行政法。在英美二国，未始无之，然皆杂乎普通法律中，而非自成为特种法律（弼斯特氏有《英国行政法论》，顾脑氏有《美国行政法论》，皆以广义言之）。至狭义云者，凡对官吏以官吏资格而为之行为（法文为 Actes depuissance publique，德文为 Ausuebung der Staatsgewalt），不绳之以普通法律，而绳之以特种法律，且不受普通法院之管辖，而以特别法院管辖之。此种特别法律，即欧洲大陆之所谓行政法也（行政法学科上之界说至今莫衷一是，兹仅就其特质而言，非以此为界说也）。是故，以广义言之，无论何国，均有行政法。以狭义言之，则行政法之有无，由于法系之不同，故本节专从狭义方面而立论焉。夫行政法派，实渊源于法国。其意谓官吏应享有行政上之特权，而不应绳之以普通法律。故官吏以官吏资格所为之行为，于普通法律上，不负何等责任。惟其行为损害人民之权利时，则应以特别机关审判之。此机关后遂成为行政法院。”③

---

① 应松年口述、何海波整理：《与法同行》，北京，中国政法大学出版社，2015 年，第107 页。

② 〔德〕弗里德赫尔穆·胡芬：《行政诉讼法》，莫光华译，北京，法律出版社，2003年，第 4 页。

③ 王宠惠：《中华民国宪法刍议之宪法要义》，夏新华、胡旭晟：《近代中国宪政历程：史料荟萃》，北京，中国政法大学出版社，2004 年，第 275 页。

百年中国行政法制，可粗略地分为以下 4 个历史时期：①清末官制改革时期（1906—1911 年）——行政裁判院的筹备与我国行政法制的萌芽期；②中华民国北京政府时期（1914—1928 年）——平政院的成立与我国行政法制的生成；③中华民国南京政府时期（1928 年 6 月—1949 年 10 月）——行政法院的建立与我国行政法制的发展；④新中国的行政法制变迁（1949 年至今）——混合行政审判模式与我国行政法制的社会主义转型。

一、清末官制改革时期（1906—1911 年）：行政裁判院的筹备与我国行政法制的萌芽

梁启超先生在《各国宪法异同论》一文中指出："政府之大臣，合而共执一切之政务，又分而各执各种之政务者也。故有行政法上、刑法上之责任。"① 有学者认为，这是我国汉语"行政法"一词的最早采用。② 以近代宪政分权的角度观之，"在中国帝制时代的法制上并没有所谓的'行政法'，在清末民初时，它从日本传入中国，成为中国法制近代化的重要内容之一"③。而日本行政法制，则源于欧陆尤其是德国行政法，明治时代日本的《行政裁判法》的起草者就是德国人毛塞。④

（一）《行政裁判院官制草案》的拟订

中国行政法制的近（现）代化，滥觞于清末"预备立宪"和"官制改革"。清末中国的挫败是制度上的挫败；清末中国因西方列强遭受的创伤，深层次上讲是"文化上的创伤"⑤。在以器物文明为目的指向的洋务运动横遭重挫的背景下，"忧时之士，咸谓非取法欧美不足以图强"，"朝野上下，争言变法"⑥。这样，处于内外交困中的清廷光绪帝，

---

① 范忠信选编：《梁启超法学文集》，北京，中国政法大学出版社，1999 年，第 9 页。

② 孙兵：《汉语"行政法"语词的由来以及语义之演变》，《现代法学》2010 年第 1 期。

③ 参见章剑生：《现代行政法专题》，北京，清华大学出版社，2014 年，第 12 页。

④ 参见夏华、赵立新、〔日〕真田芳宪：《日本的法律继受与法律文化变迁》，北京，中国政法大学出版社，2005 年，第 197 页。

⑤ 王人博：《中国近代的宪政思潮》，北京，法律出版社，2003 年，第 31 页。

⑥ 曾宪义：《中国法制史》，北京，北京大学出版社、高等教育出版社，2013 年，第三版，第 283 页。

于 1901 年 1 月发布罪己诏书："世有万古不变之常经，无一成不变之常法。变则通久，见于大易……大抵法积则弊，法弊则更……法令不更，痼习不破。欲求振作，须议更张。"① 不日，慈禧太后颁布上谕："尔中外臣公，须知国势至此，断非苟且所能挽回厄运。惟有变法自强，为国家安危之命脉，亦即中国民生之转机，予与皇帝为宗庙计，舍此更无他策。"②

光绪三十一年 6 月 14 日（1905 年 7 月 16 日），清廷派戴鸿慈、载泽、徐世昌、端方和超英五大臣，分赴东西洋考察宪政。五大臣先后考察了日、美、英、德、丹、法、瑞、挪、奥、俄、比、荷等国。1906 年戴鸿慈等考察归国后，奏请朝廷"立宪以固国本"，清廷遂于光绪三十二年 7 月 13 日（1906 年 9 月 1 日）宣布预备立宪谕，以厘定官制为先。③

光绪三十二年（1906 年），清廷颁布了由大理院拟定的《大理院审判编制法》，因大理院由大理寺改组而来，其职掌大体明确，即掌理民事、刑事案件的审判。据此，宣统元年（1909 年），清政府颁布《法院编制法》，该法第 2 条规定："审判衙门掌审判民事、刑事诉讼案件，但其关于军法或行政诉讼等另有法令规定者、不在此限。"同时，慈禧太后在裁定奏折时要求："都察院本纠察行政之官，职在指陈阙失，伸理冤滞，著改为都御史一员，副都御史二员，六科给事中著改为给事中，与御史各员缺均暂如旧。"④ 不过，清廷尽管欲保留都察院纠察百官旧制，但为了在立宪改革和维护旧官僚体制之间达至平衡，最终决定行政诉讼制度另起炉灶，即在大理院和都察院之外，专设行政审判机关。如是，既保留了代表统治利益的旧法统，也兼顾了所谓的立宪

---

① 朱寿朋：《光绪朝东华录》（第 4 册），北京，中华书局，1958 年，总第 2601 页。

② 上海商务印书馆编译所编纂：《大清新法令：谕旨类》，北京，商务印书馆，2010 年，第 5 页。

③ "时至今日，惟有及时详晰甄核，仿行宪政，大权统于朝廷，庶政公诸舆论，以立国家万年有道之基。然目前规制未备，民智未开，若操切从事，涂饰空文，何以对国民而昭大信？故廓清积弊，明定责成，必从官制入手，亟应先将官制分别议定，次第更张，并将各项法律详慎厘定，而又广兴教育，清理财务，整饬武备，普设巡警，使绅民明悉国政，以预备立宪基础。"参见夏新华、胡旭晟：《近代中国宪政历程：史料荟萃》，北京，中国政法大学出版社，2004 年，第 51－52 页。

④ 《清末筹备立宪档案史料汇编》（上册），北京，中华书局，1979 年，第 473 页。

未来。

1906 年 9 月，清廷公布了作为"预备立宪"基础的"官制改革"方案，其所附二十四件官制草案中就包括了《行政裁判院官制草案》，该草案拟仿效日本法制，设立行政裁判院。①

按照清末"预备立宪"的时间安排，计划在光绪三十九年（1913年）设置行政裁判院，后宣统二年（1910 年）缩短了"预备立宪"期限，拟于宣统三年（1911 年）颁布《行政审判院法》，设立行政审判院。② 然清祚旋即寿终，民国肇造，而告中辍，草案未及颁行，行政裁判院亦未能真正建立。

（二）《行政裁判院官制草案》的主要内容

清末《行政裁判院官制草案》主要仿效日本《行政裁判法》（1890年颁行）拟订而成，共计 21 条，不分章节。其中，有关行政裁判院正副使、掌金事和金事（即法官）之任职资格，以及审级、诉讼范围、起诉方式、审查裁判类型等诸多制度，与日本《行政裁判法》雷同。③现将《草案》的主要内容及基本制度简要介绍如下：

①唯一的行政裁判院。全国仅设一所行政裁判院，专司行政争议的司法解决。②一审终审制。《草案》第 15 条规定："行政裁判院判决事件，原告及被告不得再求复审。"据此，在审级上，《草案》采一审终审制度，不得提起上诉及再审。③合法性审查标准。《草案》第 1 条规定："行政裁判院掌裁判行政各官员办理违法致被控事件。"可见，在

---

① 关于《行政裁判院官制草案》拟定的时间，似有争议。我国台湾学者蔡志方教授认为："《行政裁判院官制草案》刊行于宣统元年二月，可推知系成于宪政编查馆。"参见蔡志方：《行政救济与行政法（一）》，三民书局股份有限公司 1993 年 3 月版，第 248 页。与此接近，大陆有学者认为，《行政裁判院官制草案》系修订法律馆根据《宪政编查馆大臣奕劻等拟呈修正宪政逐年筹备事宜折》而草拟。故此，该草案拟定的时间应为 1911 年。参见李启成：《清末民初关于设立行政裁判所的争议》，载《现代法学》2005 年第 5 期。而王贵松教授则根据《总核大臣奏厘定京内官制折》，认为《行政裁判院官制草案》系 1906 年 11 月 6 日，由载泽等负责编纂、总核大臣奕劻等核定后上奏清廷的。参见王贵松：《民初行政诉讼法的外国法背景》，《清华法学》2015 年第 2 期。

② 参见宋玲：《清末民初行政诉讼制度研究》，中国政法大学博士学位论文（2007 年），第 35 页。

③ 参见王贵松：《民初行政诉讼法的外国法背景》，《清华法学》2015 年第 2 期；张生：《中国近代行政法院之沿革》，《行政法学研究》2002 年第 4 期。

审查标准上，《草案》采合法性标准，未涵盖行政行为的合理性审查。④混合受案范围立法模式。在行政诉讼受案范围上，采用概括主义加列举主义的混合立法模式。《草案》第 1 条是受案范围的概括式规定，而《草案》第 9 条则将行政诉讼受案范围具体列举为："行政裁判院应行裁判之事件如左：一、奉特旨饬交裁判之事件；二、关于征纳租税及各项公费之事件；三、关于水利及土木之事件；四、关于区划官民土地之事件；五、关于准否营业之事件。"受案类型涵盖行政征收、行政规划、权属争议和行政许可等。⑤诉讼功能的客观化。根据《草案》第 1 和 9 条之规定，《草案》设计的行政诉讼制度，其功能定位仍停留在整肃吏制和维护客观法秩序，并不以民权保障为其立法目的，即便涉及民权，也局限于财产权和经营权，难觅人身权等其他民权的司法保护方案。①⑥有限的复议前置主义。《草案》第 10 条规定："凡呈控事件关系阁、部、院及各省将军、督抚暨钦差官者，准其径赴行政裁判院控诉。此外，必须先赴各该行政长官衙门申诉，如不得直，可挨次上控以至行政裁判院，不许越诉。"据此，草案创制的行政裁判院体制兼采径直诉讼和复议前置主义，即涉及高级别衙门及其官员的案件采直诉主义，其他案件遵循申诉（即复议）前置主义。⑦大合议庭制。《草案》第 12 条规定："行政裁判院裁判事件，以会议决之。会议时，以正使为议长，副使为副议长。凡议事可否，以多数决之；如可否人数相同，则由议长决定。"可见，行政裁判院的行政审判采用的是合议制，并且是大合议庭审判体制。⑧重大行政案件的裁判归于皇权。《草案》第 13 条规定：凡裁判案件之涉于细故者，由本院会议判结，并按月汇奏一次；其涉于行政官员枉法营私者，一经审查确实，由正、副使联衔奏参，请旨惩处。"该条规定表明，皇帝对行政案件特别是重大案件享有最终裁判权，这也意味着行政裁判院行政属性和司法属性上的模棱两可，打上了君主立宪的深深烙印。

（三）清末行政裁判体制之争

1. 司法型还是行政型

清末行政诉讼法制建设和筹备的过程中，聚讼难决的首要问题就是

---

① 参见沈大明：《晚清〈行政裁判院官制草案〉的意义与影响》，《上海交通大学学报》（哲学社会科学版）2006 年第 6 期。

未来的行政审判衙门究竟采取何种体制：其一，仿效英美法系国家司法制度确立普通法院模式，还是建立大陆法系国家独立于普通法院的行政法院体制；其二，在欧陆诸国中，是采用法国行政型的行政法院体制，还是学习德国司法型的行政法院体制。

最终，清廷决定在普通审判衙门之外，单独设立行政审判衙门，即在中国建构二元制司法模式，并且这一拟制中的行政审判制度，如果从皇帝保留最终审判权的角度而言，更接近于法国行政法院体制，而事实上却是日本行政审判体制的翻版。《行政裁判院官制草案》的前言道出了立法官员们奏请单独设立行政裁判衙门的原委。现摘录于下：

> "谨按：唐有知献纳使，所以申天下之冤滞，达万人之情状，与御史台并列。今各国有行政裁判院，凡行政各官之办理违法致民人身受损害者，该院得受其呈控而裁判其曲直。英、美、比等国以司法裁判官兼行政裁判之事，其弊在于隔膜。意、法等国则以行政衙门自行裁判，其弊在于专断。惟德、奥、日等国特设行政裁判衙门，既无以司法权侵害行政权之虞，又免行政官独行独断之弊，最为良法美意。今采用德、奥、日本之制，特设此院，明定权限，用以尊国法防吏蠹，似于国家整饬纪纲勤恤民隐之至意，不无裨益。是否有当，仍请钧裁。"①

2. 都察院抑或行政裁判院

在传统中国，肃清吏治是维系皇权、钳制百官不可或缺的关键一环，正所谓"拿问贪官污吏，伸理冤枉军民""盖专以报人民权利，惩行政之专横也"②。不过，中国古代在官吏惩戒上却常常公私不辨、行刑不分，官吏动辄被纠弹入刑。这样，至晚清预备立宪之际，针对官吏违法的惩处与治理，就存在职权分工和制度整合等诸多问题亟待解决。清末拟设的以大理院为最高法院的普通法院体系，职掌官吏的刑事制裁，自不待言。然而，当官吏作出的公法上的违法行为损害民权时，如

---

① 上海商务印书馆编译说编纂：《大清新法令（1901—1911）（点校本）》（第1卷），李秀清等点校，北京，商务印书馆，2010年，第701页。
② 夏新华、胡旭晟：《近代中国宪政历程：史料荟萃》，北京，中国政法大学出版社，2004年，第406－497页。

何于救济民权的同时对违法官吏施以行政惩戒处分，则成为一个不得不进一步拓清的权力配置问题。基于此，清末在行政裁判制度立法建构的过程中，引发了一场有关都察院存废，及其与行政裁判衙门关系调处的激烈争议。概言之，就上述问题的处理有以下四种不同观点：

其一，将都察院职责并入未来之议院（会）。"作为专制君主之耳目，有整肃吏治、监察百僚之责的都察院"①，与未来议院的言事之责近似。故此，应将其并入议院，实现二者之间的职权整合。如戴鸿慈在奏折中就主张："（行政裁判院）实与中国都察院大略相同，今督察院拟改为（作为议院预备之）集贤院矣。"②

其二，保留都察院，不另设行政裁判衙门。许多在任御史等保守派是这种观点的坚强拥护者。如江西道监察御史叶芾棠即持该种看法："纠弹不法，下通民隐，剔弊锄奸，宜仍归都察院，则行政裁判院可无庸设。"③ 更有甚者主张，"历圣相承罔弗率由，直至今日，御史尚拥有不负责任之弹劾权，此不可谓非吾国数千年政治史上之一特色。然亦足以见吾国专制政体，所以不至流于极端之专横者，非无因也，谓为宝物，不亦宜乎？"④ 直至1913年，康有为在其草拟的宪法草案第74条中仍然坚持由都察院职掌行政审判的主张："设立都察院以司行政之讼治，凡人民受官吏之违法抑害，与吏互讼者，别以法律定之。"⑤

其三，保留都察院，另设行政裁判衙门。奕劻是该观点的代表人物，他认为行政裁判院"纠正官权之过失"，应别其系统置之，"都察院原掌纠劾官邪，条陈利弊，关系至重，惟原缺职掌与新拟部院官制参差重复者，当略加厘正，以归划一"⑥。

其四，裁撤都察院，新设行政裁判院。修订法律馆和宪政编查馆的改革派要员们则认为都察院与责任内阁制和国会制并不相容，为切实施

---

① 李启成：《清末民初关于设立行政裁判所的争议》，《现代法学》2005年第5期。

② 《出使各国考察政治大臣戴鸿慈等奏请改定全国官制以为立宪预备折》，载故宫博物院明清档案部：《清末筹备立宪档案史料汇编》（上册），北京，中华书局，1979年，第374页。

③ 《御史叶芾棠奏官制不宜多所更张折》，载《清末筹备立宪档案史料》（上册），北京，中华书局，1979年，第447页。

④ 贺绍章：《督察院改废问题》，《法政杂志》第1年，第8期。

⑤ 沈大明：《民国初年关于行政诉讼体制的争论》，《社会科学》2007年第4期。

⑥ 《庆亲王奕劻等奏厘定中央各衙门官制缮单进呈折（附清单二）》，《清末筹备立宪档案史料》（上册），北京，中华书局，1979年，第470页。

推行宪政。"行政法院不得不设",而"都察院不得复存矣"。

贺邵章总结上述各派意见道:"改革派人士认为,督察院为君权专制时代之'宝物',却是宪政法治时代之'弃物',就机关法律地位而论,督察院'与责任内阁不并存也''与国会不并存也''与时代制度之精神不能相容',为切实施行宪政'行政法院不得不设',而'督察院不得复存矣';保守派人士主张'都察院足以限域君权''都察院足以纠察官邪','督察院足以通达民隐'。"①

面对各派政治力量围绕都察院存废和行政裁判院设立的角逐与争论,清廷基于平衡利益各方的考虑,最终决定保留都察院,但消减其编制,同时另设行政裁判院专司官民不平之纠纷处理。如是,都察院和行政裁判院并存,前者以中国传统方式纠弹百官,后者以行政诉讼模式救济民权。②

我国台湾学者黄源盛先生对晚清变法修律和预备立宪的评语是"似假又真"。"假"在通过修律和立宪来维护皇权,"真"在通过宪政收拾民心,实现自强之目的。③ 无论如何,晚清编订的《行政裁判院官制草案》是我国历史上第一部行政审判制度法律案。在草案编修的过程中,围绕旧制度存废和新制度创设所引发的观念碰撞、价值交锋、思想启蒙和体制更张,一直延续到了民国时期设置平政院和行政法院之时,可以说深刻地影响了民国时期我国行政法制的体制建构。

二、中华民国北京政府时期(1914 年 3 月—1928 年 6 月):平政院的成立与我国行政法制的生成

(一)平政院成立的制度基础

中国近现代行政诉讼法制于中华民国北京政府时期,即北洋政府统治时期(1912 年 4 月—1928 年 6 月)得以正式确立。在这一时期,北京政府颁行了中国历史上第一部正式的行政诉讼法典,成立了中国历史上

---

① 贺绍章:《督察院改废问题》,《法政杂志》第 1 年,第 8 期。
② 张生:《中国近代行政法院之沿革》,《行政法学研究》2002 年第 4 期。
③ 黄源盛:《民初法律变迁与裁判(1912—1928)》,台北,台湾"国立"政治大学,2000 年,第 133 页。

第一个近现代意义上独立的行政审判机关——平政院。以平政院为载体的民国北京政府时期的行政法制，特别是行政诉讼法制，是在以下法政思想碰撞、法治资源整合、诸多势力博弈和历史机缘铺陈下酝酿而成的：

一方面，平政院的设立是晚清《行政裁判院官制草案》等官制改革措施的制度延续。清廷直至最后覆亡也未正式颁行《行政裁判院官制草案》，行政裁判院亦随之胎死腹中，并未真正成立和运行。不过，《行政裁判院官制草案》有关行政诉讼的功能定位和行政审判的体制选择，以及对受案范围、审查标准、法官资格特别是与之相随的官吏惩戒的具体制度创设，却深刻而又导向性地影响着中国百年行政诉讼法制的立法变迁和制度建构。[①] 可以说，《行政裁判院官制草案》为平政院的设立，提供了法治启迪，奠定了思想基础，预备了制度雏形。

另一方面，南京临时政府时期（1912 年 1—4 月）颁布的一系列宪法性法律文件，为平政院的创设奠定了社会心理和制度框架基础。1911 年 11 月底 12 月初，宋教仁为鄂州（湖北）军政府起草的《中华民国鄂州临时约法》第 14 条规定："人民得诉讼法司，求其审判，其对于行政官署所为违法损害权利之行为，则诉讼于行政审判院。"该约法草案第 57 条规定："法司以鄂州政府之名，依法律审判民事诉讼及刑事诉讼；但行政诉讼及其他特别诉讼不在此列。"1911 年 12 月 29 日公布的《中华民国浙江省约法》第 8 条规定："人民对于官吏违法损害权利之行为，有陈诉于行政审判院之权。"该约法第 44 条规定："法院以浙江军政府之名，依法律审判民事诉讼及刑事诉讼，其他特别诉讼不在此限。"[②] 1912 年元月公布的《江西省临时约法》也沿用了《鄂州临时约法》有关行政诉讼制度的规定。

南京临时政府成立之初，时任法制局局长的宋教仁负责草拟的《中华民国临时政府组织法草案》第 14 条规定："人民得诉讼于法司求其审判。其对于行政官署违法损害权利之行为，则诉讼于平政院。"[③] 这

---

① 胡建淼、吴欢：《中国行政诉讼法制百年变迁》，《法制与社会发展》2014 年第 1 期。

② 夏新华、胡旭晟：《近代中国宪政历程：史料荟萃》，北京，中国政法大学出版社，2004 年，第 610、612、623、625 页。

③ 据台湾学者黄源盛考证，"平政院"一词源于"平章"之义，即辨别章明。参见黄源盛：《民初平政院裁决书整编与初探》，载《民初法律变迁与裁判》，台北，台湾"国立"政治大学法学图书编委会，2000 年，第 141 页。

是我国历史上将行政审判机关冠名为"平政院"的首部法律案，虽然该草案被参议院退回，但有关平政院的规定却被随后的立法所采用，1912 年 3 月 11 日南京临时政府公布的《中华民国临时约法》的相关规定就是明证。该约法第 10 条规定："人民对于官吏违法损害权利之行为，有陈诉于平政院之权。"第 49 条规定："法院依法律审判民事诉讼及刑事诉讼，但关于行政诉讼及其他特别诉讼，别以法律定之。"① 这是我国历史上正式颁行的宪法性法律文件中首次出现"平政院"这一机关名称。

南京临时政府欲进一步制定平政院组织法，明确规定行政审判机关及其职守。但由于时局变化，平政院之专门法律未及订定，中央政府已由南京迁往北京。②

（二）中国历史上首部行政诉讼法典的颁行与平政院的成立

1914 年 3 月 31 日，袁世凯以大总统教令的形式公布了《平政院编制令》（凡 29 条）——这是中国历史上第一部正式公布实施的行政（法院）审判组织法令，并于同日任命汪大燮为平政院首任院长、庄蕴宽为肃政厅首任都肃政史。③ 上述《中华民国临时约法》第 10、49 条是平政院设立的宪法依据，而《平政院编制令》则是平政院的组织法令。不过，该《平政院编制令》从拟订到颁行历时近二年，其间六易其稿，各稿关于机关属性和重要制度之规定屡有变更——由 1912 年 9 月第一草案的 7 章 71 条缩减为正式法令的 29 条，也从三级行政法院体制改为了平政院一级制。④

1914 年 4 月 1 日，袁世凯公布《纠弹条例》，5 月 17 日，公布《行

---

① 参见蔡志方：《行政救济与行政法（一）》，台北，三民书局股份有限公司，1993 年，第 255 页。

② 参见张生：《中国近代行政法院之沿革》，《行政法学研究》2002 年第 4 期。

③ 在汪大燮之后，周树模、钱能训、熊希龄、夏寿康、张国淦、胡惟德等都曾担任过院长一职。平政院开院时的评事（法官）有董鸿祎、张一鹏、曾鉴、杨彦洁、陈兆奎、蒋邦彦、卢弼、范熙壬、延鸿、郑言、贺俞、马德润、李榘、吴煦、邵章，共计十五人，其中前三位是庭长；平政院开院时肃政厅的肃政史有曾述棨、王瑚、蹇念益、夏寿康、蔡宝善、俞明震、周登皞、徐承锦、夏寅官、张超南、恽毓龄、江绍杰、李映庚、云书、方贞、程崇信，共计十六人。参见胡译之：《平政院评事、肃政史选任及履历考论》，《青海社会科学》2016 年第 2 期。

④ 参见胡译之：《平政院编制立法考论》，《清华法学》2020 年第 4 期。

政诉讼条例》和《诉愿条例》，同年 6 月 8 日，袁世凯公布《平政院裁决执行条例》，6 月 11 日，公布《行政诉讼状缮写方法》。依照《平政院编制令》，北京政府设置平政院于北京丰盛胡同，1914 年 6 月 16 日，平政院举行开院典礼；6 月 23 日，平政院第一次开庭，审理直隶霸县知事刘鼎锡纠弹案。至此，平政院成立并开始正式运行。

1914 年 5 月 1 日，中华民国北京政府公布了《中华民国约法》，史称"袁氏约法"（该约法于 1916 年 8 月 29 日废止）。《中华民国约法》虽达到了袁世凯废除《中华民国临时约法》的政治目的，但仍于该约法中保留了平政院设置的宪法规定。"袁氏约法"第 8 条规定："人民依法律所定，有请愿于行政官署及陈诉于平政院之权。"该约法第 45 条规定："法院依法律独立审判民事诉讼、刑事诉讼，但关于行政诉讼及其他特别诉讼，各依本法之规定行之。"①

1914 年 7 月 20 日，袁世凯公布《诉愿法》（共 18 条）、《纠弹法》和《行政诉讼法》（共 34 条），中国历史上第一部行政诉讼法典和行政复议法典就此诞生，②成为我国行政法制史上具有特殊历史地位的标志性法治事件。

（三）平政院之体制特色

作为我国历史上设置的第一个行政审判机关，北洋政府平政院既继受了清末行政裁判院制度构想中的合理因素，又整合了都察院（御史台）官吏纠弹惩戒职能，其所蕴含的法政智慧、展现的制度优势，值得深入挖掘与研究。具体而言，北京政府时期平政院的诉讼制度特色主要体现在：

1. 平政院在法律属性上具有广义行政机关之特征③

根据《平政院编制令》第 1 条之规定，平政院直隶于大总统，且平政院院长、庭长和评事（法官）须呈请大总统任命。可见，与晚清拟设的行政裁判院有关皇帝对重大行政案件享有最终裁判权相仿，尽管

---

① 夏新华、胡旭晟：《近代中国宪政历程：史料荟萃》，北京，中国政法大学出版社，2004 年，第 472、474 页。

② 参见王贵松：《民初行政诉讼法的外国法背景》，《清华法学》2015 年第 2 期。

③ 参见蔡志方：《行政救济与行政法（一）》，台北，三民书局股份有限公司，1993 年，第 281 页。

其司法属性不容否认，但在组织上平政院却是广义上的行政机关，类似于法国行政法院的法律属性和宪法地位，这一点在评事和肃政史的任职资格上也得到了佐证。平政院评事和肃政厅肃政史，由平政院院长、各部总长、大理院院长及高等咨询机关密荐，在具有行政职三年以上或司法职两年以上任职经历、且成绩显著、年满三十岁的被推荐人中任命。总之，无论平政院之隶属，肃政厅设立及其权力扩张，还是纠弹事件之呈请，抑或上述大总统对平政院的人事任免权，无不彰显袁世凯试图通过平政院打破宪法权力配置僵局、独揽行政体系运行大权的政治野心。当然，这也进一步展现了平政院"中国式"的行政性机关属性。

2. 平政院兼司行政诉讼案件和官吏纠弹案件的审理

平政院审判部门设三个审判庭，每庭置评事五人，其中一评事兼任庭长。同时，平政院还设肃政厅，置肃政史 16 人，其中一人为都肃政史。平政院置书记官掌理诉讼记录、统计、会计、文牍及其他庶务。平政院设立惩戒委员会，对评事和肃政史的违法行为实施惩戒和处分。《平政院编制令》第 22 条第 2 款规定："平政院惩戒委员会置会长一人、委员八人，遇有惩戒事由时，由大总统选任平政院院长或大理院院长为会长，委员由大总统于平政院评事中（肃政厅肃政史）、大理院推事、总检察厅检察官中选任之。"可见，平政院审理的案件有三类："民告官"①、"官告官"和"官纠官"②。具体而言：

首先，平政院审理"民告官"案件。平政院有一般行政诉讼案件

---

① 在平政院时期，原告资格是比较宽泛的，甚至省议会即具有行政诉讼原告资格，可代表人民提起行政诉讼。现以"浙江省议会诉省公署撤销省议会决议案"为例予以说明。浙江旧温州府临海，清朝时海盗猖獗，商民须向海盗购买"保护费"（彼时名曰"旗费"）方不受侵扰。后商民出资购船募勇特设海防局，意在化旗费为海防捐以自保，1913 年改称护商警察局，委地方绅士为局长，改海防捐为护捐，由商船董事会征收，官厅视此项护捐为地方税。同年 7 月 11 日，浙江省议会以护商警察局不能真正保护商船，并有纵容海盗殃民情事，且该局性质确系省自治行政，经省议会会议决将该局撤销，咨请省公署公布施行。省公署就护商警察局是官治行政还是自治行政咨准内务部，内务部答复称该局系官治行政，不在省单行条例范围之内，该局的成立毋庸交省议会会决。得到内务部答复后，省公署咨覆撤销了省议会"撤销护商警察的决议"。省议会不服，遂将省公署诉诸平政院。平政院书面审理后认为，护商警察局系海上警察未备情况下，地方人民自保护航，藉补官厅保护所不及而设置，其性质自不能与漕运官治行政之警察并论，显为地方自治行政单位，地方议会对之有裁撤、增设和变更之议决权，故被告不予执行省议会决议违法。最后平政院裁决："浙江省公署之处分取消之"。参见《政府公报》（第 1890 号），1921 年 3 月 7 日，第 188 页以下。

② 蔡云：《平政院与北洋时期的行政诉讼制度》，《民国档案》2008 年第 2 期。

的管辖权，审理由行政相对人针对官方行为，直接提起的行政争讼案件。同时，如前所述，当时行政诉讼当事人仅为"诉讼手续上之当事者"，"所谓诉讼手续上之当事者，即于诉讼手续上代表反对之利害，立于裁判所前，而互为口头辩论之对方也。民事诉讼所取之主义，为法律关系之当事者……行政诉讼之当事者则反之，不必要为权利之主体。因此单为手续上之当事者，而非为争议法律关系之当事者，故无必限于权利主体之理由也。是故行政厅自身亦得立于原告或者被告之地位，此即行政诉讼之与民事诉讼异其主义之点也。"①

其次，平政院审理"官（肃政史）告官（其他官署）"案件。当有权起诉的行政相对人经过了起诉期限而未提起诉讼，或者有提起诉愿（复议）资格而超过了申请诉愿期限未提起的，肃政史在此情形下有权提起行政诉讼。肃政史提起行政诉讼的，由肃政史履行原告的诉讼权利和义务。可见，在此类诉讼中，肃政史实质上就是公诉"检察官"，肃政史提起行政诉讼具有补充意义，也同时具有了行政公益诉讼的部分特征和制度特色，充分说明了当时行政诉讼功能设计上的客观诉讼倾向，即行政诉讼不是为了主观权利的救济，而是客观法秩序的维护。

最后，审理"官（肃政史）纠官（官吏）"案件。平政院还负责审理官吏纠弹案件。《平政院编制令》第 1 条规定，平政院察理行政官吏之违法不正行为。后来，《纠弹法》将纠弹对象从行政官吏扩大至所有官吏，且非在任官吏亦在其中。同时，纠弹案件也随之变更为对官吏违宪违法、行贿受贿、营私舞弊及溺职殃民行为的查处。纠弹案件的调查由肃政厅指定肃政史办理，纠弹案件调查程序因肃政史依职权或大总统特交查办或人民告诉（告发）而启动，调查结果呈请大总统，由大总统核定是否交平政院审理。由此可见，平政院对纠弹案件的审理，是官吏惩戒和刑事责任追究的先行程序。

3. 平政院之诉讼特点

在上述一般行政诉讼案中，平政院展现出了以下八个方面的诉讼特

---

① 〔日〕美浓部达吉：《行政裁判法》，邓定人译，北京，中国政法大学出版社，2005年，第 123 页。

点：①全国设唯一一所平政院，[①] 采一审终审主义。[②] 正如有学者所言："若每有行政诉讼事件，毕至平政院提起行政诉讼，人民既不免有苦难之感，且平政院之管辖涉全国行政诉讼之初审时间，不几日不暇给乎？"[③] 可见，"仅一中央平政院，必不敷用。""惟中国地土辽阔，交通阻滞，行政骄横，违法者多。果然划分行政审判独立，府厅州县必须一一诉之于省之平政院，上告更须远至北京，姑勿问其迟缓与否，人民艰于跋涉，望而却步，吾恐以行政审判独立、保护公权，适戾其本旨耳。"[④] 即便如此，"平政院若设两级，则每省设一地方平政院，全国即有二十四地方平政院矣，需费既多，收效不著"[⑤]，更遑论三级审判体制了。其实，平政院前几个法律草案中，最早是仿效当时普鲁士之制，拟于京师和省县设置三级行政法院，普遭反对后，又有草案欲设中央和省两级行政法院，仍因意见分歧，无疾而终。究其缘由则是无奈之举：一方面，该历史时期，我国央地关系未定，省制中军民分治有待形成、采官治抑或自治远未达成社会共识，另一方面，中央和地方因经费不足而举步维艰，机关创设遭遇捉襟见肘之财政困局。②诉愿（即复议）前置分流制。一方面，中央或地方最高级行政官署及其官吏的违法行为致人民权利损害的，可直接诉之于平政院。另一方面，中央或地方一般行政官署及其官吏之违法行为致人民权利损害的，须经诉愿程序后，方可诉诸平政院。③受案范围采概括式加列举式的混合立法模式。依据当

---

① 所谓全国只有一所平政院是从当时中央法统角度而言的。其实，北洋政府时期，由于军阀割据、政出多门，各省行政审判实践丰富多彩，特别是"联省自治"运动背景下实行省自治的地方，多省建立了区别于中央政府的行政审判制度。以湖南为例，1922 年《湖南省宪法·司法》章就规定，省设高等审判厅，为省的最高审判机关，对于本省民事、刑事、行政及其他一切诉讼的判决为最终判决。后依据经修正了的《湖南省宪法》，1925 年 6 月，湖南自治省政府公布了《湖南省诉愿暂行条例》和《湖南省行政诉讼暂行条例》及其施行条例。参见周正云、周炜编著：《湖南近现代法律制度（二）》，长沙，湖南人民出版社，2012 年，第853 – 854 页。

② 为了平衡唯一平政院体制下经济和便利之间的矛盾，当时的《行政诉讼法》第 5 条规定："平政院因审理之便利，或必要时，除地方最高行政官署为被告之行政诉讼外，得由平政院嘱托被告官署所在地最高司法官署司法官，并派遣平政院评事组织五人合议庭审理之。"参见宋玲：《清末民初行政诉讼制度研究》，中国政法大学博士学位论文（2007 年），第 55 页。

③ 白鹏飞：《行政法总论》，上海，商务印书馆，1927 年，第 282 页。

④ 达父：《行政审判法草案评议》，《民主报》1912 年 12 月 10 日，第 1 版。

⑤ 汪叔贤：《论平政院》，《庸言》1914 年第 2 卷第 4 号，第 2 – 10 页。

时的法律规定，行政诉讼受案范围是相当宽泛的，彼时针对撤职等人事处分，官吏亦可向平政院提起行政诉讼，并不受特别权力关系理论的拘束，特别是在人事争议涉及"基础关系"时，① 最著名的案例首推"鲁迅诉民国教育部案"②。同时，公法契约、抽象的决定命令，也纳入了行政诉讼受案范围。④损害赔偿之诉排除主义。⑤在审判模式上，以言

① "陈时利诉内务总长违法免职案"。基本案情为：内务部土木司司长陈时利因患胃病，请假赴津就医，后医嘱须住院治疗，故在假满未愈情形下，续假两周。不日，内务总长孙丹林却呈大总统，以其擅离职守为由命令免职，陈时利遂诉诸平政院。平政院书面审理后认为，内务部免职呈文谓陈未先请假擅离职守，核与事实不符，且处分程序有违法令规定，更有甚者内务部对此案无卷可稽、无从答辩。据此，平政院裁决"内务部之处分取消之"。参见黄源盛纂辑：《平政院裁判录存》，台北，五南图书出版有限公司，2007年，第951－954页。

② 1924年2月，北洋政府任命刚从美国留学回来的杨荫榆为"北京女子师范大学"校长。杨照搬西方教育理论，一味强调秩序、学风，要求学生只管读书，不要参加、过问政治运动，将学生的爱国行视为"学风不正"，横加阻挠。此外，杨荫榆在管理上施行封建家长的粗暴方式，限制学生思想和行动的自由，对师生态度傲慢，排除异己，安插亲信，使得著名教授马裕藻等先后去职，一些不学无术之徒则以私谊而滥竽教席，最终导致师生意见纷纭。1925年1月18日，在学生会总干事许广平、刘和珍等人的主持下，女师大召开了全校学生紧急会议，讨论驱杨之事，女师大"驱杨风潮"由此爆发。彼时，鲁迅时任教育部佥事并兼任女师教师，5月27日，鲁迅邀马裕藻、钱玄同、周作人、沈兼士知名人士，联合在《京报》上发表了《关于北京女子师范大学风潮的宣言》，坚决支持学生诉求。时任教育部的章士钊以鲁迅作为教育部官员，参与学潮，组织学生对抗政府等理由，于8月12日呈请段祺瑞执政府将鲁迅免职，8月13日，段命令照准。鲁迅遂将教育部诉诸平政院，鲁迅在起诉状中说："树人充教育部佥事，已十有四载，恪恭将事，故任职以来屡获奖叙。讵教育总长章士钊竟无故将树人呈请免职，查文官免职，系惩戒处分之一。依《文官惩戒条例》第十八条之规定，须先交付，惩戒始能依法执行。乃滥用职权，擅自处分，无故将树人免职，违《文官惩戒条例》第一条及《文官保障法草案》第二条之规定。此种违法处分，实难自甘缄默。"在诉讼过程中，教育部一直希望和解，不想把事情闹大。11月5日，教育部任鲁迅为清室善后委员会助理员，以主动示好，遭到鲁迅拒绝。1926年3月23日，平政院作出裁决书，判定"教育部之处分取消之"。其理由是："被告停办国立女师大学，原告兼任该校教员，是否确有反抗部令情事，被告未能证明。纵使属实，涉及《文官惩戒条例》规定范围，自应交付惩戒，由该委员会依法议决处分，方为合法。被告遽行呈请免职，确与现行规定程序不符。至被告答辩内称原拟循例交付惩戒，其时形势严重，若不采用行政处分，深恐群相效尤等语，不知原告果有反抗部令嫌疑？先行将原告停职或依法交付惩戒已示儆，何患群相效尤？又何至迫不及待必须采取非常处分？答辩各节并无理由，据此论断，所有被告呈请免职之处分系属违法，应予取消。兹据《行政诉讼法》第二十三条之规定裁决如主文。"3月31日，国务总理贾德耀签署了给教育总长的训令"临时执政训令第十三号"："据平政院院长王大燮呈，审理前教育部佥事周树人陈诉不服教育部呈请免职之处分，指为违法，提起行政诉讼一案，依法裁决教育部指处分应予取消等语，著交教育部查照执行。"同日，教育部颁布鲁迅复职令"兹派周树人暂署本部佥事，在秘书处办事。"执政府也随之发布了撤销对周树人免职处分的训令。参见殷啸虎、李红平：《鲁迅状告民国教育部行政诉讼案》，《中国审判新闻月刊·总第96期》2014年2月5日。

辞辩论为原则，书面审理为例外。⑥举证责任配置准用民事诉讼"谁主张，谁举证"原则，并辅之以法官的职权调查主义和自由心证主义。⑦审判组织形式采合议制，遵循多数决原则。⑧裁判执行的行政主义。行政案件经审理裁决后，由平政院院长呈报大总统批令主管官署遵照执行。①

（四）平政院（1914—1928 年）的历史成就

根据我国台湾公法学者蔡志方教授依照当时的政府公报统计，平政院从开院到闭院共受理案件 407 宗，平均每年受理 28 件左右。行政案件的类型涵盖公私产权争议、人事争议、财产罚没争议、学款使用、税务争议、营业执照、区域（市场）规划、违建拆除、议会决议撤销等。而按照黄源盛先生的考证，不包括被平政院驳回的案件，仅就平政院审理并作出裁判的案件而言，从 1915 到 1928 年十四年间平政院所作出的行政诉讼判决书共有 187 件，从裁判结果上来看，维持率约占 54%，撤销率约为 24%，变更率约为 22%。② 其中，23 件官民土地所有权行政争议案件中，维持的有 10 件，取消被诉行政行为的 8 件，变更的有 5 件。③

1916 年袁世凯下台后，同年 6 月 29 日，平政院肃政厅被黎元洪以大总统令的形式裁撤。在平政院最初成立的三年间，官吏纠弹案未及 20 件，肃政厅依职权主动纠弹的案件也未超过 3 件。④ 其中，肃政厅交

---

① 参见蔡志方：《行政救济与行政法（一）》，台北，三民书局股份有限公司，1993 年，第 279、283 页。

② 参见黄源盛：《平政院裁判书整编与探讨》，载黄源盛：《民初大理院与裁判》，台北，元照出版有限公司，2011 年，第 382－383 页。

③ 参见袁春兰：《民初平政院对官民土地所有权纠纷的裁判》，《政法论坛》2020 年第 6 期。

④ "平政院呈审理知事项中和溺职殃民案。"1915 年 7 月 16 日，肃政史呈称："知事项中和溺职殃，查有确据，应依法纠弹。"大总统交平政院传集证人，按照所呈各节，切实审讯，平政院第一庭庭长董鸿祎，评事范熙壬、吴煦、贺俞、廷鸿审理了此案。平政院审理后认为，被纠弹人虽讯无受贿诬良重情，而其才具竭蹶，实属不称瘝职。除沈廷选、陈曾实、陆仲明等应通缉获另结外，被纠弹人所犯各款，核与知事惩戒条例所载事项符合。故此，裁决本纠弹事件应付惩戒。参见黄源盛纂辑：《平政院裁决录存》，台北，五南图书出版股份有限公司，2007 年，第 1195－1199 页。

平政院审理裁决的著名案件有 11 宗。① 可见，肃政厅尽管也办理了一些在当时颇有影响的重大案件，但未发挥其预设的制度功能，其历史作用微乎其微。②

平政院"是北洋政府将西方资本主义法制与中国传统法制相结合的一次积极的试验"③，平政院体制开启了古老中国行政诉讼的历史先河，其制度设计的原创性和法治价值的引领作用远远高于审判业绩与司法实效。

也正是基于此，在平政院任职的陈顾远曾评价说，平政院是个"清闲机关"，其有一个众人皆知的黑名——"贫政院"，"新来的几位评事，学问很多，却都不懂法律，案子分派某位评事主办，均以我对法律生疏，拒绝接收。"无独有偶，阮毅成对平政院的工作绩效曾作如下类似结论："平政院与北京政府相始终，十余年间，殊少令人满意之成绩与表现。"④ 正所谓"观夫古来任何政策的举措，成于制度者半，成于人事者亦半"⑤。可见，立法的精英主义与民众行为理性之间的巨大鸿沟，仅仅用制度创设和法律移植中的顶层智慧设计是难以弥合的。当然，在北洋政府"你方唱罢我登场"的动荡时局里，也不应该太过苛求平政院，其历史成就恰恰隐含于历史缺憾之中。毕竟，平政院之创设，率先打破了我国历史上绵延几千年的家国一体思维范式——"君君臣臣""父父子子"的差序格局和"化家为国""化国为家"的体制纠缠，开凿出了官民之间和平对峙、平等对话和理性论辩的制度先河！

（五）平政院成立前后的司法模式之争

《中华民国临时约法》第 53 和 54 条规定，本约法施行后，限十个

---

① 如前顺天府尹王治馨卖官纳贿案、前江苏民政厅长应德闳伪造报销案、前霸县知事刘鼎锡贿赂案、前湖北咸宁知事张德柄法营私案、前归绥丰镇县知事项致中溺职殃民案等。参见任巧：《民国初期肃政监察制度研究》，湖南师范大学 2020 届宪法学与行政法学专业博士学位论文，第 114 页以下。

② 参见蔡志方：《行政救济与行政法（一）》，台北，三民书局股份有限公司，1993 年，第 277、272 页。

③ 武乾：《论北洋政府的行政诉讼制度》，《中国法学》1999 年第 5 期。

④ 参见吴庚：《行政法院裁判权之比较研究》，嘉新文化基金会，1967 年，第 18 页。

⑤ 参见黄源盛：《民初平政院裁决书整编与初探》，载《民初法律变迁与裁判》，台北，"国立"政治大学法学图书编委会，2000 年，第 148 页。

月内由临时大总统召集国会。中华民国之宪法，由国会制定。1913 年 4 月 8 日，国会正式开议，宪法制定随即提上日程。这也就有了历史上所谓"天坛宪草"的起草和审议。然而，1913 年，国民党党员占多数席位的国会，为了阻止袁世凯掌控的行政权过度扩张，反对设立独立的行政审判机构。最终，袁世凯下令解散国民党和国会，并于 1914 年 5 月 1 日公布"袁氏约法"，"袁氏约法"继承了《中华民国临时约法》有关平政院的规定。

1916 年袁世凯病故，6 月 29 日，黎元洪发布总统令，宣布重开国会，速定宪法，"天坛宪草"又进入审议程序。"天坛宪草"第 86 条规定："法院依法律受理民事、刑事、行政及其他一切诉讼，但宪法及法律有特别规定者，不在此限。"此条款旨在废除《中华民国临时约法》和"袁氏约法"规定的平政院体制。

不过，各方政治力量无论支持何种行政诉讼模式，行政诉讼制度本身的价值却从未被否定过，平政院自开院直至 1928 年，也从未中辍，职能履行一直在继续，即便 1923 年《中华民国宪法》（"贿选宪法"）颁布之后，[①] 在已被明确列入裁撤名单的背景下，平政院的行政审判活动也未因此而受到影响。[②] 正应了德国"行政法之父"奥托·迈耶名言："宪法消失，行政法长存。"[③]

不可否认的是，尽管平政院 1914 年就已设立，但在民国北京政府走马灯式的宪制建构和内阁变更的波澜壮阔的进程中，行政审判的体制之争却一直持续其间，如影随形，论战须臾不曾停歇。争论的分歧主要聚焦于行政审判究采英美法系一元制司法模式——普通法院模式，即如民事纠纷一样审理行政纠纷，还是大陆法系二元制司法模式——在普通

---

① 《中华民国宪法》在法院的设置上延续了"天坛宪草"的规定，该宪法第 99 条规定："法院依法律受理民事、刑事、行政及其他一切诉讼，但宪法及法律有特别规定者，不在此限。"1925 年段祺瑞政府制定的《中国民国宪法草案》也继承了"贿选宪法"，同样废除了平政院体制。

② 王学辉、赵勇：《民国北京政府立宪进程中关于行政诉讼模式的争论》，《行政法学研究》2011 年第 4 期。

③ 〔德〕奥托·迈耶：《德国行政法》，刘飞译，北京，商务印书馆，2002 年，前言。

法院之外设置独立的行政审判机关。① 甚至在新中国行政诉讼立法酝酿的 20 世纪 80 年代，这一争议再次抬头，仍然是立法讨论的重要关切之一，② 直至今天，建立行政法院依旧是部分学人的执着追求。③

1. 英美普通法院派

主张行政审判采用英美法系一元制司法模式的理由主要有：其一，根据宪法上的平等原则，行政诉讼与民事诉讼采用同一程序，由同样的普通法院审理，有利于官民平等观念的训练与培育，而平政院及其运行本身就是特权的体现。其二，我国疆域广大无垠，在普通法院之外另外遍设平政院体系，不经济。同时，因不同法院体系之间的管辖争议，也势必导致司法窒碍难行，无效率。其三，平政院之法官必多从行政官中选任，如是则法官情感定会偏向于行政一方，进而便利行政，却与司法独立原则不相容。有着英美留学背景的章士钊和王宠惠两位先生，是一元制司法模式主张的代表性人物。

---

① 1912 年底，平政院尚未设置之前，就曾发生了被称之为民国"行政衙门控告司法衙门之第一幕"的"民国大学与刘揆一诉讼案"，该案从一个侧面反映了当时有关行政审判机关如何设置社会讨论的激烈程度。现将案情简要介绍如下：大总统应民国大学呈请，将前清翰林院房屋拨付民国大学使用，及至民国大学接收房产时，发现其已被工商部占用。经多方交涉无果后，民国大学遂将工商部诉至京师地方审判厅。彼时刘揆一为工商部总长，故成被告。刘揆一认为，在民国大学申请之前，国务院已同意将涉案房产交工商部使用，此案原由行政处分而起，与私法上之契约关系绝对不同。今即假定此案为侵害该大学之所有权，亦属行政处分问题。故此，刘揆一认为，京师地方审判厅对该案无管辖权，并以公函知照审判厅而非以被告身份提交答辩状。在当时国家尚无正式设立行政审判机关的情况下，刘揆一的抗辩直指制度缺失的现实难题。于是，该案审理遂成舆论焦点。晚清筹办京师法学会的法界名流、曾一度出任民国司法次长的汪有龄受托成为原告的代理人，针对刘揆一的观点，王反驳道："当此行政裁判所未立之先，人民据约法，当然有诉讼于法院受其判审之权，不然即人无所控诉，岂非约法上所载之权利横被剥削？"据此，其主张地方审判厅有管辖权。其实，《中华民国临时约法》规定，设平政院作为行政审判机关，尽管当时还未来得及设置，但并不当然推出普通法院就有此类案件的管辖权。该案本身暴露了民初《临时约法》关于平政院的纸面规定滞后于社会发展之现实需求，也使得究竟行政诉讼采一元制抑或二元制问题，再度成为民初司法建构的舆论热点。参见黄远庸：《远生遗著》（第二卷），上海，商务印书馆，1926 年，第 240-243 页；参见吴相湘主编《中国现代史料》（第一辑），台北，台湾文星出版社，1962 年，第 320-321 页。

② 参见常保国：《试谈建立中国特色的行政诉讼制度》，《政法论坛》1986 年第 4 期；郑传冲、张明成：《我国应当设立行政法院》，《现代法学》1986 年 2 期。

③ 参见江必新：《中国行政审判体制改革研究——兼论我国行政法院体系构建的基础、依据及构想》，《行政法学研究》2013 年 4 期；解志勇：《行政法院：行政诉讼困境的破局之策》，《政法论坛》2014 年第 1 期；梁凤云：《关于对中国特色行政法院体系的基本设想》，《行政法学研究》2015 年第 1 期。

从 1910 年 9 月开始，章士钊先后公开发表文章数篇，比如《吾国设立行政审判院在宪法上当作何意味乎——行政审判论》《论行政裁判所之不当设》《论特设平政院与自由原理之不相容》等，持续论战、历数年而不殆，明确反对在民国初肇之际，建立大陆法系二元制的行政审判模式，竭力主张采用英美一元制，从而拉开了行政审判法律归属争论的序幕。

章士钊说："平政院妨害人民自由之平等""设置平政院乃行政官较之平民当得一种特权而已""亡清时代图逞其君主之淫威而有此制，犹可说也，今吾国自立为自由国矣，自由国而沿袭君主国之劣制如法兰西，不可说也"；"吾民国初立，首当注意者，即在法律平等，今奈何漫以不平等之法律自缚"①。"对于今之设立行政审判院可予以一普通之观念，曰行政审判院者，乃国家特设之一机关，适用一种特别法律，号曰行政法。行政法之原则基于国家代表之应有特权，凡此种代表以其公人资格有所行动，其行动非寻常法庭所能问。私人与有司交涉，其地位与私人互相交涉时所立者迥然不同，官吏所受之处分与私人所受者又截然有异。若尔国者，官吏、齐民之间有一鸿沟，官吏所享之特权非齐民所能有，而齐民原有宪法上之权利一与官吏之特权遇，而即动摇，识者称为特权法制之国。""英美法家之所不解，英为宪政母国，美与其他操英语国承其风流，皆不赖行政法而治臻上理。在欧陆诸国采行政法者，其行政、司法两部之间每有葛藤，其结果乃至司法不能独立，致宪法失其作用。"②

主张采用普通法院司法模式，论之最详、意志最坚者，莫过于著名法学家王宠惠先生。王宠惠在论及"宪法要义"时强调：

"……夫行政法之规定，是否尤其必要，在吾国亦一应研究之问题也。世界各国对此问题，可分两派，即普通法派（英文为 Rule of Law）与行政法派（法文为 Droit administratif，德文为 Verwaltungsrecht）是也。普通法派，英美两国及其领地采用之，行政

---

① 参见《章士钊全集》（第 2 卷），上海，文汇出版社，2000 年，第 29－31、104－106 页。

② 参见《章士钊全集》（第 1 卷），上海，文汇出版社，2000 年，第 610－614 页。

法派，欧洲大陆诸国采用之。两派主张，各有不同，以吾人之眼光批评之，要不得不谓普通法派，为合乎民权之精神也。……

……行政法派设立行政法院，而于行政诉讼问题，颇难决定。究竟何者为行政诉讼，而应属于行政法院；何者非行政诉讼，而应属于普通法院？盖二者之界限，殊无学理上之分类标准。……故法德皆有权限法院之设（法文为 Tribunal des conflits，德文为 Kompeternzgerichthof），法院之复杂，莫此为甚，国家因而增多无益之繁费，人民亦苦于诉讼手续之烦难，此其弊一也；行政法院既为行政便利而设，则其审判已有偏袒行政之虞。即权限法院对于权限争议之审判，亦往往有所左右，此其弊二也；法院宜为全国人民所信仰，自应保其尊严。行政诉讼普通法院无权审理，且因权限审判而普通法院之审判权，或移于行政法院，是以人民对于普通法院，既有轻视之心，对于行政法院又怀恐惧之念，殊非所以尊重司法之道。此其弊三也；官吏既有特别之保护，国民势难与之抵抗。而国民权利致有被蹂躏之虞，且行政法院与行政既有密切之关系，即使其判断公平，而国民亦难满意，此其弊四也。约略言之，其弊之多已如此，而普通法派则无之。至行政法派之利，不过谋行政一方面之便利而已。然行政不依一定之法律，其进步实无异于退步。盖法治国官吏与人民，同受普通法律之支配，其政治之进步，亦必依据法律……

……总之，实行民权之国，其人民与官吏与法律上为平等，即应受同一法律之支配，乃宪法上之一原则。而凡反乎此原则者，皆应排斥之。此制定宪法时，所必具之眼光也。依上所论，行政法者，即官吏与人民于法律上为不平等也，其反乎宪法上之原则孰甚焉。而况以行政上言之，其所谓利者，仅利及于一部分之官吏而已。而其弊之多，则普及于国家人民，利弊多少轻重之比较为奚如耶，故吾国不应采用行政派，可不待再计而决之。"①

2. 大陆行政法院派

梁启超、李庆芳、姜廷荣、何震彝、汪荣宝、王登义、吴贯因和袁

---

① 王宠惠：《中华民国宪法刍议之宪法要义》，载夏新华、胡旭晟：《近代中国宪政历程：史料荟萃》，北京，中国政法大学出版社，2004 年，第 275－277 页。

世凯的宪法顾问日本学者有贺长雄①、美国学者古德诺②、法国学者巴鲁③都是二元制司法体制的支持者。梁启超、汪荣宝和吴贯因均在各自草拟的宪法草案中规定："行政诉讼于平政院裁判之。平政院之组织及其官吏之任免，依法律所定。"④ 李庆芳草拟宪法第 63 条规定："行政诉讼及其他特别诉讼，以法律定之，不在法院管理之限。"何震彝所拟宪法草案第 54 条规定："行政诉讼由行政裁判院审理。其组织权，别以法律定之。"王登乂所拟宪法草案第 72 条规定："行政诉讼，平政院裁判之。平政院组织，以法律定之。"姜廷荣所拟宪法草案第 86 条规定："法院依法律审判民事诉讼、刑事诉讼；但关于行政诉讼，及其他特别诉讼，别以法律定之。"⑤ 在"天坛宪草"草拟的前期，就有实力派官员主张设置平政院。如河南张都督说："如果行政处分亦归属法院裁擘，是欲使司法机关蹂躏行政也。"⑥ 而湖北方面的立宪意见为：

> "行政诉讼，英美二国虽有属于法院之例，然皆源于历史上之习惯，自非他国所宜通行，日本虽试行之，卒以种种不便，旋即废止。……今草案第八十七条，竟舍《约法》上之平政院，而以行

---

① 有贺长雄教授论证道："行政官于其规定之范围内，有自由裁量之权。自由裁量者，行政官审时势之所宜，考地方之情况，用适当之方法，便宜行事，以达法律之目的，而对于人民为行政处分之谓也。自由裁量为行政官不可少之职权。然因自由裁量之故，违背根本之法律，亦非法治国之所宜。故于司法审判以外，另设行政裁判制度。凡人民因行政官自由裁量，害其依法律应有之权利者，使其有出诉而受审判之途。此法院以外另置平政院之议所由起也。"参见贺长雄：《共和宪法持久策》，载上海经世文社辑：《民国经世文编》（三），北京，北京图书馆出版社，2006 年，第 1675－1681 页。

② 古德诺拟《中华民国宪法草案》司法权章说明解释道："本宪法于司法一章，不详法院之编制，而以编制之事，待诸法律之规定。只举一例而言，如中国欲仿法国制度，设立平政院，此种计划，亦可以法律定之也。"参见夏新华、胡旭晟：《近代中国宪政历程：史料荟萃》，北京，中国政法大学出版社，2004 年，第 385 页。

③ 法儒巴鲁拟《中华民国宪法草案》第 21 条规定："组织之平政院，职务兼顾问及行政之。（一）凡人民以为官吏执行职务及因所有职权犯者，有不法行为，致损害其权利或利益，而提起诉讼于行政裁判者，以平政院为终审裁判。"参见夏新华、胡旭晟：《近代中国宪政历程：史料荟萃》，北京，中国政法大学出版社，2004 年，第 406 页。

④ 上海经世文社辑：《民国经世文编》（三），北京，北京图书馆出版社，2006 年，第 1359－1386、1505－1529 页。

⑤ 夏新华、胡旭晟：《近代中国宪政历程：史料荟萃》，北京，中国政法大学出版社，2004 年，第 329－386 页。

⑥ 《河南张都督对宪法意见之陈述》，载于上海经世文社辑：《民国经世文编》（三），北京，北京图书馆出版社，2006 年，第 1728 页。

政诉讼属之法院，元洪等认为期期不可。行政裁判为行政监督之作用，即使存而不用，亦足以使下级官吏有所严惮。若属于法院，是以司法干涉行政官吏，其不可者一。行政上之自由裁量权，较司法上之裁量权不同，往往因人因时因事不能无所出入，自非娴于行政法规且具有行政上之特别智识者，其判决难其允当。而国与民交受其病，其不可者二。判决之结果必执行乃为有效，使受判决者之上级官厅，不以法院之判决为然，则争执易起。至于分扰，皆为事实上必有之结果，其不可者三。人才之进退出处，随国法保障之厚薄为转移，今此法院裁判行政事件，其信用固已不厚，设使少失平允，则洁身自爱者必至望而却步。在职者又以畏疑惑之心幸求免过。全国政治必将沦为萎缩之地而不自知，其不可者四。何况我国司法尚处于幼稚时代，一意扶持，犹虞不及，设再益事务，被涉牵混，恐行政诉讼之效未收，而司法独立之实已失。元洪等以为宜另设平政院专管行政诉讼者二也。"①

主张采取特别裁判模式，支持设立平政院的委员还有黄璋、黄云鹏、刘恩格、骆继汉、张嗣良等。② 其中，黄云鹏和刘恩格的观点最具代表性。黄云鹏论证道："①分权上之必要。三权分立为立宪政治一大原则，人民对于行政官厅之违法处分损害权利提起诉讼，盖对于违反行政法规而言，非普通民商法也。官吏是否确守行政法规，行政部自应监督，勿待司法之阑入以束缚其自由裁量。②技术上之必要。行政管辖事务性质复杂，如以此等事件概付诸普通裁判，则裁判官既无各项专门知识，必不能审慎周详处理尽善也。若强为行之，技术不精，保无有难免拘文牵义，昧于事实之武断。③控诉自由之必要。考法国人民控诉于平政院由下级以至最上级，事实疑问、法律疑问皆可再审，殆无限制。至于诉讼费之减轻，手续之简便，皆所以增广控诉之自由，保障人民之权利。故较诸普通裁判所，其自由范围绰乎远矣。攻击者或又以为平政院

---

① 《湖北都督、饶民政长、汉口杜镇授使、荆门丁镇守使对于宪法意见之陈述》，载上海经世文社辑：《民国经世文编》（三），北京，北京图书馆出版社，2006 年，第 1729 - 1732 页。

② 王学辉、赵勇：《民国北京政府立宪进程中关于行政诉讼模式的争论》，《行政法学研究》2011 年第 4 期。

审判官由行政部进退，恐受行政部之迫压为虑，则以保障法官者保障之，必能自由裁判，无所顾忌。"①

刘恩格在宪法草案审议会发言时说："我国自民国成立以来司法虽云独立，而实未能达到目的，前清之时更可不论，虽曰三权分峙，而行政部实握有最强之势力。现在法院大概多受行政官之掣肘，而行政官所操势力又最强，若行政裁判亦属诸法院，一定不能得其公平。"

耿臻显在宪法案二读会发言时强调："我国自数千年专制之后，一跃而跻共和，一般人民对于官吏仍存旧日之思想，如行政诉讼属于普通司法机关，则人民虽有此权利，而以无特别裁判机关，在事实上遇有官吏违法处分时，一般人民即不知诉之何所，以至枉而莫伸。如使人民对于行政裁判特别注意，俾知行政裁判所专为处分违法官吏而设，则于官吏有违法处分及损害权利时，不至枉而莫伸，似于人民权利上多一层保障也。"②

当然，"天坛宪草"起草委员会委员中，也有坚决反对设置平政院的，如伍朝枢、王绍鏊等。③ 审议宪法草案过程中孙钟、李春荣、陈家鼎、马骧、何雯等议员也参与到了反对者的行列。

3. 普通法院依行政诉讼法典审理行政案件

传统中国素无独立的普通法院，更无独立的行政法院，无论建构何种司法体制，都是从无到有的新建新设。共和之初，如果在遍设普通法

---

① 李贵连：《民国北京政府制宪史料》（第一册），北京，线装书局，2007 年，第 462 - 463 页。

② 王学辉、赵勇：《民国北京政府立宪进程中关于行政诉讼模式的争论》，《行政法学研究》2011 年第 4 期。

③ 王绍鏊的观点很有代表性："吾国向来系专制国家，人民对于官吏甚为畏惧，几成一种中国特别之民情。夫中国特别之民情既然怕官，所以行政官吏有损害人民权利之处分，人民即视为当然，夫既视为当然，所以不敢违抗。现在所以欲将行政诉讼归入法院受理，其要点即在可以启发一般人民之思想，使其明了官吏损害人民权利之处分，亦与普通诉讼相同，可以诉之法院。如欲特设一种机关，则人民习惯上向不知平政院之受理如何情形，所以偶遇官吏有损害于人民之权利者，而人民因之即不敢往特设之行政诉讼机关起诉。""平政院创自法国，法国之行政诉讼权所以归诸平政院者，盖法国之司法专制达于极点，一般人士群思减杀其势力，而谋行政之独立，既欲使行政独立则行政诉讼权乌可仍操之于司法机关，于是遂有平政院之设置。反观我国之历史，则向来司法权属于行政权势力范围之内，今之所希望者，惟在使司法权脱离行政势力而谋司法独立，奚可再赋行政机关有行政诉讼之大权。且法国之设平政院意在革除人民受司法机关之痛苦，我国人民所受之痛苦则不在于司法机关而在行政机关，与法国成反比。"李贵连：《民国北京政府制宪史料》（第一册），北京，线装书局，2007 年，第 456 页。

院的同时，还依照审级在全国设立行政法院，从制度建设成本角度而言，实属不经济。于是，有了折中主张，即制定《行政诉讼法》，但由普通法院设专庭依行政诉讼法典、以区别于民事案件的诉讼模式审理行政争议。持这种折中观点的代表性人物是张东荪和汪叔贤。① 张东荪论证道："行政裁判为行政法规适用之宣告，则必有行政法规为断。夫英美无具体的行政法，不过以普通法适用于行政而已，德国之先，亦以民法适用于行政，其后始以为法治国国权行使，不可不有特别之法以支配之。盖以民法为个人与个人之关系，行政则国家与个人之关系耳，决不能以此袭用之，此吾人对于行政法之主张也。至于行政裁判，则非仅为保护行政机关之权利而设，且亦为保护人民公权而设，世之反对行政裁判者，实系误解法兰西之思想，以为行政裁判之正训也。且大凡裁判，必为保护二方面权利而始成立。行政权于一定之范围中，应受保护，亦理之公允者也。是故行政法及行政裁判之设立，行政权虽得其保护，然亦受其制限；人民亦未尝褫夺其诉讼权，不得谓专注重于行政一方面也。此吾人对于行政裁判之主张也。"② 据此可知，张东荪认为，行政裁判具有司法性质，也具有行政性质，但行政裁判机关却既不属于司法又不属于行政，如若设立乃为一独立机关。③ 他们的观点与二元制主张有相似之处，均承认行政法存在的价值。不过，考虑到时局维艰，普设独立之行政审判机关耗费巨大，由普通法院兼司行政审判有利于节约成本、减少编制。此种制度安排与设想，与战后日本行政审判制度相似，也与新中国 1989 年《行政诉讼法》的立法框架基本相同。④

综上，北洋政府时期在行政审判机关的设置上，其实存在两个层次的争论：一是行政审判权究竟是司法权还是行政权；二是采用特设制还是附设制。正如张东荪先生所言："吾以为今日之问题，不在平政院宜设与否，而乃在设之之道若何，其权限若何，其地位若何，其性质若何耳。惟是欲解决之，则不可不自其根本上立论。故兹分此问题为三段：一、行政裁判之性质若何？二、行政裁判之范围若何？三、行政裁判将

---

① 参见张东荪：《行政裁判论》，《庸言》1913 年第 1 卷第 23 号，第 12 - 13 页；汪叔贤：《论平政院》，《庸言》1914 年第 2 卷第 4 号，第 2 - 10 页。

② 张东荪：《论普通裁判制度与行政裁判制度》，《庸言》1913 年第 1 卷第 15 号，第 2 页。

③ 参见李启成：《清末民初关于设立行政裁判所的争议》，《现代法学》2005 年第 5 期。

④ 参见王贵松：《民初行政诉讼法的外国法背景》，《清华法学》2015 年第 2 期。

属于行政范围乎，抑将属于司法范围乎？"①

末了，民国北京政府设立之平政院是独立的有较强行政属性的行政审判机关。始于清末的行政裁判机关属性及其如何设立的大讨论，极大地促进了行政法治理念在我国的流布，② 也充分说明了法律移植和制度选择的艰难！

三、中华民国南京国民政府时期（1928 年 6 月—1949 年 10 月）：行政法院的建立与我国行政法制的发展

（一）行政法院成立的历史背景

1925 年 7 月 1 日，在国民革命军北伐胜利和张学良"改旗易帜"之前，当时之中国实际上处于广州国民政府和北京国民政府并存的对峙局面。

广州国民政府成立后，基于官吏纠弹和官署违法矫正两方面的考虑，于 1926 年 1 月 23 日颁布了《惩吏院组织法》（共计 10 条），并于同年 2 月 17 日公布《惩治官吏法》（共计 19 条）。根据《惩治官吏法》之规定，官吏违背誓辞或者违背、废弛职务的，应受惩戒；惩戒处分包括褫职、降等、减俸、停职、记过和申诫。不过，广州国民政府惩吏院存续不足四个月，就于 1926 年 5 月被裁撤终止，③ 其间只处理了一宗官吏惩戒案④。1926 年 5 月起以审政院代替惩吏院行使职权，10 月 2 日又改为由监察院兼理行政诉讼。

1927 年 4 月，南京国民政府成立，按照孙中山"五权宪法理论"组织国家机关。中央政府分为立法、行政、司法、监察、考试五院，其中，司法院为最高司法机关。1928 年 10 月 8 日，南京国民政府公布的《国民政府组织法》第 33 条规定，司法院为国民政府最高司法机关，掌理司法审判、司法行政、官吏惩戒及行政审判之职权。1928 年 11 月

---

① 张东荪：《论普通裁判制度与行政裁判制度》，《庸言》1913 年第 1 卷第 15 号，第 2 页。
② 参见宋智敏：《近代中国行政诉讼制度变迁研究：从行政裁判院到行政法院》，北京，法律出版社，2012 年，第 89 页。
③ 《惩吏院裁撤令》，《国民政府公报》（第 32 号），1926 年 5 月 2 日。
④ 《周雍能及周熙春惩戒书》，《国民政府公报》（第 33 号），1926 年 5 月 7 日。

17 日，南京国民政府修正后颁行的《司法院组织法》第 1 条规定："司法院以下列各机关组织之：（一）司法行政部；（二）最高法院；（三）行政法院；（四）公务员惩戒委员会。"该法第 6 条规定："行政法院依法律掌理行政诉讼审判事宜"；第 13 条规定："司法行政部、最高法院、行政法院及公务员惩戒委员会之组织，以法律规定之。"

1931 年 5 月，南京国民政府公布的《训政时期约法》第 22 条规定："人民依法律有提起行政诉讼及诉愿之权。"再次以宪法性文件的形式确认了人民的行政救济权利。① 至此，在"五权分治"体制下，正式确立了隶属于司法院、与最高法院并行、独立行使行政审判权的行政法院制度。此种"二元制"的行政诉讼模式，与平政院隶属于大总统形成了鲜明对比。直至今日，我国台湾地区仍实行此制。

（二）行政法院的成立

1931 年 3 月 24 日，南京国民政府公布《诉愿法》（共计 14 条）。1932 年 11 月 17 日，南京国民政府公布《行政法院组织法》（共计 12 条）和《行政诉讼法》（当时共计 27 条），② 1933 年 6 月 23 日，《行政法院组织法》和《行政诉讼法》正式施行。1933 年 6 月 24 日，"司法院"公布《行政法院处务规程》，同年 9 月 1 日，行政法院正式成立。

（三）行政法院的组织

南京国民政府时期行政法院的组织如下：行政法院置院长一人，总理全院行政事务，兼任评事，并充任庭长。行政法院分设二庭或三庭，每庭置庭长一人、评事五人掌理审判事务，每庭评事应有会充法官者两人。行政法院受理行政案件，由评事五人组成合议庭审理。③

根据 1932 年《行政法院组织法》第 6 条的规定，行政法院评事的任职条件为：①对"党义"有深入研究者；②年满三十岁者；③曾任

---

① 参见谢振民：《中华民国立法史》（上册），北京，中国政法大学出版社，2000 年，第 355 页。

② 南京民国政府《行政诉讼法》在 1937 年 1 月 8 日、1942 年 7 月 27 日进行了两次修正。1949 年以后，该法在我国台湾地区继续施行，其间又经历了 1969 年和 1975 年的修正，并在 2000 年经过一次全面修改，此后又经历 2007 年 6 月、2009 年 12 月、2011 年 5 月和 2011 年 11 月、2014 年 6 月五次修正，现共计 308 条。

③ 行政法院的首任院长是茅祖权，同时任命于恩波、王淮琛等 10 人为评事。

国民政府简任职公务员二年以上者。此后，随着法律的修改，对评事的学历要求越来越高。

行政法院还设置书记官长一人，书记官十至十八人，分别掌理记录、编案、撰拟、统计、会计、典守、印信等事宜。后来，会计和统计事务由增设的会计主任和统计员各 1 人分别掌理。[①] 另外，行政法院得酌用雇员及庭丁。

（四）行政法院的制度特点

南京国民政府时期的行政法院体制呈现出以下层面的制度特点：

1. 行政法院属于司法机关

与北京政府时期平政院隶属大总统具有强烈行政属性不同，按照五权宪法体制，行政法院设立于司法院，其性质为司法系统中的特别审判组织，并且其制度设计试图兼顾行政经验和司法独立两方面的法治优势。

2. 行政法院不再兼理官吏纠弹之职

根据《中华民国国民政府组织法》的规定，作为五院之一的监察院，系最高监察机关，依法行使纠弹权和审计权。职是之故，行政法院专司行政审判，不再承担官吏纠弹之职，从而实现了行政审判权与监察权的分离，完成了行政机关违法和官吏个人违法分途治理机制的创设。

3. 一审终局主义

全国设立一所行政法院，行政诉讼案件经行政法院裁判即告终局，当事人不得上诉或抗告。但符合法定条件的，可提起再审之诉。

4. 诉愿前置主义

与平政院时期的诉愿前置分流制不同，南京国民政府时期的行政法院采诉愿前置主义，即以诉愿作为行政诉讼的先行前置程序，并且行政争议须经诉愿和再诉愿程序，方可诉诸行政法院。

5. 行政诉讼类型单一

在行政诉讼类型设计方面，当时的诉讼类型仅有针对行政处分（具体行政行为）之撤销诉讼一种，尚无课予义务之诉、一般给付之诉和确

---

① 参见蔡志方：《行政救济与行政法（一）》，台北，三民书局股份有限公司，1993 年，第 307 - 308 页；宋智敏：《近代中国行政诉讼制度变迁研究：从行政裁判院到行政法院》，北京，法律出版社，2012 年，第 143 - 146 页。

认之诉等。①

6. 书面审理为原则，言辞辩论为例外

1932 年《行政诉讼法》第 16 条规定，行政诉讼就书状判决之，但行政法院认为必要或依当事人之申请，得指定日期传唤当事人及参加人到庭为言辞辩论。可见，行政法院仿效法国，采书状审理主义。

7. 附带损害赔偿制度的确立

1932 年《行政诉讼法》第 2 条规定："提起行政诉讼得附带请求损害赔偿。"尽管这一制度在司法实践中的制度效果欠佳，但其立法理念之先进值得肯定。②

8. 创设行政判例制度

1933 年《行政法院处务规程》第 23、24 条的规定，各庭裁判案件有可著为案例者，应由庭长命书记官摘录要旨，连同判决书印本，分送各庭庭长、评事。各庭审理案件，关于法律上之见解与本庭或他庭判决先例有异时，应由院长呈司法院院长召集变更判例会议决定之。司法院变更判例决定在政府公报上公布后，原判例即为失效。③ 可见，南京国民政府时期，行政法院非常重视行政判例的先例指导作用，以期维护法治统一、积累审判经验。更为重要的是，行政判例制也为教学研究提供了宝贵的学术素材。

9. 裁判文书执行的行政主义

1932 年《行政诉讼法》第 25 条规定，行政诉讼判决之执行，由行政法院呈由司法院转呈国民政府以训令行之。该规定说明当时行政诉讼法的立法者已经注意到，行政裁判文书的执行相较于民事裁判文书的执

---

① 2000 年 7 月 1 日施行的修正后的台湾"行政诉讼法"，废止了再诉愿制，并在原撤销诉讼之外，增设确认诉讼和给付诉讼。行政审判改为"两审终审制"，依照管辖区域在台北、台中和高雄设立了三所高等行政法院，掌理行政诉讼之初审和事实审，原行政法院则改为最高行政法院，掌理行政诉讼之法律审和终局审。2012 年 9 月 6 日实施的修改后的台湾"行政诉讼法"，改采"三级二审制"，在各地方法院设置行政诉讼法庭，地方法院行政诉讼法庭办理简易行政案件、交通裁决案件的一审等诉讼事宜。参见陈青秀：《行政诉讼法》，台北，元照出版有限公司，2015 年，第七版，第 2 - 3 页。

② "此虽为比较进步的立法，但行政法院数十年来未曾准许此项附带诉讼，使该条规定，徒成具文，毫无存在价值。"翁岳生：《行政法与现代法治国家》，台北，台湾大学法学丛书编辑委员会，1976 年，第 405 页。

③ 宋智敏：《近代中国行政诉讼制度变迁研究：从行政裁判院到行政法院》，北京，法律出版社，2012 年，第 170 页。

行，具有极强的特殊性，司法强制执行不仅容易引发司法权执行不能的尴尬，也会因执行措施的无差别性而影响行政活动的不可间断性。

（五）南京国民政府时期行政法院的成就

根据我国台湾地区蔡志方教授依照政府公报的统计，从 1933 年 6 月行政法院正式成立到 1947 年底，行政法院共计受理行政诉讼案件 712 件，平均每年约 48 件。其中，61.5% 案件的裁判结果为驳回原告之诉。案件类型涉及土地、税捐、商标、营业、教育、关务、水利、交通、矿业等十几个领域，原告来自江苏、浙江、河北、广东、上海、湖南等十余个省份。[①]

中国第二历史档案馆的统计数据显示：从成立到 1948 年 8 月，行政法院共受理案件 1696 件，平均每年 100 多件。其中，受案最多的是土地类纠纷，共计 422 件。捐税、土地和商标三类案件，合计占行政法院审理案件总数的一半以上。[②]

曾任行政法院院长的张知本说：“主管行政诉讼，全国只有一个行政法院，高高在上，往往为国人所忽略，一提到行政法院，所司何事，不但一般人莫名其妙，即大学毕业生，甚至于大学法律系毕业生，亦瞠目不能答对，这个制度，确有改革的必要。”[③]

可见，行政法院在制度创设和文化转型上的标杆意义，远远大于其运行实效。当然，在国事艰难、外敌入侵、战火纷飞的特殊年代，行政法院的设置及其审判实践实属不易！

四、新中国行政法制变迁（1949 年至今）：混合行政审判模式与我国行政法制的社会主义转型

从清末官制改革到平政院体制的创建，从平政院再到行政法院的设

---

① 参见蔡志方：《行政救济与行政法（一）》，台北，三民书局股份有限公司，1993 年，第 313－317 页。

② 参见宋智敏：《近代中国行政诉讼制度变迁研究：从行政裁判院到行政法院》，北京，法律出版社，2012 年，第 151－153 页。

③ 行政法院：《行政法院判决汇编》（1933—1937），台北，成文出版有限公司，1972 年，序言第 4 页。

置，尽管我国行政审判机制初创后的早期运作司法实效甚微，但却为新中国行政法制的再造与深化提供了一份难以绕行的宝贵法治文化遗产，社会主义行政法制建设进程中对其批判性的继受，丰富了新中国行政法治的多元法文化内涵。

在 1949 年 10 月 1 日新中国成立前夕，解放区的人民政府就行文废除了国民党政权的"六法全书"①。"随着'六法全书体系'的废弃和'司法改革运动'的推行，现代欧陆法制和原本稀薄的英美法制之文化影响在中国大陆被悉数清理。当鸦片战争以来延宕百年的'西法'沦为禁区后，当代中国法制由此朝苏联化方向全速转型。"② 20 世纪 50 年代，新中国全面学习苏维埃法制，但不久行政法学教育和研究甚至行政法制建设就陷于全面停滞，直到 1978 年，在改革开放波澜壮阔的宏大背景和历史机遇下才得以恢复并迅猛发展。我国行政法（学）自身的沉浮枯荣与国家命运休戚相关，行政法制的建设历程折射了时代的变迁。③

新中国行政法制的历史发展，以改革开放为时间节点，可粗略地分为两大阶段和三个时期。两大阶段即前三十年和后四十年，三个时期是指萌芽期、建立期和发展期。④

---

① 中共中央《关于废除国民党〈六法全书〉与确定解放区的司法原则的指示》，1949 年 2 月 23 日。

② 何志辉：《外来法与近代中国诉讼法制转型》，北京，中国法制出版社，2013 年，第 8 页。

③ 参见应松年：《中国行政法学 60 年》，《行政法学研究》2009 年第 4 期。

④ 应松年教授将新中国行政法制的发展分为四个阶段：行政法的初创阶段（1949—1956 年）；行政法的停滞阶段（1957—1977 年）；行政法的恢复阶段（1978—1988 年）；行政法的发展阶段（自 1989 年以来）。参见应松年：《行政法与行政诉讼法学》（第二版），北京，高等教育出版社，2018 年，第 15 页；朱维究教授将新中国行政法制的历史发展分为五个阶段：1949 年至 1957 年为初创阶段，1957 年至 1978 年为倒退阶段，1978 年至 1989 年为恢复阶段，1989 年至 1999 年为完善阶段，1999 年至今是现代化阶段。参见朱维究、王成栋：《一般行政法原理》，北京，高等教育出版社，2005 年，第 27 - 28 页；林莉红教授则以行政诉讼法制为中心，将新中国行政法制史分为四个阶段：萌芽阶段：1949 年到 1958 年；空白阶段：1958 年到 1979 年；建立阶段：1979 年到 1989 年；发展和完善阶段：1989 年至今。参见林莉红：《中国行政诉讼的历史、现状与展望》，《河南财经政法大学学报》2013 年第 2 期；胡建淼教授亦围绕行政诉讼法制的建构，将新中国行政法制分为两大历史阶段：1949—1989："大民事诉讼"与"大经济审判"下的行政诉讼；1989 年至今："混合一元制"的行政诉讼审判体制。参见胡建淼、吴欢：《中国行政诉讼法制百年变迁》，《法制与社会发展》2014 年第 1 期。

（一）新中国行政法制的萌芽期（1949—1977 年）

新中国前三十年行政法制建设的成就，主要集中在建国初期的 50年代，当时国家比较重视行政管理的规范化，制定了一些组织、行为和监督方面的法律法规，比如说 1950 年颁布的《土地改革法》，1954 年出台的《国务院组织法》等等。

1949 年 9 月 21 日，中国人民政治协商会议第一届全体会议通过了具有新中国临时宪法性质的《中国人民政治协商会议共同纲领》。《共同纲领》第 19 条规定："人民和人民团体有权向人民监督机关或者人民司法机关控告任何国家机关和任何公务人员的违法失职行为。" 1949年 12 月 3 日，最高人民法院委员会通过的《最高人民法院试行组织条例》规定，最高人民法院委员会议决有关审判的政策方针，重大案件及其他重大事项。最高人民法院下设民事、刑事、行政 3 个审判庭及办公厅、督导处、辩护室、编纂处等机构。而 1950 年 1 月中央人民政府委员会批准的《最高人民法院试行组织条例》规定，最高人民法院设民事、刑事审判庭和办公厅、督导处、编纂处等机构。①

1954 年 9 月 20 日，第一届全国人民代表大会第一次会议通过的《中华人民共和国宪法》第 17 条规定："一切国家机关必须依靠人民群众，经常保持同群众的密切联系，倾听群众的意见，接受群众的监督。" 1954 年《宪法》第 73 条规定："中华人民共和国最高人民法院、地方各级人民法院和专门人民法院行使审判权。"于是，按照 1954 年《人民法院组织法》的规定，最高人民法院设刑事、民事两个审判庭和研究室、督导室、顾问室、办公厅等机构。

至此，深受苏联影响的"大民事诉讼"审判体制得以确立。"这种'大民事诉讼'模式，既不同于英美国家的'一元制'普通法院体制，更不同于大陆国家的'二元制'行政法院体制。苏联的这种行政纠纷处理模式来自其以'行政管理'为基本精神的行政法学理论和实践。"②

1958 年司法部被撤销，由最高人民法院兼管司法行政工作，1959

① 冯莹整理：《最高人民法院机构设置简史（1949—2014）》，《人民法院报》2014 年 11月 23 日，第 006 版：特别报道。

② 胡建淼、吴欢：《中国行政诉讼法制百年变迁》，《法制与社会发展》2014 年第 1 期。

年最高人民法院增设司法行政厅。1959 年监察部被撤销。

(二) 新中国行政法制的建立期（1978—1989 年）

1. 行政争议的司法解决适用民事诉讼程序

新中国行政法制建设的主要成就是在改革开放四十年来的历史进程中逐步展现的。其间，我国行政法制发生了巨大且深刻的变化，进入了一个全面恢复和蓬勃发展的历史快车道。短短四十年，新中国的政府法治建设从无到有、从虚到实取得了举世瞩目的成就，呈现出了特色鲜明的崭新时代面貌。

1978 年 12 月，中共十一届三中全会以来，我国行政法制建设的巨大成就和长足发展得益于以商品经济、市场经济为导向的改革开放的有序推进，以及 20 世纪 90 年代依法治国方略的提出与逐步落实。行政法制建设首先表现为一种外向激励型的历史进路与发展特征。

20 世纪 70 年代末期，中国开始引进外资和域外先进技术设备，为此，国家应急性地通过了很多法律法规，在这些法律法规中，不乏行政争议司法救济的具体规定。1980 年 9 月 10 日颁行的《中外合资经营企业所得税法》第 15 条规定："合营企业同税务机关在纳税问题上发生争议时，必须先按照规定纳税，然后再向上级税务机关申请复议。如果不服复议后的决定，可以向当地人民法院提起诉讼。" 1982 年 8 月 23 日颁布的《海洋环境保护法》第 41 条规定："凡违反本法，造成或者可能造成海洋环境污染损害的，本法第五条规定的有关主管部门可以责令限期治理，缴纳排污费，支付消除污染费用，赔偿国家损失；并可以给予警告或者罚款。当事人不服的，可以在收到决定书之日起十五日内，向人民法院起诉；期满不起诉又不履行的，由有关主管部门申请人民法院强制执行。" 1983 年 9 月 2 日颁布的《海上交通安全法》第 45 条规定："当事人对主管机关给予的罚款、吊销职务证书处罚不服的，可以在接到处罚通知之日起十五天内，向人民法院起诉；期满不起诉又不履行的，由主管机关申请人民法院强制执行。"①

外商来中国投资，发生行政争议需提起诉讼时，必须有法可依并有司法的组织技术装置备用。为了打消外商到中国投资最担心得不到司法保护的顾虑，我们应该助力国外技术和资金的引进，向世界表明我们对外开放和经济建设的坚强决心与信心，民主和法制建设就必须同时跟进，这构成了当时我国行政立法和行政审判制度建构的基础性动因。法律如何制定，亟待突出两个重点：第一，在社会主义公有制环境下，保障外商的私有财产不被任意征收、征用；第二，产生了争议和纠纷，有可资利用的司法救济制度架构。

1979 年 5 月 1 日颁布的《人民法院组织法》第 3 条第 1 款规定："人民法院的任务是审判刑事案件和民事案件，并且通过审判活动，惩办一切犯罪分子，解决民事纠纷，以保卫无产阶级专政制度，维护社会主义法制和社会秩序，保护社会主义的全民所有的财产、劳动群众集体所有的财产，保护公民私人所有的合法财产，保护公民的人身权利、民主权利和其他权利，保障国家的社会主义革命和社会主义建设事业的顺利进行。"1982 年《宪法》第 124 条规定，中华人民共和国设立最高人民法院、地方各级人民法院和军事法院等专门人民法院。人民法院的组织由法律规定。据此，尽管现行宪法为行政审判组织的设立留下了足够的立法空间，但是当时的法院组织法并未解决行政审判的组织建设问

---

① 1983 年 3 月 2 日，海上交通安全法草案由国务院提请第五届全国人大常委会第二十六次会议审议，时任交通部副部长的钱永昌对草案作说明。由于这一条没有规定当事人可以向法院起诉，审议时有常委建议修改为当事人不服行政处罚的，可以向法院起诉。3 月 4 日，时任全国人大常委会副委员长兼秘书长的杨尚昆主持召开座谈会，就此问题听取意见。参加座谈会的几位常委和法律专家一致认为，应当规定当事人有权向法院起诉，草案否定当事人向法院起诉的权利，不符合许多国家的通行做法。然而交通部坚持认为，实施行政处罚的是中华人民共和国港监部门，是代表国家行使职权的，不应成为被告。次日上午，时任全国人大常委会副委员长彭真召开会议，再次专门就此问题进行商议。习仲勋、彭冲、廖承志、杨尚昆和交通部部长、副部长参加会议。在这次会议上，交通部部长说，港监履行职务，头上戴的是国徽，把它告上法庭，就是把中华人民共和国告上法庭，这怎么行？此时，彭真很严肃地让顾昂然宣读宪法第 42 条规定。随后，时任全国人大常委会副秘书长兼法制委员会秘书长的王汉斌，给国务院副总理万里打了报告，汇报常委会审议海上交通安全法草案情况，并附上有关资料。万里专门听取了汇报后把报告批给了交通部，让他们不要再争了。最终，海上交通安全法草案按照新的二审程序，经过半年的进一步研究修改，由第六届全国人大常委会第二次会议于 1983 年 9 月 2 日通过。参见《行政诉讼法出台的前前后后》，《法制日报》2018 年 12 月 18 日，第 02 版。

题。1983 年修改后的《人民法院组织法》规定，中级人民法院在刑事审判庭、民事审判庭之外，设立经济审判庭。可见，这次法院组织法的修改也未涉及行政审判庭抑或行政法院是否设立问题。不过，当年经济形势的促动导致了从"大民事诉讼"向"大经济审判"的转型。至此，苏联"大民事诉讼"模式对 20 世纪 80 年代中国行政诉讼审判体制的直接影响，表现为经济审判庭的一枝独大和行政审判庭的姗姗来迟。①

1982 年 3 月 8 日，全国人大常委会出台了《民事诉讼法（试行）》。正式颁行的法律，不是"施行"而是"试行"，这一立法例在立法史上比较罕见。这一方面说明了这部民事诉讼法典法律条文本身的粗糙，另一方面也表明当时我国法制建设有着时不我待的紧迫性。正如邓小平同志曾经指出的那样："法律条文开始可以粗点，逐步完善"。"有比没有好，快搞比慢搞好。"这样，在彭真委员长所谓"宜粗不宜细"——"太细，就搞不出来"② ——立法原则的指导下，在改革开放初期的特殊历史背景下，新中国创设了"试行"这一独特而又可行的过渡性立法例。

正是这部《民事诉讼法（试行）》在其第 3 条第 2 款明确规定："法律规定的人民法院审理的行政案件，适用本法规定。"据此可知，当时"民告民"和"民告官"，遵循的都是民事诉讼程序。1982 年《民事诉讼法（试行）》，为"民告官"案件的司法解决，提供了司法组织和诉讼程序保障。

1985 年 11 月 22 日颁布的《外国人入境出境管理法》第 29 条第 2 款规定："受公安机关罚款或者拘留处罚的外国人，对处罚不服的，在接到通知之日起十五日内，可以向上一级公安机关提出申诉，由上一级公安机关作出最后的裁决，也可以直接向当地人民法院提起诉讼。"同日颁布的《公民出境入境管理法》第 15 条也规定："受公安机关拘留处罚的公民对处罚不服的，在接到通知之日起十五日内，可以向上一级公安机关提出申诉，由上一级公安机关作出最后的裁决，也可以直接向当地人民法院提起诉讼。"1986 年 9 月 5 日颁布的《治安管理处罚条

---

① 胡建淼、吴欢：《中国行政诉讼法制百年变迁》，《法制与社会发展》2014 年第 1 期。
② 王汉斌：《王汉斌访谈录——亲历新时期社会主义民主法制建设》，北京，中国民主法制出版社，2012 年，第 39 - 40 页。

例》第 39 条规定："被裁决受治安管理处罚的人或者被侵害人不服公安机关或者乡（镇）人民政府裁决的，在接到通知后五日内，可以向上一级公安机关提出申诉，由上一级公安机关在接到申诉后五日内作出裁决；不服上一级公安机关裁决的，可以在接到通知后五日内向当地人民法院提起诉讼。"

截至 1989 年 3 月 28 日，"已有 130 多部法律和行政法规规定了公民、组织对行政案件可以向人民法院起诉"①。只不过《行政诉讼法》实施前行政案件是按照民事诉讼程序审判的。当时"对于民事诉讼法中某些不适合审理行政案件的规定，最高人民法院还发布了一些司法解释，如 1985 年 11 月 6 日发布的《关于人民法院审理经济行政案件不应进行调解的通知》、1986 年 10 月 24 日发布的《人民法院审理治安行政案件具体应用法律的若干问题的暂行规定》等等，这些司法解释在人民法院审理行政案件时具有普遍约束力，构成实质意义的行政诉讼法的内容。"②

1986 年 10 月 6 日，湖北省武汉市中级人民法院设立了全国第一个中级人民法院的行政审判庭；1986 年 10 月 11 日，湖南省汨罗县人民法院设立全国第一个基层人民法院的行政审判庭；1988 年 10 月 4 日，最高人民法院设立了行政审判庭。截至 1989 年初，39% 的基层法院已设立了行政审判庭。到 1990 年底，《行政诉讼法》实施最初，行政审判庭已普遍设立，行政审判人员达 9732 人，平均每庭 3.2 人。③ 截至 1989

---

① 参见王汉斌在第七届全国人民代表大会第二次会议上所作《关于〈中华人民共和国行政诉讼法（草案）〉的说明》；《行政诉讼法出台的前前后后》，《法制日报》2018 年 12 月 18 日，第 02 版。

② 林莉红：《中国行政诉讼的历史、现状与展望》，《河南财经政法大学学报》2013 年第 2 期。

③ 江必新、梁凤云：《行政诉讼理论与实务》，北京，北京大学出版社，2009 年，第 108 页。

年底，我国法院共受理一审行政案件 26805 件①，其中公安、土地类纠纷各占三分之一以上，从被诉行政行为角度看，绝大多数是行政处罚行为。②

2. 新中国行政诉讼法典的颁行

1986 年《民法通则》出台后，初步解决了民事领域的框架性立法问题。中央和全国人大常委会开始考虑借鉴民事立法的经验，制定行政法通则性的法律，搭建行政法的基本框架，改变过往无法可依的状态，保证行政单位的公权力在法律框架内施行，推动我国依法治国理政的进程。

---

① 温州苍南县农民包郑照状告县政府违建强拆案被誉为新中国行政诉讼第一案。该案的基本案情为：1985 年 8 月 1 日，农户包郑照在浙江省苍南县舥艚镇东面的河滩上毁堤抛石填河形成三间屋基，向舥艚镇城建办申请建房，建房审批表中有当地生产大队"同意建房，请主管部门审批"的意见和印章，没有镇城建办和镇政府的审批意见和印章。在包郑照根据"个别领导违规的口头同意"动工建房时，苍南县水电局等有关部门责令其停建并自行拆除，但包郑照建成三间三层楼房，并办理了房屋产权登记。苍南县人民政府认为，上述房屋建在海堤范围内，对抗洪防汛造成干扰，要求其自行拆除未果。1987 年 7 月 4 日，苍南县政府以未经合法审批、占用水道为由，组织人员强行拆除了包郑照户新建的三间三层楼房的部分建筑。包郑照及其子包松村不服，以苍南县政府侵犯其合法财产权益为由提起诉讼，要求苍南县政府赔偿各类损失总计 13012 元。依照 1982 年颁布的民事诉讼法（试行）规定："法律规定由人民法院审理的行政案件，适用本法规定。"虽然行政案件受理范围很窄，且立的是民事案号，采用民事诉讼程序审理，但标志着行政诉讼制度在新中国的初步建立。正是在这样的背景下，为立案奔波了一年多后，经浙江省高级人民法院指定，温州市中级人民法院依法受理此案。1988 年 8 月 25 日，温州中院民事审判庭在苍南县影剧院，按照民事程序依法公开开庭审理该案，原告包郑照一家和苍南县政府县长黄德余到庭参加诉讼，1000 多名群众及 20 多家媒体记者旁听此案。8 月 28 日，温州中院依法作出驳回原告诉讼请求的一审判决。包郑照等不服，上诉至浙江高院。浙江高院依法受理后，于 1988 年 11 月 18 日在温州市公开开庭审理了本案，并于 12 月 26 日经审判委员会讨论后，作出二审判决。温州中院一审认定，原告包郑照等人 1975 年在艚闸堤坡及河面上非法建房和 1985 年又毁堤建房，属违章建筑，影响引洪排洪，危害闸坝安全，苍南县人民政府强行拆除原告违章建造的部分房屋是合法、正确的。原告请求赔偿，显属无理。据此依法作出驳回原告诉讼请求的判决。浙江高院二审判决认为，原审判决认定事实清楚，证据充分可靠，审判程序合法，适用法律正确，驳回包郑照等八人的诉讼请求，并无不当。根据《中华人民共和国民事诉讼法（试行）》第一百五十条第一款第一项之规定，判决如下：驳回上诉，维持原判。严格意义上讲该案不是中国的第一起行政案件，却因为其重要意义被称为中国行政诉讼第一案，对推动行政诉讼法立法具有深远的影响。虽然包郑照一家败诉了，但该案唤起了公民权利意识的觉醒和政府对依法行政的反思，推动了中国的行政诉讼立法，在中国法制史上留下印记，成为那个时代背景下的一个标本。参见孟焕良：《包郑照一家诉苍南县政府强制拆除案——新中国行政诉讼第一案》，《人民法院报》2018 年 10 月 23 日，第 03 版。

② 何海波：《行政诉讼法》，北京，法律出版社，2011 年，第 15 页。

1986 年 10 月 4 日，由全国人大法工委、最高人民法院、中宣部、司法部等单位组织的《民法通则》座谈会上，陶希晋先生提出，新中国应当建立自己的"新六法体系"，并指出今后要加紧行政法方面的立法工作。与会的王汉斌先生在总结发言时，提出成立一个行政立法研究组的建议。于是，1986 年，由王名扬教授、龚祥瑞教授、张尚鷟教授等担任顾问，江平教授任组长，罗豪才教授和应松年教授任副组长的行政立法研究小组成立，随即投入到了紧张的行政立法工作之中。①

按照陶希晋先生的设想，最初是要研究制定一部《行政法通则》，②也就是要制定行政基本法。"先搞一个类似《民法通则》的'行政法大纲'，把一些行政法的基本规则、基本制度都写在里边。至于这个'行政法大纲'的内容，则不必一下子搞得很细，一下子搞得很细也不现实，先搞一个'毛坯子'性质的东西即可。"但是，后来深入研究发现，行政法非常庞杂，短期内草拟"行政法大纲"式的实体法难度太大。同时，国外立法例显示，除了极个别国家外，均没有类似《民法通则》模式的行政实体法典。行政法领域常见的、能够法典化的有两个领域：一是行政程序法典化，二是行政诉讼法典化。可是，当时制定行政程序法的时机还很不成熟。在此背景下，江平教授提出了"先程序、后实体"的新的立法思路，即以诉讼程序立法和实践促进实体法的不断完善。他说："如果我们有了行政诉讼法，就可以'民告官'，那么实体法的不完善就充分暴露出来了，这样就必须要重视实体法的完善，也才会加快实体法立法的步伐。"③ 1987 年，在《民事诉讼法（试行）》基础上制定正式民事诉讼法典时，行政诉讼究竟单独立法还是成为未来民事诉讼法典的一个章节的讨论，为行政诉讼制度的最终建立开了一个窗口。④

1987 年，中国共产党十三大报告提出："为了巩固机构改革的成果

---

① 行政立法研究组的成员有肖峋、高帆、费宗祎、朱维究、姜明安、张焕光和皮纯协等。参见何海波：《行政诉讼法》，北京，法律出版社，2011 年，第 16 页。

② 应松年口述、何海波整理：《与法同行》，北京，中国政法大学出版社，2015 年，第 94 页。

③ 《〈行政诉讼法〉出台的台前幕后》，载《沉浮与枯荣：八十自述》，江平口述、陈夏红整理，北京，法律出版社，2010 年，第 333 – 340 页。

④ 应松年口述、何海波整理：《与法同行》，北京，中国政法大学出版社，2015 年，第 94 页。

并使行政管理走上法制化道路，必须加强行政立法，为行政活动提供基本的规范和程序"，"要制定行政诉讼法，加强对行政机关和行政人员的监督，追究一切行政人员的失职、渎职和其他违法乱纪行为"。这一政治决议为行政立法工作的快速推进打了一针强心剂，《行政诉讼法》的草拟遂成为行政立法研究组的首要工作任务。1988年6月，行政立法研究组完成了《行政诉讼法》的试拟稿，并经过多次征求意见和反复修改完善，形成了《行政诉讼法（草案）》。

1989年4月4日，第七届全国人大第二次会议通过了《中华人民共和国行政诉讼法》，1990年10月1日起正式实施。这标志着我国行政诉讼法制百年近现代化进程的基本完成。[①] 这部行政诉讼法典带有浓厚大陆法系色彩，与民国时期的平政院和行政法院体制大异其趣，也改变了1982年行政争议解决的民事司法模式，建立起了既不同于大陆法系、又区别于英美法系的"民告官""混合一元制"行政诉讼审判体制，即在普通法院设立行政审判庭专司行政争议的司法解决。

也许"《行政诉讼法》宣示了法治的理想，却无法成为中国宪政的出路。行政诉讼制度的根本性改观，有待于社会转型的整体推进，特别是一个健康公民社会的成长，一个民主的政治体制的建设"[②]。但不可否认的是，新中国第一部行政诉讼法典，创设了一种崭新的官民纠纷解决的司法模式，使官民至少在诉讼程序上实现了法律地位的平等。《行政诉讼法》的出台，意味着官员也会犯错误，甚至会出现违法行为，对于这些行为可以通过诉讼程序予以纠正。这种新的行政的司法治理导向，有别于新中国成立前三十年通过组织和单位的力量解决官民纠纷的方式与方法。申言之，《行政诉讼法》的出台，是一种行政纠纷解决机制的转型更是一种行政思维方式上的巨大转变，即在程序上官和民都是平等的诉讼当事人，司法角色转换引发的官民心理结构调试、思维方式转变、行为模式转型是极其深远而又不可逆转的。正如姜明安教授所

---

① "比较有意思的是，《行政诉讼法》虽然属于行政法，但是它的立法过程，却是由全国人大法工委的民法研究室完成的。这是为什么呢？一方面，是因为民法研究室在当时力量还比较强；另一方面是因为《行政诉讼法》和民事权利保障有紧密的关系。"《〈行政诉讼法〉出台的台前幕后》，载《沉浮与枯荣：八十自述》，江平口述、陈夏红整理，北京，法律出版社，2010年，第341页。

② 何海波：《行政诉讼法》，北京，法律出版社，2011年，第14页。

言："《行政诉讼法》产生影响是巨大的，其中最大的影响是观念上的。"①

正是基于这个原因，当时很多乡镇等基层干部对行政诉讼立法不理解，认为自己全心全意为人民服务，如果民可以告官，就难以树立政府权威，行政管理也会因缺乏权威而失序、乱套。因此，在行政诉讼法草案征求意见时，许多基层干部向中央写信，对《行政诉讼法》的制定和出台提出了质疑、表达了困惑。

新中国《行政诉讼法》实施 24 年后，行政诉讼的体制和机制均出现了运行不畅的突出现象。立案难、审理难和执行难并存②，导致行政争议持续增加而法院受案数却维持不前的奇特法治景观。为了使行政诉讼制度更好地发挥化解矛盾、解决纠纷的法治功能，2014 年 11 月 1 日，第十二届全国人民代表大会常务委员会通过了《关于修改〈行政诉讼法〉的决定》，修改后的行政诉讼法于 2015 年 5 月 1 日起开始实施。至此，新中国《行政诉讼法》完成了第一次大修，法律条文从修改前的75 条增至 103 条。此次修法创设了很多新的诉讼制度，如机关负责人出庭应诉制、登记立案制、行政复议双被告制、行政诉讼附带民事诉讼制、规范性文件的附带审查制、有限的和解与调解制等。

根据 2017 年 6 月 27 日第十二届全国人民代表大会常务委员会第二十八次会议《关于修改〈中华人民共和国民事诉讼法〉和〈中华人民共和国行政诉讼法〉的决定》，新中国《行政诉讼法》实现了第二次修改。本次修改在《行政诉讼法》第 25 条增加一款，确立了中国大陆行政公益诉讼制度，并且我国行政公益诉讼的起诉人目前是唯一的，即各级人民检察院。至此，我国《行政诉讼法》，从单一的"民告官"制度，转变成为"民告官"和"官（检察院）告官（行政机关）"并行的司法体制，实现了主观诉讼和客观诉讼的双轮驱动。

---

① 何海波：《行政法治奠基时：1989 年〈行政诉讼法〉史料荟萃》，北京，法律出版社，2019 年，第 434 页。

② 参见信春鹰 2013 年 12 月 23 日在第十二届全国人民代表大会常务委员会第六次会议上作的《关于〈中华人民共和国行政诉讼法修正案（草案）〉的说明》。

（三）新中国行政法制的发展期（1990 年至今）

从十一届三中全会到行政诉讼法典颁行，新中国行政法制建设表现出外向激励型、部门行政法先行和地方先试的发展脉络与制度运行特征。同时，我国新时期行政法制建设也是从事后救济到事中行为规范不断试错优化的过程。先有行政诉讼法，再进一步完善行政行为法，以事后司法救济制度的精细化建设倒逼行政行为法制甚至行政组织法制的建立健全。

新中国《行政诉讼法》出台后，为了配合《行政诉讼法》的实施，应《行政诉讼法》带来的全新法治要求，20 世纪 90 年代初，我国出台了《行政复议条例》——该条例于 1999 年上升为《行政复议法》，行政复议制度为行政体系内解决争议提供了组织和程序保障。此外，1994 年我国制定了《国家赔偿法》，为行政赔偿和司法赔偿提供了法律依据，构成了我国行政法体系性建设的重要一环。此后，我国又陆续颁布了所谓的行政法"三部曲"——1996 年的《行政处罚法》、2004 年的《行政许可法》和 2011 年的《行政强制法》。除此，2000 年的《立法法》，规范了行政立法及其与法位阶关系；2006 年实施的《公务员法》，实现了公职人员规范的法典化。未来我国还要研究制定《行政收费法》、《行政程序法》甚至《行政法总（通）则》等法治政府建设不可或缺的重要法律。

全面依法治国首先是依宪治国，核心是依法行政。故此，在行政主导型国家治理模式下，国务院肩负着法治政府建设的重任。在行政领域立法不断完善的同时，国务院作为中央人民政府，自上而下强力推进依法行政建设。为此，1999 年，国务院颁布《关于全面推进依法行政的决定》（国发〔1999〕23 号），这是新中国历史上第一部有关依法行政的重要政府文件。2004 年 3 月，国务院在《政府工作报告》中首次明确提出了建设"法治政府"的目标。2004 年，国务院发布《全面推进依法行政实施纲要》（国发〔2004〕10 号），《纲要》要求全面推行依法行政，计划用十年时间基本实现法治政府建设目标，并对各级政府及其职能部门提出了明确和具体的法治要求：合法行政、合理行政、程序正当、高效便民、诚实守信、权责统一。不过，纲要实施几年后发现，要在十年内达到设定的行政法治目标，还有很多现实的困难有待克服。

为了进一步深化行政法治建设，2008 年，国务院颁布了《国务院关于加强市县政府依法行政的决定》（国发〔2008〕17 号），把行政法治建设的难点和重点置于市县级政府。2010 年，国务院出台了《国务院关于加强法治政府建设的意见》（国发〔2010〕33 号），将"依法行政"适时地上升为"法治政府建设"的高度，可以说依法行政建设至此升级到了 2.0 版。2015 年，中共中央、国务院印发《法治政府建设实施纲要（2015—2020 年)》，这表明我国对法治政府建设重要性的认识有了进一步提升，第一次将法治政府建设目标以中共中央文件的形式予以明确，我国法治政府建设上升到了执政党文件层面，可以说法治政府建设迎来了全新的 3.0 升级版。2021 年 8 月 2 日，中共中央、国务院印发《法治政府建设实施纲要（2021—2025 年)》，该纲要特别提到了数字政府和应急行政建设，开启了法治建设的 4.0 版。

如果说依法行政更多强调的是对行政机关行为范式的法治化要求，那么法治政府则是对政府治理形态、理念、目标特别是治理能力的整体性和系统性法治要求。随着法治政府建设目标的逐步实现，我国法治文明程度和社会文明程度也必将不断推进到更加崭新的高度。

进入新时代，为了精准推进法治政府建设，配合《法治政府建设实施纲要（2021—2025 年)》等法治政府建设重要文件决定的实施，国务院还积极稳妥地推动重大行政决策立法、完善红头文件的备案审查制度、建立权力（责任）清单制度，在全国范围内大力开展"放管服"改革，① 这些行政领域的改革措施，规范了行政活动，激发了市场活力，成为我国行政法治建设的有机组成部分。

总之，新中国特别是改革开放以来，我国行政领域实现了从依文件行政到依法行政，再到法治政府的行政法治类型变迁。同时，从单一的行政法治到全面依法治国下坚持法治国家、法治政府和法治社会一体建设，我国的法治类型及其目标设置实现了质的飞跃，走出了一条符合我国实际的行政法治建设道路。更为重要的是，我国政府机关在经济建设

---

① 2015 年 5 月 12 日，李克强总理在全国推进简政放权放管结合职能转变工作电视电话会议上首次提出"当前和今后一个时期，深化行政体制改革、转变政府职能总的要求是：简政放权、放管结合、优化服务协同推进，即'放、管、服'三管齐下"。2016 年国务院政府工作报告进一步提出"推动简政放权、放管结合、优化服务改革向纵深发展"。

等领域发挥着西方国家的行政机关难以企及的重要作用，这种独特的制度优势和运行逻辑亟待理论提升与学术总结，但作者的学力不逮，期待学界大家新的研究成果的问世。

第五章 我国行政法规的宪法规制

引 言

人类进入 20 世纪后，社会事务和社会矛盾骤增，导致行政职权的非理性扩张，其重要表现形式就是授权性行政立法甚至自主性行政立法开始大量出现，行政立法几乎成为调整社会关系的主要规范。及至"二战"前后，世界范围内经济危机、移民潮、城镇化运动再度拓展了行政职能，技术进步与社会风险使得议会立法更加无法及时有效回应社会发展需求，委任立法随之再次掀起高潮。① 总之，福利国家的出现改变了传统法治国家的"议行关系"格局，"法规命令位于立法和行政的交界地带"②，成为沟通立法和行政新的桥梁与纽带，行政立法甚至完全抛开代议机关的民主约束，直接作为行政执法的依据，西方传统宪制结构及其"依法律行政原则"遭受前所未有的剧烈冲击，行政法治开始展现出崭新的制度面貌。

新中国行政立法大规模出现于 20 世纪 80 年代。改革开放，春潮涌动，我国政治、经济结构发生了显著变化，为行政立法的"开疆拓土"提供了历史契机。然而，职权性和创制性行政立法的大量涌现与大肆扩张，引发了学界对行政立法泛滥的深深忧虑。故此，如何规范和控制行政立法权就成为我国法治政府建设中的重要议题。在我国行政立法的权力体系中，行政法规及其制定权居于"金字塔"的顶端，成为我国行政立法规范与完善的重中之重。本章试图通过研究宪法"驯化"行政法规制定权的可能性及其边界，力求实现两大目标：其一，通过宪法层面的合理控权，矫正行政法规制定权之不当扩张；其二，藉由行政立法

---

① 参见〔英〕威廉·韦德：《行政法》，徐炳等译，北京，中国大百科全书出版社，1997 年，第 560－561 页。

② 〔德〕哈特穆特·毛雷尔：《行政法学总论》，高家伟译，法律出版社，2000 年，第 59 页。

的合理用权和行政立法体系的完善，促进行政自制与体制优化。

一、我国行政法规制定权扩张的历史解释

在我国，行政法规特指由国务院依照宪法、法律以及《行政法规制定程序条例》规定的权限与程序制定的一般性行政规范，理论上属于我国"一元多层次"立法体制中的一个特定层次。① 而在其他国家，广义的行政法规一般泛指由行政机关制定的规范性文件。②

从大历史的视角来看，行政立法权的扩张与限缩是一个不断变化的动态发展过程。20 世纪以前的国家权力结构及其信条秉持开放的个人主义和自由主义，而从 20 世纪开始国家权力结构及其信条则发生了社会主义或集体主义转向，③ 这一历史转型打破了传统法治国家的严格分权模式，本应分属不同权力主体的"行政"和"立法"开始联姻并产生了"行政立法"。

行政立法的出现和迅速扩张，意味着民主治理模式因应能力的严重不足与依法律行政原则的体制性式微，也昭示着行政权一枝独秀背景下宪制结构的现代危机。对行政立法伴随经济社会与法治形态的发展变化而变化这一历史现象进行学理解释，也许可以间接回答我国行政法规制定权扩张背后的社会缘由与历史逻辑。

（一）君主制与"口衔天宪"

在西方，从中世纪末期封建王权兴起到 18 世纪的君主专制时期，一方面，"行政"是君主管理国家和臣民所采取手段与措施的通称；④ 另一方面，这一时期的行政权往往以警察权的面目出现，其国家治理形

---

① 参见章剑生：《现代行政法专题》，清华大学出版社，2014 年，第 275 页。

② 如在英国法治中，法规或行政法规主要是指由枢密院、议长及经授权的其他行政机关等依据法令的授权而制定的规范性文件。参见〔英〕迈克尔·赞德：《英国法：议会立法、法条解释、先例原则及法律改革》，江辉译，中国法制出版社，2014 年，第 179 页下注。

③ 参见〔英〕丹宁勋爵：《法律的训诫》，杨百揆等译，北京，法律出版社，2011 年，第 71 页。

④ 参见陈慈阳：《行政法总论：基本原理、行政程序及行政行为》，台北，翰芦图书出版有限公司，2005 年，第 7 页。

态被称之为"警察国家"①。在分权原则确立前的民族国家形成早期，西方国家的最高权力掌握在君主手中，君主通过行使行政权实现对国家的有效控制，立法权与司法权（尽管对司法权争夺的历史更加复杂，但最终也实现了国家对司法的整体垄断）均附属于行政权。可见，君主权是行政权的源流②，君主意志是最早的（行政）立法。"一切事件由国王任意支配"③，"君主喜欢的东西就具有法律效力"④，君主意志是最原初的法律渊源。

在我国延续两千多年的专制社会里，礼乐的法律化和法律的礼教化共同建构着国家的基本规则体系。同时，基于专制皇权的时代局限和泛行政化主义倾向，律令等正式法源都具相当程度行政立法的属性，比如秦代的律、令、式等法律形式或直接出于皇帝，或出于皇权下的行政机关；唐宋以来，国家大型成文法的编纂工作也均由皇帝主导，行政官员直接参与编修。

无论是欧洲还是中国，近代以前几乎所有的成文法都是君主意志的产物，即所谓"法自君出"和"口衔天宪"。可见，行政立法是古代社会的主要法律渊源，直至权力分立学说诞生后，才开始出现了真正的民主立法，也只有在这个意义上，才有所谓的议会立法和行政立法之分。

（二）严格分权主义与"传送带"理论

"混合均衡政体理论"是早期分权理论的雏形。⑤ 古希腊思想家亚里士多德在《政治学》中，首次将城邦事务划分为议事、行政、审判三大机能，开分权思想之先河。⑥ 至中世纪，意大利思想家马基雅维利在《君主论》一书中提出了"混合政体"概念，主张由君主、贵族和

---

① 参见陈鹏：《公法上警察概念的变迁》，《法学研究》2017年第2期。
② 参见张慰慈：《政治学大纲（外二种）》，芜湖，安徽师范大学出版社，2017年，第223页。
③ 〔日〕穗积陈重：《法律进化论》，黄尊三等译，北京，中国政法大学出版社，2003年，第47页。
④ 古罗马法学家乌尔比安语。参见〔意〕朱塞佩·格罗索：《罗马法史》，黄风译，北京，中国政法大学出版社，1994年，第320页。
⑤ 〔英〕M. J. C. 维尔：《宪政与分权》，苏力译，北京，生活·读书·新知三联书店，1997年，第3页。
⑥ 参见〔古希腊〕亚里士多德：《政治学》，吴寿彭译，北京，商务印书馆，1965年，第215页。

人民根据自身长处分别行使不同权力。① 直到 17 世纪，英国资产阶级革命爆发，新兴阶级开始不断地从封建国王手中夺取权力。在此背景下，英国思想家洛克强调立法权与行政权的分立，试图通过立法权限制国王的行政权，② 这一分权思想为英国君主立宪政体的最终确立提供了坚实的理论支撑。③ 洛克的思想深刻地影响了孟德斯鸠等法国启蒙运动先驱，在《论法的精神》一书中，孟德斯鸠发展了洛克的学说并系统地提出了立法、行政、司法三权分立的学说。④

严格来讲，"孟德斯鸠所讲的权力分立实质上是两权分立而非三权。司法权之所以在'某种意义上不存在'，是因为司法权在性质上与立法权、行政权不同，它不是一种'国家性的权力'，而是一种'市民性的裁判权力'"⑤。故此，由于司法权的民间性、先在性和独立性，权力间的功能性分工，从逻辑和历史两个方面观察，都主要是在立法和行政之间进行的。当然，这不足以否定三权分立理论的历史意义。

教科书式的三权分立原则率先在大洋彼岸的美国宪法中得以贯彻。秉持严格的分权主义，美国宪法将行政权限缩在狭小的范围内，特别是在国内事务方面。联邦宪法第 1 条第 1 款规定："本宪法所授予的所有立法权力应被赋予合众国国会。"据此，在美国联邦政府成立后的五十年内，国会的立法权高度警惕和限制着总统的行政权。同时，联邦法院为维护分权体制，根据上述宪法条款还确立了"禁止立法权授予"原则，⑥ 该原则要求立法机关必须制定规则、标准、目标或"可理解的原则"指引行政权的行使，包括总统在内的行政机关被禁止行使立法

---

① 参见〔意〕尼科洛·马基雅维里：《君主论》，潘汉典译，北京，商务印书馆，2019 年，第 45－50 页。

② 参见〔英〕约翰·洛克：《政府论（下篇）》，瞿菊农、叶启芳译，北京，商务印书馆，1997 年，第 89 页。

③ 参见赵洪刚：《论洛克的权力分立理论》，《辽宁师范大学学报》2007 年第 3 期。

④ 参见〔法〕孟德斯鸠：《论法的精神（上册）》，张雁深译，北京，商务印书馆，2004 年，第 155 页。

⑤ 参见程春明：《司法权及其配置：理论语境》，北京，中国法制出版社，2009 年，第 12－27 页；李栋：《司法审判权与政治统治权两权分立理论的"知识考古"及其合理性评说——以英格兰"中世纪宪政主义难题"为线索》，《比较法研究》2011 年第 6 期。

⑥ 参见高秦伟：《美国禁止授权原则的发展及其启示》，《环球法律评论》2010 年第 5 期。

权。① 在美国建国后的百年时间内，美国联邦最高院坚守着权力之间的宪法边界，严禁国会将立法权授予总统及行政机关。② 在整个美国行政法治发展的早期阶段，行政机关的立法和创制权被禁止，行政自由裁量这一隐形政策型塑权也得到了有效控制。在议会民主和精英司法的合力下，早期美国社会卓有成效地抑制着行政权活泼基因的自我复制，从而为公民自治和市场自由留足了空间。

美国制宪会议之后不久，法国大革命爆发，大革命后的 1791 年宪法是法国第一部成文宪法，其以近乎僵化的机械分权著称于世。法国1791 年宪法第 4 条第 6 款规定："执法权力不得制定法律——即使是临时性法律。"据此，国王和行政机关的立法权被严格剥夺③，当然，行政权与司法权也永远分离，确立了"审判行政，仍然是行政"④ 的独特行政审判体制。有学者指出，权力分立在法国扮演的角色和在美国所扮演的角色是不同的，美国的分权学说是革命情境下可讨论的逻辑问题，而法国的分权学说则被作为一种明确的意识形态立场被激烈地坚持，立法权属于人民和人民主权原则受到了革命时期法国人民的热烈拥戴，⑤选举产生的立法机关负责表达意志，行政机关严格执行被表达的意志，这种刻板的分权理论被应用于立法机关和行政机关关系调处的现实法治实践中。⑥ 由于极端的分权主义实难践行，在 1958 年法国宪法中，又不得不授予部分行政机关立法权力，但总的来说，第五共和国以前，法国一直坚持立法、执法相对严格的分权政体。

在严格分权主义理念下，立法权与行政权被严格界分，禁止权力混同。⑦ 按照权力分立的严格主义，立法的正当性基础在于社会合意，而社会合意的形成须借助代议制度，故此，立法权须由民选的代议机关行

---

① 参见〔美〕理查德·B. 斯图尔特：《美国行政法的重构》，沈岿译，北京，商务印书馆，2011 年，第 6 页。

② 143 U. S. 649, 692 (1892).

③ 参见张千帆：《法国与德国宪政》，北京，法律出版社，2011 年，第 11 页。

④ See Henrion de Pansey, De l'autorite judiciaire en France, 1818, p. 11.

⑤ 当然，法国的刻板分权主义也不是绝对的，法国最高行政法院即早期的"国家参事院"就是一独特的制度存在，其始终享有立法案的起草权，成为法国宪制上一道独特的风景线。

⑥ 〔英〕M. J. C. 维尔：《宪政与分权》，苏力译，北京，生活·读书·新知三联书店，1997 年，第 169－177 页。

⑦ 参见王名扬：《美国行政法（上）》，北京，中国法制出版社，1999 年，第 99 页。

使。与此相对，由非民选行政官员制定的社会政策缺乏民意基础，因而不具有民主正当性。可见，在严格分权理论的语境里，行政权被设想成为一个纯粹的"传送带"，其职责仅为"在特定案件中严格执行立法指令"①。

"依法律行政"这一或明或暗的宪法原则，在立法和行政之间发挥着沟通和桥梁作用。"传送带"理论形象地描述了这种法治关系和状态，该理论要求行政机关及官员只能作为"由立法程序协调而成的民意的忠实实施者"②，"传送带"支配下的行政法治模式又被称为"行政法的传统模式"。其实，美国学者古德诺（Frank Johnson Goodnow）早就对此做过论述："就政治行为来说，不仅要求统治者的意志在能够被执行之前就表述或表达出来，还要求把这种意志的执行在很大程度上委托给一个不同于国家意志表达机关的机关。……因此，在所有的政府体制中都存在着两种主要的或基本的政府功能，即国家意志的表达功能和国家意志的执行功能。"③ 当然，"行政法的传统模式"作为特定历史阶段的制度实践，注定无法满足经济社会进一步发展的需要。

（三）行政职能的拓展与行政立法的产生

"权力不能混同的观点是 18 世纪行政情况简单的反映。"④ 及至 19 世纪末 20 世纪初，垄断资本主义的出现与发展，促发了行政职能的拓展，分权原则被不断地侵蚀和突破。⑤ 尤其是"二战"前后，行政权的拓展与委任立法的大量出现，宣告以严格分权主义为内核的"行政法传统模式"的破产。西方国家纷纷从"法治国家"迈入"福利国家"甚至"行政国家"时代。

---

① 〔美〕理查德·B. 斯图尔特：《美国行政法的重构》，沈岿译，北京，商务印书馆 2011 年，第 10－11 页。
② 〔美〕杰瑞·L. 马肖：《行政国的正当程序》，沈岿译，北京，高等教育出版社，2005 年，第 17 页。
③ 〔美〕弗兰克·J. 古德诺：《政治与行政：一种对政府的研究》，王元译，上海，复旦大学出版社，2011 年，第 6、13 页。
④ 王名扬：《美国行政法（上）》，北京，中国法制出版社，1999 年，第 99 页。
⑤ 参见赵震江：《分权制度和分权理论》，成都，四川人民出版社，1988 年，第 161 页。

美国 19 世纪末政府职权开始膨胀，行政机构的数量也日趋增加。① 与此同时，授权立法在美国悄然兴起，至 20 世纪初，美国联邦最高院已经不再坚持严格的"授权立法禁止原则"。在 1928 年"汉普顿公司诉美国案"中，联邦最高院认为只要授权具有明确性即属合法授权。②

德国行政职能的拓展比美国更加深刻，两次世界大战的爆发（行政权借助军权的疯狂扩张）和《魏玛宪法》的颁行（社会主义依靠行政权对个人主义的抑制）就是明证。1948 年，德国《基本法》正式承认联邦政府、州政府等藉由授权可制定法规命令。③《基本法》第 85 条第 2 句就明确规定："联邦政府经联邦参议院的批准可以颁布一般性的行政法规，它有权规定官员和雇员的统一培训。"④ 据此，德国的行政立法分为两大类：发生外部效力的条例（"外部法"）和只发生内部效力的行政规则（"内部法"）。其中，前者主要在内容和作用方面补充法律的规定，属于执行性的行政立法，又分为特别条例、机构条例和其他行政条例；后者有时被称为"原始行政法"，属于行政"家主权"的用权范围，"行政机关制定行政规则的主要目的是控制下级机关对不确定法律概念的解释和适用、判断余地的运用和裁量权的行使"⑤。

"二战"后的日本于 1946 年颁布了《日本国宪法》，日本宪法第 73 条第 6 项规定："内阁除执行一般行政事务外，执行下列各项事务：六、为实施本宪法及法律之规定而制定政令。但在此种政令中，除法律特别授权者外，不得制定罚则"⑥。这被视为日本委任立法即授权性行政立法的宪法条款。由于深受依法律行政原则的影响，与德国一样，日本一般不承认职权性行政立法存在的正当性。在学理上，日本也根据内外效果之不同将行政立法分为：法规命令（外部效果）和行政规则（内部

---

① 参见〔美〕德怀特·沃尔多：《行政国家：美国公共行政的政治理论研究》，颜昌武译，北京，中央编译出版社，2017 年，第 130 页。

② 参见雷文玫：《授权明确性原则的迷思与挑战——美国立法授权合宪界限之讨论对释字五二四号解释与全民健保的启示》，《政大法学评论》2004 年第 79 期。

③ 参见〔德〕康拉德·黑塞：《联邦德国宪法纲要》，李辉译，北京，商务印书馆，2007 年，第 404 页。

④ 肖蔚云等：《宪法学参考资料》（下册），北京，北京大学出版社，2003 年，第 1046 页。

⑤ 参见〔德〕汉斯·J. 沃尔夫、奥托·巴霍夫、罗尔夫·施托贝尔：《行政法》（第一卷），高家伟译，北京，商务印书馆，2007 年，第 242 - 246 页。

⑥ 肖蔚云等：《宪法学参考资料》（下册），北京，北京大学出版社，2003 年，第 1059 页。

效果）两大类。其中，法规命令又分为国家的法规命令和地方公共团体的法规命令。根据上述《日本国宪法》第 73 条第 6 项、《内阁法》第 11 条、《内阁府设置法》第 7 条第 3 项和《国家行政机关组织法》第 12 条和 13 条之规定，国家的法规命令包括内阁的政令、总理大臣的内阁府令、各主任大臣的省令、各外局首长等的外局规则、会计检查院与人事院等独立机关的规则；根据《地方自治法》第 13 条第 1 款的规定，地方公共团体的法规命令则有首长和各委员会规则。所谓的行政规则，是指行政机关制定的，调整行政机关内部和它们相互之间关系，不发生外部法律效果的规定。其种类主要涵盖组织性规定、处理特别权力关系的规定、行政机关的行动基准和行政指导基准等。①

在以"严格分权主义"著称的法国，第四共和国时期仍试图坚持议会的立法主权。法国 1946 年宪法第 13 条规定："只有国民议会能制定法律。这个权力不能委托。"尽管宪法明确禁止授权行政机关行使立法权，但到了第四共和国末期，这种立法与执行严格分立的制度实践开始逐步瓦解并最终宣告失败。② 第五共和国在 1958 年宪法中，通过第 34 条议会保留条款和第 37 条、第 38 条行政立法条款，在宪法层面划分了议会立法和行政立法的权限边界，承认了委任立法甚至明确规定了职权性行政立法，要求国会立法不能侵犯属于行政条例的立法权限。③ 根据 1958 年宪法的规定，④ 行政机关可以制定四种内容不同的条例：①执行条例（宪法第 21 条之规定），即总理为明确执行法律和补充法律的规定而制定的条例；②自主条例（宪法第 37 条之规定），即中央政府

---

① 参见〔日〕盐野宏：《行政法总论》，杨建顺译，北京，北京大学出版社，2008 年，第四版，第 59 - 64 页。

② 参见张千帆：《法国与德国宪政》，北京，法律出版社，2011 年，第 13 页。

③ 〔法〕让·里韦德、让·瓦利纳：《法国行政法》，鲁仁译，北京，商务印书馆，2008 年，第 355 - 371 页。

④ 法国第五共和国宪法第 16 条第 1 款规定："当共和国体制、国家独立、领土完整或国际义务的履行受到严重和直接的威胁时，以及依据宪法产生的公共权力机构正常行使职权被中断时，共和国总统在同总理、议会两院议长和宪法委员会主席正式磋商后，根据形势采取必要的措施。"该宪法第 21 条第 1 款规定："总理领导政府的活动。总理对国防负责，总理确保法的执行。除第十三条的规定外，总理行使制定条例的权力并任命文职人员和军职人员。"该宪法第 37 条第 1 款规定："不属于法律规定的范围的事项，其特点是由条例来制定。"该宪法第 38 条第 1 款规定："政府为了实施其施政纲领，可以要求议会授权它在一定期限内以法令来对通常属于法律范围的事项采取措施。"参见肖蔚云等：《宪法学参考资料》（下册），北京，北京大学出版社，2003 年，第 989 - 992 页。

依照宪法第 37 条规定无须法律根据自主制定的条例；③法令条例（宪法第 38 条之规定），是指政府为实施政纲起见，可要求议会授权其在一定期限内，以法令的形式规定本属法律范围内的事项；④紧急情况条例（宪法第 16 条之规定），系指总统为应对危机在紧急状态下制定的条例。①

福利国家即行政国时代的不期而至，极大地促进了行政立法权限范围的扩大。行政立法发展到今天，已成为各国法规范的主体，正如有学者在描述法国行政立法时表述的那样："在法律和条例的关系上，条例是汪洋大海，法律是大海中的几个孤岛。"②

行政立法权勃兴背后的历史逻辑和现实考量是多方面的：

其一，在经济层面，行政职能拓展是经济社会发展的必然结果。对这一问题的理解可以分为三个梯度：①行政事务的拓展始于早期工业革命。18 世纪以来，工业革命极大地解放了生产力，推动着资本主义经济社会向前发展。煤、铁等原材料为工业生产奠定物质基础，蒸汽机对工业机械化的促进，以及科学技术与工业的结合等因素，为资本主义发展创设了绝佳的历史条件。③ 资本主义经济发展直接导致了社会分工在纵横两个向度上的精细化，社会分工的加剧意味着行政监管对象多元与丰富，进而需要更多的行政机构及其工作人员参与新的经济社会事务的管理。更为重要的是，经济发展与社会分工对行政职能的拓展，是一个至今仍未停息的持续性过程。② "重商主义"的失败推动了行政改革。随着社会的进一步发展，西方早期"重商主义"逐渐被自由贸易所取代。④ 在"重商主义"阶段，政府可采用的行政手段相对简单，即通过关税调整经济，政府职能配置也相对单一。⑤ 而到了自由贸易阶段，政府需要为经济发展承担更多的、更复杂的"辅助性"责任。该阶段政府虽退居"守夜人"角色，但其公共服务性职能却得到了拓展。"国家

---

① 王名扬：《法国行政法》，北京，中国政法大学出版社，1997 年，第 142－145 页。

② 王名扬：《法国行政法》，北京，中国政法大学出版社，1997 年，第 142 页。

③ 参见〔德〕马克思·韦伯：《社会经济史》，郑太朴译，北京，中国法制出版社，2011 年，第 213－214 页。

④ 参见〔美〕杰弗里·弗里登：《20 世纪全球资本主义的兴衰》，杨宇光等译，上海，上海人民出版社，2009 年，第 4 页。

⑤ 参见〔英〕约翰·希克斯：《经济史理论》，厉以平译，北京，商务印书馆，1987 年，第 166 页。

之任务增加及社会复杂化，皆会与法律数目之多寡成正比，而法律多寡亦与行政授权之数目成正比。"① 可见，行政任务的复杂化，为行政立法的发生埋下了早期伏笔。③经济危机直接导致行政立法的勃兴。自由市场否定政府干预，而对市场的放任导致了 20 世纪上半叶的经济大萧条。经济危机的爆发为国家干预与政府扩张提供了世界性的历史契机。1933 年，罗斯福上台后，"政府比以往大幅度地运用政策工具"，以便应对经济衰退。② 1935 年至 1936 年间，罗斯福总统通过推动"换血计划"赢得了与最高法院之间斗争的胜利，③ 联邦政府（狭义上的）的主体性地位得到了空前增强，行政立法的正当性获得了承认。在新政期间，政府各层级均增设了大量的行政机构，聘任了大量政府雇员，出台了大量的行政立法。美国之外的其他西方国家，也同样存在通过行政立法进行经济社会调整的普遍需求，政府职能藉由全球经济危机而急速扩张，行政立法的权力扩张已成为当代世界行政法治发展的必然趋势和显著特征。

其二，在政治层面，行政立法权扩张是民主政治发展到特定历史阶段的产物。自 19 世纪末期至今，民主主义的发展变化为行政立法的蓬勃发展提供了政治土壤：①代议制民主的局限性导致立法权的主体转移。随着国家任务的急剧增加，代议制民主在立法能力和立法效率上的不足逐渐显现。受会议期限的限制，代议机关没有充分的时间和精力讨论日益增多的立法问题，立法机关只能就重要的、宏观性的立法事项进行讨论，而细节性的立法问题逐渐移转至行政机关。④ ②西方政党功能的弱化也间接地强化了行政立法职能。利益代表是政党的核心功能，政党功能弱化的实质是利益代表机制出现了危机。⑤ "在 20 世纪的后几十年里，政党越来越缺少聚集和表达公众不断异化要求的能力是世界总体

---

① 陈新民：《行政法学总论》，台北，三民书局，2005 年，第八版，第 254 页。

② 〔美〕乔森那·休斯、路易斯·P. 凯恩：《美国经济史》，邸效燕、邢露等译，北京，北京大学出版社，2011 年，第七版，第 515 页。

③ 参见〔美〕埃里克·劳赫威：《大萧条与罗斯福新政》，陶郁、黄观宇译，北京，译林出版社，2018 年，第 109 - 122 页。

④ 参见曾祥华：《行政立法的正当性研究》，北京，中国人民公安大学出版社，2007 年，第 57 页。

⑤ 见柴宝勇：《政党功能：涵义与内在逻辑》，《长白学刊》2011 年第 3 期。

的发展趋势。"① 随着政党利益表达功能的弱化，公众开始向行政部门直接表达诉求。行政机构的问题解决功能不得不予以强化，为此，赋予行政以必要的规则制定权就成为必然的社会需求。③垄断资本主义的出现促使权力不断向行政领域聚集。垄断资本的尾大不掉对权力的动态调整影响甚巨。垄断资本通过控制生产活动，间接地控制了政治经济秩序。② 政治权力逐渐向垄断资本控制的政府手上集中，立法机关的权力被不断地侵蚀和限缩，分权原则被时常突破。议会主导型民主政治逐渐向行政主导型民主政治转变。③ 在国家法律体系和立法形式上则表现为，授权立法即委任立法甚或职权性行政立法的数量与日俱增。

　　其三，在技术层面，科学技术的发展为议会立法树立了沟壑林立的专业壁垒。委任立法的出现及其数量的激增，同科技发展对立法的影响密切相关，④ 科学技术的发展加速了法律的专业化、部门化和条块化。当代议机关无法因应立法的技术性壁垒时，不得不借助甚至让权于更具专业和技术优势的行政机关开展立法活动。技术壁垒的成因主要有：①代议机关的立法者在科技知识储备上的不足。代议机关作为民选机构，其成员多是民选的政治家而非科学家。当具体立法任务涉及科学技术或行政专门知识时，传统立法者立法能力不足的问题暴露无遗，于是，不得不求助于特定领域的学术专家或行政专家，为此，西方议会逐渐形成了将专业问题委托立法或授权立法的惯例。②代议机关对新事物的了解明显滞后。当新情况、新事物、新问题出现时，最早作出反应的永远是相关领域的行政机关，而立法的反应必然滞后于行政。当需要对新事物进行法律规制时，行政机关已掌握了大量调查统计资料，其相较于立法机关而言，至少在前期具有更强的信息优势和经验优势。③代议机关跨部门协作方面的乏力。科技发展带来的社会问题日益复杂，立法也需要避免碎片化问题。更多的跨部门、跨学科、跨区域立法需求不断拷问着传统的分权结构。代议机关与行政机关比较，在跨部门、跨学

---

① 毕雁英：《宪政权力架构中的行政立法程序》，北京，法律出版社，2010 年，第 35 页。

② See Robert W. Cox, *Production*, *Power*, *and World Order*: *Social Forces in the Making of History*, Columbia Univ Press, 1987, p. 1.

③ 参见施雪华：《论西方国家的资本形式与政治形式的相互关系》，《武汉大学学报（社会科学版）》2001 年第 6 期。

④ 参见赵震江：《分权制度和分权理论》，成都，四川人民出版社，1988 年，第 162 页。

科、跨区域立法方面的劣势明显，立法者知识结构的固化、信息储备的碎片化和问题体验的间接性，使其难以应对日趋复杂而繁重的立法任务。于是，代议机关不得不委托或授权行政主体制定相关规范。

其四，在思想层面，分权理论呈现多元化发展趋势。20世纪以来，尤其是"二战"以后，科技进步、人口集中、城镇化、数据化和智能化的加速发展，导致行政权在事实层面上的不断扩张。为了应对社会发展的现实需要，分权理论及其隐含的宪政思想也不得不作出相应调整：①严格分权主义之摒弃。20世纪以来，学者们对孟德斯鸠的分权学说进行了不断地反思与改良，"法规命令手段对现代国家是必不可少"的共识逐步达成。① 德国公法学界在反思法国大革命后的政治制度时强调，传统的严格分权主义模式是一种"超越时代的但因背离了实证宪法而其重要性减弱了的教义"②。②对行政立法正当性之承认。法国大革命之后的百年时间内，虽然在立法上坚持授权立法禁止原则，实践中却不得不依靠强大的行政权治理国家。自狄骥开始，法国公法学就不再坚持严格分权学说，逐步探讨行政立法存在的正当性与必要性问题了。③时至今日，行政立法制定权存在的容许性与正当性已经得到了普遍承认。④ 因为即便从执法的角度而言，裁量基准的一般化和法律执行规范的细化，也是不可避免的。"一般说，人们至少相信，为执行法律而制定规章条例是可以的，这可使国家保持最低限度的社会秩序。在法律尚未顾及的领域，独立自主地制定规章条例以维持社会秩序，显然是必要的、正当的；没有这种规章条例，法律的大环境也会恶化。"这样，在法国，"自1926年起，立法机关不打算全部完成，或者说自己不再觉得能够胜任所面临的全部使命"⑤。③"禁止授权原则"之发展。在改良

---

① 〔德〕哈特穆特·毛雷尔：《行政法学总论》，高家伟译，北京，法律出版社，2000年，第59页。

② 〔德〕康拉德·黑塞：《联邦德国宪法纲要》，李辉译，北京，商务印书馆，2007年，第388页。

③ 〔法〕莱昂·狄骥：《宪法学教程》，王文利等译，沈阳，辽海出版社、春风文艺出版社，1999年，第85－86页。

④ 参见〔日〕平冈久：《行政立法与行政基准》，宇芳译，北京，中国政法大学出版社，2014年，第4－6页。

⑤ 〔法〕让·里韦德、让·瓦利纳：《法国行政法》，鲁仁译，北京，商务印书馆，2008年，第356页。

后的分权制衡原则下，如何重新划分行政权与立法权之界限，成为宪法学研究的重要问题，而英美法系与大陆法系对这一问题的解决方案逐渐趋同。德国在吸取魏玛宪政崩塌惨痛教训的基础上，发展出了"授权明确性原则"，以此处理立法和行政在委托立法上的关系，同时也起到了限制行政立法的作用。① 授权明确性是对"空白授权"和"概括授权"的强力反制，"是不得已情况下为维系权力分立于不坠的预防武器，也可以说是权力分立原则为防止名存实亡所设的最后一道防线。"授权明确性原则不仅要求行政立法在形式上要有法律的授权，而且要求"授权母法"的授权规定本身必须明确此项授权的"内容"（Inhalt）、"目的"（Zweck）和"范围"（Ausmaβ）。否则授权母法本身就是违宪和无效的，根据该授权母法所制定的行政立法因失去其授权依据亦归于无效。② "授权明确性原则"作为法律保留原则的逻辑延伸和制度续造，逐渐发展成为调处立法权与行政权关系的重要法治原则。在美国，"禁止授权原则"也在罗斯福新政时期被联邦最高法院改良，转向支持有"明确指引"的行政立法活动。③

二、我国行政法规制定权的历史发展

如前所述，在我国，行政法规是一种法律概念，特指国务院依据宪法、法律特别是《行政法规制定程序条例》的规定程序和权限而制定的行政规范，其属于我国"一元多层次"立法体制中的一个特定层次。④ 当下，行政法规在我国"立法国家一元主义"的立法体系中地位特殊，其上承宪法、法律，下接地方性法规、行政规章，起到了融贯国家法律体系的桥梁和纽带作用。⑤ 我国行政法规之独特地位，一方面系由其制定主体的唯一性和特殊性所决定，另一方面则源于其权力依据的直接宪法性和效力范围的全国性。

---

① 参见〔德〕哈特穆特·毛雷尔：《行政法学总论》，高家伟译，北京，法律出版社，2000年，第335页。

② 参见许宗力：《法与国家权力》，台北，元照出版公司，1999年，第216–218页。

③ 参见高秦伟：《美国禁止授权原则的发展及其启示》，《环球法律评论》2010年第5期。

④ 参见章剑生：《现代行政法专题》，北京，清华大学出版社，2014年，第275页。

⑤ 参见邹奕：《论我国行政法规的宪法基础》，《法学论坛》2012年第6期。

就我国行政法规及其制定权的历史沿革而言，大致可分为以下三个历史阶段：

（一）《共同纲领》与行政法规制定权

从新中国成立到"五四宪法"颁布前的五年间，我国行政权与立法权关系边界勘定的依据是具有临时宪法性质的《中国人民政治协商会议共同纲领》（以下简称《共同纲领》）。《共同纲领》第 12 条第 2 款规定："国家最高政权机关为全国人民代表大会。全国人民代表大会闭会期间，中央人民政府为行使国家政权的最高机关。"《共同纲领》第 13 条第 2 款规定："在普选的全国人民代表大会召开以前，由中国人民政治协商会议的全体会议执行全国人民代表大会的职权，制定中华人民共和国中央人民政府组织法，选举中华人民共和国中央人民政府委员会，并付之以行使国家权力的职权。"《共同纲领》第 16 条规定："中央人民政府与地方人民政府间职权的划分，应按照各项事务的性质，由中央人民政府委员会以法令加以规定，使之既利于国家统一，又利于因地制宜。"据此，这一时期我国立法体制采中央立法和地方立法二元结合模式。不过，值得强调的是，无论是中央立法还是地方立法，都是国家立法的有机组成部分。

"在中央，享有立法权的主体是中国人民政治协商会议全体会议和中央人民政府委员会。"① 根据 1949 年第一届中国人民政治协商会议通过的《中华人民共和国中央人民政府组织法》第 15 条第 1 项之规定，政务院有权颁发决议和命令，并审查其执行。该法第 19 条规定："各部、会、院、署、行，在自己的权限内，得颁发决议和命令，并审查其执行。"可见，新中国成立初期并未明确授予政务院及其各部委行政立法权，它们通过颁发"决议"和"命令"，以抽象规范的形式履行着执行法律的职责，特别是政务院制定的一系列组织法意义上地方政权建设方面的组织通则，成为未来国务院行政法规制定权的雏形。② 这种立法配置格局主要基于以下三个原因：

---

① 倪洪涛：《新中国地方立法权：历史、歧视及矫正——以 2015 年〈立法法〉修改为中心的论证》，《湘潭大学学报》2017 年第 6 期。

② 参见刘莘：《行政立法研究》，北京，法律出版社，2003 年，第 49 页。

其一，新政权的"人民性"和历史任务的特定性决定了当时国家立法权配置的特殊性。一方面，一直以来，政府是代表人民利益的，整个国家活动被深深地镶嵌于"人民性"之中；另一方面，新中国成立初期，我国国内代表人民的革命力量与反革命势力之间的斗争尚未结束，新生的人民民主专政政权的主要任务是通过对敌专政平复社会秩序。新中国建立伊始面临着三大紧迫任务：一是解放全中国，防止国家分裂。《共同纲领》第 2 条明确规定："中华人民共和国中央人民政府必须负责将人民解放战争进行到底，解放中国全部领土，完成统一中国的事业。"二是镇压反革命，维护基本社会秩序。《共同纲领》第 7 条规定："中华人民共和国必须镇压一切反革命活动，严厉惩罚一切勾结帝国主义、背叛祖国、反对人民民主事业的国民党反革命战争罪犯和其他怙恶不悛的反革命首要分子。"三是组建各级新政权。为此，中央制定了《中央人民政府组织法》（1949 年）、《中央人民政府政务院及其所属各机关组织通则》（1949 年）；为了地方政权建设，政务院制定了《大行政区人民政府委员会组织通则》（1949 年）、《省人民政府组织通则》（1950 年）、《市人民政府组织通则》（1950 年）、《县人民政府组织通则》（1950 年），1952 年 8 月 8 日，中央人民政府委员会还批准通过了《中华人民共和国民族区域自治实施纲要》。[①] 综上可知，新中国成立之初的特殊历史任务和新政权深刻的"人民性"决定了立法还不是非常紧迫的工作任务。"法律止于战争"，当时很长一段时期内，全国很多地方还处于军事管制状态，也不可将和平立法视为重要工作推进。如《共同纲领》第 14 条就明确规定："凡人民解放军初解放的地方，应一律实施军事管制，取消国民党反动政权机关，由中央人民政府或前线军政机关委任人员组织军事管制委员会和地方人民政府，领导人民建立革命秩序，镇压反革命活动，并在条件许可时召集各界人民代表会议。"据此，新中国建立初期，除了制定了一系列的组织法和国旗、国徽、国歌等共和国标志的有关决议外，其他立法工作并未纳入政权建设和社会发展的议事日程。

其二，"议行合一"体制决定了当时立法权配置的特殊性。新中国

---

① 参见倪洪涛：《新中国地方立法权：历史、歧视及矫正——以 2015 年〈立法法〉修改为中心的论证》，《湘潭大学学报》2017 年第 6 期。

成立之初，新政权的建设尚处于初创时期，中央人民政府是典型的"联合政府"，中央人民政府委员会实行的是"具有分权色彩的议行合一体制"①。中央政府委员会作为法定的国家最高政权机关，在 1949—1954 年间既有立法机关属性也有行政机关属性，其与政治协商会议一起承担了临时"议会"的国家职能，又与政务院一起行使着国家的最高行政职权。从《中央人民政府组织法》（1949 年）第 7 条有关中央人民政府委员会职权的规定也可以看出，中央人民政府委员会兼具立法与行政的双重属性。这种"议行合一"体制决定了由行政机关行使部分立法权具有法理上和历史上的正当性，特别是政务院制定的地方政权建设组织通则，比后来的行政法规的法位阶还高，甚至具有宪法相关法的部分属性。

其三，新中国成立初期的立法需求决定了当时立法权配置的特殊性。新中国成立后即宣布废除旧法统，国民党政府的"六法全书"被悉数废止。② 与此同时，新中国的立法体系尚未建立，执法活动与司法活动的规范缺口极大。为了填补立法空白，在 1949 年至 1954 年五年间，人民政治协商会议全国委员会全体会议、中央人民政府委员会、政务院及其各部委和地方各级人民政府委员会，都承担了一定的立法任务，比如地方人民政府委员会在各自辖区内均享有暂行条例或法令的拟定权。③ 同时，政务院也颁布了一些"决议和命令"性质的规范性文件，如《全国年节及纪念日放假办法》（1949 年）、《民族区域自治实施纲要》（1952 年）、《政务院关于保障一切散居的少数民族成分享有民族平等权利的决定》（1952 年）。可见，在新中国成立之初，行政立法

---

① 秦立海：《从〈共同纲领〉到"五四宪法"——1948—1954 年的中国政治》，北京，人民出版社，2017 年，第 118 页。

② 参见何勤华：《论新中国法和法学的起步——以"废除国民党六法全书"与"司法改革运动"为线索》，《中国法学》2009 年第 4 期。

③ 1949 年 12 月 26 日，政务院制定的《大行政区人民政府委员会组织通则》第 1、4 条规定，大区人民政府委员会享有大区组织条例草案拟定权和暂行法令条例的拟定权；1950 年 1 月 7 日政务院公布的《省人民政府组织通则》第 4 条规定，省人民政府委员会有权拟定与省政有关的暂行法令条例。同日政务院公布的《市人民政府组织通则》第 4 条规定，市人民政府委员会有权拟定与市政有关的暂行法令条例；而同日政务院公布的《县人民政府组织通则》第 4 条则规定，县人民政府委员会有权拟定与县政有关的单行法规。参见倪洪涛：《新中国地方立法权：历史、歧视及矫正——以 2015 年〈立法法〉修改为中心的论证》，《湘潭大学学报》2017 年第 6 期。

权特别是行政法规制定权，是以混同的方式存在于上述立法和规范性文件之中的。

总的来说，1949 年至 1954 年间，我国并未实现立法权的精细化配置，甚至立法权和行政权之间的分立关系都比较模糊。根据《中国人民政治协商会议共同纲领》和《中央人民政府组织法》等宪法性规范文件成立的"联合政府"，是一种典型的"议行合一"政权组织形态。在此体制下，中央人民政府委员会、政务院及其部委等都不同程度地享有相应的规则创制权，并且当时制定的规则很难用代议机关意义上的法律和行政机关的行政立法加以清晰区分，直至"五四宪法"的颁行，我国议行关系才初步实现了规范化。

（二）"五四宪法"与行政法规制定权

1954 年，我国在借鉴苏联宪法的基础上，制定了新中国第一部宪法，史称"五四宪法"。"五四宪法"终结了建国初期的"议行合一"政权体制，将"国家政权机关"分解为国家权力机关、行政机关和司法机关，初步完成了政体建构，确立了国家机关之间的分工与合作机制，[1]"五四宪法"设定的分权框架基本为我国后几部宪法所沿用。不过，由于从"五四宪法"颁行到改革开放前后，国家法制建设尚未全面展开甚至处于停滞状态，理论界与实务界对行政立法权及其配置问题并未作过多关注。在此期间，我国行政法规制定权的发展呈现以下特点：

其一，在规范层面，行政法规制定权受到了严格限制。"五四宪法"第 22 条规定："全国人民代表大会是行使国家立法权的唯一机关。"这里所谓的"国家立法权"，主体只有一个，即全国人民代表大会。"国家立法权"既不包括"五四宪法"规定的全国人大常委会的"法令"制定权，也与"八二宪法"规定的全国人大及其常委会享有的法律制定权不同，更不包括现行宪法规定的"地方立法权"和"行政立法权"[2]。但是，该项制度运行不到一年时间就暴露出了问题，即仅

①　参见朱福惠：《"五四宪法"与国家机构体系的形成与创新》，《中国法学》2014 年第 4 期。

②　参见刘松山：《家立法三十年的回顾与展望》，《中国法学》2009 年第 1 期。

有全国人民代表大会行使国家立法权根本无法适应国家各项事业的规范需求。于是，1955 年，第一届全国人大第二次会议通过了《关于授权常务委员会制定单行法规的决议》，授权全国人大常委会在全国人大闭会期间"依照宪法的精神、根据实际的需要，适时地制定部分性质的法律，即单行法规"①。1959 年，第二届全国人大第一次会议在《关于全国人民代表大会常务委员会工作报告的决议》中指出："大会授权常务委员会，在全国人民代表大会闭会期间，根据情况的发展和工作的需要，对现行法律中一些已经不适用的条文，适时地加以修改，作出新的规定。"② 这一决议赋予了全国人大常委会在全国人大闭会期间，对全国人大制定的法律进行修改的权力。

而关于国务院的职权，"五四宪法"仅规定其有权"根据宪法、法律和法令，规定行政措施，发布决议和命令"。由于当时对"立法"的解释相对狭隘，行政措施、行政决议与行政命令均不属于"立法"范畴。③ 故此，在文本层面，"五四宪法"采取了相对严格的权力分工原则，将国务院规定为"最高国家权力机关的执行机关"和"最高国家行政机关"，并未赋予国务院立法权，而 1975 年宪法（第 20 条）和 1978 年宪法（第 32 条第 1 项）则延续了 1954 年宪法有关国务院职权的规定。据此，在这一时期，国务院虽有行政措施的规定权，但却不享有立法权。可见，该时期我国宪法的分权原则与西方国家在法治国时代创立的依法律行政原则相仿，将立法权授予代议机关，行政机关只能执行法律而无规则创制权。

其二，在实践层面，1954 年至 1982 年期间，国务院共制定出台了带有"行政法规"属性的规范性文件 52 部，部分文件至今有效。其中，比较具有代表性的有《国务院关于"伊斯兰教"名称问题的通知》（1956 年）、《国务院关于劳动教养问题的决定》（1957 年）、《国务院关于劳动教养的补充规定》（1979 年）、《劳动教养试行办法》（1982 年）等。在"五四宪法"出台以后的近 30 年间，对国务院的立法权配置问题并未有过太多争议，这可能与我国尚未真正进入法制建设期有关，也

---

① 全国人大常委会办公厅研究室：《中华人民共和国全国人民代表大会文献资料汇编（1949—1990）》，北京，中国民主法制出版社，1991 年。

② 《中华人民共和国全国人民代表大会常务委员会公报》1959 年第 4 期。

③ 参见刘莘：《行政立法研究》，北京，法律出版社，2003 年，第 51 页。

与该时期政策治国和文件治国的国家治理模式密切相关。在"五四宪法"出台后，人大立法相对短缺，需要由国务院"规定行政措施，发布决议和命令"填补立法缺口。

总之，"五四宪法"初步奠定了我国权力分工合作的宪治框架。在当时相对机械和"粗线条"的分权模式下，宪法并未授予国务院立法权。不过，在事实层面，国务院一直享有并能够有效行使规则创制权。直至"八二宪法"，立法权在人大和行政之间合理配置问题才最终提上了议事日程。

（三）"八二宪法"与行政法规制定权

国家全面启动拨乱反正工作后逐渐恢复了法制建设。十一届三中全会吸取了法制崩坏的惨痛历史教训，宣布加强社会主义民主和法制建设，并提出了"有法可依、有法必依、执法必严、违法必究"的"十六字方针"，开启了社会主义法制建设的新征程。随后"八二宪法"与《国务院组织法》的相继出台，最终确立并形成了我国的行政法规制定权。这段历史进程可以分为以下五个阶段：

其一，行政法规制定权的宪法配置阶段。1982 年 12 月 4 日，奠定我国当下宪法体制的"八二宪法"获得通过。[①] 1982 年《宪法》第 89条第 1 项明确规定："国务院行使下列职权：（一）根据宪法和法律，规定行政措施，制定行政法规，发布决定和命令。"《中华人民共和国国务院组织法》（1982 年）第 5 条规定："国务院发布的决定、命令和行政法规，向全国人民代表大会或者全国人民代表大会常务委员会提出的议案，任免人员，由总理签署。"自此，国务院行政法规制定权具有了明确的宪法和法律依据，行政法规制定权正式成为国务院的法定权力事项，并且行政法规制定权直接源于宪法，自始就具有职权性行政立法的显著法律特征。不过，由于"根据宪法和法律"的限定性，这里的所谓的职权类行政法规应该是执行性的行政立法，即为了执行上位法而对法律作出的具体性和操作性的细化。同时，"八二宪法"的规定也意味着我国在宪法层面，正式明确了全国人大及其常委会立法和国务院及其各部委的行政立法，这一中央层面的二元立法结构和体制。

---

① 参见秦前红：《"八二宪法"与中国宪政的发展》，《法学》2012 年第 11 期。

其二，行政法规制定权的人大再授权阶段。除了上述职权性立法的行政法规类型外，1982 年至 1985 年间，国务院经由全国人民代表大会的专门性授权，还获得了授权性行政立法权。换言之，国务院行政法规制定权从职权型行政立法拓展到了授权型行政立法，这意味着国务院立法权的进一步扩张。在改革开放的历史背景下，为了加强法制建设，尽早实现"有法可依"，国务院经授权获得了更多、更加明确的行政法规制定权，并且这种立法权的行使是在尚未制定法律，即没有上位法（除了宪法和组织法外）依据的情况下进行的。如 1983 年 9 月 2 日，第六届全国人民代表大会常务委员会第二次会议通过的《全国人民代表大会常务委员会关于授权国务院对职工退休退职办法进行部分修改和补充的决定》；1984 年，我国全面启动了工商税制改革，国务院被授予制定"试行版"税收条例的权力；[①] 1985 年 4 月 10 日，第六届全国人民代表大会第三次会议通过了《第六届全国人民代表大会第三次会议关于授予国务院在经济体制改革和对外开放方面可以制定暂行的规定或者条例的决定》，根据该《决定》国务院"必要时可以根据宪法，在同相关法律和全国人民代表大会及其常务委员会的有关决定的基本原则不相抵触的前提下，制定暂行的规定或者条例颁布实施，并报全国人民代表大会常务委员会备案。经过实践检验，条件成熟时由全国人民代表大会或者全国人民代表大会常务委员会制定法律。"这表明在法制建设任务急迫的特定历史条件下，我国开始探索坚持法律保留原则和授权行政立法之间的灵活机动关系，以便因应经济社会快速发展对立法的极大需求。[②] 经授权制定的行政法规在试行一段时间后，多被修改并上升为法律，开创了中央"先行先试"立法模式的先河。

其三，行政法规制定权的初步优化阶段。1985 年之后，国务院制定行政法规的数量持续增加，尤其在推进改革开放、组织经济建设和实现国家管理领域。不过，制定和发布行政法规不规范的现象也比较突

---

① 在此期间，《中华人民共和国产品税条例（草案）》、《中华人民共和国增值税条例（草案）》、《中华人民共和国营业税条例（草案）》、《中华人民共和国盐税条例（草案）》、《中华人民共和国资源税条例（草案）》、《中华人民共和国国营企业所得税条例（草案）》和《国营企业调节税征收办法》等税收相关条例均以行政法规的形式出台。

② 参见李林：《中国法治发展报告（2010）》，北京，社会科学文献出版社，2010 年，第116 页。

出，引发了诸多问题。批准（转）式行政法规、办公厅（发布）式行政法规、党政混合式行政法规不断涌现，严重影响了行政法规的法效力和权威性。比如《劳动教养试行办法》（1982 年）就是由国务院转发、公安部发布的，《集会游行示威法实施条例》（1992 年）是由公安部制定、国务院批准后实施的，而《对外使用国徽图案的办法》（1993 年）则由国务院批准、外交部发布，《城市民族工作条例》（1993 年）由国务院批准、国家民族事务委员会发布；又如《国务院关于行政区划管理的规定》（1985 年）、《行政区域边界争议处理条例》（1989 年）和《人民调解委员会条例》（1989 年）都是由民政部负责解释；再如《行政法规制定程序暂行条例》（1987 年）是由国务院办公厅对外发布的。为此，必须对行政法规制定权和发布权进行程序规范和权力限制，具体而言：①规范行政法规制定程序。1987 年 4 月，国务院（办公厅）制定出台了《行政法规制定程序暂行条例》，2001 年被《行政规范制定程序条例》所取代。②规范行政法规的发布。1988 年 5 月 31 日，《国务院办公厅关于改进行政法规发布工作的通知》规定，"从现在起，国务院发布行政法规，由国务院总理签署发布令；经国务院批准、部门（含部、委、行、署、直属机构、国家局）发布的行政法规，由部门主要领导人签署发布令。"从而改变了过往以文件形式发布行政法规的做法。③规范行政法规的备案。1990 年 2 月制定出台了《法规规章备案规定》，明确了行政法规的备案程序。④规范行政法规制定权限。如《行政处罚法》（1996 年）对行政法规的处罚设定权进行了限制与规范①，行政法规制定权开始受到法律保留原则的制约。

其四，行政法规制定权运行的成熟阶段。经过近 20 年的立法实践与探索，我国行政法规制定权日趋成熟。2000 年出台的《立法法》对行政法规作了专章规定，对行政法规的事权范围、起草主体、审查程序、决定程序、公布程序等进行了明确规定。2001 年国务院制定的《行政法规制定程序条例》对《立法法》的规定作出了进一步的细化，大大促进了我国行政法规制定权行使的程序化和规范化，国务院行政法

---

① 1996 年《行政处罚法》第 10 条规定："行政法规可以设定除限制人身自由以外的行政处罚。法律对违法行为已经作出行政处罚规定，行政法规需要作出具体规定的，必须在法律规定的给予行政处罚的行为、种类和幅度的范围内规定。"

规制定权的运行至此走向成熟。具体而言，《行政法规制定程序条例》对行政法规制定权规范的亮点主要包括：①明确了行政法规制定的程序环节包括"立项、起草、审查、决定、公布、解释"；②规范了行政法规的名称，一般称为"条例"，也可以称"规定""办法""暂行条例"或者"暂行规定"等；③规定了行政法规送审稿的法制审查，即"报送国务院的行政法规送审稿，由国务院法制机构负责审查"；④进一步明确了行政法规的审议和决定主体，即"行政法规草案由国务院常务会议审议，或者由国务院审批"；⑤完善了行政法规的备案制度，即"行政法规在公布后的 30 日内由国务院办公厅报全国人民代表大会常务委员会备案"；⑥规范了行政法规的解释主体，即"行政法规条文本身需要进一步明确界限或者作出补充规定的，由国务院解释"。

其五，行政法规制定权规范化的全面提升阶段。中共十七大之后，中国特色社会主义法律体系逐步形成。2007 年中共十七大至 2014 年中共十八届四中全会，国务院共制定行政法规 345 部。① 随着全面依法治国战略的整体推进，行政法规制定权的扩张问题受到了立法者的高度重视，如何实现对行政法规制定权的有效控制成为具有重要现实意义的理论议题。在此背景下，国务院对行政法规制定权的行使也更加谨慎，自我纠错能力得以不断提升。十八届四中全会后至今，国务院制定、修改行政法规共计 280 多部，其中以修改完善居多。② 2015 年，新修改的《立法法》开始实施，新《立法法》在行政法规方面的修改主要体现在：增设立法年度计划、优化行政法规起草主体、强化公众参与和专家论证等。2017 年国务院对《行政法规制定程序条例》进行了修改，修改的主要内容包括：①加强了执政党对行政法规制定的领导；②新增了立法规划和年度立法工作计划制度；③强化了公民权益特别是救济权利的立法保障，即"切实保障公民、法人和其他组织的合法权益，在规定其应当履行的义务的同时，应当规定其相应的权利和保障权利实现的途径"；④强调了行政法规草案征求公众意见和专家论证咨询的重要性；⑤增设了行政法规的暂时调整或者暂时停止适用制度、修改制度和立法后评估制度。

---

① 统计数据来自"北大法宝"法规数据库。
② 统计数据来自"北大法宝"法规数据库。

随着我国新一轮党和国家机构改革的有序展开和法治政府建设的不断升级，行政法规制定权规范化的重要性必将更加凸显。不过，行政法规制定权的规制，更多是宪法层面的权力配置问题，这也意味着行政法规制定权完善的长期性和艰巨性。

三、行政法规制定权与体制优化

"八二宪法"在全国人大及其常委会和中央行政机关之间直接配置立法权，这在其他国家宪法中并不常见。在 1982 年 4 月 22 日第五届全国人民代表大会常务委员会第 23 次会议上所作的《关于中华人民共和国宪法修改草案的说明》和 1982 年 11 月 26 日在第五届全国人民代表大会第五次会议上所作的《关于中华人民共和国宪法修改草案的报告》中，彭真委员长阐述了扩大全国人大常委会委员职权特别是赋予其立法权的原因："我国国大人多，全国人大代表的人数不宜太少；但是人数多了，又不便于进行经常的工作。全国人大常委会是人大的常设机关，它的组成人员可以说是人大的常务代表，人数少，可以经常开会，进行繁重的立法工作和其他经常工作。所以适当扩大全国人大常委会的职权是加强人民代表大会制度的有效方法。"[①] 然而，在上述两个报告中，宪法修改委员会并未对赋予国务院行政法规制定权予以说明。但至少有一点是非常明确的，即我国行政法规自始就是具有宪法位阶的职权性行政立法，与英美法系国家的"委任立法"有着本质的区别，而同 1958 年法国宪法第 34 条、37 条的立法分权有着某种程度的相似之处。

笔者以为，"八二宪法"赋予国务院行政法规制定权的主要原因可以概况为四点：

其一，这是对新中国成立以来全国人大立法能力不足导致的历史性的教训的总结，也是对这段历史时期最高行政机关通过规范性文件进行社会治理成功经验的肯定。换言之，行政立法权的适当配置是对代议机关立法的功能性补充，是国家立法结构的整体性优化，也暗合了世界的发展潮流。

---

① 肖蔚云等：《宪法学参考资料》（上册），北京，北京大学出版社，2003 年，第 100 页。

其二，改革开放初期，春潮涌动、百废待兴，但却无法可依，外力促进型的改革进路需要一个强有力的行政权力体系自上而下地推动社会的全面发展。故此，改革开放伊始，我国历史性地选择了行政主导型的国家治理模式，该模式内在地要求作为最高行政机关的国务院分享一定的规则创制权，从而以高效立法因应社会发展对规则的迫切需求，尽快实现有法可依、有据可循。

其三，全国人大及其常委会在改革开放的特定历史条件下，立法任务过于繁重，立法能力也时常捉襟见肘。于是，对立法效率的时代要求和"先行先试"的改革路径的选择，成为国务院行政法规制定权赋予及其不断扩展的正当基础和逻辑必然。其间，行政权的主动性、敏锐性和高效性，在法治建设中发挥了不可取代的历史作用。

其四，这样一种宪法层面的立法权配置格局，契合了我国改革开放以来法治国家建构的历史使命，我国的行政立法与法律是共生的而不是后来的，是并行的而不是补充的，是对国家立法权的分享而不是委任，这使得行政立法的优势和劣势同时展现。换言之，原初国务院职权立法的宪法定位，既有行政立法弥补法律创制缓慢的制度优势，也使得行政权特别是行政立法权一开始就缺乏有效的（法律）民主控制，国家治理在政党权力的领导下，呈现出显著的行政主导的制度特征。

毋庸置疑，作为我国的重要法源，行政法规在我国改革开放进程中发挥了不可替代的积极作用。不过，改革开放四十余年来，我国行政法规制定权迅速扩张带来的弊端，也已引起了广泛关注。可见，行政法规制定权是一把"双刃剑"，滥用之，必然会产生一些不好的影响；善用之，则能够优化立法体系、平衡权力关系。重塑行政法规制定权的宪法定位，通过"规训"行政法规制定权，进一步完善我国立法权力体系。具体而言，行政法规制定权合理配置的重要意义表现在：

（一）助推立法权与行政权良性关系之确立

代议机关和行政机关之间的关系问题关乎国家政权组织，是国家宪政体制创制中的核心议题。无论是资本主义国家传统的"三权分立"

模式，还是早期社会主义政权的"议行合一"模式，① 都旨在通过实现立法权与行政权的合理配置，从宪法层面创制优良政体。直至今日，欧洲实行地方自治国家的有些自治市的权力配置中还有"议行合一"的因素存在，即直接由议会议长兼任市长，这既是基于"小政府、大社会"理念下节省治理成本的考虑，也是"内阁"制度多样化的体现。② 根据社会分工理论，系统内的不同组织之间必然存在社会连带关系。③ 在国家权力架构中，这种连带关系体现为立法权与行政权既要"分工"，实现从集权到分权的转型；又要"求同"，形成国家治理合力。④ 国务院享有的行政法规制定权，作为介于立法权与行政权之间的"媒介性权力"，其边界的合理界定能够协调立法权与行政权之间的连带关系，优化国家政权组织形式。

　　一方面，合理设定行政法规制定权能够优化"议行分工"。在现代国家政权组织架构中，行政立法权存在的历史必要性已经得到了普遍承认。因为"民主政体的优点是消极的：它只能防止某些弊害的发生，而不能保证良好政治的实现"⑤。以民主为基础的议会立法也存在先天不足，比如立法效率低，特别是面对技术行政时立法能力的捉襟见肘等等，而行政立法的技术性和专业性优势恰恰成为议会立法的有益延伸和必要补充。在国家立法权配置问题上，以议会立法为主、行政立法为辅的立法框架的确立，只要沿着委任立法的逻辑展现，就不会发生大的民主断裂。换言之，在法律保留原则基础上坚守授权明确性原则是确保行政立法正当性的制度保障。但不可否认的是：①行政立法权的非理性膨胀，导致立法权和行政权"分界线"的模糊，从而在立法权与行政权之间逐渐演变出一个立法的"缓冲区域"。这一"缓冲区"在不同国家

---

① 我国早期宪法学理论一般将"议行合一"看成社会主义国家政权组织的普遍原则，并认为巴黎公社时期与新中国建国初期都采用了"议行合一"的政权组织方式。参见吴家麟：《"议行"不宜"合一"》，载《中国法学》1992 年第 5 期。

② 参见王名扬：《法国行政法》，北京，中国政法大学出版社，1997 年，第 91 页。

③ 参见〔法〕埃米尔·涂尔干：《社会分工论》，渠东译，北京，生活·读书·新知三联书店，2000 年，第 152 页。

④ 参见〔法〕狄骥：《法律与国家》，冷静译，北京，中国法制出版社，2010 年，第 213 - 214 页。

⑤ 〔英〕伯特兰·罗素：《权力论：新社会分析》，吴友三译，北京，商务印书馆，1991 年，第 196 页。

有着不同的表现形式，如法国主要表现为政府法令之权力疆域问题，而我国则主要体现为当无法律依据时行政法规的属性问题。②随着委任立法到职权立法，执行性立法到创制性立法的时常突破，行政立法在强化立法科学性的同时也面临着严重的立法民主性和正当性的宪法拷问。故此，厘清行政法规制定权的权力边界，防范行政权对立法权的过度侵蚀，成为当代社会的主要宪政难题。

另一方面，合理设定行政法规制定权能够促进良性的"议行互动"。绝对的权力分立只能存在于理论当中，即便是三权分立原则落实最为典型的国家，司法透过判例的规则创制也在消释着议会民主立法的一元结构，更遑论独立管制机构三权集于一身的独特存在了。随着人类进入福利时代，"国家不干预个人事务""它在料理自身事务的个人之间主持正义"① 的状态一去不复返了。其间，议会立法的有效施行必须借助行政立法的解释和技术，政府治理的时效性与议会立法的滞后性之间的矛盾，也需要通过相对灵活的行政立法弥补其不足。行政立法权的扩张史足以说明，立法权与行政权总有某种相互结合的冲动。从国家治理的角度来看，立法权与行政权需要制度化和程序化的"合作"，方能满足宪法约束之要求。②

（二）促进司法权与立法权、行政权互动关系之改善

法律在操作上的不足与时间上的滞后，为司法审判活动带来了法律适用上的困局：当仅依据法律不足以作出裁判时，过度消极的司法权可能导致纠纷无法有效解决，甚至出现司法拒绝裁判的非常情况。而过于积极地行使裁判权又会侵犯立法权，导致"法官造法"和"能动司法"。而行政法规等行政立法的出现为司法活动提供了更加多元的裁判依据和参考基准，一定程度上缓和了司法权与立法权的紧张关系。通过合理行使行政法规制定权，能够巩固司法机关与立法权的宪法定位，进而促进国家政权组织形式的优化。

其一，合理行使行政法规制定权可减少"法官造法"。"即使最好

---

① Lippmann · Walter, *The Good Society*, New York: Grosset & Dunlap, 1943, p. 267.
② 参见萧文生：《国家法I：国家组织篇》，台北，元照出版公司，2008 年，第 105 页。

的立法技术也会留下司法填补的空间"①，这就为"法官造法"预留了一定空间。相较而言，不同法系对"法官造法"的态度和限制程度各异。英美法系国家强调法官对法律的能动解释，因而强调司法的造法机能。②而大陆法系国家则更加强调司法对依法律审判原则的坚守，尤其反对法官在具体个案中进行"事后造法"。因为"法官造法"容易诱发立法权与司法权的紧张关系，导致精英对民众的否定。但是法律的滞后性与疏阔性决定了法官无法完全依法律裁判，此时，法律适用即面临自行造法或因循其他规范两种路径选择。在我国的司法实践中，当法官穷尽了所有法律解释技术时，规范缺口一般有两个方面得以弥补：一是司法解释；二是行政立法。行政法规的宪法定位决定了其存在的正当性和权威性，其通过创设规范、细化法律，在一定层面上破解了我国"法官造法"的难题。合理行使行政法规制定权可以有效填补新兴行政领域，比如科技行政、风险行政的立法空白，为司法活动提供裁判依据和技术参考基准，进而避免司法权过度侵入立法领域导致的司法专断，有利于法治最后一道防线的守护。

其二，合理行使行政法规制定权有助于破除"行政壁垒"。司法权与行政权的紧张关系，主要体现在对行政行为的司法审查上：审查强度低无法有效监督行政，而审查强度过高又有可能侵犯行政的专业裁量和判断余地。这种紧张关系可归结为现代行政的技术特性和"相对专长"③。这些行政专业知识对法官而言构成了"技术壁垒"，法官面对技术行政和风险行政，一般需要尊重行政的专业判断，即司法须保持相当的谦抑。当代议机关的法律不能为司法机关提供更多的审查依据时，行政法规等行政立法对复杂多样的行政技术化问题的细化和规范，部分填补了不确定法律概念的"留白"和"失语"，对法律难以做出具体规定的问题进行了补阙，对行政技术性操作规程进行了规范，而这些对司法机关的法律适用大有助益。故此，通过合理行使行政法规制定权，虽然

---

① 〔意〕莫诺·卡佩莱蒂：《比较法视野中的司法程序》，徐昕、王奕译，北京，清华大学出版社，2005 年，第 5 页。

② 参见何家弘：《论法官造法》，《法学家》2005 年第 3 期。

③ "相对专长"是指行政机关在自身主管事务方面的事实认定能力和政策把握能力上，拥有比法官更多的经验与优势。参见〔美〕斯蒂芬·布雷耶：《法官能为民主做什么》，何帆译，北京，法律出版社，2012 年，第 147 页。

不能完全破除诉讼中的行政技术壁垒，但却有助于司法审查强度和深度上合理边界的界定，缓和司法权与行政权的紧张关系。

（三）力求行政自制之实现

随着我国全面推进依法治国战略的实施与法治政府建设目标的不断升级，对政府职能转变提出了更高的法治要求，行政机关自我约束能力的提升亦成为制度建设的重要环节。于是，政府更多的行政自制行为不断涌现。[①] 从行政自制规范渊源上看，外部规范体系和内部规范体系都能够起到行政自我制约的作用，当然，行政裁量基准等内部规范的自制意蕴更加明显，[②] 不过，通过外部规范体系的约束却更加有力。我国行政法规对实现行政体系内的自我限权和自我约束发挥了不可替代的积极法治作用，这一方面导因于行政法规制定主体在我国行政机构中的最高地位，另一方面也与我国自上而下、外力促动型的改革路径选择有关。其实，我国很多重大的政府法治改革举措都是国务院自我革命的结果，而行政法规在整个改革进程中的价值导向和规范约束贡献甚巨，比如早期的行政审批制度改革和政府信息公开制度的建构，21 世纪以来的行政决策改革、权力和责任清单制度、"放管服"改革等。可见，在我国，行政法规制定权的运行呈现出一种行政扩权的面貌特征，其合理行使又往往是行政权自我规制的有效方法，有助于行政系统内部权力结构的优化。具体而言，行政法规制定权之于行政自制之实现的法治功能主要表现在：

其一，合理行使行政法规制定权有助于控制行政权的外部扩张。随着现代技术行政的发展与风险行政的全面出现，传统议会至上理念下的依法律行政和司法中心主义模式下的司法主治，越来越无法有效抑制行政权的外部扩张了[③]。在我国当前的宪政框架下，国务院最有动力也最有能力推动自上而下的行政自制。由于全国人大及其常委会制定的关于

[①] 参见于立深：《现代行政法的行政自制理论——以内部行政法为视角》，《当代法学》2009 年第 6 期。

[②] 理论界通说认为，行政自制的实践机制均为政府内部设置的自我控制体系。参见刘福元：《行政自制：探索政府自我控制的理论与实践》，北京，法律出版社，2011 年，第 145 页。

[③] 参见〔美〕杰里·L. 马肖：《创设行政宪治：被遗忘的美国行政法百年史（1787—1887）》，宋华琳、张力译，北京，中国政法大学出版社，2015 年，第 323 页。

行政权的法律规定比较原则化、抽象化，需要行政法规对其进行具体化。在此具体化过程中，行政法规对法治思维与控权意识的贯彻，实现了行政权扩张一定程度上的自我管控。

其二，合理行使行政法规制定权能够优化行政内部的权力分配。就行政控权而言，行政内部权力配置的优化是重要一环。行政权在系统内的合理划分除了效率方面的考虑外，还能实现权力在中观和微观层面上生成内部制约机制。在中央层面，行政权的横向配置仰赖于法律的框架性分权，不过，在建立健全组织法律的前提下，通过中央政府的行政法规对内部的横向分权进行具体的先行式制度建构，无疑是一种既经济又可行的方法。就国务院而言，这种内部分权的规范化也是一种"具有积极性、主动性和可操作性的自我规范机制"①。在纵向央地关系上，虽然行政法规层级分权的技术性立法空间比较狭小，但在程序法治、信息法治和技术标准法治等方面却大有作为，从而既减轻了代议机关的规制创制压力，又提升了行政的自组织力。可见，行政法规制定权的理性运行，在特定的历史条件下极大地促进了政府间权力的优化，有助于我国法治政府建设总体目标的实现，是国家治理能力和治理体系现代化的重要抓手。

其三，合理行使行政法规制定权能够规范行政权运行的法治化程度。在宪法、法律和地方性法规、行政规章之间，行政法规承上启下，对政府权力的运行发挥着重要的支撑作用。同时，行政法规在数量、疏密程度、可操作性、时效性、灵活性和适应性等方面都有优于法律之处，也是行政机关行使权力的重要依据。故此，行政法规的立法理念、立法质量直接影响着我国行政权的良性运行。合理行使行政法规制定权，制定符合行政法治规律和要求的行政法规，是衡量政府法制建设程度的重要指标。此外，行政法规通过设置相应的程序机制、监督机制、责任机制等，可有效规范行政执法活动，约束行政权力的具体操作。故此，以规范政府权力运行为立法目的的行政法规的大量出现，本身就是法治政府建设的重要成就。

---

① 刘福元：《行政自制：探索政府自我控制的理论与实践》，北京，法律出版社，2011年，第185页。

四、我国行政法规的类型及其特性

如上所述，行政法规制定权的合理行使有助于促进我国的行政体制改革的深化，但行政法规制定权的不当扩张也会侵蚀宪政根基，导致权力滥用与混同。那么，我国的行政规范究竟属于职权立法还是授权立法？行政法规规范的边界何在？在与法律的关系处理上遵循的是事权分配规制还是职权分配规制？

对此，我国主要有两种意见：一是"职权说"。该说认为，既然国务院行政法规制定权直接源于宪法，那么，制定行政法规就是国务院行使职权的形式之一，国务院在其职权范围内，凡是法律未禁止或不属于法律保留的事项，即便没有法律的具体授权也可以依职权制定行政法规。二是"根据说"。"根据说"认为，我国 1982 年《宪法》第 59 条第 1 项明确规定，国务院根据宪法和法律制定行政法规。这与制定地方性法规的"不抵触"原则有着明显区别，① 也就意味着宪法用"根据"原则对国务院的立法权限作了基本的界定。故此，制定行政法规必须有"根据"法律的具体授权，并且认为"职权说"与国务院作为行政机关的机关属性和职权属性不相符合，如果允许国务院依职权创制规则，就会导致我国出现多头立法和立法无序的状态，这与我国人民代表大会这一根本政治制度相悖。②

不过，我国《立法法》（2000 年）既没有采用"职权说"，也没有采用"根据说"，认为前者失之过宽，容易造成立法权和行政权法律属性的混淆；而后者又约束太死，不利于发挥行政立法及时回应社会生活需求的立法优势。《立法法》（2000 年）第 56 条明确了行政法规的种类和范围，而 2015 年《立法法》修正后，并未改变上述条款的立法内容，

---

① 《中华人民共和国立法法》（2015 年）第 72 条："省、自治区、直辖市的人民代表大会及其常务委员会根据本行政区域的具体情况和实际需要，在不同宪法、法律、行政法规相抵触的前提下，可以制定地方性法规。"

② 参见武增：《中华人民共和国立法法解读》，北京，中国法制出版社，2015 年，第 234 页。

只是将条款次序从第 56 条调整为第 65 条。① 据此，我国行政法规可以分为三大类：执行类行政法规、管理职权类行政法规和先行先试类行政法规。有学者将这三类总结为：法律协作事项、行政管理职能范围内的事项、全国人大及其常委会授权的事项。②

其中，执行类行政法规又可分为三类：①综合性的实施条例、实施细则或实施办法。即当法律出台后，由行政法规对法律进行全面而又具体的进一步规定，比如《食品安全法实施条例》《招标投标法实施条例》《行政复议法实施条例》《计量法实施细则》《卫生检疫法实施细则》《档案法实施办法》《母婴保健法实施办法》等。②为实施法律中的某一项规定和制度而制定的专门规定。比如根据《国家赔偿法》第 37 条第 4 款之规定，国务院制定了《国家赔偿费用管理条例》（2011年）；根据《民事诉讼法》第 118 条和《行政诉讼法》第 102 条，国务院制定了《诉讼费用交纳办法》（2007 年）。③对法律实施的过渡性、衔接性等相关问题作出规定。比如根据《执业医师法》，制定《乡村医生管理办法》。笔者以为，上述"执行类行政法规"由于有"根据法律"作为立法基础，在法理上应当属于典型的委任立法即授权立法，只是我国先前的"根据法律"在授权时并未严格遵照"授权明确性原则"，有"空白授权"之虞。比如《教师法》第 16 条等授权条款的规定就非常简单。《立法法》（2015 年）第 9 条的规定，"本法第 8 条规定的事项尚未制定法律的，全国人民代表大会及其常务委员会有权作出决定，授权国务院可以根据实际需要，对其中的部分事项先制定行政法规"。如果对《立法法》（2015 年）第 9—12 条的规定进行体系性解释不难发现，上述我国所谓的"先行先试型行政法规"，其实是《立法法》规定的授权性行政立法。我国《立法法》意义上的授权性行政立法与"执行类行政法规"的立法范围存在理论界定上的冲突，引发了立法实践中的类型交叉。因为"全国人民代表大会及其常务委员会有权

---

① 《中华人民共和国立法法》（2015 年）第 65 条："国务院根据宪法和法律，制定行政法规。行政法规可以就下列事项作出规定：（一）为执行法律的规定需要制定行政法规的事项；（二）宪法第八十九条规定的国务院行政管理职权的事项。应当由全国人民代表大会及其常务委员会制定法律的事项，国务院根据全国人民代表大会及其常务委员会的授权决定先制定的行政法规，经过实践检验，制定法律的条件成熟时，国务院应当及时提请全国人民代表大会及其常务委员会制定法律。"

② 参见许安标：《论行政法规的权限范围》，《行政法学研究》2001 年第 2 期。

作出决定"中的"决定",既可能非立法文件的形式出现,也可能包含在具体的法律条款中。在我国,管理职权类行政法规是典型的职权性行政立法。该类行政法规在立法实践中存在以下几个方面的问题:其一,由于我国行政组织法时至今日仍不完善,至少在央地关系上,国务院享有法律执行意义上的全部行政领域的管理职权,包括文化教育、经济发展、医疗卫生、公共设施等所有行政事项。那么,与此相对应的国务院职权性立法权行使的范围是相当宽泛的,其几乎涵盖了社会生活的所有领域,如果这样理解管理职权类行政法规制定权,无异于承认了行政权整体扩张的宪法正当性。其二,即便是职权性行政立法,也必须遵循法律保留原则,"并不是对宪法第 89 条所规定的事项,都能制定行政法规,它必须以不超越全国人大及其常委会的国家立法权为前提。另外,对于全国人大及其常委会专属立法权以外的事项,国务院也只能从行政管理的角度制定行政法规,有法律的要根据法律制定行政法规"①。然而,《立法法》第 8 条这一法律保留条款,在理论上又可以被《立法法》第 9 条规定补充——"本法第 8 条规定的事项尚未制定法律的"。换言之,职权性行政立法法律保留的内在约束机制,有被先行先试类授权立法消解的制度风险。其三,在宪法层面直接赋予职权性行政立法权,具有很大的民主风险,因为这种做法非常容易导致立法和行政的关系紧张与职权错位,并且是对"依法律行政"这一法治国原则的解构。故此,现代国家对此都秉持审慎态度。也正是从这个角度而言,我国职权类行政法规类似于法国的"自主条例"——后者在处理与议会立法的关系上采用的是事务分类标准,在合法律性审查和合宪性审查机制不健全的背景下,这样的立法权配置影响着我国人民代表大会这一根本政治制度的落实。近几年,在党的领导下,尽管行政法规制定权受到了一定的节制,但全面提升我国立法的整体民主性依旧任重道远。

综上,就我国宪法体制而言,执行类行政法规实质上属于执行性和解释性行政立法,都是为了使既有法律能够得到更好的贯彻落实;而管理职权类行政法规属于职权类行政立法,先行先试类行政法规才是真正的授权类行政立法。不过,由于管理职权类行政法规和先行先试型行政

① 参见武增:《中华人民共和国立法法解读》,北京,中国法制出版社,2015 年,第238 页。

法规又都属于创制性行政立法，先行先试类行政法规的授权立法属性又随之大打折扣。

五、我国行政法规制定权扩张之矫正

随着"八二宪法"对国务院行政法规立法权的配置，行政法规的数量与日俱增，并且创制性行政法规比例也在不断攀升。继而也引起了对行政法规制定权扩张矫正的学术思考。由于这一问题的核心仍是权力间关系的宪法调处问题，其矫正路径必须回归我国的宪制实践，在宪制框架下通过权力分工的进一步优化和权力之间制约机制重构，实现行政法规制定权的有效约束和合理规制。中国特色社会主义法律体系的初步建成，意味着我国已从粗放型立法迈向了精准型立法，这一立法模式的历史转型也被新的十六字方针所佐证——"科学立法、严格执法、公正司法、全民守法"。而"科学立法"的前提是立法权的合理配置，以便在"人大主导"下保证立法民主的法治基石。

（一）行政法规制定权的立法监督

行政法规本质属于行政立法，行政法规制定权关涉我国立法权及整个权力体系的优化配置。行政法规制定权的非理性扩张，直接影响法律与行政立法的关系调处。我国现行《宪法》第 62 条第 5 项规定，全国人大"根据中华人民共和国主席的提名，决定国务院总理的人选；根据国务院总理的提名，决定国务院副总理、国务委员、各部部长、各委员会主任、审计长、秘书长的人选"。国务院受全国人大及其常委会的监督，并向全国人大报告工作。在此宪法体制下，行政法规制定权及其扩张，也仰赖于全国人大及其常委会通过合宪性审查等方式进行矫治。具体而言，矫正的方式和方法主要有：

1. 完善我国的授权明确性原则

在早期的分权体制下，一般严格禁止将立法权授予行政机关。[①] 随着行政事务的多元和扩张，"禁止授权"无法满足时代需求，大陆法系

————————

① 参见〔美〕理查德·J. 皮尔斯：《行政法》（第一卷），苏苗罕译，北京，中国人民大学出版社，2016 年，第五版，第 82 页。

国家与英美法系国家均不同程度地承认"涉及法律实施细节或非重要事项"的，可由行政机关制定规则，并逐步发展出"授权明确性原则"及其理论体系。① 无论是总统签发的行政法令还是政府部门制定的行政规则，都需要以明确的立法授权为前提和要件，只有这样授权才不会违反"由议会对立法基本问题作出决定"② 这一宪法原则。作为西方国家的一般经验，授权明确性原则成为法律保留原则的必然逻辑延伸，在对行政立法权扩张事前约束功能发挥方面，可谓厥功甚伟。可见，根据传统分权学说，至少在理论上，行政立法都必须源于立法机关的授权，即所谓的"委任立法"。在德国，宪法法院就授权明确性原则，通过判例发展出了：①"可预见性标准"，即从"人民"出发，授权必须达到一般人预见能力所及的明确程度；②"自行决定标准"，即要求立法者授权时，必须保证自己已经尽到了最大的立法责任；③"方针公式标准"，要求授权规定须足以让行政机关知悉其在行政立法时所能遵循的方针与标准。这样，"德国在战后迄于1969年的短短二十年间，涉案的授权条款被联邦法院以不符合授权明确性要求为理由宣告违宪的比例就高达三分之二"。③

如上所述，我国《立法法》亦确立了授权明确性原则。同时，笔者认为，我国的授权明确性原则可作如下优化：①进一步扩大该原则的适用范围，从适用于先行先试型行政法规及其制定，扩大到执行类特别是管理职权类行政法规及其制定；②完善授权明确性原则的标准化和审查的程序化，提升授权明确性原则的操作性和适用性。我国2000年《立法法》确立了行政法规的审查纠错制度，制度实践也在稳步推进之中。

故此，笔者以为，管理职权类行政法规的立法范围过大，存在行政法规制定权的非理性扩张的风险，亟待通过法律对其范围作出明确限定。如若认为职权性行政立法短期内仍有存在的必要性，或可采取三个方面的措施，强化对行政立法的法律规制：一是将执行类行政法规和先行先试型行政法规同时纳入授权明确性原则的规范范围；二是对职权性

---

① 参见高秦伟：《美国禁止授权原则的发展及其启示》，《环球法律评论》2010年第5期。
② 参见〔德〕康拉德·黑塞：《联邦德国宪法纲要》，李辉译，北京，商务印书馆，2007年，第406页。
③ 许宗力：《法与国家权力》，台北，元照出版公司，1999年，第266页。

行政立法即管理职权类行政法规加强法律保留原则控制；三是通过建立健全合宪性和合法律性审查机制，激活法律保留原则和授权明确性原则对行政法规的个案性、事后性和动态性的规制和矫正。同时，进一步区分执行性行政法规与创制性行政法规，执行性行政法规的授权可在具体的根据法律中完成，创制性行政法规的授权必须通过单独授权法案的方式方可进行。

2. 完善我国行政法规备案审查制度

行政法规制定权扩张的重要表征就是其逾越了宪法和立法法设定的权力边界，侵入了法律的立法领域。行政法规与法律之间边界的泯灭直接导致德国魏玛宪政的沦亡和希特勒的法西斯独裁。[①] 历史殷鉴未远，世界各国均对此作出了积极的回应和防范。如德国联邦基本法要求行政法规命令的授权法律须明确划定"授权的内容、目的和范围"，并应当符合"法律保留"原则与"授权保留"原则的双重要求。[②] 其中，法律保留事项一般指"国家重要事项，特别是人民权利与义务事项，应由法律规定之"[③]；而授权保留则是指未有法律明确授权的事项，行政机关不得以法规命令的形式作出规定。同时，上述规定必须由合法律性和违宪审查制度作为兜底制度保障，德国行政法院和宪法法院成为行政立法边界的守护人和监管者。

我国建立了法规的备案审查制度，并且根据《宪法》第五修正案，还在积极稳妥地筹建"合宪性审查制度"。法规备案审查是我国宪法监督的重要制度形式，从制度设计初衷来看，我国的备案审查制度类似于西方国家的违宪审查制度。[④] 但在我国过往的法治实践中，"备案"与"审查"往往相对分离，尤其是审查工作一般遵循"不告不理"原则和抽象性审查原则。[⑤] 这种"主动备案、被动审查"机制使得我国备案审查有时难以起到一般意义上违宪审查的制度功效。而审查虚化的主要原

---

①　许宗力：《法与国家权力》，台北，元照出版公司，1999 年，第 216 页。

②　〔德〕哈特穆特·毛雷尔：《行政法学总论》，高家伟译，北京，法律出版社，2000 年，第 337 – 339 页。

③　陈慈阳：《行政法总论：基本原理、行政程序及行政行为》，台北，翰芦图书出版有限公司，2005 年，第 569 页。

④　参见梁鹰：《备案审查制度若干问题探讨》，《地方立法研究》2019 年第 6 期。

⑤　参见封丽霞：《制度与能力：备案审查制度的困境与出路》，《政治与法律》2018 年第 12 期。

因在于，现实中全国人大及其常委会难以做到对提交备案的法规和规范进行全面审查①。笔者以为，可以考虑对创制性行政法规进行强制性和实质化的备案和审查，对解释性或执行性的行政法规采取抽查方式进行审查。如是，既保障了主动审查的日常化，又在突出审查重点的基础之上，缓解了全国人大及其常委会的工作压力。同时，程序化和经常性审查既起到了法治引领作用，又为日后法规审查的全面铺开积累了宝贵经验。

3. 健全行政法规的合宪性审查制度②

中共十九届三中全会审议通过的《深化党和国家机构改革方案》提出，"弘扬宪法精神，增强宪法意识，维护宪法权威，加强宪法实施和监督，推进合宪性审查工作，将全国人大法律委员会更名为全国人大宪法和法律委员会。"为此，2018 年 3 月 11 日通过的《宪法修正案》（第十三届全国人民代表大会第一次会议通过），将"法律委员会"更名为"宪法和法律委员会"。2018 年 6 月 22 日第十三届全国人民代表大会常务委员会第三次会议通过的《全国人民代表大会常务委员会关于全国人民代表大会宪法和法律委员会职责问题的决定》明确规定："宪法和法律委员会在继续承担统一审议法律草案等工作的基础上，增加推动宪法实施、开展宪法解释、推进合宪性审查、加强宪法监督、配合宪法宣传等工作职责。"这种以宪法修正为核心的"合宪性审查"的制度重构，使得《立法法》（2015 年）第 99、100 条规定的行政法规的审查

---

① 参见王锴、刘犇昊：《现状与问题：地方备案审查制度研究——以 31 个省级地方为例》，《江苏行政学院学报》2018 年第 3 期。

② 严格来讲，行政法规首先是合法律性审查，其次才是合宪性审查。本文是在合法律性审查和合宪性审查双重意义上使用"合宪性审查"概念的——笔者注。

具有了更加完备和有力的组织保障。①

　　其实，我国法规的合宪性审查制度存之已久，早在 2000 年《立法法》中就做了明确规定。在 2003 年的"孙志刚事件"中，学者们上书全国人大常委会，申请对《城市流浪乞讨人员收容遣送办法》启动违宪审查，事件最终以国务院主动废止该办法而告终，同年 6 月 18 日国务院常务会议通过了《城市生活无着的流浪乞讨人员救助管理办法》。2004 年 5 月，全国人大常委会在法制工作委员会内设立法规备案审查室，专门承担具体的审查和研究工作。因任某某案、唐某某等案件引发的社会舆论与思考，废止劳动教养呼声不断。2013 年 12 月 28 日，第十二届全国人大常委会第六次会议通过了《关于废止有关劳动教养法律规定的决定》，劳教制度在我国正式废止。之后较长一段期间内，合宪性审查机制均处于功效未彰之状态。中共十九大以来重申加强宪法监督，合宪性审查制度有望被全面"盘活"，在此背景下行政法规的合宪性审查也必将走向更加丰富的法治实践。② 2018 年 3 月 19 日，国务院公布《关于修改和废止部分行政法规的决定》（国务院第 698 号令），废除了《劳动教养试行办法》（1982 年 1 月 21 日国务院批准）等五部行政法

---

　　① 《中华人民共和国立法法》第 99 条规定："国务院、中央军事委员会、最高人民法院、最高人民检察院和各省、自治区、直辖市的人民代表大会常务委员会认为行政法规、地方性法规、自治条例和单行条例同宪法或者法律相抵触的，可以向全国人民代表大会常务委员会书面提出进行审查的要求，由常务委员会工作机构分送有关的专门委员会进行审查、提出意见。前款规定以外的其他国家机关和社会团体、企业事业组织以及公民认为行政法规、地方性法规、自治条例和单行条例同宪法或者法律相抵触的，可以向全国人民代表大会常务委员会书面提出进行审查的建议，由常务委员会工作机构进行研究，必要时，送有关的专门委员会进行审查、提出意见。有关的专门委员会和常务委员会工作机构可以对报送备案的规范性文件进行主动审查。"该法第 100 条规定："全国人民代表大会专门委员会、常务委员会工作机构在审查、研究中认为行政法规、地方性法规、自治条例和单行条例同宪法或者法律相抵触的，可以向制定机关提出书面审查意见、研究意见；也可以由法律委员会与有关的专门委员会、常务委员会工作机构召开联合审查会议，要求制定机关到会说明情况，再向制定机关提出书面审查意见。制定机关应当在两个月内研究提出是否修改的意见，并向全国人民代表大会法律委员会和有关的专门委员会或者常务委员会工作机构反馈。全国人民代表大会法律委员会、有关的专门委员会、常务委员会工作机构根据前款规定，向制定机关提出审查意见、研究意见，制定机关按照所提意见对行政法规、地方性法规、自治条例和单行条例进行修改或者废止的，审查终止。全国人民代表大会法律委员会、有关的专门委员会、常务委员会工作机构经审查、研究认为行政法规、地方性法规、自治条例和单行条例同宪法或者法律相抵触而制定机关不予修改的，应当向委员长会议提出予以撤销的议案、建议，由委员长会议决定提请常务委员会会议审议决定。"

　　② 参见莫纪宏：《论行政法规的合宪性审查机制》，《江苏行政学院学报》2018 年第 3 期。

规；2019 年 12 月 28 日，第十三届全国人民代表大会常务委员会第十五次会议通过了《全国人民代表大会常务委员会关于废止有关收容教育法律规定和制度的决定》；2020 年 3 月 27 日，国务院公布《关于修改和废止部分行政法规的决定》（国务院第 726 号令），废止了《卖淫嫖娼人员收容教育办法》（1993 年 9 月 4 日国务院第 127 号令）和《行政学院工作条例》（2009 年 12 月 22 日国务院第 568 号令）等十部行政法规。

另外，从 2017 年开始，全国人大常委会开始听取全国人大常委会法制工作委员会关于审议备案审查工作情况的报告，行政法规备案审查工作日益制度化、常态化。2019 年 12 月 16 日，十三届全国人大常委会第四十四次委员长会议审议并原则通过了《法规、司法解释备案审查工作办法》，该办法将原有的《行政法规、地方性法规、自治条例和单行条例、经济特区法规备案审查工作程序》和《司法解释备案审查工作程序》进行合并、修改与完善，从而形成了我国统一的备案审查工作的制度性规范。2019 年，国务院按照规定报送全国人大常委会备案的行政法规共计 53 件。同时，2019 年，全国人大常委会法工委督促制定机关根据上位法变化对法规及时修改完善，推动对不适应现实情况的规定作出废止或调整。比如现行《城市供水条例》规定，城市供水行政主管部门或者其授权的单位可对未按规定缴费的行为处以罚款，全国人大常委会法工委审查后认为，该行政法规制定于 1994 年，有关规定与目前城市供水管理体制已相去甚远，应当进行修改和调整，经沟通司法部已决定向国务院提出修改《城市供水条例》的建议。①

可见，在《宪法》和《立法法》确立的合宪性审查体制框架下，以宪法和法律委员会为组织依托，我国正在加快完善合宪性审查的程序、标准、方法、效力等具体制度，② 建立健全相关配套保障制度，推动合宪性审查制度尽早落地。这将是我国行政法规制定权走向规范的重要制度保障。

---

① 参见舒颖：《报备常态化·审查更"给力"——全国人大常委会 2019 年备案审查工作回眸》，《全国人大》2020 年第 4 期。

② 关于行政法规合宪性审查的讨论可参见秦前红、黄明涛：《行政法规的违宪审查研究》，《中南民族大学学报（人文社会科学版）》2010 年第 1 期；莫纪宏：《论行政法规的合宪性审查机制》，《江苏行政学院学报》2018 年第 3 期。

（二）行政法规制定权的司法制约

在英美法系国家，是通过法院对行政立法的司法审查抑制行政权扩张的。最典型的是罗斯福新政前的美国，法院对行政立法的审查十分严格，对行政立法权的扩张形成了有效抑制。虽然在新政后，法院对行政立法授权的审查趋于宽松，但这种宽泛化趋势是法官对审查权的自主限制，司法权对行政立法的制约作用一直存在。不过，无论如何"20世纪的法院面临的重大问题一直是：在权力日益增长的年代，法律如何对付滥用或误用权力的局面。"①

我国行政权与司法权的关系配置虽与法国不同，不过，行政法规的法律效力却与法国的行政立法特别是"自主条例"相似。我国《行政诉讼法》（2015年）第63条明确规定："人民法院审理行政案件，以法律和行政法规、地方性法规为依据。地方性法规适用于本行政区域内发生的行政案件。人民法院审理民族自治地方的行政案件，并以该民族自治地方的自治条例和单行条例为依据。人民法院审理行政案件，参照规章。"在此权力配置框架和制度逻辑下，行政法规是人民法院审理行政案件的依据，行政法规对司法的约束力，系由我国政权组织结构中政府与法院之间的权力配置格局所决定的。不过，笔者以为，通过小幅度的制度改造，也可以实现法院对行政法规的"消极司法审查"②，即允许法院对违反宪法、法律规定的行政法规不予适用，这样，相对柔性地促成司法对行政法规的程序化制约。

（三）行政法规制定权的行政自制

目前，既然我国立法机关与司法机关对行政法规制定权的规制力尚存不足，行政的自我规制在未来一段时间内就成为比较可行的制度选择。行政权的自我规制的动力来源如下：

其一，中国共产党的统一领导。中国共产党是我国一切国家组织活动的领导核心。全国人大及其常委会立法权与行政法规制定权之间的权

---

① 〔英〕丹宁勋爵：《法律的训诫》，杨百揆等译，北京，法律出版社，1999年，第71页。
② 参见马得华：《论"不予适用"：一种消极的司法审查——以《行政诉讼法》第63条和64条为中心的考察》，《环球法律评论》2016年第4期。

限范围问题，本质上是国家立法权在党的领导下如何实现合理分工的问题。行政法规制定权的扩张与限缩，一定程度上都是中国共产党因应国家治理现实需要而作出的适时调整。随着具有中国特色的社会主义法律体系的初步形成，行政法规的创制活动将会转入短暂的低潮期，而伴随新一轮全面深化改革的整体推进，行政法规制定权又会再度勃兴。可以说，行政法规制定权的扩张或限缩与党的大政方针和国家治理的时代需求密切相关。在全面依法治国的语境里，中国共产党对行政法规制定权也作出了方向性调整：一方面，出于为改革及时提供立法产品的考虑，进一步优化了行政法规与法律的分工，使行政法规制定权的行使更加规范；另一方面，随着依宪治国、从严治党等法治理念的提出以及党规建设的快速推进，中国共产党不断加强自身建设并严于用权，这也为行政法规制定权的自我抑制提供了内生性动力。

其二，行政权的自我价值更新。现代行政的目标不仅仅是实现有效统治，随着行政的快速发展，行政价值也趋于多元化。行政的自我价值更新促生了行政机关新的自制动力。具体而言，这种自制动力的来源有：①国际环境的变化。随着国内外法治大环境的整体变化，尤其全面依法治国战略的实施，促使行政权行使更加规范化，全面依法治国要求在源头上明确行政法规制定权的边界范围，防范权力间的冲突。同时，"依法用权""严以用权"的要求构成了对行政法规制定权扩张冲动的政治性约束，这些都会促使行政法规制定的审慎与理性。②行政成本的考量。行政法规作为国务院顶层设计性的行政立法，需要依靠科层制予以施行，法规的内部流转成本与外部施行成本都将影响行政法规的实效性，因为行政法规制定者须考虑行政体系与实施对象对规则的接受程度。③行政风险的预防。在利益诉求日益多元化的今天，行政风险日益增大。① 行政法规作为具有最高效力的行政立法，其所触及的利益及其分配也更加复杂，实施中面临的行政风险也在不断增大。故此，为了避免行政法规不当扩张导致社会矛盾的激化，行政法规制定主体也倾向于通过审慎用权来规避风险。④行政的伦理激励。伦理激励引发的行政自制古已有之，在王权时代，君主对"明君圣主"的追求就成为古代抑

---

① 参见崔卓兰：《行政自制理论的再探讨》，《当代法学》2014 年第 1 期。

制权力滥用的无形道德防线。而在现代国家治理中，行政自制理念在行政程序与行政目标的互动中产生，并内生为一种行政伦理。现代民主国家的政府都抱有建设人民满意政府、服务政府、法治政府、有限政府的初衷与意愿，行政立法围绕行政的价值诉求，也在不断反复自我目的化。这种"功能自治"① 会促进行政权的自我更生与自我优化，进而限制权力行政的恣意与专横。

通过行政自制实现对行政法规制定权扩张的矫治，关键在于通过行政程序建设。当然，行政法规的宪法规制，绝对不能完全依赖行政的自制与自律，权力之间制衡机制的建构，才是抑制行政法规制定权盲目扩张的关键。故此，优化行政法规制定权的立法控制和司法制约，特别是合宪性审查机关兜底性纠错机制的建构，均仰赖优良政体的渐进培育与整体推进。

小　结

在我国现行宪法的权力结构里，人民代表大会制度作为我国的根本政治制度，国务院是最高行政机关。改革开放以来，历史性地赋予了我国行政机关更为活跃和繁重的重要使命。我国国家治理的法治实践表明，其一，我国实际上遵循的是一种行政主导型的国家治理模式，改革进程从某种意义上是一个对"八二宪法"的部分内容进行动态调试和重构的过程；其二，"八二宪法"将立法权在最高权力机关和最高行政机关之间进行了原则性配置，从而使得国务院具有了宪法意义上的行政法规制定权，立法权的扩张是时代发展的要求。不过，阻止行政法规制定权的过度扩张，在新时代具有重大法治意义，也必将极大地促进国家治理能力和治理体系的现代化。

通过行政程序法治的建设，实现国务院的自制与自律，是行政法规规制的重要一环。不过，更为有效的制约一定来自外部力量的他律性制衡。故此，除了通过立法进一步完善行政法规制定的权力配置外，还可以借助合宪性审查制度建设的历史契机，打通行政诉讼和宪法诉讼的制

---

① 参见季卫东：《法治秩序的建构》，北京，商务印书馆，2014 年，第 15 页。

度阻隔，优化司法机关行政法规合宪性解释的申请权，确立行政法规的附带性个案审查制，有效整合来自国家和社会的两种智慧，在利益的驱动下推进行政法规审查的日常化和持续化，最终实现行政法规矫正开放性的良性循环。

第六章 学位的历史、属性及其授予

案例一："田永诉北京科技大学拒绝颁发毕业证学位证案"

田永于 1994 年 9 月考取北京科技大学，并取得本科生学籍。1996 年 2 月，田永在电磁学课程的补考过程中，被监考老师发现随身携带写有电磁学公式的纸条。监考老师虽未发现其有偷看纸条的行为，但当即停止了田永的考试。北京科技大学认定田永的行为属于作弊行为，并作出退学处理决定，之后又填发了学籍变动通知，但未直接向田永宣布、送达，也未给田永办理退学手续，田永继续以该校大学生身份参加正常学习及学校组织的活动。1996 年 9 月，北京科技大学为田永补办了学生证，之后每学年均收取田永交纳的教育费，并为田永进行学籍注册、发放大学生补助津贴，安排其参加大学生毕业实习设计。1998 年 6 月，田永所在系向学校报送田永所在班级授予学士学位表时，被告有关部门以田永已按退学处理、不具备北京科技大学学籍为由，拒绝为其办理颁发毕业证书的手续，进而未向教育行政部门呈报田永的毕业派遣资格表。田永认为自己符合大学生毕业的法定条件，北京科技大学拒绝给其办理毕业证、学位证违法，遂向法院提起行政诉讼。1999 年 2 月 14 日，法院作出判决，责令北京科技大学向田永颁发毕业证书。北京科技大学提出上诉，二审法院驳回上诉，维持原判。①

案例二："于艳茹诉北京大学博士学位撤销案"

于艳茹系北京大学历史学系 2008 级博士研究生，于 2013 年 7 月 5 日取得历史学博士学位。2013 年 1 月，于艳茹将其撰写的论文《1775

---

① 参见北京市海淀区人民法院（1998）海行初字第 142 号行政判决书；北京市第一中级人民法院（1999）一中行终字第 73 号判决书。

年法国大众新闻业的"投石党运动"》（以下简称《运动》）向《国际新闻界》杂志社投稿，后于同年 7 月 23 日刊登。2014 年 8 月 17 日，《国际新闻界》发布《关于于艳茹论文抄袭的公告》，认为于艳茹的《运动》一文构成严重抄袭。北京大学经调查认为，《运动》一文"基本翻译外国学者的作品，因而可以视为严重抄袭，应给予严肃处理"。2015 年 1 月 9 日，北京大学作出《关于撤销于艳茹博士学位的决定》。于艳茹不服，先后向北京大学学生申诉处理委员会和北京市教育委员会提出申诉，均遭驳回。之后，于艳茹将北京大学诉至北京市海淀区人民法院。海淀法院经审理，以程序违法为由判决撤销了北京大学作出的决定。北京大学不服一审判决，上诉至北京市第一中级人民法院。二审法院经审理认为，正当程序原则是裁决行政争端的基本原则及最低的公正标准，即使法律中没有明确的程序规定，行政机关也应自觉遵守。本案中，北京大学作为法律、法规授权的组织，其在行使学位授予或撤销权时，亦应当遵守正当程序原则。而北京大学在作出撤销学位决定前，未能履行正当程序，构成程序违法。据此，二审法院判决驳回上诉，维持原判。①

田永诉北京科技大学案和于艳茹诉北京大学学位撤销案，分别触及了我国学位制度中的两个核心问题，即学位授予和学位撤销。② 笔者以为，学位授予权包括学位撤销权，学位撤销权是学位授予权的必要逻辑延伸。依照权力来源的不同，学位制度可以划分为国家学位制与大学学位制两种制度形态。

2009 年修正的《中华人民共和国教育法》（以下简称《教育法》）第 22 条规定："国家实行学位制度。学位授予单位依法对达到一定学术水平或者专业技术水平的人员授予相应的学位，颁发学位证书。"2018

---

① 参见北京市海淀区人民法院（2015）海行初字第 1064 号行政判决书；北京市第一中级人民法院（2017）京 01 行终 277 号行政判决书。

② 此类典型案例还有很多，如"刘燕文诉北京大学、北京大学学位评定委员会不授予博士学位案"，参见湛中乐：《高等教育与行政诉讼》，北京大学出版社 2003 年 3 月版，第 499 －639 页；"何小强诉华中科技大学拒绝授予学位案"，参见湖北省武汉市中级人民法院（2009）武行终字第 61 号行政判决书，载《最高人民法院公报》2012 年第 2 期；"甘露不服暨南大学开除学籍决定案"，最高人民法院（2011）行提字第 12 号行政判决书，《最高人民法院公报》2012 年第 7 期，等等。

年修正的《中华人民共和国高等教育法》（以下简称《高等教育法》）第 22 条规定："国家实行学位制度。学位分为学士、硕士和博士。"据此可知，我国实行的是国家学位制度，在国家学位的制度框架下，我国高等学校和其他科学研究机构及其学位授权点的学位授予权源于国家，即学位权是一种国家权力，国务院代表国家整体上享有学位权。

2004 年修正的《中华人民共和国学位条例》（以下简称《学位条例》）第 8 条规定："学士学位，由国务院授权的高等学校授予；硕士学位、博士学位，由国务院授权的高等学校和科学研究机构授予。授予学位的高等学校和科学研究机构（以下简称"学位授予单位"）及其可以授予学位的学科名单，由国务院学位委员会提出，经国务院批准公布。"可见，我国依法设立的高等学校和科学研究机构的学位授予权，要么根据法律规定设立时即取得如本科学位，要么应严格遵循法定的学位授权条件，经申报程序申请获批后方能取得。换言之，学位授予单位（学位授权点）唯有获得国家学位授权的行政许可，才享有学位权，进行学位授予。① 我国大学（包括公立大学和私立大学）并无学位的自主创制权。正如有学者指出的那样，从立法目的、权力主体、法律性质和规范内容等多个方面来看，我国学位制度均显示出国家学位制度的法律属性，这在一定意义上也折射出我国国家权力对当前学位授予单位特别是大学学位高强度的影响力和型塑力。②

在国家学位的制度逻辑中，学位制度是国家及其学位主管部门为了确保学位授予质量，在学位授予权许可、学位申请者培养、学位授予程序规范、学术质量评鉴等方面规则体系的总称。学位制度界定权责、提供标准、把控质量、规范程序，是学位授予公共行政法律关系主体共同遵守的学术性规范体系。③

① 靳澜涛：《国家学位制度的现实考察与立法完善》，《重庆高教研究》2019 年第 6 期。
② 参见赵强、朱平：《中国学位制度完善的逻辑转向——基于法律视角的思考》，载《青岛科技大学学报》2017 年第 1 期；靳澜涛：《国家学位制度的现实考察与立法完善》，《重庆高教研究》2019 年第 6 期。
③ 从日宏、徐晓燕：《21 世纪我国学位制度研究进展综述》，《现代教育管理》2014 年第 5 期。

一、世界学位制度的由来

"学位"（degree）是近（现）代高等教育及其研究中的一个核心概念，学位制度亦是近（现）代高等教育制度框架体系的重要组成部分。学位最基本的含义系指由学位授予权主体按照法定程序颁发的、用于证明某人教育程度（包括学术水准、知识结构、研究能力等）的法律文书。从历史渊源上看，近（现）代意义上的大学及其学位制度起源于中世纪的欧洲。

在中世纪，行会组织控制西欧城市经济和社会生活长达数百年之久，对当时的教育制度亦产生了重大而深远的影响，为中世纪大学的建立和发展奠定了重要组织基础。[①] 在本源上，学位是教师行会颁发的予以证明担任教师职位的资格证书或曰特许状，特别是博士学位更是彼时从事教师职业的"敲门砖"和"通行证"。因此，学位本身是行业的身份认同、行业自主自律的表征，学位证书承载着有关学术的行业特权。随着教育分工的不断深化，学位制也得以演进，逐渐出现并形成了博士、硕士和学士的层级划分与功能设定。[②]

（一）学士学位及其由来

从"学士"（bachelor）一词的辞源角度考察，有学者认为"学士"一词最初是指没有财产的奴仆（Vassi non casato）；而有学者则认为学士源于行会中的专业术语，含义是"新手"；还有学者考证认为学士是拉丁文"baccalarius"一词的讹误，意为"属下"，即社会地位较低的奴仆或者工匠的学徒，[③] 这与我国古代的学徒制具有一定的相似性。从时间上来看，学士学位在欧洲中世纪教育制度体系里出现的时间要晚于硕士学位特别是博士学位，其产生的大致时间在 13 世纪。欧洲中世纪

---

① 缪榕楠：《学者行会的成员资格——中世纪大学教师录用的历史考察》，《教师教育研究》2007 年第 3 期。

② 〔美〕格莱夫斯：《中世教育史》，吴康译，上海，华东师范大学出版社，2005 年，第 95 页。

③ See Pedersen Olaf, *The First Universities: Studium Generale and the Origins of University Education in Europe*, Cambrige Utniversity Press, 1997, p. 262.

大学的学士学位，类似于今天大学中证明有资格担任助教的法律文书，即指在大学学习了一定年限、有能力协助大学教师开展教学和研究活动的助手。

1215 年以前，巴黎大学就已经开始使用"学士"这一称谓。不过，当时巴黎大学的章程中还未出现"学士"这一法律术语，巴黎大学只是允许神学院学习满 5 年的学生开设自己设计的部分课程。① 中世纪早期，学士学位的授予还没有复杂而庄重的程序和仪式，学士学位的取得无须举行现代意义上的学位考试，学士学位候选人只需得到相应老师的口头赞许或授权发表自己的就职演讲即可。② 后来，随着高等教育的制度变革，学士学位也逐渐规范化和制度化，例如当时意大利的博洛尼亚大学就规定：除了特定的学习时间和教学内容的要求外，学生若未获得法律系学监的同意，不能担任助教。③ 到了 13 世纪中叶，为了防止教师群体舞弊滥权，导致学业不合格学生在未经正当遴选程序的情况下，就大量混迹于教师队伍，很多大学开始规定学士学位的取得，须经过考试筛选程序。④

可见，从历史上来看，学士最初并非独立的学位等级，其不过是获取教师（助理）任职的候补资格而已，⑤ 后来才逐渐发展成为低于硕士学位一级的学位位阶。作为学位体系基础的学士学位，其产生晚于硕士和博士学位制度，1252 年巴黎大学英德同乡会章程是目前发现最早的正式规定学士学位的行业性自治立法。⑥

13 世纪中后期的巴黎大学有四个学院：艺学院、法学院、神学院和医学院。欲进入法学院、神学院和医学院这三个高级学院接受专门职业训练，须在艺学院学习两年的基础课程——即拥有某种初级的见习身

---

① 孙益：《欧洲中世纪大学的学位》，《清华大学教育研究》2003 年第 12 期。

② 谢亚慧：《从学者行会与教会的博弈中管窥中世纪大学学位制度》，《教育学术月刊》2014 年第 10 期。

③ 孙益：《欧洲中世纪大学的学位》，《清华大学教育研究》2003 年第 12 期。

④ 谢亚慧：《从学者行会与教会的博弈中管窥中世纪大学学位制度》，《教育学术月刊》2014 年第 10 期。

⑤ 〔美〕格莱夫斯：《中世教育史》，吴康译，上海，华东师范大学出版社，2005 年，第 95 页。

⑥ 〔瑞士〕吕埃格：《欧洲大学史》（第一卷），张斌贤等译，保定，河北大学出版社，2008 年，第 326 页。

份，这两年的学业代表着学术生涯的第一个阶段，接下来便可以继续攻读学士学位。艺学院两年"七艺"的学习经历（现代大学通识教育的前身），为进入专业学院继续深造提供了基础性的综合训练。可见，艺学院学习经历在当时法国大学中占有重要地位，也是学位链条的第一环节。最初仅艺学院有类似学士的制度设计，后来法学院、神学院和医学院这三个高级学院也开始授予学士学位。

学生在获得学士学位之后，就具有了在大学申请执教的最基础性的资格，即可作为助教协助大学教授进行教学和科研工作，同时亦具备了硕士学位候选人的竞选资格。[①] 当然，在中世纪大学里求学的学生，并非每一个都能坚持到最后，仅有少数学生能获得相应的学位。如15世纪德国一大学的档案记录显示，该大学仅有十分之三或四的学生最终被授予学士学位，而被授予硕士学位的学生数量则更少，仅占十分之一。在中世纪，虽然进入大学学习并取得学位的最初目的是获得大学教师资格，进而成为一名大学教师，但获得教师资格之后也并非所有人都有机会或意愿继续留在大学任教。对其中一些学位获得者而言，与其说教师资格取得的最终目的是任教，毋宁说攻读学位是提高自己社会地位的一种有效途径，甚至仅仅是一种个人能力或学术兴趣的证明而已。[②] 而部分学生虽已达到了进一步获得学位所要求的教学任务量，并且还在继续担任助教工作，但其目的通常是为以后的学习工作等筹措经费或等待大学之外更好的任职机会。[③]

伴随着世界高等教育的进一步发展，学位也完成了自身的类型化：第一级学位是学士学位，类似于达到了行会要求的学徒满师的级别；第二级学位是硕士和博士学位，相当于行会中的师傅级别。

（二）硕士和博士学位及其由来

世界上第一个学位出现于法国巴黎地区，对此学界已基本达成共识，而关于世界上首个博士学位颁发的具体时间却素有争议。有学者认

---

① 谢亚慧：《从学者行会与教会的博弈中管窥中世纪大学学位制度》，《教育学术月刊》2014年第10期。

② 孙益：《欧洲中世纪大学的学位》，《清华大学教育研究》2003年第12期。

③ See Alan B. Cobban, *English University Life in the Middle Ages*, Ohio State University Press, 1999, p. 55.

为是 1145 年在巴黎颁发的荣誉证书，也有学者认为是 1150 年颁发的神学博士学位，还有学者认为是 1175 年颁发的宗教法博士学位。不过，可以确定的是，意大利博洛尼亚大学的第一个博士学位，是 1158 年弗雷德利克一世授予大学特许状之后颁发的首个民法博士学位。① 自此以后，欧陆各大学在文学、法律、医学、神学等学科领域开始较为普遍地颁发大学学位了。

另外，从历史动因上来看，硕士和博士学位制度的产生直接导源于中世纪的执教权，并深受教会等宗教组织的影响。在中世纪，教会之于大学具有很大的影响力和管控力，并在大学树立了较高权威。具体表现在：①教师担任教职的许可权；②教师数量的控制权；③教学内容和教学方法的确定权等。也正是从这个层面上讲，中世纪欧洲的执教资格，更大意义上还不是大学学位，而是巴黎圣母院等宗教组织的主教们所颁发的特许状（令）。这种特许无须经过考试程序和教师团体商议程序，仅以主教决定是否颁授为已足。可见，由于基督教对知识和学术的垄断，执教权的授予由巴黎圣母院等宗教组织的主教们所掌控，作为教师职业证书的大学学位及其授予，早期还不是教师行会的自治事项，而是神权知识控制的必然逻辑延伸。于是，在教师行会和教会之间引发了长期的权力斗争，经过二者相当长时间此消彼长的对抗和博弈，后来尽管主教仍然负责任命教师，但却把大学教育管理权委托给专人负责，即所谓的"掌校教士"负责。

到了 12 世纪，由于大学人数的不断增加，掌校教士逐渐获得了执教资格的授予权。申言之，掌校教士们有了为自己所属教会或教堂管辖教区的教师候选人授予执教权或驳回其申请的权力。经此演变，执教权授予仪式或曰教师就职礼，逐步形成并成为近代意义上博士学位授予仪式的雏形。② 随着制度的不断演进，教会与教师行会之间在执教权授予方面的冲突更加剧烈，矛盾的不断激化也让教师行会逐渐意识到，唯有实现行会内部的团结，才能凝聚力量维护自身权益。于是，教师行会开始凭借自己掌握的授课权对抗教会的开除教籍权，斗争在不断深化。最

---

① Keith Allan Noble, *Changing Doctoral Degrees: An International Perspective*, Open University Press, 1994, p. 7.

② 〔法〕涂尔干：《教育思想的演进》，李康译，上海，上海人民出版社，2006 年，第 115 页。

终，教师行会在权力斗争中逐步占据优势地位，并最终获得了罗马教廷的支持，罗马教皇通过颁布诏令等形式保障师生利益，规定录用新晋教师必须获得教师行会的认可，教师行会如果认为候选人有资格获此学位，主事便有义务向其颁发执教权证书。大约在1220年，主事最有力的对抗武器即开除教籍权也被教皇剥夺，除非教皇授权，否则主事无权开除教籍。至此，教师行会在教皇的庇护下终于获得了大学自治权，此前由教会享有的发放授课许可证和审核教师资格的权力，逐渐演变成为大学独立颁发许可证的自治权力。这一执教许可（证）制度演进的历史，也就是大学学位制度形成的早期历史。①

就硕士和博士学位的划分而言，硕士（master）本意为行业中的"师傅"，在大学语境下通常被理解为"教师"；而"doctor"（博士）一词则源于拉丁文"docuts"，在拉丁语中作动词，是"教学"之意。② 硕士和博士在产生之初并无高低之分，仅在不同大学用法上存在差异而已，二者均可用来指称大学教师，甚至有学者认为，中世纪时期，硕士、博士和教授三个头衔可同等使用和等量齐观。③ 早期二者的区别源于不同大学和不同专业群体称谓习惯上的差异。如在早期的巴黎大学和参照巴黎大学模式建立的其他大学，"硕士"主要指称在神学、医学和文学院系任教的教师；而在博洛尼亚大学，法律系教师更习惯于以"博士"相称，而"硕士"称呼的使用则相对较少。④

之后，伴随着世界高等教育的快速发展，硕士和博士这两个称谓渐渐开始出现差异：在巴黎大学，就读文科专业的毕业生凡通过考试，且被认为具备担任教师职位的德性和才能的，被授予"硕士"称号；而就读神学、法律、医学等学科的学生，经考试合格则一般授予"博士"称号。由于当时的时代背景，文科（即后来所谓的通识教育）被认为是基础性教育，只有先在文科毕业后，才能在神学、法学、医学等职业性的传统学院继续深造，所以硕士和博士也开始有了时间上的先后接续

① 参见〔法〕涂尔干：《教育思想的演进》，李康译，上海，上海人民出版社，2006年，第178页。

② James Bowen. *A History of Western Education*, Vol. 1, Taylor & Francis Ltd., 2004, p. 130.

③ Rashdall, Hastings. *The Universities of Europe in the Middle Ages*, a new ed. In three Vol., ed. By F. M. Powieke Q. A. B. Emden, Oxford University Press, 1951, p. 39.

④ Rashdall, Hastings. *The Universities of Europe in the Middle Ages*, a new ed. In three Vol., ed. By F. M. Powieke Q. A. B. Emden, Oxford University Press, 1951, p. 19.

和高低层级上的区别。相对而言，硕士称号代表较低等级，博士称号则表征着较高等级。及至15世纪，硕士和博士称号的指称才相对固定下来，博士称号成为高级系教师的专用头衔，而硕士头衔则由低级系教师专用，硕士和博士作为指称两个不同层级的学位级别的制度体系初步成型。①

就候选人的学位授予程序而言，通常包括以下几个环节：其一，经候选人指导教师同意，认为候选人已达到遴选资格，此时候选人即可向大学当局及教长提出正式申请，② 教长在专业人士的陪同下，检查学生的道德操行及先前学习情况，若达到遴选资格的基本条件，即允许其参加考试；其二，围绕某一特殊问题或主题与学生展开辩论，通过者即可被认为获得准硕士（博士）学位资格；其三，为了最终获得在大学里从教的资格，还需要参加一个完全形式上的公开考试，即在教堂举行的学位授予仪式，授予仪式结束即获得相应学位，同时意味着候选人的能力与学识得到了同侪认同。③ 这种学位授予已经带有明显的同行评审和学术自治的制度特征，从而和神权控制下的外力许可制构成了鲜明对比。

综上，西方学位制度的演进史，也是一部学术权力不断摆脱神权羁绊而日益自治化、世俗化的历史。在中世纪，学位制度在很大程度上是一套大学教师任教资格许可的规则体系。同时，神权是教师资格评鉴标准和衡量尺度的担纲者，教会授予的学位是学生进入教师行会的资格准入证明。不可否认，欧洲中世纪大学学位制度为当时的教师选拔提供了一套可操作的规则体系，也为近现代高等教育的健康发展奠定了制度基础。虽说中世纪学位制度在相当长的历史时期内受到了基督教神学的思想禁锢和体制制约，但其在确保行业水平和推动学术发展等诸多方面的历史贡献，是毋庸置疑的。发端于中世纪欧洲的、庄严肃穆的学位授予仪式一直流传至今就是很好的例证。④

---

① 孙益：《欧洲中世纪大学的学位》，《清华大学教育研究》2003年第12期。

② 〔瑞士〕吕埃格：《欧洲大学史：中世纪大学》（第一卷），张斌贤等译，保定，河北大学出版社，2008年，第160页。

③ 参见谢亚慧：《从学者行会与教会的博弈中管窥中世纪大学学位制度》，《教育学术月刊》2014年第10期。

④ 参见孙益：《欧洲中世纪大学的学位》，《清华大学教育研究》2003年第12期。

二、我国学位制度的创设与发展

如上所述，世界学位制度肇始于中世纪的欧洲。中国传统社会从隋唐开始就建立了"科举取士"制度，超越语境论的羁绊，也许所谓的"书院"、"太学"和"翰林院"都可以视为古代中国的"大学"，而"秀才""举人""进士"等亦可看作中国式学位。不过，设立这些"学位"的目的不是为了培养大学教师，而是为了选拔官员。

中国现代意义上的学位制度则是借鉴和学习西方高等教育制度的产物。随着清末民初的"西学东渐"，西方大学及其学位制度也随之传入中国。创办于1898年的京师大学堂，是中国历史上第一所国立综合性现代大学，也是当时中国最高教育行政机关。1905年9月2日，袁世凯、张之洞等六位督抚联衔奏请立停科举，以便推广学堂，咸趋实学。清廷诏准，自1906年开始，所有乡会试一律停止，各省岁科考试亦停止，并令学务大臣迅速制颁各种教科书。[①]

延续1300多载的科举制度的废除，产生了非常深远的历史影响。一方面，导致中国原有的形成社会精英——地主、绅士与官僚——的方式由此而发生了突然的文化断裂，从而成为"新旧中国的分水岭"。"科举制度在中国历史上承负着整合传统社会生活并维系社会内部的文化生态平衡的功能。""中国的传统社会正是以科举制度为枢纽，在平民与精英之间，以及在社会精英的三大主要阶层之间，形成周而复始的循环与对流"，使得传统中国成为"人类前资本主义社会中最具阶层开放性结构的社会"。[②] 另一方面，废除科举制也开启了我国大学及其学位制度近代化和本土化的历史进程，其间中西文化的激烈碰撞、制度植入导致的机制反弹和对中国社会文化心理的冲击与重构，延续至今而无法完全消逝。自清末西方学位制度传入中国以来，我国学位制本土化探索大致经历了以下三个阶段：

---

① 参见黄运藩：《请变通学造呈》，载《清末筹备立宪档案史料》（下册），北京，中华书局，1979年，第982页。

② 萧功秦：《从科举制度的废除看中国近代以来的文化断裂》，《战略与管理》1996年第4期。

（一）清末学位制度的萌芽

光绪二十八年七月十二日（1902 年 8 月 15 日），清廷颁布了《钦定学堂章程》——由张百熙仿效日本学制主持拟定，史称"壬寅学制"。其中，《钦定大学堂章程》的颁布标志着我国近代意义上高等教育学术分科体系的初步确立。《钦定京师大学堂章程》将大学堂分为预备科、大学专门分科和大学院三级。预备科学制三年，毕业后可升入大学专门分科继续学习，并给予举人出身资格；大学专门分科相当于后来的大学本科，分科即学院；科下又分门目，相当于后来的系所。大学专门分科学制三至四年，毕业后可升入大学院（相当于后来的研究生院）深造，并给予进士出身；大学堂另设速成科，包括仕学、师范二馆，学制三至四年，毕业后可任初级官吏或学堂教习。

"新进士既奉旨令入学堂，必使其心无牵累，而后可责其笃志用功。若旅费不充，忧增内顾，欲其安心从事学问难矣。"故此，1904 年 1 月，清廷颁布《奏定各学堂奖励章程》，该章程规定："兹拟凡入馆就学之进士、翰林、中书，每年给津贴银二百四十两，部属每年给津贴银一百六十两，以示体恤。此项津贴，由新进士本籍省分筹款，交学务大臣转发进士馆，按月支给"①。1905 年，清政府废除科举后，新式学堂的奖励制度并没有真正落实。② 于是，宣统三年（1911 年）四月召开的各省教育总会联合会议向学部提出了"请停止毕业奖励"，教育总会联合会所提议案中还拟订了诸多的改革方案：其一，立即停止先前的实官奖励；其二，进一步废除进士、举人、优拔贡、廪增、附生等名称；其三，大学堂毕业可称谓学士，其他各学堂毕业均称毕业生，并另行颁布了学位章程。③ 至此，随着进士、举人、优拔贡、廪增、附生等传统称谓及其制度载体的废除，近代中国学位制度萌芽初现，并最终促成了民国时期我国大学的整体繁荣。

---

① 参陈学恂：《中国近代教育史教学参考资料》（上册），北京，人民教育出版社，1986 年，第 532－551 页。
② 周谷平、吴静：《近代中国学位制度的历史演变》，《高等教育研究》2002 年第 4 期。
③ 沈云龙：《各省教育总会联合会议决案 近代中国史料丛刊续编（66 辑）》，新北，文海出版社，1970 年，第 204 页。

（二）民国时期学位制度的发展

1. 民国时期公立大学的学位制度

1912 年 7—8 月间召开的中央临时教育会议，为我国民初高等教育制度改革确立了总体方针，其中也涵盖了学位制度的实施方案。在此次被称之为"全国教育改革的起点"的会议上，教育总长蔡元培列举了科举制的种种弊端，这意味着与科举相匹配的各类制度失去了时代意义，新的学制和学位制正在酝酿之中。① 教育部拟定的《学校系统草案》开始涉及大学毕业生的学位问题，文件中指出大学毕业后如若继续"极深研究"或"有新发明之学理或重要之著述，即可由博士会承认而推为博士"②。

我国学位制度正式写入国家法令，始于北洋政府教育部 1912 年 10 月颁布的《大学令》（共计 22 条）。《大学令》规定："大学各科学生修业期满，试验及格，授以毕业证书，得称学士。""大学院生在院研究，有新发明之学理或重要之著述，经大学评议会及该生所属某科之教授会认为合格者，得遵照学位令授以学位。"据此，大学学科教授会有审查"提出论文请授学位者之合格与否"之权，大学评议会有审查"大学院生成绩及请授学位者之合格与否"之权。③

1914 年 7 月颁布的"大总统令"将"授予学位事项"与"博士会事项"明确为专门教育司的事务。④ 1915 年 1 月，袁世凯颁布《特定教育纲要》，将"学位奖励"单独列章，规定"学位除国立大学毕业，应按照所习科学给予"学士、硕士、技士"各字样外，另行组织博士会，作为审授博士学位之机关，由部定博士会及审授学位章程暂行试办。"此外，《特定教育纲要》还规定，"学位规定后，政府应颁布学位章服以表彰其学迹"。

此后，有关高等教育的法律法令均有学位制的相关规定。如 1917

---

① 沈云龙：《各省教育总会联合会议决案 近代中国史料丛刊续编（66 辑）》，新北，文海出版社，1970 年，第 217 页。

② 《教育部拟议学校系统草案》，《教育杂志》1912 年第 3 期。

③ 《教育部公布大学令》，《教育杂志》1913 年第 4 期。

④ 朱有瓛：《中国近代学制史料》（第一辑 上册），上海，华东师范大学出版社，1989 年，第 81 页。

年6月，教育部颁布的《改定大学学制办法》规定："改定大学修业年限为预科二年，本科四年"，进一步明确了预科与本科之间的关系。1917年9月，教育部修正后的《大学令》规定："大学本科学生修业期满，试验及格，授以毕业证书，称某科学士。"① 据此，"学士"是书写在"毕业证书上"的，且不再笼统地称为"学士"而冠之以"某科学士"。另外，根据1919年3月教育部颁布的《全国教育计划书》的安排，"立中央评定学术授予学位之机关"，"此项机关亟宜筹设，用昭宏奖"②。1922年，新学制实行后，教育部1924年2月公布的《国立大学条例》规定："国立大学校设大学院，大学校毕业生及具有同等程度者入之。大学院生研究有成绩者，得依照学位规程给予学位。学位规程另定之"③。该条例规定了设置学位规程的立法计划，然而遗憾的是，直至北洋政府垮台，计划中的学位规程都未出台。④ 民国初期，我国高等教育界对硕士学位的认识还较为模糊，这不仅与西方国家整体上弱化硕士这一中间学位层级的学术传统一脉相承，也和当时中国缺乏学阶分明的教育学理论不无关系。硕士学位是博士学位的基础，所以硕士学位也应该成为学位建设的重要环节。

南京国民政府尤为重视透过立法加强高等教育管理，并形成了一整套体系完备的高等教育法律制度体系。1929年7月，南京国民政府颁布《大学组织法》，将"大学院"更名为"研究院"，由各大学自拟章程，并报教育部批准。据此，各大学纷纷制定章程，陆续成立"研究院"或研究所招收研究生，授予硕士等学位。1934年，教育部颁布的《大学研究院暂行组织规程》规定，大学须设3个研究所方能称为研究院；研究院招收学业优良、有志深造的大学本科毕业生，学制为两年；研究院组织专家对其毕业创作进行审查与测试，合格者可授予硕士学位。⑤ 1935年4月，南京国民政府正式颁布了《学位授予法》（共计12

---

① 璩鑫圭、唐良炎：《学制演变：中国近代教育史资料汇编》，上海，上海教育出版社，2007年，第815页。

② 《教育部全国教育计划书》，《教育杂志》1919年第3期。

③ 中国第二历史档案馆：《中华民国史档案资料汇编：第三辑教育》，南京，江苏古籍出版社，1991年，第174页。

④ 张少利：《北洋政府时期学位制度述评》，《中国高教研究》2007年第2期。

⑤ 郑刚：《教育立法与近代中国学位制度的嬗变》，《高教探索》2012年第1期。

条），该法明确规定大学学位分为学士、硕士、博士三级。① 1935 年 5 月 23 日，教育部又颁布《学位分级细则》，对各科学位的分级及名称均予以详细规定。

综上，中国学位制度经过民国时期的不断探索，基本上实现了体系化、法治化和现代化，② 学位制度体系的持续建构，极大地促进了我国大学教育的发展和学术研究的繁荣，民国时期我国出现了一批有着世界影响力的一流大学就是有力佐证。

2. 民国时期教会大学的学位制度③

教会大学是我国近代高等教育的重要组成部分，其创制和发展在客观上极大地促进了中国高等教育近（现）代化的进程。总体上来看，民国时期教会大学学位制度的发生稍滞后于教会大学本身的发展，正如曾任圣约翰大学校长的卜舫济（Francis Lister Hawks Pott）先生所言："嗣大学程度逐步提高，始议及学生学位问题。"④ 例如，岭南大学则属于近代教会大学中创制伊始就明确规定学位制度的大学，岭南大学在其前身格致书院时即向纽约州大学部注册，"准许将来办至大学，得有发给学位之权"⑤。

20 世纪 20 年代，我国教会大学开始普遍设置学位制度。不过，教会大学的学位授予权大多是直接向国外著名大学或政府机关备案注册获取的。这一方面是试图借此提高自己的学术标准以及在中国高等教育领域中的威望；⑥ 另一方面，也是客观上受当时中国历史条件的制约所致。金陵大学的遭遇代表了当时教会大学面临的普遍问题："当本校创始之际，中国教育行政机关尚未有大学授予学位的规定，而私立大学之立案尤无明文可遵。故当时本校董事会议决暂在美国纽约省立案，并由

---

① 宋恩荣、章咸：《中华民国教育法规选编》，南京，江苏教育出版社，1990 年，第 425 页。

② 郑刚：《教育立法与近代中国学位制度的嬗变》，《高教探索》2012 年第 6 期。

③ 周谷平、应方淦：《近代中国教会大学的学位制度》，《浙江大学学报》2004 年第 1 期。

④ 朱有瓛、高时良：《中国近代学制史料》（第四辑），上海，华东师范大学出版社，1993 年，第 428 页。

⑤ 李楚材：《帝国主义侵华教育史资料——教会教育》，北京，教育科学出版社，1987 年，第 163 页。

⑥ 徐以骅：《中学与西学——作为西学输入渠道的圣约翰大学》，载章开沅主编《社会转型与教会大学》，武汉，湖北教育出版社，1998 年，第 39 页。

该省政府授予学位。本校毕业生今日所得之外国学位，实系过渡办法，一俟中国教育当局规定授予学位办法时，当即遵照办理。"①

最早获国外授权具有学位授予资格的教会大学是北京汇文大学，该校于1890年在纽约创立董事会，并获纽约州政府特许状，开始享有学位授予权。此后，其他教会大学也陆续通过类似方式取得了学位授予特许。学位授予权使得大多数教会大学从一开始就具备了同当时世界一流大学竞争、交流和对话的能力，即"得享泰西凡大学所应享之权利"②。这种高起点办学和世界性学术联系的双重优势，为教会大学毕业生到国外继续深造提供了诸多机会和极大便利。③仍以金陵大学为例，"历有年所，毕业者颇不乏人，但未经美国大学承认，如至美国留学，不得径入专门学校。今已蒙承认，此后在本堂毕业者，即无异于在美国大学校毕业也，凡领本堂毕业凭单者，即无异于美国学士之凭单也"。如是"该生毕业之后，如赴美国求学，任入何省（州）大学校，均可得其承认，与美国大学生一律待遇"④。

一般而言，教会大学授予学位的基础性要求主要包括：①学生入学标准参照甚至按照国外著名大学的标准执行；②在学期间，须完成所有大学课程的研读并通过考试；③平时无经常或严重的违纪行为。如圣约翰大学"校规"规定："文科及理科高级毕业，给予学士学位，如该生在正馆四年之总分数均在八十分以上，凭照内特加荣誉二字，以示优异；医科须五年学业，并于五年内所得平均分数及七十五分，方予文凭，作为医科博士；习道学者，其课程总均数能逾九十分，可得道学学士学位，此项学位毕业时当众报告；俟该生受会长职后，方能实授院生，读毕大学院课程，可得文科或理科硕士学位。"⑤与圣约翰大学施行的百分制不同，沪江大学采五分制："凡读完大学课程而平均分数得

---

① 李楚材：《帝国主义侵华教育史资料——教会教育》，北京，教育科学出版社，1987年，第167页。

② 朱有瓛、高时良：《中国近代学制史料》（第四辑），上海，华东师范大学出版社，1993年，第587页。

③ 郭查理、陶飞亚：《齐鲁大学》，珠海，珠海出版社，1999年，第158页。

④ 朱有瓛、高时良：《中国近代学制史料》（第四辑），上海，华东师范大学出版社，1993年，第588－610页。

⑤ 圣约翰大学：《圣约翰大学章程汇录（1912—1920）》（复印本），上海，美华书馆，1914年，第75页。

三分的，均能获得文学士或理学士学位。凡要得硕士学位的，第一必须先获得学士学位，第二必须至少读完二十八个学分，且平均分数不得在二分以下，第三必须写一篇论文，五月一日前送交教授会审定。"①

此外，教会大学还实行严格的淘汰制，升级考试不合格的学生随时都会被学校淘汰。如被教会接管的震旦大学只有 40% 左右的学生能够顺利毕业，金陵大学每年录取二百余名新生，顺利拿到学位者仅百人左右，而能够从湖南湘雅医学院毕业的学生，则不足入学时的四分之一。②

综上，由于与世界著名大学的制度衔接和学术交流的制度化，加之建校伊始就建立了严格的学术规范和较为健全的学位制度，并且师资力量雄厚，大多都是学贯中西的学界鸿儒，民国时期我国涌现了一大批有着世界影响力的一流大学，如西南联大等。

（三）新中国学位制度发展史

1. 背景：1952—1963 年的院系调整

"面向全国高校的大规模院系调整的设想，是在 1950 年 6 月第一次全国高等教育会议上明确提出的。"③ 1951 年 11 月 15 日，《中央人民政府教育部党组关于全国工学院调整发展方案的报告》和《中央教育部党组关于北大、清华、燕京三大学调整方案的报告》呈递中央。同年 11 月 17 日，毛泽东对《胡乔木关于院系调整问题致毛泽东、刘少奇、周恩来、李富春、彭真的信》作出批示："我认为可行，请周酌定，并通知各大区照办。"④ 新中国高等学校的院系调整就此拉开帷幕。"至一九五二年底止，全国高等学校已有四分之三进行了院系调整和设置专业的工作。其中以华北、东北、华东等三区调整的较为彻底。"1953 年 10 月 11 日，政务院正式颁发《中央人民政府高等教育部关于一九五三年全国高等学校院系调整的计划》（1953 年 5 月 29 日政务院第 180 次政

---

① 葛祖兰：《记上海三所教会大学》，载上海市文史馆、市人民政府文史资料工作委员会《上海地方史资料：四》，上海，上海社会科学院出版社，1986 年，第 162－163 页。

② 周谷平、应方淦：《近代中国教会大学的学位制度》，《浙江大学学报》2004 年第 1 期。

③ 李琦：《建国初期全国高等学校院系调整述评》，《党的文献》2002 年第 6 期。

④ 参见《建国初期全国高等学校院系调整文献选载》（一九五一——一九五三年），《党的文献》2002 年第 2 期。

务会议批准），强调深化和进一步推进院系调整工作①。

根据《中央人民政府高等教育部关于一九五三年高等学校院系调整工作的总结报告》，"经过一九五三年的调整，全国高等学校已由二百〇一所减为一百八十二所，计：综合大学十四所，高等工业学校三十九所，高等师范学校三十一所，高等农林学校二十九所，高等医药学校二十九所，高等政法学校四所，高等财经学校六所，高等艺术学校十五所，高等语文学校八所，高等体育学校五所，少数民族高等学校二所。"同时，此次院系调整呈现如下特征："一、基本取消了原有系科庞杂、不能适应培养国家建设干部需要的旧制大学，改组成为培养目标明确的新制大学；二、为国家建设所迫切需要的系科或专业，予以分别集中或独立，建立了新的专门学院，使其在师资、设备上更多发挥潜力，在培养干部质量上更能符合国家建设的需要；三、将原来设置过多或过散的摊子，予以适当集中，以便进行整顿；四、原来学校条件太差，而一时又难以加强，不宜单独继续办下去的，……予以撤销或归并，以利于整顿和发展；五、吸取了一九五二年的经验教训，一九五三年的院系专业调整工作，进行得较有步骤，准备较早，时间较从容，思想酝酿较成熟，故工作较前一年更顺利，人员物资的调配也比较有条理。"②

1952 年至 1953 年，经过上述全国高等学校大规模的院系调整，中华民国时期效仿英美"通才教育"模式构建的高等教育体系，被成功地改造成了苏联"专才教育"模式，全国高校数量由 1952 年之前的 211 所下降到 1953 年的 183 所。私立高校特别是教会大学，至此也退出了新中国的历史舞台。20 世纪后半叶，中国高等教育的基本格局由此发端。

2. 新中国早期的学位制度建设

1954 年 3 月，中共中央在对中国科学院党组《关于目前科学院工作的基本情况和今后工作任务的报告》的批示中指出，在我国建立学位制度是必要的，责成科学院和高等教育部提出逐步建立这种制度的办法。根据中央指示，国务院第二办公室主任林枫等 13 人组成了关于学

---

① 参见《建国初期全国高等学校院系调整文献选载》（1951—1953 年），《党的文献》2002 年第 2 期。

② 《中央人民政府高等教育部关于一九五三年高等学校院系调整工作的总结报告》。

位、学衔、工程技术专家等级及荣誉称号等条例的起草委员会。1955年8月5日，国务院第17次全体会议通过了《中国科学院研究生暂行条例》，同年9月科学院第一期研究生招生工作如期举行。在1956年1月举行的知识分子问题会议上，学位、学衔、知识界的荣誉称号、发明创造和优秀著作奖励等制度，被认为是"鼓励知识分子上进和刺激科学文化进步的一个重要方法"，受到了中央肯定。同年6月，学位、学衔等条例起草委员会拟订了《中华人民共和国学位条例（草案）》《中华人民共和国国务院学位和学衔委员会组织条例（草案）》等11个条例草案，并上报中央审批。① 其中，《中华人民共和国学位条例（草案）》（共计16条）包括学位分级、授予学位学科的门类、学位获得条件、审批程序等内容；《中华人民共和国国务院学位和学衔委员会组织条例（草案）》则对学位和学衔委员会的职责、组织、受理学位流程、行使权力的方式、选举方法做了明确规定。但令人遗憾的是，由于历史原因，这些条例并未获得最终通过。② 虽然法案未通过，但高校自身也没有停止发展，如从1956年起，同济大学等部分高校开始招收学制4年的副博士研究生，同时鼓励教师在职进修，考取副博士和博士学位。

3. 新中国学位制度的重建

1978年4月22日，邓小平在全国教育工作会议上讲话时指出："关于学校和科学研究单位培养、选拔人才的问题，要建立学位制度，也要搞学术和技术职称"③。1980年2月12日，第五届全国人民代表大会常务委员会第13次会议审议通过了《学位条例》，从1981年1月1日起施行。同时，为了推动《学位条例》更好地贯彻实施，1981年5月20日，国务院批准了《学位条例暂行实施办法》，该办法对学士、硕士、博士和荣誉博士学位的授予标准、课程考试、论文水平等作出了明确规定。《学位条例》及其配套行政法规的颁行，为我国新时期学位制度的健康发展提供了法治保障。此外，教育部、国务院学位委员会办公室还制定了《学位授予和人才培养学科目录》，并进行了有序的动态修改和更新。至此，新中国学位制度步入到了规范和有序发展的新

---

① 参见傅颐：《新中国学位制度创建的历史轨迹及反思》，《北京党史》2015年第2期。
② 参见王敏、余伟良：《新中国学位制度的历史演变》，《黑龙江史制》2013年第23期。
③ 《邓小平文选》（第2卷），北京，人民出版社，1994年，第109页。

阶段。①

1981 年，《学位条例》实施以来，我国逐步形成了国家、地方、高校三位一体的学位管理体系。伴随着高等教育体制改革的不断深化，学位管理权的重心也在不断下移。如 1985 年颁布的《中共中央关于教育体制改革的决定》就明确提出："坚决实行简政放权，扩大学校的办学自主权。"② 又如 2005 年国务院学位委员会第 21 次会议审议通过的《关于进行第十次博士、硕士学位授权审核工作的通知》规定："委托经教育部批准设置研究生院的学位授予单位和中国社会科学院研究生院自行审核本单位增列的二级学科硕士学位授权点（不含军事学门类）。"③ 2010 年 4 月，国务院学位委员会《关于委托省（自治区、直辖市）学位委员会中国人民解放军学位委员会进行博士学位授权一级学科点初审和硕士学位授权一级学科点审核工作的通知》要求，各省（自治区、直辖市）学位委员会对本省（自治区、直辖市）区域内博士学位授予单位申请增列的一级学科博士点，博士、硕士学位授予单位申请增列的一级学科硕士点进行初审，审核通过的一级学科博士、硕士点，报国务院学位委员会审批。④

三、我国学位的授予

与行政许可一样，学位授予是一个集合性概念，包括积极意义上的授予学位，也包括消极意义上的不授予学位；从时间上来看，学位授予还可以分为按时授予、延期授予、拖延授予学位等；而从程序角度观之，学位授予制度还应该涵盖学位证书记载事项错误的更正、学位的撤销等。可见，学位撤销是学位授予的纠错机制，也是学位授予程序的必然逻辑延伸，唯其如此，才能通过学位撤销产生震慑效应，保证学位制度的学术性、规范性、公正性和权威性。从大学治理法治化的角度来

---

① 王敏、余伟良：《新中国学位制度的历史演变》，《黑龙江史制》2013 年第 23 期。
② 何东昌：《中华人民共和国重要教育文献》（1949—1997 年），海口，海南出版社，1998 年，第 2286 页。
③ 何东昌：《中华人民共和国重要教育文献》（1949—1997 年），海口，海南出版社，1998 年，第 2287 页。
④ 赵长林：《中国学位制度实施三十年：回顾与总结》，《研究生教育研究》2012 年第 1 期。

看，学位授予程序通常会涉及以下四个方面的法律问题：其一，学位授予行为的法律属性；其二，学位授予权的合理配置及其主体设定；其三，学位授予的学术判断标准与裁量余地；其四，学位授予救济机制建构——即行政申诉与司法审查。

（一）学位授予的法律属性

就我国学位授予的性质而言，至少有两个层面的问题需要回答：其一，学位授予行为是国家行政行为还是大学的自治性行政行为；其二，学位授予行为是许可性行为还是确认性行为。

1. 国家行政（授权行政）抑或自治行政

就世界范围而言，学位分为大学学位和国家学位两种制度形态。而在以私立大学为主且有着悠久自治传统的欧美国家，大学作为"学术共和国"，早已实现了与神权、国家权力的分离，学术权力和国家权力是并行的两种不同法律属性的权力类型。[1] 在多个权力中心并存的背景下，学位大多是大学学位而不是国家学位，学位授予权自然就是大学自治权的有机组成部分，而非国家权力，学位授予行为是（大学）自治类公共行政行为，而不是（国家）职权类行政行为。

我国《教育法》第 23 条明确规定："国家实行学位制度。学位授予单位依法对达到一定学术水平或者专业技术水平的人员授予相应的学位，颁发学位证书。"《高等教育法》第 22 条规定："国家实行学位制度。学位分为学士、硕士和博士。"《学位条例》（2004 年）第 3 条和第 8 条也规定，学位分学士、硕士、博士三级；学士学位，由国务院授权的高等学校授予；硕士学位、博士学位，由国务院授权的高等学校和科学研究机构授予。据此，与西方大多数国家不同，我国实行的是国家学位制度。当下我国学位授予单位尽管是自行组织学位授予活动，甚至各大学学位证书的样式也是五花八门，20 世纪 80 年代一度还是毕业证书和学位证书两证合一。但是，我国学位授予权力并不是源于大学自治权而是国家行政权，即在整个学位授予程序中（包括招录、培养、答辩和学位授予仪式的举行）大学更多的是授权类行政主体，而非自治类行

---

[1] 参见倪洪涛：《大学生学习权及其救济研究——以大学和学生的关系为中心》，北京，法律出版社，2010 年，第 26 页。

政主体。①

2. 行政确认还是行政许可

在西方，"现代的学位制度也起源于教师行会的自治和自我保护。"最初"被学生排斥在'大学'之外的教师也组织了一个行会或'学院'并规定了入会的某些资格条件——以考试的方式来决定是否具备这些条件——所以未经过行会的一致同意，没有学生可以加入教师行会。由于有无能力教授一门学科是对自己是否精通这门学科的一种有效测试，所以学生们纷纷前来寻求教师许可证，把它作为自己已经达到这样能力的一个证明，而不管自己将来从事什么样的职业。这个证书——执教许可证（licentia docendi）——因此成为最早形成的学位"②。

以博士学位为例，博士学位（doctorate）的渊源可以追溯到公元9世纪中古时期教授伊斯兰法律的伊斯兰学校的"the ijazat attadris wa'l-if-tta"，即教育和发布法律意见的执照和许可，它等同于法律博士（doctor of laws）。"Doctorate"源于拉丁语"docere"，意思是"to teach"，拉丁语全称是"licentia docendi"，意为"license to teach"（教育许可或执照）。博士学位（doctorate）后来引入中世纪的欧洲，作为在大学执教的执业许可。在此意义上，博士培养是作为一种行会的学徒培养形式存在的。传统上，一位新进教师被允许进入人文教授（masters of arts）的同业行会前需要七年的学习时间，与其他职业的学徒训练时间一致。最初，"master"和"doctor"是同义的，后来"doctorate"才成为比"master's degree"更高的资格。③

可见，作为教育行业垄断的壁垒和教师职业入口的凭证，学位特别是博士学位制度，历史最原初的意义就是一种执业许可制度，学位授予的法律属性自然也就是行政许可或特许。也正是从这个意义上讲，西方国家在很长一段时间内很少开办专门的师范大学或者专设师范专业。不过，随着大学学位教育的普及，学位逐渐"去许可化"和特权化，于近现代完成了从行政许可到行政确认的历史演进。与我国的法律职业资

---

① 参见倪洪涛：《撤销女博士学位案值得高校反思》，《法治周末》2017年6月13日。
② 〔美〕查尔斯·霍默·哈斯金斯：《大学的兴起》，王建妮译，上海，上海人民出版社，2007年，第9-10页。
③ 参见倪洪涛：《大学生学习权及其救济研究——以大学和学生的关系为中心》，北京，法律出版社，2010年，第45-46页。

格证书和律师执业证书等之间的关系类似，学位证书与教师执业证书脱钩，最终成为学术能力甚至荣誉、智识水平、原创力和职业前置资质的外在表征。①

综上所述，笔者以为，学位授予在我国是国家的行政确认行为，而不是职业及其行会的自治类行政确认，更不是历史上西方意义的行政许可行为。就其法律属性的实质而言，学位授予行为是对学位申请人学术水平或技术水平给予评鉴和认定的行政行为，其属于高校代表国家对学位申请人学术水平在申请当时是否达到相应学位法定要求的一种确认行为。② 同时，在国家学位制度的背景里，目前我国的学位授予权更多的是自上而下的国家行政权，而不是自下而上的社会公共行政权。大学自治型学位授予权的最终取得，仰赖于我国"放管服"改革的进一步深化，即从计划的大学教育体制转型为市场的大学教育体制。

（二）学位授予的权力主体

就学位授予的学术判断主体而言，按照《学位条例》（2004年）第9条第1款和第10条之规定，我国赋予了大学学位评定委员会和学位论文答辩委员会学位授予的学术判断权，这两个法定主体有权依照"国法"和各大学自己制定的有关学位授予的"校规"的规定行使权力，进行相对独立的学术判断。而《学位条例暂行实施办法》（国发〔1981〕89号）则进一步细化和区分了学士学位和研究生学位，并对不同层级的学位及其授予进行了较为技术性和程序性的制度建构。就学士学位而言，《暂行办法》第4、5条明确规定，由院系审核本科毕业生的成绩和毕业鉴定等材料，再由学校学位评定委员会审查通过；根据《暂行办法》第6、8、10、13、14条之规定，硕士和博士学位由学位授予单位负责审查申请材料，专家负责学位论文评审，论文答辩委员会组织学位论文答辩，再由院（系）校两级学位评定委员会负责评定。同时，《暂行办法》第19条第4款还规定，学位评定委员会可以按学位的学科门类，设置若干分委员会，分委员会主席必须由学位评定委员会委员担

① 参见倪洪涛：《撤销女博士学位案值得高校反思》，《法治周末》2017年6月13日。
② 肖鹏：《论撤销学位的法律规制：对中山大学撤销陈颖硕士学位案件的法律思考》，《中国高教研究》2008年第2期。

任，分委员会协助学位评定委员会的工作。

在我国学位教育实践中，院系学位评定分委员会对学位申请材料和论文答辩材料进行初步学术审查，然后交呈学校学位评定委员会审核。学位申请人在向学位授予单位提交学位论文和申请材料前，学位论文还要经指导老师的审核同意。可见，指导老师在学生培养和学位授予工作中享有很大的学术权力，也相应地承担着繁重的指导责任，是学位授予程序中的重要学术权力主体。[1]　总之，指导老师、论文评审专家、论文答辩委员会、院系学位评定（分）委员会、校学位评定委员会，共同构成了学位授予的学术判断主体群。[2]　我国教育实践中，就学位授予权力配置和权力主体设定方面，还有以下三个方面的问题值得深入探讨：

1. 学位论文评审机制的完善

学位论文究竟应该送审几位专家才符合学术规律的内在要求？当评审专家意见产生分歧时，是采一票否决制还是多数决原则？当第一次送审的专家意见相互矛盾时，是否还应组织二次送审？在我国教育实践中，各大学的实际操作五花八门，目前对此程序和技术上并没有形成统一的基本共识。

笔者以为，为了完善大学的学术自治，提升学界的学术自律水平，学位论文的专家评审可以试行一票否决制，即只要一位评审专家认为论文达不到学位论文的学术要求，申请人就不能参加预定轮次的论文答辩。因为我们无法证明究竟哪位专家的评审意见更接近"真理"。

当然，对学生而言，一票否决制似乎过于苛刻，并且从学习权保障和学术权制约的角度来看，也应对学生在此场景下的救济性诉求予以制度性回应。笔者以为，在试行"一票否决制"的前提下，赋予学位申请人申诉权，但纠纷处理主体即申诉委员会只对评审专家的资质、中立性，以及送审程序等进行形式审查，不对专家评审的内容进行实质性的审查和判断，否则，就又会滑入了"谁来监督监督者"的恶性循环圈了。

2. 学位评定委员会组织上的制度重构

我国的学位评定委员会特别是学校学位评定委员会，目前大多采用

---

[1]　倪洪涛：《"逐出师门"与学术自律》，"逐出师门"与学术自律_法学家茶座_传送门 https://chuansongme.com/n/1762401，登录时间：2020年4月8日。
[2]　林华：《学位授予标准的多重面向及其适用逻辑》，《研究生教育研究》2019年第2期。

的是"大评委"模式，这严重违背了"专业判断"和"同侪评审"的学术规律和制度逻辑。[①] 试想一位法学教授如何判断化学专业申请人的学位论文是否达到了硕士或博士学位的学术水平，反之亦然。可见，当下我国大多数大学的校学位评定委员会实际上成为学位授予的形式审查主体，按照"校规"对学位申请材料和论文答辩材料进行非常表面化的资格性审查。更为关键的是，这一形式化的审查却以实质审查的面目出现，即学校学位评定委员会享有的却是专业判断意义上的学术权力，从而背离了制度设计的初衷。

基于此，笔者以为，应该实现院（系）校两级学位评定委员会的职责分工，将院（系）级学位评定委员会改造为接近"同侪评审"的实质性学术判断主体，并实现其与答辩委员会的制度衔接，答辩委员会是学位论文的实质性学术评判主体，院（系）学位评定委员会在尊重答辩委员会学术判断的基础上行使以下职权：①对答辩委员会的组成、答辩程序的正当性、合法性进行全面审查，以防止"放水"和"压制"两方面情况的发生；②对学位论文以外的、申请人资格性的材料进行全面审查，比如修业学分、学术不端、资格论文、学籍状况等。而校学位评定委员会在院（系）委员会实质性审查的基础上，仅就学位申请人的材料进行形式性全面审查，如对实质性学术问题有异议，则委托分委员会或院（系）委员会组织专家进行"专业判断"。

3. 抑制教育行政主管部门的事后抽检权

随着我国研究生教育规模的不断扩大，[②] 研究生教育质量和学位论文的学术质量也开始出现一些下滑，并引发了全社会的高度关注。于是，一种针对学位论文的事后抽检制度悄然兴起。2014 年 1 月 29 日，国务院学位委员会和教育部印发《博士硕士学位论文抽检办法》（学位〔2014〕5 号），在此前后，各省（自治区、直辖市）也陆续出台了有

---

① 参见湛中乐：《高等教育与行政诉讼》，北京，北京大学出版社，2003 年，第 468 页以下。

② 截至 2017 年，我国研究生在学规模达到 264 万人，成为培养规模仅次于美国（2016 年在校生 297 万人）的研究生教育大国，我国博士学位授予数量 1996 年超过韩国，2000 年超过印度，2002 年超过英国和日本，2005 年超过德国。与美国国家教育统计中心公布的美国博士生教育最新数据相比，目前我国学术学位博士生（PH. D.）规模已超过美国，排名世界第一，全口径博士生总规模排名世界第二。参见 2018 年 8 月 20 日教育部《十三届全国人大一次会议第 5303 号建议的答复》（摘要）。

关学位论文抽检的规范性文件，比如《江苏省硕士学位论文抽检评议工作实施办法（试行）》。2019 年，江苏省教育评估院通过公开电子摇号的方式，按 3.5% 的比例，从 51200 位应届硕士毕业生中抽取了 1790 篇学位论文，组织专家分类全盲评议，评估的结果是有 144 篇论文不合格。[①]

笔者以为，在当下特定的历史时期，事后抽检评审制度虽然对遏制大学学位论文学术质量甚至整个大学教育质量的下滑大有助益。不过，从长远来看，该制度及其运行却是对大学自主和学术自由的体制性伤害，是不可取的"短视性"制度设计。"学位论文的评审应该是一次终局的，并且这种终局性具有对世的法律效力，即便是法院也仅能进行程序性审查——审查评审人的资格问题、是否需要回避问题以及有无'不当联结'存在等问题——而不能涉足专业评量的实质内容，因为包括法官在内的外行于此情景中并不具有'专业判断'的能力和知识水平。"[②]

更为重要的是，这种评估式事后抽检产生了如下法治困境：我们如何证明抽检评议的结论就一定比答辩委员会的判断更专业更公正？同时这也是教育行政权侵入大学自治领地的一种表现方式。可见，与其建立研究生论文的事后评估制度，毋宁提高研究生培养的事前准入标准、健全事中的教育培养机制、完善学位授予的程序机制。事后抽检只能在教育行政指导和第三方公益评估的层面，才能找到制度存在的有限正当性，并以此形成舆论压力，督促大学自我纠错。

（三）学位授予的判断基准

学位授予的判断标准通常包括学术性标准和非学术性标准两大类。其中，学术性标准不仅是学位制度建设的核心，也是把控大学教育和研究质量的关键。学术性标准通常与学术评价活动紧密相关，作为一项纯粹专业性和技术性的工作，学术评鉴的过程就是学术判断标准适用的过程，即学术共同体"适用法律"的过程。

就宏观层面而言，学术标准系学术评价主体形成的一种价值判断体

---

① 参见《江苏省学位委员会、江苏省教育厅关于公布全省 2019 年硕士学位论文抽检评议结果的通知》（苏学位字〔2020〕1 号）。

② 倪洪涛：《大学生学习权及其救济研究》，北京，法律出版社，2010 年，第 7－8 页。

系，其往往涵盖了学术创造标准、学术规范标准和学术道德标准等方面的内容。① 申言之，学位授予中常见的学术标准可以类型化为：其一，语言类标准。即学位授予申请人应具备达到法定的母语水平和一定的外语水平，从而确保学位证书持有者在以后的专业研究中，具备研究成果的表达能力和世界性学术资源的获取能力。其二，课程（学分）类标准。即要判断学位申请人是否通过了"国法"和"校规"规定的"学位的课程考试，并修满了既定的学分"。其三，论文类标准。即学位论文是否达本学科的学术要求，以此评判学位申请人的学术能力和专业水平，论文标准是学位授予学术判断的核心。以博士学位为例，根据我国《学位条例》第 6 条明确规定，博士学位申请人须达到："（一）在本门学科上掌握坚实宽广的基础理论和系统深入的专门知识；（二）具有独立从事科学研究工作的能力；（三）在科学或专门技术上做出创造性的成果。"

当然，在学位授予的基本要求和裁量基准当中，除了学术标准之外，在我国还存在相应的非学术性标准，如对品行、纪律、政治等方面的基本要求。② 同时，国家规定的学术标准即"国标"，是学术的最低标准或曰底线标准，各个大学可以在"国标"的基础上制定更高的学术标准，以体现自己的办学理念和办学特色，防止办学和学术风格上的千篇一律。③

（四）学位授予与权利救济

如"刘燕文案"和"于艳茹案"等案例所示，学位授予行为（包括学位撤销）的司法审查涉及的一个核心命题就是，大学自主权与司法审查权二者之间的关系问题，包括教育纠纷司法审查的边界、强度以及法律适用等。在"田永诉北京科技大学案"中，争议焦点之一就是人民法院是否有权审查大学"校规"及其承载的纪律惩戒行为，因为学籍管理中的纪律惩戒是法院审查被告毕业证书和学位证书颁发行为合法

---

① 刘昌庆：《学术评价的内在标准》，《山西大学学报（哲学社会科学版）》2017 年第 5 期。

② 龚向和、张颂昀：《论硕士、博士学位授予的学术标准》，《学位与研究生教育》2019 年第 3 期。

③ 倪洪涛：《论法律保留对"校规"的适用边界——从发表论文等与学位"挂钩"谈起》，《现代法学》2008 年第 5 期。

性的前提①，唯有先审查校纪校规有关学籍管理规定的合法性，才能进一步判断依据"校规"作出的开除学籍处分是否合法，进而再行认定是否满足了学历证书颁发的形式要件。基于此，"校规"与"国法"之间的关系，即"校规"的法律保留问题，是法院审理教育类纠纷的基础性和前提性问题。②

正是基于这种考虑，2012 年教育部颁布的《全面推进依法治校实施纲要》明确要求："章程及学校的其他规章制度要遵循法律保留原则，符合理性与常识，不得超越法定权限和教育需要设定义务"③。具体而言，校纪校规的合法性主要体现在以下三个方面：其一，权限合法。即高校校纪校规在制定权限范围上不得突破相关法律规定，尤其是在"自治性规则"创设上须严格恪守法律保留原则。其二，内容合法。即高校校纪校规在实体内容上须符合"国法"的明文规定，且不得违背"国法"的立法精神和立法原则。其三，程序合法。即高校校纪校规在制定程序上必须符合最低限度的正当法律程序之要求。④

不过，教育行政争议的司法审查亦存在自身难以化解的法治困境：即作为法律家的法官无法也无力对涉案争议进行全面的实质性学术判断。如是，在尊重学术判断的语境里，所谓的司法审查往往沦为纯粹的形式审和程序审，无法满足争议解决的实质要求。为了实现从形式正义到实质正义的法治转型，笔者主张，建立教育纠纷解决的申诉中心主义，让司法审查成为最后的兜底性和担保性制度补充。⑤ 同时，在建立二级申诉制度（校级申诉和省级申诉）的基础上，应避免第二级申诉的行政复议化。否则，在我国现行行政救济制度体系下，会出现省级申诉委员会或者省级教育主管部门为教育行政诉讼共同被告的法治困境，这既违背了"重复处置行为不可诉"的行政法治原则，也是对申诉决定行为专业性、学术性而非纯粹行政性的误读。总之，建构完善的申诉制度，既可以实现大学学术自律能力和自治能力的不断提升，也有效地

---

① 湛中乐：《司法对高校管理行为的审查——田永诉北京科技大学案评析》，《中国法律评论》2019 年第 2 期。

② 倪洪涛：《论法律保留对"校规"的适用边界——从发表论文等与学位"挂钩"谈起》，《现代法学》2008 年第 5 期。

③ 《全面推进依法治校实施纲要》（教政法〔2012〕9 号）第 6 条。

④ 徐靖：《高校校规：司法适用的正当性与适用原则》，《中国法学》2017 年第 5 期。

⑤ 倪洪涛：《我国大学生申诉制度优化论》，《湘潭大学学报》2010 年第 4 期。

避免了外力对大学自主和学术自由的不当干涉。

四、学位的撤销

如上所述，狭义的学位授予是学位撤销的前提和基础，而广义的学位授予则内在地包含着学位撤销，学位撤销是广义学位授予的制度延续和逻辑延伸，更是学位授予行为的兜底性制度保障。关于学位撤销，至少有以下四个问题值得深入研究：其一，学位撤销的法律性质；其二，学位撤销的法律依据；其三，学位撤销的正当程序；其四，学位撤销行为的法律规制。

(一) 学位撤销的法律属性

在我国，既然学位授予行为更多的是大学等学位授予单位（包括学位授权点）——授权类行政主体——作出的（国家）行政确认而非行政许可，那么，学位授予单位作出的学位撤销行为，就是学位授予这一行政确认矫正性的再确认。故此，如果授予行为违法或者不适当，也就应依法实现确认行为的逆向性程序回溯。同时，学位撤销行为是明显的侵益行为和负担行为，所以撤销行为的启动必须慎重且实现法定化，撤销程序应严格遵循正当法律程序原则。下文以"于艳茹学位撤销案"为例，进一步深入分析学位撤销行为的法律性质。

在"于艳茹诉北京大学撤销博士学位案"中，二审法院维持了一审法院判令撤销北京大学《关于撤销于艳茹博士学位的决定》的行政判决。也就是说，因程序违法和适用法律不当，法院最终宣告北京大学败诉，而有关是否构成抄袭这一案件核心问题，司法审查中并未实质性涉及，表现出了足够的司法谦抑和法治理性。在于艳茹案中，严格说来北京大学不能以仅具形式审查能力的校学位评定委员会的决定而应以历史系学位评定分委员会处理意见为准据，作出学位撤销等相关决定。如上所述，尽管后者亦存在形式审查制度弊端，但其组成更接近于"同侪评议"的学术规范要求，所以也就更加符合专业判断的角色定位。尽管《国务院学位委员会关于在学位授予工作中加强学术道德和学术规范建设的意见》（学位〔2010〕9号）第6条规定，学位评定委员会是各学位授予单位负责处理学位授予工作中舞弊作伪行为的评决机构。但是，在具体的评议和决定程序中校方应当按照"同侪评议"的基本学术原理，对院（系）校两级学位评定委员会的职权进行明确分工。

另外，从法律效果和行为目的上看，"于艳茹案"中学位撤销权的行使显示的不是纯粹的学术评价或学力评鉴，具有明显的学术不端惩戒属性，是学术不端的连带式学位撤销，而不是学位论文本身学术质量问题导致的撤销。假设于艳茹在学期间发生本案，北京大学只需依据涉嫌抄袭、剽窃他人研究成果的相关规定，行使开除学籍这一纪律处分权即可达到整肃学风的目的。当然，这种情况下也就不会引发案例中的博士学位撤销争议了。

可见，学位撤销权至少可以粗略地分为惩戒性撤销权和评鉴性撤销权两大类。后者因第三人举报等引发的学位论文涉嫌未达至特定学位要求的学术水平，导致撤销程序的启动；而前者主要是由学术不端引起的，并且多数情况下导源于学位申请材料，主要有资格论文的造假和学位论文本身的抄袭两种情形。若是因教育实践中所谓的资格论文学术不端导致的撤销权启动，行使撤销权的学位授予单位还应该对资格论文抄袭和学位论文撤销之间的关联性进行说理和论证，"于艳茹案"中北京大学学校行为就缺少了这个程序环节。[①]

无论最终结果如何，于案注定会成为我国教育行政法制发展史上具有里程碑意义的典型案例，其暴露了我国大学法治实践中的诸多治理问题，如抄袭等学术不端行为的认定主体问题、作者对学位论文是否终身担保问题、学位授予单位及其学位评定委员会的被告资格问题、院（系）校两级学位评定委员会与答辩委员会的学术权力分工问题，"国法"和"校规"的衔接问题，前置性资格论文和学位论文的关系问题，甚至学历与学位二元制的法理基础问题等。

（二）学位撤销的法依据

从广义上讲，我国的学位撤销的法（律）依据不仅包括"国家法"，即法律、行政法规、规章甚至行政规范性文件，也包括"校内

---

① 参见倪洪涛：《撤销女博士学位案值得高校反思》，《法治周末》2017 年 6 月 13 日。

法"，即大学章程及其框架下的相关"校规"。①

以于艳茹案为例，"国法"层面主要涉及《学位条例》《学位条例暂行实施办法》甚至包括《加强学术道德和学术规范建设的意见》和《教育部关于严肃处理高等学校学术不端行为的通知》（教社科〔2009〕3号）等。在"校内法"即"校规"层面，主要包括《北京大学章程》《北京大学学位授予工作细则》《北京大学关于博士研究生培养工作的若干规定》《北京大学研究生基本学术规范》等。

我国《学位条例》第2条规定了学位授予的一般标准，包括政治（包含道德标准）标准②和学术标准，而《学位条例》第4、5、6条，分别规定了学士、硕士和博士的学位授予条件。从消极意义和逆向程序上理解，达不到积极条件的学位授予，就构成了学位可撤销的法定事由。当然，这个层面上的学位撤销属于上述"评鉴性学位撤销"。

《加强学术道德和学术规范建设的意见》第5条规定："在学位授予工作中，学位授予单位对以下的舞弊作伪行为，必须严肃处理。（一）在学位授予工作各环节中，通过不正当手段获取成绩；（二）在学位论文或在学期间发表学术论文中存在学术不端行为；（三）购买或由他人代写学位论文；（四）其他学术舞弊作伪行为。"《北京大学研究生基本学术规范》规定，对于已结束学业并离校后的研究生，如果在校期间存在严重违反学术规范的行为，一经查实，撤销其当时所获得的相关奖励、毕业证书和学位证书。当然，"在学期间所发表学术论文"也应当被解释为是与博士学位论文具有一定关联性或构成申请答辩前提材料的学术论文，而不能任意扩大解释。③否则，就会因扩大解释而混淆学籍管理行为和学位授予行为之间的应由边界，进而损害学生合法权益。也正是从这个意义上讲，于艳茹案中涉案的学位撤销属于"惩戒性学位撤销"。

---

① 湛中乐、王春蕾：《于艳茹诉北京大学案的法律评析》，《行政法学研究》2016年第3期。

② "《中华人民共和国学位条例》第二条规定，申请学位的公民要拥护中国共产党领导、拥护社会主义制度，其本身内涵是相当丰富的，涵盖了对授予学位人员的遵纪守法、道德品行的要求。"参见《国务院学位委员会关于对〈中华人民共和国学位条例〉等有关法规、规定解释的复函》（学位〔2003〕65号）。

③ 湛中乐、王春蕾：《于艳茹诉北京大学案的法律评析》，《行政法学研究》2016年第3期。

（三）学位撤销的程序

依照《学位条例》《学位条例暂行实施办法》《加强学术道德和学术规范建设的意见》《学位论文作假行为处理办法》的相关规定，学位撤销主体在行使撤销权时应当遵循正当的法律程序：其一，学位撤销法定情形的发现程序。学位获得者的学术失范行为，既可能是被教育主管部门或学位授予单位在日常管理过程中发现的，也可能是任何其他主体发现后以举报等方式提出的。只要获得了涉嫌学术不端的行为线索，校方就应当立案查处，不可置之不理。其二，学位撤销的调查程序。根据《学位条例》的相关规定，学位评定委员会是学位撤销的评决主体，那么根据职能分离原则，为确保调查行为的客观性和中立性，学位评定委员会不宜同时身兼二职，即不可以既是调查主体也是评议和决定主体，院校学术委员会是学术评议机构，依照相关规定其有权受理并审查学术不端行为、裁决学术纠纷、实施学术惩戒。故此，相较其他校内机构而言，由学术委员会主导推进调查程序更为合适。其三，学位撤销的告知程序。如果经过适格主体的相应调查程序后，认为涉案学生涉嫌抄袭等学术不端，在作出正式的学位撤销决定之前，应当通过法定的方式告知其享有陈述和申辩的权利。[1] 其四，学位撤销的陈述和申辩程序。陈述和申辩程序就是听证程序，当然根据案情可选择采用正式听证和非正式听证。由于撤销学位关涉当事人的重大权益，笔者主张在学位撤销过程中，无特殊情况均应采用正式听证即审判型听证的方式进行。于艳茹案中，大学的最大问题在于陈述和申辩程序的缺失。其五，学位撤销的决定程序。根据《学位条例》第 17 条的规定，应由学位评定委员会委员通过多数决的方式作出是否撤销的决定。不过，如前所述，在校学位评定委员会做出决定前，应以院（系）评定委甚至第三方评定主体的专业评判为学术基础。其六，学位撤销的教示与送达。对当事人而言，撤销学位是重大权益的剥夺，故此，在学位撤销决定书依法及时送达当事人的同时，还应告知其在法定期限内有提起申诉或诉讼的权利，从而满

---

① 朱志辉：《试论撤销学位的行政行为性质——由陈颖诉中山大学案引发的思考》，《高教探索》2006 年第 6 期。

足教示的程序要求。①

(四) 学位撤销权的法律规制

依据《学位条例》的相关规定，对学位获得者而言，学位证书是其相应学术水平和求职从业的证明文书，而通过考试舞弊、论文抄袭等学术不端途径获得学位，破坏了学术秩序，损害了学术诚信和学术伦理。为了恪守学术伦理、严肃学术纪律、维护学术公平，必须经由法定程序予以撤销。同时，鉴于学位撤销权的行使对相对人的严重影响，有必要对学位撤销权进行法律规制。

具体而言，学位撤销权力的行使必须遵循以下两项原则：其一，依法行政原则。为防止高校对学生权利的不当侵害，构成学位撤销的情形必须法定化，不得任意进行扩张解释——"于艳茹案"中校方就有扩大解释之虞。同时，因为学位撤销的严重程度类似于开除学籍，甚至比开除学籍的影响更大，因为学位获得者有可能已经工作，还可能早已成为行业翘楚。所以为权利保障计，笔者主张学位撤销及其情形应遵循法律保留原则。其二，信赖保护原则。学位授予行为一经作出即发生法律效力，特别是发生行政行为的公定力和确定力，学位授予权主体无法定事由不得擅自撤回或者改变，这是信赖保护原则的基本要求。鉴于此，因学位授予单位的单方过错导致学位不适法，而学位申请人本身并无过错，仅因学术水平裁量性宽严判断上的失误，就草率撤销当事人学位的作法是不足取的，② 因为这损害了学位申请人的信赖利益，除非是"国家显然之错误行为"，即符合信赖保护原则的消极条件——错误信赖不值得保护。当然，如果出现类似于《中华人民共和国行政许可法》第

---

① 湛中乐、王春蕾：《于艳茹诉北京大学案的法律评析》，《行政法学研究》2016 年第 3 期。

② 湛中乐：《论对学位撤销权的法律规制——陈颖诉中山大学案的分析与思考》，《中国教育法制评论》第 9 辑，北京，教育科学出版社，2011 年，第 218－239 页。

69 条①规定情形之一的，也可以由国务院学位委员会和省级学位委员会按照分工，启动调查程序后建议授予单位依法撤销。

五、我国学位制度的重构

伴随着我国高等教育的快速发展，当前的国家学位制度模式日渐显现出弊端。基于此，在新时代着力推动我国《学位条例》及其配套法规的修改，优化我国学位制度体系，不仅是完善我国学术研究体制的重要环节，也是深化政府"放管服"改革和实现高等教育内涵式发展的必然要求。

（一）从国家学位到大学学位的转型

学位制度作为高等教育制度的重要一环，与一个国家特定历史阶段的政治、经济、文化发展水平密切相关。随着我国社会的整体快速发展和法治水平的不断提升，当前的学位制度也迫切需要适应新时代的发展需求，实现从国家学位到大学学位的历史转型。

所谓大学学位是指，经政府批准依法设立的大学有权自主决定本校的招生指标、培养方案、毕业条件、学位标准，以自己的大学信用、教育质量和学术声誉赢得社会认可、获得国家资助的学位教育和授予制度。申言之，大学学位制也就是以市场为导向的高等教育体制下的学位制度，在此模式下各大学的学术品质和教育品牌效应不是基于政府的信誉担保，而是源于学术自律、文化积淀建立起来的市场认可和社会信赖。在国家学位制度体系下，依法设立的大学的招生计划、培养方案、教育内容、毕业条件等须经过教育主管部门的许可或审定。学位代表着

---

① 《中华人民共和国行政许可法》第 69 条规定："有下列情形之一的，作出行政许可决定的行政机关或者其上级行政机关，根据利害关系人的请求或者依据职权，可以撤销行政许可：（一）行政机关工作人员滥用职权、玩忽职守作出准予行政许可决定的；（二）超越法定职权作出准予行政许可决定的；（三）违反法定程序作出准予行政许可决定的；（四）对不具备申请资格或者不符合法定条件的申请人准予行政许可的；（五）依法可以撤销行政许可的其他情形。被许可人以欺骗、贿赂等不正当手段取得行政许可的，应当予以撤销。依照前两款的规定撤销行政许可，可能对公共利益造成重大损害的，不予撤销。依照本条第一款的规定撤销行政许可，被许可人的合法权益受到损害的，行政机关应当依法给予赔偿。依照本条第二款的规定撤销行政许可的，被许可人基于行政许可取得的利益不受保护。"

国家权威，是国家教育权的体现，学位承载的学术能力和知识水平以及合法性源于国家，而不仅是毕业院校教育质量和办学特色的体现。

从国务院"放管服"改革及其精神来看，无论是大学治理方式还是治理事项，政府的行政干预均日趋减少，各大学理应逐步成为自我治理的权力主体和责任主体。换言之，政府对大学的行政指导应该成为处理二者关系的常态化模式，政府对大学的领导关系应全方位退场。因为大学越是处于自主和自由的状态，就越能敏锐地感知社会和科学发展的未来需求，并根据自身条件及时对社会需求作出深层次的学术回应。理性政府在教育法治中扮演着引导大学自主和学术自律的角色，如运用控制性拨款影响高等教育的发展，再如透过市场化的第三方评估机制的建立保证高等教育的学术水平和教育质量等。

在大学学位模式下，各大学对自己所授予学位的质量负责，通过市场机制实现教育竞争和优胜劣汰，如果培养质量差、学术水平低，考生的报考行为和市场的招聘行为以及企业的合作意向会逐步迫使其"退场"。相反，那些学位含金量高的大学就会脱颖而出，获得更多的生源和资助，从而走向健康发展的快车道。笔者以为，从国家学位制到大学学位制的历史转型，既顺应了当今世界学位制的整体发展潮流，也是我国大学参加并最终赢得世界软实力竞争的必由之路，从某种意义上讲，更是对我国历史上大学治理传统的创造性回归。[①]

（二）从指标管控向学位标准设置的转型

从国家学位到大学学位的制度转型，也就是从国家教育到国民教育的转型。这一转型的前提是政府要逐渐实现从招生指标管控向学位标准设置的法治角色转换。我国当前的高等教育体系以公立高校为主，学位授予权被国家垄断，各级教育行政主管部门在学位授予主体资格的认定上介入较深，这虽然在一定层面上实现了高等教育事务的统一管理、保证了高等教育整体的公平性，但却对大学自主治理和良性学术竞争机制的生成非常不利，进而严重影响了大学创新能力的提升和教育质量的自我把控。在当前我国学位授予权行政审核的具体操作程序中，学位主管

---

① 朱平、赵强：《从国家学位走向大学学位：中国学位制度转型的趋势》，《广东工业大学学报（社会科学版）》2012 年第 2 期。

部门和教育主管部门为了防止学位授予过多过滥，学位管理机构往往硬性对某地区的"硕士点""博士点"进行事前指标分配，这实质上形成了一种垄断许可和恶性竞争，有垄断就会有"寻租"，有寻租就有腐败。"西北政法大学申博案"便是这种制度设计流弊的典型例证，[①] 而2015 年左右"北上广"等地为了博士点的申报，不惜重金引进人才，也进一步加剧了我国高校之间的病态竞争。这种做法与其说是人才的自由流动，毋宁是背离教育规律的"给钱推磨"。经济因素对教育及其竞争的强力介入，是我国高等教育体制改革进程中的重大隐患，这种运行逻辑也与政府深入推进的"放管服"改革相悖。

学位授予权的行政审核制是计划经济模式在教育领域的历史遗留，可以说我国高等教育是计划经济模式的最后一个堡垒。就本质而言，作为衡量教育水平的核心指标，学术能力才是决定学习者能否获得相应学位的关键要素。故此，随着学位授予权的行政审核和许可制度的退场，行政导向转型为学术导向是历史发展的必然。政府在学位授予权力配置中的角色，更多地应该定位为制定基本规则、保障公平竞争以及监督规则执行，绝不是通过事前的指标设定，否则极易引发高校间的恶性竞争甚至普遍的权力寻租，从而导致学位制度运行的高度行政化。

可能有些人会担心，国家放松了对学位授予权的计划管制会导致滥发文凭和学位质量的缩水。笔者以为，只要充分发挥市场在教育资源配置中的决定性作用，教育市场需求的有限性和人的行为理性，势必会抑制学位授予单位的扩招冲动。更为重要的是，随着大学彼此之间有序的良性竞争的形成，提升教育质量和学术水平，自觉避免过多过滥学位授予带来的声誉下滑、生源流失、资源浪费等问题，必将成为我国高等教育的常态，这是自主和自律的必然结果。故此，我国学位制度重构的紧迫性决定了，必须适时地实现从指标管控向学位标准设置的行政转型，从而促进我国大学的自我治理和自我约束。

（三）从政府管制到多元参与的有机融合

学位的科学制度设计和学位授予权的合理配置，还仰赖于国家监督

---

① 湛中乐：《历史不应忘记：为何持续关注西北政法大学"申博"案》，《中国教育法制评论》第 8 辑，北京，教育科学出版社，2010 年，第 232－237 页。

与大学自治之间的关系平衡。无论是国家学位还是大学学位，其间的分歧并不在于是否需要国家监督，而在于国家监督的方式与强度。① 在国家学位的制度体系下，政府部门负责高校学位授予的权力配置、招生指标的计划供给、学位质量的学术保障等诸多具体事务，这种大包大揽式的管理模式在我国高等教育恢复之初，即各大学规模小、均质化严重的情况下具有一定的正当性。但是，伴随着我国高等教育规模的不断扩大，大学特色化发展的趋势越来越明显，政府对大学继续实行直接管理显然已不再适应高等教育发展的时代要求。唯有深入推进高等教育领域的"放管服"改革，为教育现代化目标的实现充分释放活力，② 才能真正契合学术自由和大学自治的价值要求。基于此，在"自主办学"的语境下，应该让大学自主处理各类学位教育和授予的制度化和法治化治理工作，通过学位与学术声誉、生源质量、社会资源等诸多因素的直接挂钩，逐步扭转国家对学位制度运行的直接管控，为大学自治和学术自由创设必要空间。③ 如是，方能逐步将国家权力在学术领域缩限至行政指导、服务保障和信息交流的水平上来，鼓励和规范大学凭借自己的学科优势和专业特色参与竞争，让学位授予权成为竞争性的公共教育资源而非垄断性的行政资源。④

需要强调的是，单纯凭借国家事无巨细的全程式监管或大学的自我约束都不可能完全确保学位授予质量。学位质量的提升必须与市场的调控机制相衔接，尤其要注重多元社会主体的教育参与，通过市场机制来促进大学人才培养水平的逐步提高，比如校友资助、校企联合、国际交流、行业自律等。在此过程中，政府应扮演竞争秩序维护、服务信息提供、社会价值引导等宏观方面的间接管理角色。同时，借鉴域外成熟做法，逐步培育、引入和规范专业性与学术性的第三方评估机制，让第三方组织依法开展质量评介、学位认证、信息查询等方面的中介服务工作。⑤

① 林华：《论我国学位管理体制的困境与革新》，《学位与研究生教育》2014 年第 5 期。
② 靳澜涛：《国家学位制度的现实考察与立法完善》，《重庆高教研究》2019 年第 6 期。
③ 湛中乐：《进一步改革与完善学位法律制度》，《中国高等教育》2005 年第 2 期。
④ 王大泉：《我国学位体制的组织特点及其缺陷分析》，《学位与研究生教育》2001 年第 8 期。
⑤ 靳澜涛：《国家学位制度的现实考察与立法完善》，《重庆高教研究》2019 年第 6 期。

小　结

学位制度是现代大学教育的制度核心，学位教育的培养质量是衡量一所大学学术水平的重要标识。当下，我国实行的是国家学位制度，大学等学位培养和学位授权单位（学位授权点）的学位授予权主要源于国家，整体上是国家教育权的重要组成部分，而非西方意义上的大学自治权。故此，我国大学等学位授予单位在行使学位授予权时，既非职权类行政主体，也非自治类行政主体，而是授权类行政主体。

在中世纪的欧洲，学位特别是博士学位是大学教师的从业许可证，（博士）学位授予行为带有显著的行业许可甚至特许的法律属性，而现代学位证书早已演变成为学术水平和研究能力的证明文书，与之相应，学位授予行为也由同业行会的许可行为转变为学术共同体的行政确认，即对学位获得者学术能力和科研潜质的同侪确权。当然，在国家学位体制下，这种同侪确认的权威性还有赖国家的信誉担保。

从广义上讲，学位授予理应涵盖学位撤销，学位撤销是学位授予的必然逻辑延伸，更是学位授予矫正性的质量保障制度。学位撤销制度的良好运行事关大学学风建设，更与当事人重大权益密切相关。故此，学位撤销权必须及时行使，而且必须在遵循正当法律程序和法律保留等原则的基础上行使。为了深化我国学位制度改革，微观上，要按照学术规范和教育规律的内在要求，进一步优化我国学位授予权力在大学内外两个层面上的科学配置；宏观上，应适时地推进我国高等教育从计划管理模式向市场自主模式的制度转型，并最终实现从国家学位到大学学位的历史性跨越。

第七章　行政案卷中心主义
及其周遭制度之完善

引　言

除宪法分权等有限领域，行政诉讼程序是行政权与司法权博弈的主要场域。作为"保障人民对抗违法公权力侵害之最重要的法律制度"[①]，行政诉讼旨在解决行政主体（被告）和相对人及其他利害关系人（原告、诉讼第三人）之间的行政争议，即行政诉讼调处的是不平等主体之间的法律关系。即便是在有关行政协议的诉讼中，行政优益权导致的不平等性争议化解仍然是司法面对的核心议题，这也是行政诉讼区别于其他诉讼特别是民事诉讼最直观的特征。

在大陆法系国家，相比于民事诉讼、刑事诉讼，行政诉讼在诉讼结构、审判模式、证明责任、事实认定、法律适用等诸多方面都存在着显著差异。这些差异主要归因于民事诉讼和刑事诉讼（一审的意义上）均是被诉争议所涉事务的第一次司法判断，即司法对涉案纠纷的第一次事实认定和法律适用；而在行政争议司法解决的语境里，行政争议所涉事务在诉前已过了行政的首次判断甚至行政复议程序中第二次判断——行政（执法）程序是"第一现场"，行政机关是第一次事实认定和第一次法律适用的主体，行政诉讼程序在本质上是司法机关对行政争议的第二次反思性审查程序——司法程序是"第二现场"。可见，一般情况下，行政诉讼是司法代表国家对案件的第二次事实认定和第二次法律适用，这里涉及所谓的"行政首次判断权理论"、行政案卷中心主义、事实认定规制体系及其相互关系问题。

"行政首次判断权理论"本质上就是司法与行政的权界理论。根据

[①]　蔡志方：《行政救济与行政法学（一）》，台北，三民书局股份有限公司，1993年，第3页。

权力分立的宪法原则，司法的本质及其功能定位决定其不得代替行政作出政治性或行政性决断，有关行政事务的首次判断权必须保留给行政，司法以行政的首次判断为前提和基础，行使的是反思性、纠错性的审查权，并且在法治国家的语境里其职权应止于对违法行政的排除。如果行政机关作出第一次判断之前，司法就代替其进行判断，就是对行政及其首次判断权的侵犯①。换言之，司法不得事前"干涉行政"甚至"领导行政"，但可以事后"否定行政"和"引导行政"。这也是传统行政法治基于行政行为公定力等效力理论，派生出"撤销诉讼中心主义"的主要原因。

可见，在行政诉讼程序中，法院对行政主体已经做出的首次判断（包含事实认定和法律适用）进行二次审查判断即"复审"，就必然产生司法与行政的权界勘定和关系调处问题。这不仅仅关系到司法审查开启的时间节点，还关涉二者在宪法层面的权力配置，具体到诉讼场域中法院如何审查行政主体的事实认定与法律适用，即如何对待行政首次判断权——司法对行政的审查应处于何种程度（包括强度、深度与密度）。在程序衔接的意义上，由于行政（执法）案件的证据与依据均已记录并归档于行政（执法）案卷之中，行政（执法）案卷也就成为交通行政程序和司法程序不可或缺的纽带与桥梁。基于此，行政案卷对行政和司法的不同拘束力设定是破解二者关系的关键。笔者以为，调处行政与司法的关系，亟待确立"行政案卷中心主义"。

一、围绕行政案卷的事实认定

在现代法治实践中，行政决定与司法裁判都是法律推理的产物，而法律推理包括事实认定和法律适用两个阶段，其中事实认定是行政纠纷解决的逻辑起点，其对法律适用具有决定性作用。② 在行政（执法）程序中，行政机关在行政调查和证据收集后，作出行政事实认定并归档于行政案卷，当行政行为被诉诸法院后，法院经过对行政案卷的审查，在行政认定的基础上对事实问题作出司法认定。可见，事实认定上行政和

---

① 参见江利红：《日本行政诉讼法》，北京，知识产权出版社，2008年，第79页。
② 参见张保生：《事实认定及其在法律推理中的作用》，《浙江社会科学》2019年第6期。

司法关系问题，构成了行政诉讼中行政权与司法权关系的主要方面，而二者之间的联结纽带就是行政（执法）案卷。故此，以行政案卷为中心，融通行政程序和司法程序，阐明行政行为从产生到司法矫正的事实认定，是厘清行政权与司法权关系的重中之重。

（一）从"案件事实"到"行政实体性事实"

任何法律活动都不可能关注过去发生的全部事实，只能根据具体案情"节选"出部分紧密相关的事实作为证明对象，这就构成了所谓的"案件事实"。案件事实要求所有的证据必须具有相关性。案件是一个有开端、发展（中间环节）和结局的简短法治故事，① 事实则是人的感官和思维所把握的真实，② 其所展现出的总是个别的、特殊事物的有关情况，③ 而案件事实就是发生在特定阶段的与这个"简短故事"相关的事实。案件事实的特点具有时空上的特定性，即在特定时间、特定空间范围内与案件相关的、过去的、紧密相关的事实均属案件事实。

由于案件事实涵括的范围很大，法律不可能关注并评价案件发生时空范围内的全部事实，当事人也不可能提供证明全部事实的全部证据材料。因此，能够作为证明对象的事实一定是具有法律评价意义的事实，而是否具有法律评价意义又由相关的法律规范决定。就此意义而言，事实调查范围这一逻辑相关性问题，更多的是一种法律的决定甚至假定。④ 在不同的调查活动中，具有法律评价意义的事实范围也有所不同。例如在交通事故处理中，针对事故的民事诉讼调查与行政调查的案件事实范围就会存在相当程度的差异。行政案件的事实调查范围由行政法律规范规定并予以类型化，其目的在于满足行政执法的要求；而民事诉讼事实范围则与定纷止争有关。在行政案件中，这种法定范围内的案件事实即具有法律评价意义的案件事实，也就是所谓的"行政实体性事实"。之所以称之为"行政实体性事实"，系规定事实及其范围的是行

---

① 参见〔美〕史蒂文·J. 伯顿：《法律和法律推理导论》，张志铭、解兴权译，北京，中国政法大学出版社，1998 年，第 14 页。

② 参见张保生：《证据法学》，北京，中国政法大学出版社，2014 年，第三版，第 1 页。

③ 参见彭漪涟：《事实论》，桂林，广西师范大学出版社，2015 年，第 202 页。

④ See Ho Hock Lai, *A Philosophy of Evidence Law: Justice in the Search for Truth*, Oxford: Oxford University Press, 2008, p. 7.

政实体法而非行政程序法。简言之，可以把行政实体性事实作为在行政程序中予以证明的由行政实体法规定的事实。

（二）从"行政实体性事实"到"行政案卷事实"

行政执法程序终结时，行政机关将处理案件的证据和相关记录连同执法依据载入行政案卷，行政案卷中所记载之事实即所谓的"行政案卷事实"。不过，行政案卷事实的具体范围与"发生了什么"的行政实体性事实不尽一致，并非所有的行政实体性事实都会载入行政案卷，归档于行政案卷中的事实也不仅仅是行政实体性事实，至少还包括程序性事实以及对事实的推理论证性材料。具体而言，行政案卷所记载的事实与行政实体性事实的差异性主要体现在以下三个方面：

其一，行政案卷仅选择性地记录了部分行政实体性事实。一方面，受行政事实认定主体个体性认知能力等多种因素的限制，执法者在行政程序中有可能未查清全部的行政实体性事实，仅将业已查实并足以作出行政决定的经验事实载入案卷；另一方面，由于行政案卷大多以笔录性文档形式被记载，受人工记录方式与记载容量的限制，行政案卷不可能对全部已查明的行政实体性事实进行事无巨细的记录与归档，这就决定了行政案卷对行政实体性事实的记载只能是选择性的。具体而言，行政案卷记载的主要行政实体性事实包括：①据以作出行政决定的行政实体性事实，如交通案件中据以作出事故认定的实体性事实；②在行政案卷中必须体现的程式化的行政实体性事实，如在交通案件中对车辆车牌等信息的记录；③行政执法者与行政相对人之间、行政相对人相互之间存在争议的行政实体性事实。对于其他事实，在行政案卷制作过程中行政主体仅会选择性录入，并不会全面记录所有事实。

其二，行政案卷记录了部分后发性事实。行政案卷录入工作始于行政立案，终于行政决定即行政行为的送达。这就决定了行政案卷所记录的事实不仅有行政实体性事实，发生于行政实体性事实认定过程中的其他事实也会记录于行政案卷之中。具体而言，行政案卷可能记录的后发性事实包括两大类：①行政程序性事实，即行政（执法）程序中发生的各种事实，比如执法人员的信息、是否听证以及听证情况的相关信息、送达及其回执等；②其他后发性事实，如在行政实体性事实之外发生于行政相对人之间、行政相对人与行政机关之间的其他事实，如相对人损害的恶化、行政第三人的出现以及对其利益的回应等。上述后发性事实发生在行政实体性事实发生之后，但依然具有一定的法律评价意义，因此被记录于行政案卷之中。

其三，行政案卷记载了事实推论及其过程。行政案卷虽然对已经发生的行政实体性事实与后发性行政事实（主要是行政程序性事实）进行了记录和归档，但其更重要的功能是记录并形成行政机关的事实认定及其逻辑说理。在一定程度上讲，尽管行政案卷中所记录的事实都不是"事实本物"，而属于作为"事实镜像"的被认定的经过主观化和法律化改造了的事实，但事实认定也包含区别于一般可观察性事实的其他内容，① 这些内容主要是由行政机关根据可观察性事实作出的事实判断和事实推论，我们可以称之为"推论性事实"或"逻辑性事实"。例如，在交通事故行政处理程序中，故意刮擦与非故意刮擦的区分和认定就属于行政机关在一般可观察事实基础上加入了对行为动机的判断，从而生成了更加复杂的事实及其推论；再如，行政机关作出的"行为人非法变道"的事实认定，也包含了行政机关根据法律规定和基础性事实得出的事实性推论或曰推论性事实。

（三）从"行政案卷事实"到"行政裁判事实"

行政案件进入行政诉讼环节即司法程序后，法官会根据行政案卷承载的案件事实（即行政事实认定）作出司法事实认定，法官在裁判文书和司法案卷中的事实认定即行政裁判事实。从时间序列上讲，行政案卷事实形成于行政程序，而行政裁判事实则形成于行政诉讼程序；从内容上看，行政案卷事实是行政机关作出的案件事实认定，其主要内容是对"发生了什么"以及"如何处理"的认定与记录，而行政裁判事实认定则是法官根据行政案卷及其他证据材料（比如法官依职权调取和原告方、诉讼第三人提供的证据材料），对构成裁判依据的法律事实进行的司法认定，行政裁判事实是经由司法认定后的"个案"事实，行政裁判事实归档后即形成行政案件的司法案卷。行政案卷事实和行政裁判

---

① 何福来教授认为，可观察性事实包括事态（如行为人处于醉酒状态）、过程（如超载等违法行为具有持续性）、或事件（如行为人闯红灯之行为），而不可观察性事实如人的精神状态等。See Ho Hock Lai, *A Philosophy of Evidence Law: Justice in the Search for Truth*, Oxford: Oxford University Press, 2008, pp. 7 – 8.

事实、行政案卷和司法案卷在某些案件类型中保持着高度一致，而在另一些案件中却可能存在较大差异，这主要归因于案件类型差异导致的司法审查标准的不同。

其一，行政案卷事实和行政裁判案卷事实的一致性。以美国为例，一般而言，对事实问题的司法审查有三个标准：法院重新审理标准（明显错误标准）、实质性审查标准和专横、任性、滥用自由裁量权标准（即武断恣意标准）。① "根据'明显错误'标准审查，法院可以以自己的判断代替初审法院的判断，推翻并非不合理的事实认定。"② 同理，在行政诉讼中，作为"复审"法院的一审法院，亦可以根据"明显错误标准"推翻行政机关的事实认定。

"实质性证据标准是从有关审查陪审团裁定的案件借鉴而引入到行政诉讼之中，并且比审查地区法院的事实认定中所使用的'明显错误'标准的尊重程度更高。……在审查行政机关的事实认定时，我们需要对行政记录进行'整体性'考虑，考虑那些偏离行政机关的事实认定的证据。……任何行政机关必须以'能够理解的清晰程度'描述其推论，而陪审团则一般不需要解释其推理。"③ 根据美国 1946 年《联邦行政程序法》§706 的规定，"实质性审查标准"适用于所有在正式裁决或正式规则制定程序中采纳的行政机关的事实认定。④ 按照该标准，"支持行政机关事实认定的证据必须足以支持理性人整体性地考虑案卷中的证据"。换言之，"实质性审查标准"要求在事实问题上，只要行政机关的行政行为满足了"理性人可能认为具备充分性的证据"⑤，就能顺利通过法院的司法审查，即行政机关达到"优势证明标准"⑥，法院就不能以自己的判断代替行政机关的判断，应当对行政予以高度尊重。相比于"实质性审查标准"，"武断恣意标准"在事实问题上对司法审查的

---

① 参见王名扬：《美国行政法》，北京，中国法制出版社，1999 年，第 681 页。

② Ethyl Corp. v. EPA, 541 F. 2d 1, 35 n. 74 (D. C. Cir. 1976).

③ Chen v. Mukasey, 510 F. 3d 797 (8th Cir. 2007).

④ See 5 U. S. C. §706 (2) (E).

⑤ 〔美〕查理德·J. 皮尔斯：《行政法》（第二卷），北京，中国人民大学出版社，2016 年，第五版，第 756 页。

⑥ 参见王名扬：《美国行政法》，北京，中国法制出版社，1999 年，第 683 页。

要求更加宽松，表现出对行政机关更高程度的尊重。①

可见，在上述后两种情况下，只要行政机关的证据在理性人或正常人看来可以自圆其说，就能够得到司法对其专业性和技术性判断的尊重。换言之，此时行政裁判事实和行政案卷事实往往会取得一致性，司法权表现出了对行政首次判断权的高度尊重。

其二，行政裁判案卷事实量大于行政案卷事实量。行政案卷中记载的事实，主要是行政机关依职权展开行政调查和事实认定的产物。而案件进入司法程序后，法官获悉案件事实的渠道除了行政案卷外，还可以经由原告方、诉讼第三人等诉讼主体提出证据的权利或义务等渠道获得。此外，很多国家行政审判采用职权探知主义模式，法官还能够依职权开展独立的司法调查，从而获得更多案件事实和信息。由于行政诉讼属于一种"司法复审"或曰"上诉审"，法官在"复审"中获取的事实信息，能够对行政案卷事实进行纠正，行政审判程序中司法认定的最终事实，超越或排除了行政案卷所载事实。

其三，行政裁判事实变更行政案卷事实。根据我国《行政诉讼法》（2015 年）的相关规定，法院有权对行政行为进行全面审查，即法院有权否定、排除甚至为了公共利益扩大、变更行政机关的事实认定。行政案卷中记载的全部事实都是行政机关行使首次判断权后作出的事实认定，但这些事实并不一定都能得到法院的支持性认定。当法院推翻行政案卷中的事实认定结论并重新作出司法事实认定时，行政案卷事实与行政裁判事实在内容和范围上会存在一定差异。暂不论行政裁判事实对行政案卷事实的变更是否具有正当性，在采取全面审查制和上述按照"明显错误标准"审理的行政案件中，行政裁判事实对行政案卷事实的改变，仍是一种符合规范的普遍的司法现象。

其四，行政裁判事实选取部分行政案卷事实。事实认定的主要目的是为适用法律提供小前提。在行政执法程序中，行政机关的事实认定活动主要着眼于对行政实体法规定的事实展开行政调查，行政案卷事实主要是围绕作出行政决定的法定要件展开的，其必须包含全部的行政实体性要件、程序性要件和裁量性要件才能对案件准确定性。而行政诉讼中

---

① See Abbott Laboratories, Inc. v. Gardner, 387 U. S. 136, 143 (1967); American Paper Institute v. American Electric Power Service Corp. 461 U. S. 402, 412 n. 7 (1983).

的司法事实认定活动则是围绕被诉行政行为是否合法而展开的，被诉行政行为的合法性要件至少有三：主体和内容合法、裁量合理、程序合法，由于裁量性事实可以归为实体性事实或者推理性事实，那么行政行为对应的要件事实就是行政实体性事实与行政程序性事实。很多情况下，法官不会对行政实体性事实进行认定，仅以程序违法为由即可否定行政行为的合法性。故此，行政裁判事实可能仅包含一项行政行为违法要件事实即可，从而在范围上小于行政案卷事实。

综上可见，行政案件的事实认定可分为前后相继的两种认定，即行政事实认定和司法事实认定，二者之间衔接的媒介就是行政案卷及其归档的证据和材料。在行政事实认定阶段，行政案卷是事实认定的终点和归宿；而在司法事实认定阶段，行政案卷则是事实认定的基础与起点。行政案卷具有连接行政程序与司法程序的枢纽作用，行政事实认定权与司法事实认定权之间的博弈，即司法权对行政权的监督审查，也是围绕行政案卷这一中心而展开的。

不过，值得强调的是，尽管司法有权对行政案卷事实进行"裁剪"性和选择性再认定，但是行政案卷是司法事实认定的基础，行政案卷存在本身就构成了对司法事实认定权的限制，司法事实认定是第二次法律判断，不能脱离行政首次判断及其形成的行政案卷，司法权对行政权的尊重和谦抑依法应当贯穿于行政诉讼程序始终。这就是所谓的"行政案卷中心主义"或曰"案卷排他性规则"，"案卷规则属于行政法的一般性规则，是指法院只能通过审查行政机关整理的案卷对行政行为进行司法审查"[①]。例如在"Florida Power & Light Co. v. Lorion"[②]案中，美国联邦最高法院判定法院必须将审查范围限定于"已经存在的行政案卷，而不是在初审法院首次形成的某些新案卷"，"除了极少数情形（rare circumstances）之外"，法院如果认为行政案卷不能满足审查的需要，必须将案件发回行政机关重新处理并要求作出进一步解释。"当然，向复审法院实际提供的案卷，常常只包括行政机关所整理案卷的最小一部分内容。……在涉及重大规则制定时，将行政机关所整理的整部案卷提

---

① 〔美〕查理德.J. 皮尔斯：《行政法》（第二卷），北京，中国人民大学出版社，2016年，第五版，第805页。

② Florida Power & Light Co. v. Lorion，470 U. S. 729，743－744（1985）.

供给法院将是非常荒谬的——这种案件有的时候篇幅超过了百万页。"
不过，行政机关向法院移送的部分案卷必须包括各方当事人希望引用的
那"部分内容"。如果最后提交法院的案卷省略了对当事人主张来说具
有重要性的材料，由此导致的缺陷就成为可归因于行政机关的过错。①
我国《最高人民法院关于行政诉讼证据若干问题的规定》（法释
〔2002〕21）第 2 条规定："原告或者第三人提出其在行政程序中没有
提出的反驳理由或者证据的，经人民法院准许，被告可以在第一审程序
中补充相应的证据。"

二、事实认定的枷锁：行政案卷的"作茧自缚"效应

长期以来，对行政案卷制度的探讨大多拘于程序功能视角，强调行
政案卷之于正当法律程序的积极意义。② 诚然，行政案卷制度特别是其
蕴含的案卷排他规则，作为美国行政法上的重要制度形式，其最初的立
法目的是为实现更具成效的正式听证与程序参与。③ 但除了行政程序意
义，案卷规则即行政案卷主义更具有关乎事实认定界域的实体法和诉讼
法价值。无论是在行政程序还是在司法程序之中，行政案卷对事实认定
均产生拘束效果和规范功能。从行政过程论④的角度看，行政案卷与行
政裁判案卷之间是承前启后关系，行政案卷对行政事实认定和司法事实
认定发挥着双重限定作用，特别是对行政机关而言，基于行政案卷中心
主义行政自我约束的法律效应。

（一）行政案卷的法律特性

行政案卷规则最早产生于英美法系国家而非大陆法系国家，其"可
以回溯到有关行政法的起源与发展，回溯到行政法表现形式的手段以及

---

① 〔美〕查理德.J. 皮尔斯：《行政法》（第二卷），北京，中国人民大学出版社，2016
年，第五版，第 805－806 页。

② 参见金承东：《案卷排他与看得见的程序作用》，《行政法学研究》2007 年第 3 期。

③ 参见倪洪涛：《行政案卷制度论纲》，《甘肃政法学院学报》2005 年第 2 期。

④ 〔日〕盐野宏：《行政法总论》，北京，北京大学出版社，2008 年，第四版，第 56 页
以下。

许多细节问题上"①。以德国为代表的大陆法系国家的行政法源起于警察国家②，以美国为代表的英美法系国家的行政法则脱胎于福利法治国时代的经济管制和社会调节③。管理色彩浓厚的警察国逐渐产生了职权探知主义和纠问式的行政纠纷解决机制；而美国规制色彩强烈的经济行政和福利行政则强调法律及其实施者的社会服务功能和给付功能，④ 行政机关秩序维护和安全保障的法治角度让位于市场调控的行政裁判者角色。在此背景下，英美法系国家行政程序的构建也更具当事人主义色彩。

从某种意义上讲，"行政应尽可能地被司法化"，在行政领域内确立如司法般的个案处理模式，行政程序就是司法程序的行政化改造，即行政从司法那里寻找到了维持和延续自己行为正当性的程序技术和行为智慧。⑤ 可见，大陆法系国家的行政案卷更多的是一种行政记录，其对行政事实认定或司法事实认定的限制作用相对有限；⑥ 而采用当事人主义的美国，其行政听证程序中案卷排他性规则关注的是事实认定的时空性、法律性、程序性和参与性。正是由于上述历史渊源上的差异性，使得英美法系行政案卷具有以下特性：

其一，行政案卷具有中立性。行政案卷是对行政程序全过程的记录，记录须不偏不倚地如实记载。换言之，行政机关不能在行政案卷生成之前，就对行政相对人行为的法律属性进行先入为主的认定。当然，基于行政的主动性和执行性，对相对人及其行为事先的法律假设是被允许的，并据此按照行政意志单方面对已经发生的案件事实进行有选择的"发现"和"挖掘"，进而有偏好和取舍地记录和固定证据材料。传统学术探讨中，一般将基于如实记载义务产生的行政中立性称为行政案卷

---

① 〔印〕M. P. 赛夫：《德国行政法：普通法的分析》，周伟译，济南，山东人民出版社，2006年，第4页。

② 参见翁岳生：《行政法》（上册），北京，中国政法大学出版社，2000年，第48页。

③ 参见叶俊荣：《行政法案例分析与研究方法》，台北，三民书局股份有限公司，1999年，第3页。

④ 参见〔英〕安东尼·奥格斯：《规制：法律形式与经济学理论》，骆梅英译，北京，中国人民大学出版社，2008年，第2-3页。

⑤ 参见〔德〕奥托·迈耶：《德国行政法》，刘飞译，北京，商务印书馆，2016年，第68-69页。

⑥ 参见孔繁华：《英美行政法上的案卷制度及其对我国的借鉴意义》，《法学评论》2005年第2期。

的"客观性"或"真实性"特征。① 就行政案卷的"客观性"而言，行政案卷由行政官员记录、制作而产生，记录过程中不可避免会受记录者主观意识的影响，因此无法做到"不以人的意志为转移"的完全的客观性。案卷内容作为记录主体与事实客体相互作用的认识上的产物，不能机械套用存在论层面的反映关系。② 故此，应将如实记录义务衍生出的行政案卷特性更正为中立性，才更加符合认识论的内在要求。这种中立特性也意味着行政主体在行政程序中的双重角色配置，即执法者角色带来的案卷制作义务和作为行政程序主体之一产生证明责任。在后者的意义上，行政主体与其他行政程序参与主体于程序面前是平等的。

其二，行政案卷具有相关性。受行政案卷自身容量的内在制约，并非所有的案件事实和行政程序中发生的全部事实都需要且能够被录入行政案卷。行政案卷记录人对案卷内容的记录不可避免地带有一定的主观性和选择性，而选择的标准只能是相关性标准。相关性标准有时由立法者明确给定，有时行政机关须根据行政习惯和个案特性裁量确定。由于案卷内容直接服务于行政事实认定，经筛选录入案卷的证据（材料）在一定程度上可视为行政机关对证据采信与排除的结论性安排。由于相关性是采信证据的逻辑前提和法律要求，"具有关联性的证据一般是可采的，没有关联性的证据不可采纳"③。同时，相关性又是逻辑性和经验性问题④，经验的个体差异性也决定对于是否具有相关性存在不同认识，因而行政案卷的内容也就无法做到客观真实。尽管为了矫正个体经验的不足，行政程序进行了角色配置，并试图通过多元角色积极性的调动发现更多的证据材料，但是面对真相，这些措施终究只能促进而无法彻底达至。

其三，行政案卷具有排他性。案卷排他性是行政案卷最为强烈的法

---

① 参见倪洪涛：《行政案卷制度论纲》，《甘肃政法学院学报》2005 年第 2 期；孔繁华：《英美行政法上的案卷制度及其对我国的借鉴意义》，《法学评论》2005 年第 2 期。

② 参见张保生、阳平：《证据客观性批判》，《清华法学》2019 年第 6 期。

③ 〔美〕约翰·W. 斯特龙：《麦考密克论证据》，汤维建等译，北京，中国政法大学出版社，2004 年，第 359 页。

④ 参见〔美〕乔恩·R. 华尔兹：《刑事证据大全》，何家弘等译，北京，中国人民公安大学出版社，2004 年，第二版，第 81 页。

律特征，是受公正审讯权（听证权）的制度内核。① 但这种特性并非案卷本身的固有特性，而是由案卷规则赋予行政案卷的特性。案卷规则的程序性法律精义在于行政机关据以作出裁决的事实必须为当事人知晓且经过辩论与对质的。② 这就要求无论是行政裁决（行政行为）还是司法裁判（司法行为），都只能以行政案卷所载事实为基础，一般情况下不得寻求案卷外的证据支持。否则，案件的处理将会没完没了，最终在客观真理魔棒的指挥下，摧毁经由时效和终局制度构建起来的整个法律大厦。在行政程序中，这种排他性规定主要是为了防止行政程序的虚无化和形式化，导致行政相对人不能充分享有程序参与权和陈述申辩权。③ 换言之，允许案卷外证据无休止纳入既有行政案件，行政权将会在无监督和无制约的状态下滑向专断与滥权。与此相对，司法程序中的案卷排他规则旨在：①防范司法允许行政机关事后取证即"先处理后调查"，因为这将意味着司法与行政的合谋；②制约司法对行政的职权僭越和替代。故此，行政诉讼中的案卷排他主义又称"案卷外证据排除规则"。

其四，行政案卷具有封闭性。行政案卷的封闭性是由案卷的排他性和程序的终局性共同决定的。正是由于行政决定只能依据案卷所载的证据与事实作出，使得案卷所载内容禁止被随意增减删改。申言之，法的安定性和真理的相对性决定了任何程序都不可能随意闭合（或无期限的中止，或延续），程序本身就意味着它是一个时间段，具有法定的有限性，程序有起点更有终点。故此，当程序开启时，任何有利害关系的主体都可以根据他们共同认可的规则参与到行政程序中，提出自己的主张并用证据证明自己的主张，反驳程序内任何主体的任何主张，且不受程序内或程序外任何因素的制约与干涉。就行政机关而言，如上所述，其既是程序主体甚至是程序运行的主导性主体，并基于这种身份而提出主张并证明之；同时，行政机关又是整个程序的记录者和归档者即行政案卷的制作者，负责将具有相关性的事实和信息记录在案，以便有案可稽。这样，随着程序的展开、运行和终结，行政案卷也将被贴上"封

---

① 参见〔美〕伯纳德·施瓦茨：《行政法》，徐炳译，北京，群众出版社，1986 年，第 328－329 页。

② 参见倪洪涛：《行政案卷制度论纲》，《甘肃政法学院学报》2005 年第 2 期。

③ 参见〔美〕伯纳德·施瓦茨：《行政法》，徐炳译，北京，群众出版社，1986 年，第 329 页。

条", 成为对过往事实的历史档案, 没有法定事由任何主体都不得"解封"案卷。行政程序结束后, 行政案卷即成为一个闭合区间, 任何主体都不得再对案卷内容进行增减删改, 即便是过去真实发生的事实和具有较高证明力的相关证据材料, 亦不得再成为行政事实认定中的事实, 即行政案件的组成部分。正是从这个层面上讲, 行政案卷促使着行政程序的角色分配和专业分工, 激励着程序主体的积极性与能动性, 并最终通过程序主体证明能力和论辩能力的提升, 让案件更加接近事实真相, 但无论如何无法保证案卷事实的"真理性"。可见, 封闭性是人类个体局限性和案件时效性共同作用的结果, 保证了终局性语境下法治的权威性和法律的正当性。

(二) 行政案卷和行政事实认定的相互限定

行政案卷中心主义是行政程序法治的核心制度之一, 行政案卷作为行政程序形成的公共记录, 对行政事实认定发挥着制度上的限定作用。反之, 行政事实认定的内在逻辑也规定了行政案卷的主要内容及其逻辑序列。具体而言, 行政案卷和事实认定之间的相互限定与制约主要体现在:

其一, 行政调查和其他行政程序主体提交的证据材料归档于案卷, 据以作出行政事实认定的证据源于行政案卷。程序开启时的开放性和结束时的封闭性决定了行政程序如同"口袋", 开始时任何与案件有关的证据材料都有进入案卷的可能性, 一旦程序结束就要扎紧"口袋"、贴上"封条", 无法定情形禁止再接收任何证据材料。可见, 行政案卷制度的首要含义就是行政决定必须依据案卷作出, 不得将案卷外、当事人不知悉、未质证的证据材料, 作为作出行政 (处理) 决定 (行政行为) 的依据。换言之, 案卷的排他性意味着经过法定程序后, 行政机关不得于案卷外另行取证、补证和接收证据材料。比如《中华人民共和国行政许可法》第 48 条就明确规定, 听证应当制作笔录, 听证笔录应当交听证参加人确认无误后签字或者盖章; 行政机关应当根据听证笔录作出行政决定。可见, 行政案卷对行政机关的调查取证行为产生了时效上的限定作用, 对行政事实认定活动构成了内在的素材上的法律约束。这种基于行政案卷的认知限制并非出于探求真理之目的, 而是为了维护客观公法秩序作出的退而求其次的无奈选择。就此意义而言, 行政案卷规制不仅带有认识论规则的属性, 更是一种行政法上的价值选择规则。

其二，行政案卷和行政程序的相互作用提升了事实认定的科学性与可接受性。"先取证、后处理"是现代行政的基本程序逻辑，而沟通并限制着"取证"和"处理"关系的正是行政案卷。可见，行政程序决定了行政案卷的法律属性、主要内容与逻辑排序。程序对案卷的规制主要体现在行政案卷形成与制作应当遵循的具体规则体系之中，比如证据材料应按照法律推理和论证的要求排序，合法性和合理性论证证据应分类、专业性和科学性特殊程序要求的遵循等。同时，行政案卷制度及其案卷排他性规则的确立又反向强化了"先取证、后处理"时序的刚性。行政案卷作为行政程序的核心制度之一，内在地要求行政听证（包括正式和非正式）的实质化和证据化，而听证环节应成为行政决策或者行政决定形成的主要场域。听证程序中举证、质证、认证等环节的制度化和规范化，使行政相对人能够理性而又充分地参与行政活动。这样，在"民主断裂"的背景下，实现了行政程序对行政行为正当性的部分补救。行政决定正当性的失而复得（局部的），源于行政案卷和行政程序相互限定对行政事实认定科学性、民主性的提升。

其三，行政事实认定及其过程须全面记录于案卷之中。行政案卷作为一种公共记录，须中立地记录行政程序中形成的具有相关性的全部证据与事实，即须对行政机关的事实认定及其过程进行全面记录。行政案卷是整个行政事实认定的形式化表达和制度化载体，使得行政事实认定具有了可复查性、可检验性甚至可逆性。行政案卷这种事后的反思和检验功能，促使行政机关在行政程序中能够更加审慎地用权和更加主动地保障相对人的合法权益。更为重要的是，行政案卷的留痕性记录，也是对行政责任的记载。行政案卷隐含的行政责任是行政反思的物质载体。职业荣誉的道德感召力和责任追究潜在风险形成的压力，藉由行政案卷不可更改历史性记载的催化，势必会对行政事实认定过程中行政权的武断和恣意构成一定程度的制度性阻却。

总之，行政案卷之所以被认为是行政程序的制度核心，系因为其对行政程序的规范化和证据材料的固定化，发挥着不可取代的拘束作用。行政案卷既是行政程序的物质载体，又是行政程序的反思装置，实现了行政程序角色和责任分配事后的可检验性。同时，行政案卷的不可变更性和不可增减性，又促使行政用权的审慎和相对人行为的理性。行政事实认定决定着行政案卷的主要内容，行政案卷又反向激励了行政事实认定的规范化和司法化，二者的良性互动为行政事实认定和司法事实认定制度衔接奠定了坚实的基础。

（三）行政案卷和司法事实认定的相互限定

客观诉讼的价值定位决定了大陆法系国家特别是法国行政诉讼的事实认定，尽管也无法逃离行政案卷的制度拘束，但行政案卷整体上却表现出了对司法行为的"弱限定作用"。因为职权探知主义赋予了法官突破行政案卷调查取证的司法职能。在此客观诉讼语境里，一方面强化了行政法院矫正违法行政甚至反向塑造行政的司法能力①，另一方面也导致行政首次判断权对行政法官的拘束力大打折扣，行政案卷中心主义有让位于行政裁判案卷中心主义的制度倾向。

在英美法系国家，行政机关在行政程序中行使着首次事实认定权和首次法律适用权，司法机关对行政案件的复查则是对同一案件的第二次事实认定和第二次法律适用。在司法"复审"环节，法院审查的对象是行政行为的合法性，行政案卷则是司法审查的物质载体，司法审查的范围被严格限定在行政案卷框定的范围之内，司法审查的标准和强度受到行政案卷内容的严格制约。可以说，在美式司法审查中，案卷排他制度对司法认知起到了"强限定作用"。下面以美国为例，分析行政案卷对司法事实认定的制约逻辑。

其一，就表层逻辑而言，行政案卷对司法事实认定的限定作用，主要体现在对法官证据采信活动的限定上。在美国行政法上，案卷排他规则是司法审查普遍遵守的原则。② 行政案卷和司法案卷构成了对法官排他性的双重规制。其中，前者又限定着后者，后者是前者在司法领域的必然逻辑延伸。这种延伸主要体现在法官禁止被告以案卷外证据证明其行政行为的合法性，即行政程序外行政调查禁止原则。其基础性法理在于行政机关必须遵循"先取证、后裁决"的程序伦理，不得先作出行政行为，然后再寻找证据证明其行为的合法性与合理性，这是古老自然

---

① 〔法〕特里·奥尔森：《法国行政诉讼程序》，张莉译，《行政执法与行政审判 2010 年第 2 集》（总第 40 集），中华人民共和国最高人民法院行政审判庭编，北京，中国法制出版社，2010 年，第 148 - 149 页。

② 参见〔美〕伯纳德·施瓦茨：《行政法》，徐炳译，北京，群众出版社，1986 年，第328 页。

正义原则的基本要求。法官采纳行政案卷外的证据，相当于对行政机关事后或者程序外调查取证的鼓励。可见，在直观层面，行政案卷中心主义对法官事实认定存在直接的强限定作用。

其二，就中层逻辑而言，行政案卷对司法事实认定的限定作用，还体现在法官的司法认知方面。行政案卷既对行政认知产生限制，也对法官的司法认知活动构成一定的限制。如前所述，二者的区别在于并非全部行政案卷都能够进入法庭，行政案卷帙卷浩繁，有时复杂案件的案卷超过百万页。① 当然，通常情况下，行政机关会为诉讼当事人提供选择案卷的机会，最终向法院提交的案卷包括各方当事人希望引用的全部内容。这种行政案卷的选择性司法移交，主要是为了节约司法成本和提高司法效率，让整个司法活动更加聚焦并围绕着案件的争执点展开。这种定纷止争的司法导向，在一定程度上过滤了行政行为做出时的很多事实因素与法律因素，② 使法官仅能了解行政行为及其争议的主要内容而非全部内容。同时，这种行政案卷的移交模式也构成了对司法认知的进一步限定。

其三，就深层逻辑而言，行政案卷对司法事实认定的限定作用，更多体现为对司法审查强度的限定上。司法复审中的案卷排他规则，要求法官审查的重点是提交法庭的行政案卷内容，根据行政案卷归档的证据，审查行政事实认定在于是否达到了实质性证据标准或武断恣意标准的要求。③ 案卷规则严格限制了法官事实审查的证据来源，禁止法官在案卷之外接收证据或独立开展证据调查，严格将法官的法治角色定位为"案卷复审者"。除了专业能力因素考量外，这也是司法对行政事实认定的尊重。换言之，行政案卷中心主义对司法事实认定的限定，本质上是司法权对行政权的谦抑。这种司法的谦抑性内在地规定了司法的行为边界和审查强度。④ 当然，在采用"明显错误标准"的案件中，司法还可以有限度和审慎地用自己的事实认定推翻行政事实认定。不过，在权力分立和职能分工的宪政约束下，这种情况并非常态。

① 参见〔美〕理查德·J. 皮尔斯：《行政法（第二卷）》，苏苗罕译，北京，中国人民大学出版社，2016 年，第五版，第 805 页。

② 参见金承东：《论行政案卷排他原则的运作原理——正当行政程序的保障机制》，《浙江大学学报（人文社会科学版）》2008 年第 4 期。

③ 参见〔美〕理查德·J. 皮尔斯：《行政法（第二卷）》，苏苗罕译，北京，中国人民大学出版社，2016 年，第五版，第 754 页。

④ 参见黄先雄：《司法与行政互动之规制》，《法学》2015 年第 12 期。

三、三类行政审判体制与行政案卷的司法审查

在行政争议的司法解决过程中，法官须透过行政案卷方能作出司法事实认定。与民事纠纷的司法解决比较，行政诉讼的特殊性在于司法权与行政权这两种不同类型的国家权力在同一场域中发生碰撞，由此产生了事实认定上权力间关系的调处问题。换言之，在一般的民事诉讼中，是司法权面对平等主体之间的两造对抗；而在行政诉讼中，则是两种权力（行政权与司法权）和一方权利的程序构造。这种诉讼权力（利）结构上的差异性，决定了两大诉讼在审判模式、证明责任、事实认定和法律适用等制度设计上的不同，特别是在大陆法系和受其影响的国家里更是如此。

为了缓解行政事实认定和司法事实认定之间的紧张关系，世界各国根据自身特点、历史传统和法治文化，形成了三种典型的行政审判模式：其一，以法国为代表的"双重双轨制"行政法院模式。在法国，基于机械的分权理论和历史上对司法权的仇视，行政审判权被分配给了隶属于行政系统的行政法院，[1] 由具备专门行政知识的行政型法官行使行政审判权。可见，法国行政法院是按照"审判行政，仍然是行政"（Juger l'administration, c'est encore administrer）[2] 的原则建构起来的。其二，以德国为代表的二元制行政法院模式。德国采取了相对折中的方案，即在普通法院之外成立了专司行政争议解决的司法型行政法院，行政法院的法官是司法官员，而不是法国意义上的行政官员。[3] 其三，以美国为代表的普通法院体制。即由普通法院遵循民事诉讼程序审理行政纠纷，并且普通法院对行政机关及其事实认定保持相当的司法谦抑，从而大大降低了行政权与司法权冲突的烈度。[4] 上述行政审判的不同模式昭示着不同的分权理念和法治传统，分权理念上的差异系由各国关键历

---

[1] 参见〔法〕莫里斯·奥里乌：《行政法与公法精要》，龚觅等译，沈阳，辽海出版社、春风文艺出版社，1999年，第1170页。

[2] See Henrion de Pansey, De l'autorite judiciaire en France, 1818, p. 11.

[3] 参见〔荷〕勒内·J. G. H. 西尔登、弗里茨·斯特罗因克：《欧美比较行政法》，伏创宇等译，北京，中国人民大学出版社，2013年，第394页。

[4] 参见黄先雄：《司法谦抑论——以美国司法审查为视角》，北京，法律出版社，2008年，第18－19页。

史时期政治力量对比所致。

（一）法式行政审判中的事实认定

如前所述，法国是行政法的母国，法国行政法的制度核心就是行政法院特别是最高行政法院，[1] 法国行政法随着行政法院的产生、发展而逐步走向成熟。[2] 同时，法国也是三权分立理论的母国，长期以来，法国秉持相对严格且僵化的分权理念，行政法院的创制就彻底贯彻了这种机械分权观，形成了在行政系统内部设置行政审判组织的独特司法体制。随着行政法院的产生，法国通过行政判例逐步建立起独立的公法学科——行政法。[3] 在行政审判问题上，法国模式的特点可归结为，"专门的法院、专门的法官和专门的法律"[4]，其制度的鲜明特点在于行政诉讼处理的不是典型的司法权与行政权之间的关系，而是行政权与行政权之间的关系，尽管行政法院的行政审判权这一特殊的行政权，是业已高度司法化了的行政权。具体而言，法国行政法院对行政案卷审查的特点如下：

1. 行政法院的本质是享有行政审判权的行政机关，由特殊行政机关审理一般行政机关的行政行为，行政案卷对行政法院只能起到弱约束作用

法国行政法院体制发轫于大革命时期，特殊的历史使得法国将行政审判权赋予了特别创制的行政权而不是普通的司法权，这是法国行政法院乃至行政法治鲜明的制度特征。该种制度安排导因于：①严格的分权主义是其思想基础。基于法官不能干预行政的考虑，严格禁止普通法院审理行政案件，逐渐形成了二元双轨制的司法传统。[5]（2）行政法院设置的传统基础是建立在司法的不光彩历史上的。在历史上，"法院的法官们受到如此深的反平等主义的价值影响，并如此稳定地根植于大革命前法国的封建结构之中，以至于他们以极端滥用和不得人心的方式行使

---

[1]　参见周佑勇、王诚：《法国行政法院及其双重职能》，《法国研究》2001 年第 1 期。

[2]　参见胡建淼：《世界行政法院制度研究》，武汉，武汉大学出版社，2007 年，第 1 页。

[3]　参见〔法〕古斯塔夫·佩泽尔：《法国行政法》，廖坤明、周杰译，北京，国家行政学院出版社，2002 年，第 233 页。

[4]　See L. Neville Brown, *French Administrative Law*, Oxford: Oxford University Press, 1998, p. 44.

[5]　参见〔法〕让·里韦罗、让·瓦利纳：《法国行政法》，鲁仁译，北京，商务印书馆，2008 年，第 686 页。

审查权。这种权力被视为这个国家最残暴蛮横的保守特征之一"①。大革命后，新政府拒绝将对行政的司法控制交由普通法院行使。可以说，大革命对旧制度的反思与扬弃，是法式行政法院体制确立的重要原因。

在法式行政法院体制下，由于行政诉讼是行政体系内的自我纠错，行政法院对行政案卷实施的是全面审查，并且行政法院的法官可依职权对案件事实进行再调查，行政诉讼表现出极强的客观诉讼色彩，特别是在撤销之诉即越权诉讼中。法国行政诉讼的目的并不在于权利的救济，更多的是公共利益指引下的客观法秩序维护。故此，行政案卷只能成为行政审判的基础性"底稿"，其对行政审判中事实认定的拘束性不强，行政法院的法官透过其能动的司法职权，型塑着整个法国行政法治。

2. 行政法官是具有丰富行政经验的行政官，由特殊类行政官审理一般类行政官作出的行政行为，极大地弱化了行政案卷的封闭性

受行政法院特殊性质的影响，法国行政法院的法官在身份上并非司法类官员即法律官，而是行政类官员，他们受一般行政公务员法的支配。为了有效因应行政纠纷的日趋专业化和技术化，法国行政法院法官的遴选始终以行政专业化为导向。一般情况下，行政法院法官的来源有二：一是国家行政学院的优秀毕业生经过行政历练后，逐步选拔为各级行政法院法官；二是由政府任命的满足一定任职级别、年限、文凭等特定要求的公务员。② 可见，法国行政法院特别是最高行政法院由法国行政公务员中的精英分子组成。同时，最高行政法院法官还经常被派遣或借调至政府部门，负责重要委员会的工作。③

故此，与其说法国是由行政法官审理行政案件，毋宁是行政官员中的精英在处理行政纠纷。在此背景下，作为行政精英的法国行政法院法官，仰赖其专业优势和司法经验，处理行政纠纷，创制行政判例，建构行政法律体系。就行政程序中形成的行政案卷的司法审查而言，由于行政法院的法官具备了对行政案卷进行全面审查的行政能力和专业水平，在行政法院法官眼中案件事实的司法认定相当于"同侪评审"，他们既

---

① 〔意〕莫诺·卡佩莱蒂：《比较法视野中的司法程序》，徐昕、王奕译，北京，清华大学出版社，2005 年，第 208－209 页。

② 参见胡建淼：《世界行政法院制度研究》，武汉，武汉大学出版社，2007 年，第 22 页。

③ 参见〔英〕L. 赖维乐·布朗、约翰·S. 贝尔、〔法〕让－米歇尔·加朗伯特：《法国行政法》，高秦伟、王锴译，北京，中国人民大学出版社，2006 年，第五版，第 63－64 页。

要做到尊重同行，又要对事实认定严格把关，以便纠正同行的错误，实现公共利益的维护。可见，行政案卷对行政法院法官仅具有限的拘束和制约作用，行政法官依靠法律和行政的双重优势，有权超出行政案卷范围调查取证，以便维护公共利益不受违法行政的侵害。

在行政诉讼程序上，法国采法官中心主义的诉讼模式，行政法官主导着诉讼的进程，事实认定是法官的法定职责。[1] 为便于行政法官全面履行事实认定职责，法律赋予行政法院法官采取与证据调查和事实认为有关的必要措施的职权。[2] 比如在"完全管辖权之诉"中，行政法院法官可以撤销、变更行政行为，还可以判决行政主体承担赔偿责任。为此，法官对行政机关在行政案卷中认定的事实进行全面审查和检验，亦可进行补充性事实调查。[3] 而在越权之诉中，出于司法效率的考虑，法国在此类行政诉讼中越来越倾向于法律审和书面审，行政法院法官一般不审查事实问题。

（二）德式行政审判中的事实认定

德国行政法最突出的特点是建立了司法型的行政法院体制，与法国行政型的行政法院制度构成鲜明对比。[4] 在德国司法制度史上，希特勒纳粹独裁政府对魏玛宪政的颠覆，是如同法国大革命一样深刻的历史记忆，其对"二战"后德国宪政体制的重构产生了深远影响，控制行政专权是德意志联邦共和国基本法创制者的伟大目标。[5] 基于对纳粹历史的深刻反思，德国基本法将司法权全部赋予了司法官，必须由司法机关而不是行政机关行使行政审判权。申言之，德国的司法型行政法院体制

---

① 参见〔美〕米尔建·R. 达马斯卡：《漂移的证据法》，李学军等译，北京，中国政法大学出版社，2003 年，第 108 页。

② See Alain Plantey, 1992："Evidence Before French Administrative Courts", *Administrative Law Review*, pp. 15 –29.

③ 参见杨伟东：《行政行为司法审查强度研究——行政审判权纵向范围分析》，北京，中国人民大学出版社，2003 年，第 137 页。

④ 参见〔印〕M. P. 赛夫：《德国行政法》，周伟译，济南，山东人民出版社，2006 年，第 8 页。

⑤ 参见〔德〕弗里得利希·冯·哈耶克：《法律、立法与自由》（第二、三卷），邓正来等译，北京，中国大百科全书出版社，2000 年，第 457 –458 页。

决定行政法院也应由独立的司法官行使裁判权①。同时，西德在战后重构了行政审判体制，确立了以权利保护为中心的行政诉讼制度。诚如我国台湾学者所言："战后西德重建行政裁判制度，乃以权利保护为主要导向，而实务及学说，亦致力于提高行政法院对公权力行为之控制密度。"② 这就是所谓典型的主观诉讼的行政审判模式，在此模式下主观公权利保护成为行政诉讼制度建构的核心目的。

另外，德国行政法院特别是初级行政法院内部分为诸多审判组织，有的行政法院设置的审判组织超过了 10 个，每个审判组织负责处理特定类型的行政案件，如秩序、商业、工业、收容所、土地、建设、教育、公共设施等。这种由一个审判组织处理特定类型行政纠纷的作法，能够确保行政法院内部分工的专业化和审判工作的精细化。③ 在行政审判活动中，法官被要求将自己置于行政的立场考虑问题，他们能够从手段和关系的角度全面考察行政争议。④ 同时，《德国基本法》第 97 条规定，被任命为永久性的专业法官，不得未经其本人同意而遭职务解除，也不得长期或暂时地中止其职务。法官任职保障机制有效地确保了行政法官在专业知识上的长期积累，使其能够胜任高密度、高强度和专业化的司法审查工作。"主观诉讼中心主义"的行政诉讼功能定位和行政法院法官的任职保障体制，决定了德国行政法院有权对行政案卷进行全面审查。具体而言，德国在事实认定方面具有以下制度特点：

一方面，由于行政法院属于司法系统，德国行政诉讼中调处的权力关系与法国不同，系发生于司法权和行政权之间。换言之，在德国行政诉讼的权力（利）结构中，处理的依然是行政权与司法权之间的调处问题，这也就决定了在行政案件的事实认定上，德国是行政和司法的二元构造。受主观诉讼的制度支配，德国行政法院法官审理案件，必须依法保障原告权利的无漏洞全面保护，而不考虑如何帮助行政机关矫正错

---

① 参见〔德〕弗里德赫尔穆·胡芬：《行政诉讼法》，莫光华译，北京，法律出版社，2003 年，第 29 页。

② 蔡志方：《行政救济与行政法学（一）》，台北，三民书局股份有限公司，1993 年，第 55 页。

③ 参见〔印〕M. P. 赛夫：《德国行政法》，周伟译，济南，山东人民出版社，2006 年，第 189 页。

④ 参见〔荷〕勒内·J. G. H. 西尔登、弗里茨·斯特罗因克：《欧美比较行政法》，伏创宇等译，北京，中国人民大学出版社，2013 年，第 399 页。

误，行政法院不必承担对行政机关的教育职责。战后德国行政诉讼制度不以公共利益维护为其价值追求，而是以公民非宪法性的公法权益保障为鹄的。基于这种行政诉讼功能定位，德国在事实问题方面走出了一条不同于法国的审查之路，但却达到了与法国异曲同工的司法效果。换言之，如果说法国的客观诉讼是为了维护公共利益而强化了对行政案卷的审查，那么德国则是为了"为公民提供无漏洞、有效的司法保护"这一主要制度目的，[①] 而不得不对行政案卷进行高密度的审查，以便实现司法行政对原告诉权的补强功效。这一点在德国课予义务之诉[②]和一般给付之诉[③]中得到了充分体现与有力佐证。

另一方面，德国行政法院的法官是司法官员，具有更强的司法独立性。德国行政诉讼系由司法官员审查行政官员行为的合法性，二者不同的隶属关系决定行政事实认定和司法事实认定之间的关系要比法国复杂得多。不过行政审判组织专业化的分工，极大地提升了行政法院对行政行为进行全面审查的司法能力。就司法审查强度而言，行政法院对行政案卷的审查几乎无所不至。[④] 在行政案卷之外，法律赋予法官对案件事实的司法调查权，并且要求法官用尽一切合理的方法查明案件事实。[⑤] 根据《行政法院法》第 86 条第 1 款的规定，德国行政诉讼设立并遵循职权调查原则即法官的职权调查主义。在此原则支配下，行政诉讼证明责任在当事人之间的配置，就显得没那么重要和必要了。行政法院法官本着对客观事实的追求，开展独立的案件调查，依职权探知案件事实，既不受当事人提供证据的拘束，也没有严格的时间和范围限制。同时，职权调查又是行政法官的一项法定义务，从而和民事诉讼当事人主义司法模式下的辩论原则构成了鲜明对比。

总之，德国行政法院法官并不受行政案卷的严格拘束。但由于行政诉讼类型的多元化和行政程序的规范化，行政法院在大多行政诉讼类型

---

① 杨伟东：《行政行为司法审查强度研究》，北京，中国人民大学出版社，2007 年，第 137 页。

② 参见刘飞：《德国公法权利救济制度》，北京，北京大学出版社，2009 年，第 79 页。

③ 〔德〕弗里德赫尔穆·胡芬：《行政诉讼法》，莫光华译，刘飞校，北京，法律出版社，2003 年，第五版，第 456 页。

④ 参见黄先雄：《德国行政诉讼中司法权的边界及其成因》，《比较法研究》2013 年第 2 期。

⑤ 参见刘飞：《德国公法权利救济制度》，北京，北京大学出版社，2009 年，第 49 页。

中对行政案卷坚持全面审查原则，司法事实认定可以矫正、否定甚至变更行政事实认定。即便如此，也只能说明行政案卷对司法的弱规范作用，而不能完全否定行政案卷的基础性约束。否则，仅就事实认定而言，德国行政法院就会演变为行政机关的上级机关了，行政程序的制度刚性也会被司法程序瓦解殆尽，这显然是与现代法治相悖的。

（三）美式司法审查中的事实认定

美国司法制度延续了英国的普通法传统，美国对行政的司法控权是由普通法院承担的，这就是一元司法模式，即行政审判的普通法院体制。美国的诉讼构造和行政程序的司法化共同决定了法院在司法审查过程中须首先区分法律问题与事实问题，并逐渐形成了法院对行政案卷的双重审查任务："第一，通过比较侵略式地检查（行政）机关的法律结论，确保（行政）机关并未超越特定授权的边缘界限；第二，通过持尊重态度的检查（行政）机关的有关事实和自由裁量的决定，确保（行政）机关以合理的方式行使其被授予的权力"①。具体而言，美式司法审查及其事实认定具有以下两个特点：

1. 行政审判的法院是普通法院，司法审查的法官是司法官而不是行政官

英国经过长期的制度选择最终确立了"王在法下"即法律至上原则②，该原则在英国和美国分别演化成为议会至上与司法至上。③ 美国通过"马伯里诉麦迪逊"等判例逐渐确立了司法主治的价值观念和社会治理模式。④ 在对行政决定的司法审查问题上，美国三权分立、平等主义的宪政基础与司法优位主义价值观共同决定了只能由普通法院行使司法审查权。同时，公众主义的司法取向，也使立法者更加倾向地认为，普通法院与非专业的裁判者能够藉由常识与理性，完成对行政行为

---

① 〔美〕欧内斯特·盖尔霍恩、罗纳德·M. 利文：《行政法和行政程序概要》，黄列译，北京，中国社会科学出版社，1996 年，第 46－47 页。

② 参见〔美〕罗斯科·庞德：《普通法的精神》，曹相见译，上海，上海三联书店，2016 年，第 35 页。

③ 参见崔林林：《严格规则与自由裁量之间——英美司法风格差异及其成因的比较研究》，北京，北京大学出版社，2005 年，第 125 页。

④ 参见〔美〕爱德华·S. 考文：《司法审查的起源》，徐爽编译，北京，北京大学出版社，2015 年，第 4 页。

合法性的审查与判断。故此，在"机构独立与专业判断的抉择"问题上，美国选择了"机构独立"即司法独立，并将行政行为的司法控制权直接交由普通法院。

美国司法审查的发生地在普通法院，对行政案卷的审查也由普通法院法官负责。相比于法式和德式行政法院的法官而言，美国从事司法审查的法官并不具有专门的行政知识。究其原因或是由于美国司法审查制度的形成时间较早，而彼时行政专业化趋势尚不明显，行政事务多为社会常规类管制事项，在此背景下普通法院法官具备识别和判断一般行政事务的能力。不过，随着行政事务的不断拓展和行政权的日益膨胀，非专业的司法裁判者无法有效审查判断专业类行政纠纷，随即应运而生了诸多行政内纠纷裁决机构，即行政系统内部逐渐出现了专门应对行政纠纷的"行政法官"，这是区别于普通法院司法官的、在行政系统内承担行政纠纷裁决的行政官员。在健全的行政程序法治的保障下，行政法官通过听证方式进行行政事实认定、作出行政裁决行为，绝大部分行政纠纷在行政系统内部通过独立管制机构的专业工作得以化解。[①] 专业的、内部救济机制的产生与发展，与非专业裁判者主导的司法审查完成了合理分工和有效的制度衔接。也正是从这个意义上讲，相对于行政程序中的行政裁决，美国司法审查又称之为"司法复审"。换言之，采用正式听证程序的行政案件，在国家层面被视为业已经过了"初审程序"。这样，再诉诸普通法院也就相当于"上诉审"即"复审"了。行政程序和司法程序的美式对接，为我们分析行政首次判断权、行政案卷中心主义和司法事实认定三者之间的关系，提供了绝佳的法治样本。

2. 法官对行政案卷中的事实认定保持谦抑

由于美国司法审查模式的诸多特性，使得法官在行政诉讼中始终保持相当的司法谦抑，行政案卷司法审查的强度整体不高。在美国，存在一种普遍观念：事实问题是陪审团的事情，而法官是法律官，其专长在于法律适用。该种观念延伸至司法审查领域，就转化为司法审查主要是法律审，在事实认定问题上应该尊重行政官员的专业优势和技术判断。这样，一般来说法院倾向于仅对行政案卷中的法律适用问题进行相对严

---

① 参见高秦伟：《行政救济中的机构独立与专业判断——美国行政法官的经验与问题》，《法学论坛》2014 年第 2 期。

格的审查，而在事实认定上大多情况下尊重行政机关的认定意见。① 这种司法谦抑性的成因可作以下追溯：①权力分立的宪法要求。司法权对行政权的制衡并不意味着司法权代替行政权做判断，对于专业的行政判断，司法应保持谦抑和审慎态度。正如有学者所言："一旦超越法律的范畴，司法便只能戛然而止，否则就有代替行政权之可能。"② ②反多数难题。在民主国家中，立法机关与行政机关都由选举产生，这意味着司法机关对行政行为的审查本质上属于"精英主义"对"多数主义"的制衡，为了减少"司法专制主义"的指摘，法院往往选择相对谦和的方式处理权力之间的关系问题。③ ③全面审查之不能。在秩序行政时代，普通法院及其非专业的裁判者还能胜任对行政案卷的司法审查。然而，随着现代行政职能的广泛拓展和行政专业化程度的飞速提升，非专业的裁判者越来越难以胜任对技术因素日渐增多的行政行为的审查工作，普通法院行政审判模式的自身缺陷被不断暴露，司法机关对行政案卷事实认定问题的低密度审查也就不可避免。④对行政首次判断权的尊重。在国家行政的意义上，由于行政机关和司法机关是国家机关的不同分支，司法权代表国家对行政争议的第二次事实认定和法律适用，除了司法终局属性外，其无法证明自己比行政权代表国家对行政事务的首次判断一定具有道德和能力优势，特别是在事实认定方面，反倒是行政的技术能力和专业知识更能接近真相和正义，而作为法律家的法官难以获致经验上的超优势状态。

四、普通法院的事实认定困境：全面审查行政案卷的障碍

新中国行政诉讼法制建设是"在现代化大潮下借鉴西方经验的结果"④。在原初具体制度设计上，我国的行政诉讼更多是非原生性的法律移植与制度借鉴，这就必然会引发我国行政诉讼制度艰难的"本土

---

① 参见〔美〕理查德·J. 皮尔斯：《行政法（第二卷）》，苏苗罕译，北京，中国人民大学出版社，2016 年，第五版，第 757 页。

② 黄启辉：《行政救济构造研究——以司法权与行政权之关系为路径》，武汉，武汉大学出版社，2012 年，第 29 页。

③ 参见黄先雄：《司法谦抑论——以美国司法审查为视角》，北京，法律出版社，2008年，第 48－49 页。

④ 何海波：《行政诉讼法》，北京，法律出版社，2016 年，第 3 页。

化"问题，在此进程中既有价值和观念上的激烈碰撞，又有司法技术上的不断摸索与大胆创新。我国现行行政审判体制既不同于美国一元司法模式，又区别于德国的司法型二元模式，还与法国式的行政型行政审判体制有着实质性的差异，而与"二战"后经过宪法改造的日本行政诉讼有一定的相通之处。换言之，我国目前实行的是混合式行政诉讼体制，即在普通法院内遍设行政审判庭专司行政争议的司法解决。

大凡制度继受型国家或地区都存在法院是否适合审查，以及审查哪些项目等的问题。① 在混合行政诉讼模式下，我国法院对行政案卷应秉持什么样的司法强度呢？根据我国《行政诉讼法》（2015 年）的规定，我国行政诉讼秉持全面审查原则，也就是说无论行政诉讼的一审还是上诉审，法院既要审查事实问题还要审查法律问题，② 并不过分强调司法对行政首次判断权的司法谦抑。

（一）行政首次判断权与"全面审查"

如上所述，行政首次判断权是指"在司法审查的过程中，应尊重行政机关对行政事务作出优先判断及处理的权力"③。美国法治对（行政）程序正义坚守和对司法权"疆域"的严格界定，对我国混合行政诉讼模式的良性运行具有重要借鉴意义。

在日本，法律界普遍认为普通法院对行政行为进行"颠覆式"或"替代式"的全面审查不具有制度正当性，这种"推倒重来"的司法审查强度既不经济又无必要，也与行政和司法的权力本质属性及其关系定位相悖。为了合理确定司法的权力边界和审查强度，日本从司法权和行政权的属性差异出发，确立了司法机关不得侵犯行政首次判断权的法治原则。④ 具体而言，行政首次判断权对行政案卷的司法审查及其强度有

---

① 参见谢胜哲、林明锵、李仁淼：《行政行为的司法审查》，台北，元照出版有限公司，2018 年，第 16 页。

② 《中华人民共和国行政诉讼法》第 70 条规定："行政行为有下列情形之一的，人民法院判决撤销或者部分撤销，并可以判决被告重新作出行政行为：（一）主要证据不足的；（二）适用法律、法规错误的；（三）违反法定程序的；（四）超越职权的；（五）滥用职权的；（六）明显不当的。"该法第 87 条规定："人民法院审理上诉案件，应当对原审人民法院的判决、裁定和被诉行政行为进行全审查。"

③ 黄先雄：《行政首次判断权理论及其适用》，《行政法学研究》2017 年第 5 期。

④ 参见江利红：《日本行政诉讼法》，北京，知识产权出版社，2008 年，第 76 页。

以下三个方面的影响：

其一，行政首次判断权守护着行政与司法的权力边界。行政首次判断权是典型的权力间关系理论，其法理基础源于传统意义上的分权原则，即让"行政的归行政，司法的归司法"，被动性的司法权不能代替主动性的行政权作出行政决定。"首次判断权"意在强调行政认知的独立自主性、基础性和前提性，承认并尊重行政对事物规律的认识与把握的第一序位性，否认司法具有先于甚至优于行政的认知力和判断力，禁止司法"抢滩式"的过早介入行政事务，以主动执法方式染指社会治理，反对用司法认知径直取代行政认知。在行政首次判断权理论涵摄的范围内，行政案卷是行政机关认知过程和认知结论的公共记录，司法机关对行政案卷的审查，一定程度上就是对行政认知活动的再认知。司法认知与行政认知虽无优劣之分，但由于认知基础、权力属性、经验储备等方面的不同，二者对行政事务判断在时间点和侧重点上都存在差异性。司法擅于法律推理与适用，而行政专于政策形成和事实认定。仅就事实认定方面而言，行政官员对行政案件的亲历性，使其对案件更加具有"情景式"判断优势；而司法审查中新的证据材料的出现和更加充分的事后论辩，则可能使司法机关在对详尽信息分析的基础上更能接近真相。基于上述认识上和制度上的差异，一般情况下，司法认知可依法肯定或否定行政事实认定的结论，进而作出确认或撤销等司法裁判。不过，出于分权的制度考量，司法不应以自身的认识结论直接取代行政的认识结论，这是权力配置及其形成边界的内在要求。否则，权力之间应有的屏障和藩篱一旦移除，因两权的集中与混同，专制也就不可避免地随之出现了。

其二，行政首次判断权设定了行政与司法出场的先后次序。"行政首次判断权"的关键词是"首次"，这意味着其为行政和司法的权力运行在时间上设定了先后顺序，即先有行政权的行使，后有司法权的监督与救济。在行政诉讼中，"尊重行政机关首次判断权"，就是将行政机关作为行政事务的第一处理主体看待，行政主体负责行政事务的"初次审查"，司法主体仅在反思和纠错的意义上展示着自己的不可或缺，作为"复审"主体，司法行使的只能是"第二次审查权"。将行政机关作为行政事务的首次判断主体，除了亲历性和情境性带来的事实认定上直观性因素外，更多的是基于效率和技术上的考量，即行政的主动执行性、不可间断性、单方意志性、专业技术性与司法的消极被动性、超然中立性和复杂程序性比较，更能简易、快捷地回应变动不居的社会情势。可见，行政既是司法化的结果，又不能完全司法化。不过，司法权这种二次判断权的存在也是非常必要的，司法是排除行政机关第一次判断产生违法状态的反思和纠错装置。

基于上述考虑，美国行政法中出现的"首先管辖权"和"行政成熟性"原则，在日本则衍生为行政首次判断权理论。① 这些原则和理论都要求司法：①不得提前介入行政事务，防止司法的提前染指破坏权力之间的结构性平衡；②司法更不能替代行政，即动辄以自己的二次判断取代行政的首次判断；③在行政机关尚未就是否进行行政活动以及如何进行行政活动作出决定前，法院不能命令行政机关作为或不作为，特别是禁止司法教育行政如何作为或作出特定行为；④上述行政首次判断权规则，是在秩序行政背景下基于撤销之诉建构起来的，在福利时代和给付诉讼的语境下，行政首次判断权理论必须做出一定程度的缓和与修正。换言之，在给付诉讼制度创设的背景里，就是否作出或不作出某种行政行为有明确法定要件时，法院可以作出课予义务判决或停止判决等裁判类型。②

我国无论何种类型行政诉讼类型均遵循全面审查原则，赋予了法院能动的司法事实认定权——必要时法官可依职权调取证据并独立作出司法事实认定，导致司法机关对部分案件事实问题行使了"首次判断权"。这种行政诉讼程序中的权力配置格局，导因于我国改革开放以来法治政府建设的行政诉讼倒逼模式——即先建立行政诉讼制度，以司法审查反思和暴露行政执法中存在的普遍问题，然后再总结经验教训，不断提升和完善行政执法的规范性和法治程度。可见，行政首次判断权以成熟的政府法治为前提，否则，就会出现治理困境。

其三，行政首次判断权为司法机关介入行政案件的时机作出了原则

---

① 美国法上的首先管辖权是指，行政机关与法院对纠纷的管辖权重叠时，先由行政机关行使管辖权。其与日本法上的行政首次判断权在法理层面有一定共通性，都是行政优势的理论衍生。首先管辖权原则对日本行政首次判断权的提出有一定理论贡献，但二者并非同一理论和制度形态。参见〔美〕理查德·J. 皮尔斯：《行政法（第二卷）》，苏苗罕译，北京，中国人民大学出版社，2016 年，第五版，第 891－892 页。

② 参见江利红：《日本行政诉讼法》，北京，知识产权出版社，2008 年，第 79－80 页。

性限定。由于行政机关负责行政事务的首次判断，司法机关负责行政案件的二次审查，这就产生了行政判断何时终结和司法介入的时机问题。一般情况下，行政案件必须发展到适宜法院审理的成熟程度时，方才允许司法介入并展开审查。这一美国行政法上的"成熟性原则"，被认为是行政首次判断权的重要理论渊源。[①] "成熟性原则"意欲实现的目的有二：一是基于节约司法资源的考虑，禁止法院抽象性、假设性地提前开展司法活动，以便将有限的宝贵司法资源用于既有问题的解决；二是基于分权理论的内在规定性，只有在行政观点固定，能确定"个案"争议业已形成时，法院方可介入审查，从而限制法院过度干涉行政的政策形成和裁量权的行使。[②] 在行政诉讼活动中，行政案卷的制作完成足以说明行政行为在整体上已达到了成熟程度，法院能够对行政案卷记载的事实认定与法律适用进行审查。但是，在行政案卷形成之中或之前，司法不宜对形成中的行政案卷进行司法认定，更不能对行政案卷外的事实作出司法认定。

综上，"行政首次判断权"制度的存在，使得普通法院对行政案卷的审查强度保持在相对合理的区间内。法院对行政案卷的审查强度过高或超越案卷记载的事实范围作出司法认定，都有可能构成对行政首次判断权的制度破坏。虽然行政首次判断权理论源于日本，不过，近年来我国司法裁判中也开始尝试性地运用该理论进行司法说理。[③]

（二）事实认定的专业技术壁垒

"行政机关的设立，有为因应特殊专业者，也有仅为处理一般事务者，但是，一般认为行政机关对执掌事务握有专业优势。"[④] 基于专业性的价值取向，近代社会产生了"行政优先主义"和"司法谦抑主义"的法哲学理论。在英美法系，专业取向与大众取向的价值观影响了早期的行政程序体制与司法审查模式。行政事务日益繁杂，行政的专业分工

---

① 参见李荣珍、王南瑛：《论行政首次判断权原则及其司法适用》，《海南大学学报（人文社会科学版）》2019 年第 3 期。

② 参见〔美〕理查德·J. 皮尔斯：《行政法（第二卷）》，苏苗罕译，北京，中国人民大学出版社，2016 年，第五版，第 1023 页。

③ 参见黄先雄：《行政首次判断权理论及其适用》，《行政法学研究》2017 年第 5 期。

④ 叶俊荣：《行政法案例分析与研究方法》，台北，三民书局股份有限公司，1999 年，第 29 页。

不断加剧，司法机关越来越难以应对专业性和技术性的事实认定问题，"法院不可能有时间也没有专业知识去解决哪怕是涉及一小部分行政管理的程序问题"①。科技行政和风险行政所引发的技术壁垒，对现代司法及其裁判能力构成了严峻挑战。行政专业壁垒的产生与以下三个方面的因素有关：

其一，行政专业化程度的加深。"行政受各时代宪政理念及社会条件之影响，在不同时代所展现之面貌明显不同。"② 警察国时代和（自由）法治国时代，都属于以"维护公共安全与社会秩序"为作用重心的秩序行政，彼时行政的事务类型与行政用权手段相对单一。③ 而到了福利国时代，随着经济社会的快速发展与社会分工的精细化，出于行业规制和经济调控目的，以及增进公共福祉、个人幸福的福利考量，行政职权不断增加，职能分化也日益加剧，④ 人类逐渐从"分工细化"发展到"技术深化"，行政的技术性和专业性特征更加凸显。这一方面提升了科技行政在社会治理中的权重，另一方面导致权力之间专业鸿沟加深和技术壁垒抬高。在此背景下，充斥着专业数据和技术指标甚至科技结论的行政案卷，为司法审查带来了前所未有的技术障碍。对行政判断余地和技术裁量结论的过度尊重，往往使司法审查流于形式，提升审查强度和密度的尝试显得苍白无力。于是，在行政国时代和风险国时代，面对行政的专业化和技术化司法陷入了两难境地。

其二，法官缺少行政经验。为了防范法官的官僚化、确保法官的独立性，英美法系国家的法官选任重视开放性和多元化，⑤ 法官大多从律师中而非行政官员中遴选。⑥ 故此，英美法系的普通法院相比于大陆法系的行政法院，法官普遍缺少行政历练和行政经验，这成为司法审查的一大体制性"短板"。由于普遍缺少行政经验，英美法系国家的法官对

①　〔美〕肯尼思·F. 沃伦：《政治体制中的行政法》，王丛虎等译，北京，中国人民大学出版社，2005 年，第 450 页。

②　陈敏：《行政法总论》，北京，新学林股份有限公司，2009 年，第 19 页。

③　参见李建良：《行政法基本十讲》，台北，元照出版有限公司，2013 年，第 69 页。

④　参见〔德〕哈特穆特·毛雷尔：《行政法学总论》，高家伟译，北京，法律出版社，2000 年，第 15 页。

⑤　参见陈开琦：《美国法官遴选的机理及启示》，《社会科学研究》2006 年第 6 期。

⑥　参见陈波：《法官遴选制度与司法能力建设——以两大法系法官遴选制度为例》，《北京社会科学》2014 年第 1 期。

行政案件的理解，多偏向于法律适用而非技术性事实的认定。行政法院体制则更加重视法官行政专业知识的培训与积累。如法国行政法院的法官多从国家行政学院毕业生中选拔，或从行政机关中选任，行政法官在任职期间还经常接受行政专业知识上的培训或被委派到行政机关任职锻炼；① 在德国，行政法院的法官候选人，须在行政机关或行政法院进行长达三年以上的预备实习培训，法官任职后通过"业务分配计划"，也能形成长期的行政专业历练。② 不过，值得注意的是，20 世纪 80 年代以来，随着行政法院中立化和司法化的提升，进一步保障了法官相对于行政的独立性，大陆法系国家行政法官的行政专业优势也在日益弱化。可以说，两大法系在法官行政经验上的差距在不断缩小，司法监督行政的技术性困境已不同程度地普遍存在于世界各国。

其三，法官缺少全面审查的时间与精力。全面审查行政案卷不具有现实可行性的原因还在于法官缺少全面了解行政案件的时间和精力。随着行政诉讼类型的不断丰富，即便在法官具有行政专业优势的法国和德国，行政审判效率问题也是亟待解决的时代难题，并严重冲击着行政法院长期积累的司法权威。比如在法国，进入 21 世纪后，行政诉讼的制度危机在公正与效率二者之间同时爆发，为了因应《欧洲人权公约》中规定的有关"获得公正诉讼权"（Right to a fair trial）的司法要求——即要求成员国法院必须保证合理的审理期限，法国的改革者们力图在保障行政审判公正性的前提下，提高行政审判的效率。③ 在德国，基于提高司法效率和缓解积案压力两个方面的考虑，1993 年修订的《行政法院法》第 6 条第 1 款规定，倘若行政案件不是特别疑难或者具有重大原则意义，则由独任制法官审理。至此，独任制成为德国行政审判的组织常态。英美法系普通法院的法官由于更加缺少行政经验和技术能力，需要花费更多的时间与精力去研究行政案卷中的专业技术问题。这种司法审查"装备"上的技能缺失，导致法官没有足够的精力和知

---

① 参见胡建淼：《世界行政法院制度研究》，武汉，武汉大学出版社，2007 年，第 22 – 28 页。

② 参见〔德〕弗里德赫尔穆·胡芬：《行政诉讼法》，莫光华译，北京，法律出版社，2003 年，第 49 – 50 页。

③ 陈天昊：《公正、效率与传统理念——21 世纪法国行政诉讼的改革之路》，《清华法学》2013 年第 4 期。

识去考虑公共政策的合理性问题，① 因此法官在事实认定上往往存在难以逾越的行政壁垒和技术障碍。可见，面对科技行政带来的司法危机，实现行政纠纷的多元化解决，可能是走出司法困境的必由之路。

综上，专业技术壁垒的现实存在意味着司法处境的技术性恶化，导致司法对行政案卷难以进行全面的实质性审查。为了克服专业技术鸿沟对行政审判构成的限制与冲击，美国普通法院对行政案件采"低密度"司法审查标准，即一般不审查事实问题，对行政事实认定保持着普遍的尊重。

职是之故，我国行政诉讼的全面审查原则应当适时地予以扬弃。为此，不仅须要通过行政程序法治建设优化行政与司法的专业分工，实现事实认定的行政化和行政争议解决的多元化，还应在行政诉讼审级之间进行业务分工，至少应该废弃上诉审中的事实审查，完成上诉审作为法律审查的司法改造。笔者以为，"建立救济的行政复议中心主义和行政诉讼担保主义、兜底主义的行政纠纷解决机制，让司法从繁重的行政争议处理中超脱出来，成为行政救济政策、原理的生成力量、重大疑难案件的化解力量和行政救济价值方向的引导力量，最终锻造具有中国特色的'重复议、轻诉讼'的行政救济体系"②，让更多的行政纠纷在行政体系内得以有效化解，节约社会治理成本，解放疲惫的司法。

（三）法定证明义务之不当减免

在行政诉讼中，行政行为的合法性是核心证明对象，其又可分解为对行政事实认定准确性的证明和法律适用正确性的证明两个方面。由于法律适用需要以事实认定为小前提，判断行政机关事实认定准确性就成为证明核心的"核心"。换言之，查明案件事实是全部行政诉讼活动的中心。③ 在行政程序阶段，查明案件事实主要是行政机关的法定职责，到了司法阶段这一义务则转移至法院，而在诉讼程序构造中该义务又转化为对行政行为合法性的证明责任问题：在诉讼初期阶段，这种证明责

---

① 参见〔美〕肯尼思·F. 沃伦：《政治体制中的行政法》，王丛虎等译，北京，中国人民大学出版社，2005 年，第 450 页。

② 倪洪涛：《社会主义核心价值观融通行政救济法治初论》，《时代法学》2019 年 3 期。

③ 参见李建明：《论行政诉讼中证明对象的范围》，《法学研究》1990 年第 2 期。

任体现为举证责任，到了诉讼终止阶段则体现为不利后果的责任承担。① 同时，法院对行政案卷的审查范围及其强度也对证明责任的配置问题产生相当程度的影响。

在普通法系国家，由于法庭调查采取对抗制式的当事人主义和言词辩论主义，证明责任问题被相对集中地体现在前期的举证责任配置上。同时，普通法院体制强调司法的谦抑与中立，法官的调查权受到了体制性限制，其往往无主动调查证据的权力，这使得提出证据的权利和义务只能在诉讼两造之间进行合理配置。在行政诉讼中，一般规定由被告行政机关对被诉行政行为的合法性负举证责任，且事实上也是由被告履行举证义务，被告履行举证义务的主要方式则是将业已存在的行政案卷移送至法院。也是在这个意义上，我国现行《行政诉讼法》第 67 条第 1 款明确规定："人民法院应当在立案之日起五日内，将起诉状副本发送被告。被告应当在收到起诉状副本之日起十五日内向人民法院提交作出行政行为的证据和所依据的规范性文件，并提出答辩状。"最高人民法院"法释〔2002〕21 号"司法解释第 1 条进一步规定，被告不提供或者无正当理由逾期提供证据的，视为被诉具体行政行为没有相应的证据。

在大陆法系国家，举证责任的配置则有所不同。虽然大陆法系国家"在调查原则为主导的诉讼中也有证明责任和证明责任的分配"问题，② 不过，这种证明责任主要集中在诉讼后期的不利后果承担上。在职权主义的纠问式审判中，对案件事实的证明义务事实上是由法官承担的，被告的证明责任主要体现在，当案件事实真伪不明时，由其承担败诉后果。在大陆法系国家，行政案件事实调查的主体是行政法院的法官，无论行政机关还是当事人，其角色都是法庭调查的协力者，其提出证据也主要是以配合法庭调查为目的，特别是书面审理为主的法国。

当事人主义与职权主义在诉讼构造上的差异，决定了行政法院法官全面审查行政案卷，不会产生证明责任配置上的矛盾与冲突，这是由于客观诉讼功能定位语境里，公益维护的诉讼目的使然。而普通法系国家的法官如若全面审查行政案卷，则会引发证明责任配置难题。具体而

---

① 参见〔德〕普维庭：《现代证明责任问题》，吴越译，北京，法律出版社，2006 年，第 9－10 页。

② 〔德〕莱奥·罗森贝克：《证明责任论》，庄敬华译，北京，中国法制出版社，2018 年，第五版，第 98 页。

言，赋予普通法院法官全面审查行政案卷职权，则意味着法官能够综合自行收集的证据材料改变行政事实认定，甚或推翻行政机关作出的事实认定，并以新的司法事实认定取而代之。这种法官主动取证行为将瓦解普通法院的举证责任的分配格局，引发举证责任主体上的司法混乱，加剧行政诉讼举证责任的结构性内部矛盾。① 另外，全面审查行政案卷又使得普通法院的法官在事实层面承担了本属于行政机关的证明义务，构成了对行政机关法定证明义务的不当减免。如是，无异于英美行政诉讼一元司法模式的取消，申言之，相当于普通法系和大陆法系行政审判的趋同。

五、我国行政案卷司法审查之重塑

上述揭示的是行政诉讼中全面审查原则所面临的技术问题，其核心集中表现在行政案卷引发的权力紧张关系，这也是我国行政诉讼突出的结构性问题。在我国兼采两大法系的混合行政审判体制下，理顺行政诉讼中司法权与行政权的关系，须从行政案卷处入手，拓清我国行政诉讼"半英美、半德日"现状背后的制度机理，进一步明确行政案卷的法律性质、功能定位和审查规则，重构我国行政诉讼中行政案卷的审查方式与审查强度。

（一）行政案卷：复合型证据（材料）集合体

行政案卷沟通着行政程序和司法程序，透过行政案卷实现了案件事实、法律适用在行政与司法之间的传递。行政案卷既对两大程序的制度衔接发挥着不可替代的纽带作用，又对行政与司法构成了双重约束，其承载的重要制度功效主要体现在案件事实认定上的证据（材料）整理、记载、固定与保存方面。不过，长期以来，行政案卷在我国行政诉讼中的法律属性和功能定位却鲜有讨论，行政案卷究竟属于行政机关的内部档案，还是行政程序的重要物质载体即行政法治的证据集合体，在行政实践的认识层面还处于模棱两可状态，甚至很多行政机关工作人员至今仍然案卷理念缺失、证据意识不强，亟待系统的学术阐释和理论回应。

---

① 参见邓刚宏：《行政诉讼举证责任分配的逻辑及其制度构建》，《政治与法律》2017年第3期。

笔者认为，行政案卷应该是行政程序全景式的记载与整理，其在结果的意义上形成了公共行政学上所谓的"行政档案"，而在行政法上则是行政程序的核心制度，其制度功能类似于诉讼程序中形成的司法案卷。既然行政案卷是行政（执法）程序的公共记载，那么其至少包含以下三个方面的内容：①作出行政行为的事实根据即证据链；②作出行政行为的程序性事实，比如执法主体、法律文书及其形成过程、听证笔录、送达回执等；③法律适用特别是法律论证与推理，这里还包含着裁量基准的选择及其适用等。而仅就事实认定而言，行政案卷至少应对以下三类案件事实进行记载：①行政调查形成和其他程序主体提交的证据材料的编排与记载；②行政调查过程的程序性记录；③行政机关的事实认定中法律推理的记载。就事实认定而言，行政案卷在静态上表现为一种复合型的证据链条体系，而在动态上则是这一证据链及其推理、认定的过程性。

通过上述对行政案卷记录内容的分析可知，在行政诉讼中法官对行政案件事实的"复审"均须围绕行政案卷展开。这既是出于法治成本和司法便利等方面的考虑，更是程序法治和权力分工的刚性要求。既然行政案卷是行政活动的全程式记录，那么行政案卷就必须能够忠实、客观、全面地反映行政程序的全过程，这构成了对行政主体权力行使的制度约束。一般情况下，符合法治要求的行政案卷一旦形成就具有历史性、封闭性和不可变更性的特征，行政案卷成为司法复审的物质基础和审查重点，任何脱离行政案卷的司法审查都有司法替代行政之嫌，任何绕过行政案卷的司法事实认定都是法治资源的极大浪费。故此，尊重行政案卷并围绕行政案卷展开司法审查，也同样是对法院的刚性法治要求。换言之，行政案卷对司法的约束力，厘清了司法审查的重点范围与合理区间，制约着司法审查的程度与强度。对司法而言，行政案卷的复合性证据特征主要有三个方面的表现：

其一，行政案卷是一种意见证据。所谓意见，即"非亲身所见所闻"的自己认为或者相信的事实①。意见证据规则的基本要求是：普通

---

① 参见〔美〕约翰·W. 斯特龙：《麦考密克论证据》，汤维建等译，北京，中国政法大学出版社，2004年，第26页。

人不得将自己的意见作为证据使用，而专家除外。① 行政案卷在内容上包含了证据、事实、法律、处理程序和结论等诸多内容，是为行政决定作出服务的。从程序意义上讲，行政案卷是对行政专业技术认定过程的官方记录，在结果的意义上，整个行政案卷又是行政机关作出的关于行政事实认定与法律适用的专业意见。故此，笔者认为，对案件事实认定与法律适用的具体结论属于专家意见的范畴，行政案卷的证据记录是用以支撑专业意见的事实证据与数据基础。对司法机关而言，行政案卷整体上属于意见证据，特别是在行政诉讼的书面审理程序中。

其二，行政案卷是一种传闻证据。通常意义上的传闻证据，表现为法庭上出现的陈述人的庭外陈述。行政诉讼存在事件亲历者的陈述，比如相对人型原告的陈述和出现在执法现场的诉讼第三人的陈述。不过，更多情况下，法院对案件事实的了解与认定主要源于行政案卷，通过案卷对事实的记载与认定，法官获得了对案件事实的反思性认知。行政案卷的制作主体是行政主体，制作的时间段是在行政程序中，行政案卷中证据形成的时间在行政决定作出之前，更在司法审查之前，其表现形式是对已经发生事实及事实推论的记录。对法官而言，行政案卷是案卷制作者关于执法活动的法庭外书面陈述。作为证据集合体的行政案卷，具备了意见性和传闻性证据的法律特征。传闻证据恰恰揭示了司法审查的"第二性"（即"复审性"），以及"第二性"带来的司法审查的监督性、帮扶性、反思性和局限性。

其三，行政案卷是一种公共记录。在法理层面，行政案卷在性质上属于行政机关的行政记录或行政档案，制作行政案卷是行政机关必须履行的程序性法定职责。职责的法定性赋予了行政案卷这种"传闻"证据以可采性。具体而言：①行政案卷是行政机关对执法活动的全程记录，由于行政执法人员是案件的亲历者，且案卷材料制作的即时性与制作标准的规范性，都使得这种"传闻"证据具有相当的可靠性；②行政案卷系行政机关履行职责的官方档案，制作之初并非完全出于诉讼应对之考量，其制作的客观性降低了案卷作伪的危险性；③由于司法审查的"复审性"，即行政诉讼是司法代表国家对案件的再次判断，即便法

---

① 参见李学军：《意见证据规则要义——以美国为视角》，《证据科学》2012 年第 5 期。

律允许传唤作为亲历者的执法人员出庭作证,①庭审时间的滞后性亦决定了行政案卷在整体上的间接性,但这一间接性又因案卷证据的体系性和规范性获得了效力提升。

(二) 重塑案卷证据审查规则

在行政诉讼中,事实认定的行政案卷属于行政机关提交的证据 (材料),因此,行政案卷的司法审查必须遵循相关证据规则。证据法视野下行政案卷的司法审查应立足于"求真"的认识论视角,将行政案卷视为行政机关据以作出行政行为的证据,选择最有利于发现法律真实的方式对其进行审查。鉴于行政案卷证据属性的复合性特点,行政案卷的审查规则也相对较为复杂。具体而言,行政案卷证据审查规范体系涉及以下三点问题:

其一,如何审查行政案卷中的证据记录。一般而言,由于实物证据能够随卷当庭出示,故其直观性使得严格质证的法律要求降低。而行政案卷对言词证据的记录却是存在一定风险性的传闻证据,在法理上未经对质和交叉询问的证据都不能采信,但这主要是刑事诉讼领域对传闻证据认证的一般要求。在行政诉讼与民事诉讼领域,根据处分原则的一般要求,原告方认可的传闻证据可以免除质证,而原告方不认可的证言性行政记录,在实践中也无法做到全面的对质与交叉询问。不过,作为公共记录,理论上行政案卷对证言进行虚假记载的可能性较小,行政调查本身就具有一定公信力。行政执法中制作的证人证言具有行政公文属性,法院在审查过程中对证人证言的全面重复性提取,势必会加重证人的负担。同时,缺少确切理由的重复取证,还会严重影响诉讼效率。更为重要的是,这种作法有违司法复审的一般原则。因此,对于行政案卷中的证人证言特别是涉及案外人的证人证言,法院原则上只进行书面的、形式性的审查。只在适用"法院重新审理标准"的案件中,对于关键性的证人证言,当原告有明确证据证明该证言缺乏可采性时,法院

---

① 《最高人民法院关于行政诉讼证据若干问题的规定》(法释〔2002〕21 号)第 44 条规定:"有下列情形之一,原告或者第三人可以要求相关行政执法人员作为证人出庭作证:(一)对现场笔录的合法性或者真实性有异议的;(二)对扣押财产的品种或者数量有异议的;(三)对检验的物品取样或者保管有异议的;(四)对行政执法人员的身份的合法性有异议的;(五)需要出庭作证的其他情形。"

才应传唤证人出庭接受质证，据此重新认定证据所涉事实，见最高人民法院法释〔2002〕21号司法解释第44条的规定。

其二，如何审查行政案卷的程序性记录。行政案卷中关于行政程序的记录属于一般意义上的公共记录，由于这种公共记录系行政机关自己制作，而行政机关在行政程序中既是行政程序的主导者，又是行政程序的一方主体，行政案卷相比于其他公共记录中立性不足，在行政诉讼中需要对其记录的可靠性、客观性进行审查。一般而言，对程序性记录的审查应该遵循以下三点规则：①对行政案卷记载的程序内容的审查严格遵循法定原则，法律规定行政行为的作出必须经过一定程序，只要违背法律的规定，该类法律性事实应予以否定性认定。我国很多法律规定了正式听证程序，比如现行《行政处罚法》第31条规定："行政机关在作出行政处罚决定之前，应当告知当事人作出行政处罚决定的事实、理由及依据，并告知当事人依法享有的权利。"该法第41条规定："行政机关及其执法人员在作出行政处罚决定之前，不依照本法第三十一条、第三十二条的规定向当事人告知给予行政处罚的事实、理由和依据，或者拒绝听取当事人的陈述、申辩，行政处罚决定不能成立；当事人放弃陈述或者申辩权利的除外。"据此，如果在行政处罚程序中未保障相对人的陈述申辩权，行政机关基于程序违法就有败诉的风险。②缺少必要的程序性事项记录，即便行政机关事后能够证明确实履行了程序义务，根据案卷外证据排除规则，也应视为行政机关未履行。比如在"源艺装饰广告部诉四川省南充市顺庆区安监局行政处罚案"中，法院的裁判要旨为：送达是行政执法活动的重要组成部分，如果处罚告知书未予送达行政相对人，则行政处罚决定不能成立。① ③有证据证明行政主体在案卷制作过程中存在程序瑕疵的，应认定行政行为违法。比如我国《行政诉讼法》第74条第1款第2项就明确规定："行政行为有下列情形之一的，人民法院判决确认违法，但不撤销行政行为：（二）行政行为程序轻微违法，但对原告权利不产生实际影响的。"

其三，如何审查行政案卷中的行政专业意见。虽然法官审查行政技

---

① 最高人民法院行政审判庭：《中国行政审判案例》（第2卷），北京，中国法制出版社，2011年，第204－208页。

术性问题存在专业壁垒，但也不能对行政案卷中的专业意见无条件采信，应确立对行政专业意见审查和认定的一般性规则。专家意见或专业性证据的证明力一般取决于方法的科学性和证据形成过程的规范性，但也不排除科学证据存在观察错误或实际操作者说谎的可能。① 对行政案卷的审查也应确立类似于专家证据的"普遍接受性测试"的审查方法，即要求以行政案卷记载的行政证据为基础作出的事实认定所依据的行政技术具有可靠性。即便法律共同体对行政专业技术存在认知困难，但该专业技术须是被科技同侪所普遍接受的结论。诚然，法官不可能在每一起行政案件中都聘请专家辅助人出庭作证，但应建立体系化的证据开示及交叉询问制度，允许原告和诉讼第三人聘请专家，并在交叉询问环节对行政专业意见进行充分的质证与论证。最高人民法院"法释〔2002〕21 号"司法解释第 48 条第 1 款就规定："对被诉具体行政行为涉及的专门性问题，当事人可以向法庭申请由专业人员出庭进行说明，法庭也可以通知专业人员出庭说明。必要时，法庭可以组织专业人员进行对质。"除了专家证人或专家辅助人外，原告方还可以从政策、判例和历史档案中证明行政意见中的错误，② 当法官怀疑行政专业意见存在"明显错误"时，也可以经由司法鉴定，推翻行政机关事实认定的结论和其他专业意见。

（三）完善行政案卷审查强度规则

行政案卷作为行政诉讼证据材料的集合体，决定了对案卷的司法审查既要符合一般证据评价规则，又须考虑行政诉讼之特殊性。质言之，行政诉讼审查机制的完善，除了要重塑案卷证据审查方法外，还应完善证据认定方式。法院对行政案卷记载的证据材料与行政事实认定结论的再认定，内在地规定了司法权对行政权审查的标准与强度。

就我国行政诉讼的未来发展而言，应从以下四个方面完善行政案卷审查强度的司法认定规则：

其一，法律问题遵循全面审查规则。随着我国行政诉讼认识论与合法性审查等理论的深入发展，越来越多的学者基于专业和效率等方面的

---

① 参见〔美〕罗纳德·J. 艾伦、理查德·B. 库恩斯、埃莉诺·斯威夫特：《证据法——文本、问题和案例》，张保生等译，北京，高等教育出版社，2006 年，第 726 页。

② 参见〔美〕理查德·J. 皮尔斯：《行政法（第二卷）》，苏苗罕译，北京，中国人民大学出版社，2016 年，第 755 页。

考虑，开始倡导行政诉讼应区分法律问题与事实问题。[1] 在司法实践中，对事实问题与法律问题的区分也在悄然强化。事实与法律二元区分对司法审查活动产生的显性效果在于司法权与行政权的理论分工日渐明晰："行政人员成为事实问题的专家，而法官则成为法律问题的权威"[2]。专业优势决定了法官有权亦有能力对行政案卷进行全面的法律审查。不过，值得强调的是，行政裁量具有事实问题和法律问题的双重属性，虽然一般情况下，行政裁量被认为是非法律性的事实问题。不过，当存在明确裁量基准时，依裁量基准行政则可归类为法律问题，亦即对裁量问题的审查转化为对裁量基准本身合法性和合理性的审查。

其二，司法不得代替或径直变更行政实体性事实认定。由于目前我国行政诉讼采取全面审查原则，法院对行政事实认定负有审查职责。当法院审查得出的司法事实认定结论与行政案卷中记载的行政事实认定结论相悖时，法院当然可以推翻行政事实认定但不能完全脱离行政案卷，以自己的事实认定代替行政机关在行政案卷中作出的事实认定，即取代行政实体性事实认定。这种制度安排除了行政的亲历性和专业性外，更多出于分权的考虑。行政诉讼的事实问题主要是行政实体性事实问题，而行政事实认定过程主要是行政机关行使裁量权的过程，[3] 其广泛涉及政策的形成和对不确定法律概念的行政解释。[4] 法官取代行政实体性事实认定，即是不当行使了行政自由裁量权，进而行政裁量权特别是行政自由裁量是立法者留给行政机关的政策型塑空间。[5] 故此，在全面审查原则短期内无法改变的制度背景里，法官推翻行政实体性事实认定应发生在其存在明显错误的情况下，此时法院一般应责令行政机关重新作出事实认定（即重新做出行政行为），而不能代替或径直变更行政事实认定。而在实践中，我国法官否认行政事实认定的情形不仅在变更判决中

---

[1]　参见潘荣伟：《行政诉讼事实问题及其审查》，《法学》2005 年第 4 期；杨伟东：《行政行为司法审查强度研究——行政审判权纵向范围分析》，北京，中国人民大学出版社，2003 年。

[2]　潘荣伟：《行政诉讼事实问题及其审查》，《法学》2005 年第 4 期。

[3]　参见朱新力：《论行政诉讼中的事实问题及其审查》，《中国法学》1999 年第 4 期。

[4]　参见于立深：《行政事实认定中不确定法律概念的解释》，《法制与社会发展》2016 年第 6 期。

[5]　参见潘荣伟：《行政诉讼事实问题及其审查》，《法学》2005 年第 4 期。

比较常见，在确认违法、撤销、瑕疵指正①等类型的裁判文书中也时有体现。这就需要法官在裁判文书撰写的过程中审慎对待司法事实认定，当法官认为行政事实认定确有明显错误时，可在裁判文书说理部分指出其错误甚至进行否定性评价，但不宜在事实认定部分直接变更行政事实认定。

其三，审查推论链条：尊重行政经验基础上的全面审查。在行政案卷中，法律推论链条既存在于法律问题中，也存在于事实问题中。法律问题中的推论链条相对简单，司法重点审查的主要是事实问题推论链条，最主要的就是从证据材料到事实的整个概括链条（如图1所示）。

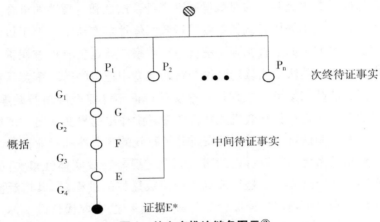

图1　特文宁推论链条图示②

法官对行政推论链条的审查主要解决"根据该证据是否能够得出相应的事实结论"的问题，即对行政证明过程进行司法检验。对行政证明过程的检验主要依靠经验与逻辑，重要的审查方法就是对逻辑链条进行重复推理。如图1所示，在行政诉讼活动中，法官需要审查G1至G4等概括的合理性，以及从证据 E∗ 到命题 E、F、G 之间推论链条的正确性。其中，G1至G4等概括的合理性问题是经验问题，经验判断所需

---

① 瑕疵指正一般是指法官在判决理由中指明程序瑕疵并对其进行矫正，但不否定行为效力的裁判方式。参见杨登峰：《行政行为程序瑕疵的指正》，《法学研究》2017年第1期。

② 在特文宁的图示中，E∗代表案件证据，P1为次终待证事实。命题 E、F、G 是链接证据与次终待证事实的推理链条。与推理链条相联系的就是概括G1至G4。这些概括为每一个推理环节提供正当理由，准许了从命题 E 到命题 P 的推论。参见〔美〕特伦斯·安德森、戴维·舒姆、威廉·特文宁（英）：《证据分析》，张保生等译，北京，中国人民大学出版社，2012年，第二版，第80页。

知识直接来源于判断主体的司法经验积累。虽然法官与行政官所掌握的一般社会知识存在共性，但行政活动可能涉及一部分专业知识，这就需要法官对行政官员的行政经验保持一定程度的谦抑与尊重。在此基础上，法官根据头脑中的"社会知识库"，对经验概括的正确性进行全面审查。而从证据 E * 到命题 E、F、G 之间推论并非经验问题，而是逻辑问题。对于逻辑问题，行政官并不具有相较于法官更多的专业优势，法官可对逻辑问题进行全面审查。

其四，审查证据问题：不能排除行政案卷证据，但可对其进行否定性评价。法官对行政事实认定的否定，也就是对行政案卷证据材料集合体的否定，即认定行政机关采纳的证据之危险性大于其证明力。申言之，一旦法官认为行政机关采纳的证据系行政机关或第三人以非法手段取得的，一般作法是将其排除，但排除行政案卷证据同样会导致司法机关不当侵犯行政事实认定权的问题。例如，假设在行政程序中行政机关运用 10 项证据碎片完成了事实拼图，到诉讼阶段法官认为其中两项证据碎片属于非法证据并将其排除，并用剩余的 8 项证据碎片完成了司法认定的事实拼图。那么，这一事实认定就不是由行政机关作出的，而是由法官作出的。[1] 一定层面上讲，法官通过排除案卷证据，抑或根据其他案卷外证据作出事实认定的行为，在法理层面均构成了对行政机关事实认定权的侵犯。故此，笔者认为，应当禁止法官在裁判文书中径直排除行政案卷证据，而只能对其进行否定性评价。同时，行政案卷证据可采性存疑分为两种情形：一种是其他行政程序主体在行政执法中提交但被行政机关不当采纳的证据，对于此类证据，法官审查时仅能提供关于证据可采性的建议；另一种是因行政调查程序瑕疵导致的证据失能问题，对此法官只能认定该证据系非法证据，并通过行政诉讼自带的程序合法性评价功能与程序瑕疵法律后果制度，对违法行政调查行为进行评价和制裁。[2]

---

[1] 参见张硕：《论行政非法取证行为程序性制裁——兼评〈行政诉讼法〉第 43 条第 3 款》，《河北法学》2018 年第 9 期。

[2] 参见张硕：《行政诉讼非法证据排除规则适用的困境与出路——以 218 份裁判文书为样本》，《行政法学研究》2018 年第 6 期。

小 结

就行政个案而言，行政程序是"第一现场"，行政机关是第一次事实认定和法律适用的主体，行政诉讼程序本质上是司法机关对行政案件的第二次反思性审查程序，即司法程序是"第二现场"，在行政诉讼中司法代表国家对案件进行第二次事实认定和第二次法律适用。其间，行政案卷是沟通行政（执法）程序和行政诉讼程序的桥梁。作为行政程序的公共记录，行政案卷实现了行政程序可检验性、拘束性和封闭性。确立"行政案卷中心主义"，有利于整合和节约法治资源，有利于整体优化行政和司法的过程性权力配置，让行政为主的事实认定和司法为主的法律适用实现更加合理的分工与配合，进而提高国家治理的现代化水平。尊重行政首次判断权是行政案件的制度前提，而行政案卷又构成了司法审查的物质载体。司法事实认定必须围绕行政案件展开，行政案卷也影响着司法事实认定规制体系的科学建构。案件事实认定权在行政程序、诉讼程序及其行政诉讼不同审级之间的衔接性配置，是行政法治建设的重中之重。

第八章　行政协议及其部分条款的无效

——以 A 公司诉 H 县政府行政协议
土地变性案为例

引　言

　　行政协议是现代化的重要行政手段之一，其与晚近西方国家推行的公共行政改革紧密相关,[①] 也是公私法治和西方两大法系不断融合的必然结果。特别是进入福利时代之后，由于行政协议能够应对复杂的社会生活，提供问题解决的不同框架，更加有效地平衡各方利益，从而达成最适合的解决方案。[②] 故此，在行政法治领域，行政协议成为行政职权行使的重要形式。

　　在我国，改革开放以来，随着地方政府间竞争引发的招商引资的不断深化，特别是基础性公共设施建设蓬勃发展和公私协力下的 PPP 模式的稳步推进，行政合同或曰行政协议的行政用权方式大量涌现,[③] 有关行政合同（协议）的地方立法也不泛其例。[④] 只不过由此引发的纠纷大多通过民事诉讼程序得以解决，仅有一小部分争议以"行政允诺"为

---

　　① Maximilian Wallerath, Kontraktmanagement und Zielvereinbarungen als Instrumente der Verwaltung modernisierung, DOEV 1997, S. 57 ff.

　　② Hart Maurer, Der Verwaltungsvertrag – Probleme und Moeglichkeiten, DVB I , 1989, S. 805.

　　③ 在我国，就政府合同、行政合同和行政协议三者之间关系而言，笔者以为，政府合同既包括行政机关签订的公法协议，也包括行政机关签订的私法协议；行政合同则指行政机关签订的公法协议，但其包括行政主体相互之间签订的公法协议，比如长株潭城市群政府间合作框架协议；根据《行政诉讼法》及其司法解释的规定，行政协议仅指行政主体作为一方当事人与私法主体签订的旨在实现一定行政目的的公法协议。

　　④ 如 2008 年 10 月 10 日开始实施的《湖南省行政程序规定》（湖南省人民政府第 222 号令）以 8 条的篇幅对行政合同进行了专节规定。

案由①——尽管行政允诺与行政奖励、行政合同之间的边界问题一直互生疑异、聚讼纷纭，进入了行政审判程序。②

自 2015 年新的《行政诉讼法》实施以来，行政协议及其争议旋即成为行政审判的热点和难点。为此，2019 年 11 月 12 日，最高人民法院出台了《关于审理行政协议案件若干问题的规定》（法释〔2019〕17号），该司法解释对行政协议案件审理中涉及的相关问题进行了专题性阐释。在最高人民法院"法释〔2019〕17 号"司法解释中，仅行政协议的效力条款就有 5 条，即从 12 条到 16 条。但是，以行政协议的无效为例，该司法解释只规定了行政协议整体无效的情形。问题的关键是，行政协议是否存在部分条款（包括协议主要条款和其他争议条款）因违法而无效的情况呢？如果答案是肯定的，行政审判又该如何因应？当然，问题还包括裁判说理、裁判方式及其类型等。本章围绕一典型案例，试图对此提出法教义学意义上的尝试性回应。

案情简介

1998 年，为盘活国有资产，解决妥善县化工农药厂这一国有企业职工安置等相关问题，H 县人民政府（以下简称"县政府"）引进 A 公司成立了 C 公司。后来，为进一步推进 C 公司的企业改制，2003 年 12月 12 日，C 公司与 A 公司签订《产权转让合同》及《补充合同》，约定由 A 公司出资 922 万元人民币收购 C 公司所有资产（包括土地使用权和地上建筑物、构筑物以及所有机器设备），并组建 B 公司。然而，合同签订后 A 公司未严格按照合同约定兑现改制款即合同价款，直至2012 年 1 月 11 日才支付完全部改制款。

因 A 公司未按照约定支付合同价款，导致企业改制成本和难度加大。2005 年 1 月，县政府组织 A 公司和 C 公司进行协调，并签订《补充协议》。为支持企业成功改制，促进原职工的安置和重新就业，作为

---

① 2004 年 1 月 14 日，最高人民法院（法发〔2004〕2 号）《关于规范行政案件案由的通知》，首次将行政允诺看作行政行为的一种，并规定了具体的行政诉讼案由。

② "黄银友、张希明诉湖北省大冶市人民政府、大冶市保安镇人民政府行政允诺案"。参见最高人民法院行政审判庭：《中国行政审判指导案例》（第 1 卷），北京，中国法制出版社，2010 年，第 108 页以下。

协议见证方的县政府在补充协议中承诺对新成立的 B 公司实施各项优惠政策。其中有一条款约定："乙方（A 公司）收购甲方（C 公司）整体资产后，如因城市规划调整或因环保等原因需要改变土地用地性质时，县政府同意变更用地性质，同时乙方免缴土地出让金。"2005 年 1 月 20 日，县政府在《H 县人民政府关于 C 公司改制与 B 公司相关事宜确认意见的函》（H 政函〔2005〕82 号）中再次确认："如因城市规划调整或因环境等原因，新企业需要改变其土地用地性质时，政府同意变更用地性质，免缴土地出让金。"

2011 年，在改制款未完全支付、企业未改制成功的情况下，新企业即 B 公司因修建衡茶吉铁路，面临部分土地使用权被收回和地上建筑物、构筑物被征收并搬迁的局面。为继续支持企业改制，2011 年 9 月 5 日，县政府在 A 公司、B 公司及其高管动议和参与下召开了专题会议，并于 2011 年 10 月 25 日作出《县长办公会议纪要》（〔2011〕45 号），其中明确"会议同意 B 公司在我县新建工厂，并以此作为实施原厂土地变性的前提条件。"

2007 年 10 月 16 日，B 公司股东变更为朱某和林某两位自然人。至此，B 公司与 A 公司成为相互独立的两个法人。2013 年 4 月 12 日，DX 证券股份有限公司、中国银行股份有限公司 XC 市 XH 支行和 A 公司签订《人民币委托贷款合同》一份，A 公司贷款 5000 万元人民币。同时，DX 证券股份公司和中国银行 XH 支行、A 公司、B 公司、朱某、林某又签订了《委托贷款补充协议》，约定由 B 公司和朱某、林某为该笔贷款提供担保。B 公司和中行 XH 支行还签订《抵押合同》，约定 B 公司以其所有土地使用权及地上建筑物为该笔贷款提供担保并办理了抵押登记；而朱某、林某将其在 B 公司的全部股权质押给了银行并办理质押登记，为该笔贷款提供担保。2015 年 10 月 12 日，G 省高院作出（2015）甘民二初字第 14 号调解书，该调解书载明：原告 DF 资产管理公司兰州办事处对 B 公司土地使用权及地上建筑物进行变卖或处置所得价款享有优先受偿权，朱某、林某二人对该笔款项承担连带清偿责任。

2017 年 9 月 18 日，L 市中级人民法院公布《关于 B 公司化工农药有限公司国有土地使用权及地上建筑物（第一次拍卖）的公告》，2017 年 11 月 7 日 L 市中级人民法院作出六个执行裁定书（2017 甘 01 执恢 49 号之三、四、五、六、七、八）将 B 公司名下六宗土地执行并拍卖给了 SH 投资中心（有限合伙）。同时，因武广高铁和衡茶吉铁路的修建，B 公司"H 国用（2003）字第 26008 号"土地使用权被依法收回。至此，尽管涉案土地使用权登记在 B 公司名下，但土地使用权依照物权法的规定已经全部发生转移。

2017 年 9 月 15 日，B 公司向 H 县人民法院申请破产，2017 年 9 月 18 日，H 县人民法院作出（2017）湘 0422 号破申 2 号民事裁定书，受理了 B 公司的破产清算申请。2018 年 12 月 12 日，A 公司以不能清偿到期债务为由向 N 自治区 SZS 市中级人民法院申请破产清算。同年 12 月 26 日，N 自治区 SZS 市中级人民法院指定北京市 YK（银川）律师事务所担任 A 公司管理人。

2017 年 11 月 24 日，原告 A 公司因与被告县政府、诉讼第三人 B 公司行政允诺一案向 H 市中级人民法院起诉，请求：1. 判令县政府为 B 公司名下土地办理变更用地性质手续，并免缴土地出让金；2. 判令县政府兑现协议承诺的 32 亩出让土地。一审法院审理后认为："承诺内容一致，属于行政允诺，该行政允诺意思表示真实，未违反国家法律法规，应为有效。且兑现允诺的条件已经成就。"2018 年 5 月 10 日，H 市中级人民法院作出（2017）湘 04 行初 193 号行政判决书，判决内容如下：一、确认被告县政府在《关于 A 公司收购 C 公司整体资产有关问题的补充协议》中"乙方收购甲方整体资产后，如因城市规划调整或环保等原因需要改变土地用地性质时，县政府同意变更用地性质，同时乙方免缴土地出让金"的行政允诺关系成立；二、责令被告县政府在本判决生效后六十日内为原告 A 公司办理好上述土地的变性手续并免交土地出让金；三、驳回原告 A 公司的其他诉讼请求。[①]

县政府不服一审判决，于 2018 年 5 月 29 日向 H 省高级人民法院提起上诉。省高院书面审理后认为：虽然《最高人民法院关于规范行政案件案由的通知》（法发〔2004〕2 号）在列举行政行为的种类，以及《最高人民法院印发〈关于依法保护行政诉讼当事人诉权的意见〉的通知》（法发〔2009〕54 号）要求依法积极受理新类型行政案件时，均涉及了行政允诺，但现行法律、法规均未对行政允诺的具体内涵做出界定。通常认为，行政允诺是指行政主体为了公共利益或实现行政管理目

---

① 参见湖南省衡阳市中级人民法院（2017）湘 04 行初 193 号行政判决书。

标，就特定事项对不特定的公民、法人或者其他组织做出的，在其完成相应行为时，保证给予相关利益回报的一种单方意思表示。行政允诺的主要特征有：1. 行政主体的意思表示的单方性；2. 不特定对象对是否完成相应行为不具有法律上的约束力；3. 完成相应行为是获得相关利益回报的前提和基础等。本案中，A 公司起诉县政府的依据系双方之间所达成的协议，而非县政府另行向 A 公司做出的单方意思表示。因此，原审法院将本案案由定性为行政允诺不当，依法应当定性为不履行行政协议争议。因原审法院误将本案案由定性为行政允诺，在尚未对县政府不履行办理变更用地性质手续并免缴土地出让金的约定义务是否合法及合约进行审查的情况下，仅以规划调整和环保等客观原因需要为由，就判令县政府在判决生效后的六十日内为 A 公司办理好涉案土地的变性手续并免缴土地出让金，属于认定基本事实不清、证据不足的情形，本案依法应当发回重审。基于此，二审法院裁定如下：一、撤销 H 省 H 市中级人民法院（2017）湘 04 行初 193 号行政判决；二、本案发回 H 省 H 中级人民法院重审。①

　　H 省 H 市中级人民法院重审后认为，本案争议的焦点是县政府是否存在未按约定履行义务的行为并应承担继续履行的行政责任。《补充协议》中"县政府同意变更用地属性，同时乙方免缴土地出让金"的内容，违反了《城市房地产管理法》第 3、18 条和《城镇国有土地使用权出让和转让暂行条例》第 18 条的强制性规定，损害了公共利益，依照《合同法》第 52 条第 4、5 款规定，应当认定前述协议约定中关于免缴土地出让金的内容无效。根据《合同法》第 56 条的规定，合同无效的自始没有法律约束力。因此，县政府无须履行为 B 公司土地变性并免缴土地出让金的约定义务。基于此，H 省 H 市中级人民法院于 2019 年 6 月 18 日作出行政判决书，判决驳回原告 A 公司的诉讼请求。②

　　A 公司和 B 公司均提起上诉。H 省高院审理后认为："《中华人民共和国物权法》第 28 条规定，因人民法院、仲裁委员会的法律文书或者人民政府的征收决定等，导致物权设立、变更、转让或者消灭的，自法律文书或者人民政府的征收决定等生效时发生效力。《最高人民法院

---

①　参见湖南省高级人民法院（2018）湘行终 1136 号行政裁定书。

②　参见湖南省衡阳市中级人民法院（2019）湘 04 行初 26 号行政判决。

关于人民法院民事执行中拍卖、变卖财产的规定》第 29 条第 2 款规定，不动产、有登记的特定动产或者其他财产权拍卖成交或者抵债后，该不动产、特定动产的所有权、其他财产权自拍卖成交或者抵债裁定送达买受人或者承受人时起转移。本案中，A 公司 2017 年 11 月 27 日起诉请求县政府为 B 公司名下的涉案土地办理由工业用地转为商业用地的变性手续前，涉案土地已被 G 省 L 市中级人民法院依法拍卖，且由生效执行裁定将土地使用权转给他人。根据上述法律规定，涉案土地使用权从法院执行裁定生效之日起已经不属于 B 公司。在法院下达协助执行通知后，B 公司也应当协助办理涉案土地使用权的变更登记。至本案诉讼时，涉案土地虽仍登记在 B 公司名下，但实质上在其已不具有涉案土地使用权的情况下，A 公司要求县政府为 B 公司办理土地变性没有事实和法律依据。"H 省高级人民法院遂于 2019 年 11 月 7 日判决驳回 A 公司和 B 公司上诉，维持原判。①

一、案件焦点

1. 案由的确定即本案究竟是行政允诺案还是行政协议案

一审法院最初根据当事人的诉请认定本案为行政允诺案，而二审法院发回重审的核心理由就是 "A 公司在本案中起诉县政府的依据系双方之间所达成的协议，而非县政府另行向 A 公司做出的单方意思表示。因此，原审法院在将本案案由定性为行政允诺不当，依法应当定性为不履行行政协议争议"②。笔者以为，就本案案情而言，将其案由定性为行政协议案还是行政允诺案，并不会对案件的处理构成实质性影响，因为无论确定为两种案由中的哪一种，案件争议的焦点都是涉案约定（允诺）的效力问题，即其是否因违法而无效。不过，二审法院将本案定性为行政协议及其论证理由，在行政协议业已纳入行政诉讼受案范围的背景下，更加稳妥并有利于司法风险和职业风险的防范。

2. 本案的适格原告究竟是 B 公司还是 A 公司抑或其他

2005 年 1 月 20 日，《H 县人民政府关于 C 公司改制与 B 公司相关

---

① 参见湖南省高级人民法院（2019）湘行终 1567 号行政判决书。
② 参见湖南省高级人民法院（2018）湘行终 1136 号行政裁定书。

事宜确认意见的函》（H政函〔2005〕82号）中再次确认："如因城市规划调整或因环保等原因，新企业需要改变其土地用地性质时，政府同意变更用地性质，免缴土地出让金。"这里的"新企业"显然是指改制中成立的B公司，而本案提起诉讼的原告是A公司。二审法院（2019）湘行终1567号行政判决书中最终认定："《中华人民共和国行政诉讼法》第25条第1款规定，行政行为的相对人以及其他与行政行为有利害关系的公民、法人或者其他组织，有权提起诉讼。《中华人民共和国企业破产法》第25条第1款第（七）项规定，管理人履行代表债务人参加诉讼、仲裁或者其他法律程序的职责。《最高人民法院关于适用〈中华人民共和国民事诉讼法〉的解释》第64条规定：企业依法清算并注销前，以该企业法人为当事人。本案中，A公司于2017年11月27日向原审法院提起诉讼，虽然2018年12月12日，A公司向N自治区SZS市中级人民法院申请破产清算。该院于2018年12月26日作出（2018）宁02破4-1号《决定书》，指定北京市YK（银川）律师事务所担任A公司管理人，但破产清算程序尚未终结，A公司至今未被注销。而涉案的《转让合同》《补充合同》《补充协议》均是A公司与C公司签订。县政府作为鉴证方在《补充协议》上盖章签字。A公司作为收购C公司资产的出资方，本案的处理结果与其有利害关系，A公司具有本案的原告主体资格。按照上述规定，A公司可以以自己的名义起诉，A公司管理人则应作为诉讼代表人参加诉讼。县政府认为A公司没有本案原告资格的理由不能成立，本院不予支持。"从学理上来看，县政府行政行为的相对人究竟是A公司还是B公司，以及在诉讼代表人参加诉讼情况下已进入破产程序的企业还是不是适格的诉讼主体，值得进一步深入探讨。

3. 本案是否达到了起诉条件

在假定行政协议合法有效的前提下，本案涉及两个问题：其一，政府履行争议协议条款约定义务的条件是否成就，即原告是否履行了协议约定的对等义务比如安置了改制企业的职工、协议约定的规划条件是否调整、环保条件是否发生变化等；其二，根据成熟性原则，本案中案涉行政行为是否发展到了适合人民法院处理的成熟程度，是另一个值得研究焦点问题。《中华人民共和国土地管理法》［以下简称《土地管理法》（2004年）］等相关法律规定，土地用途的改变是依申请行政行为，原告方必须依法提出土地变性的申请。可见，原告方是否有证据证明其就该土地用途的变更事宜提出了申请，即向 H 县国土资源局提出过申请，进而符合《行政诉讼法》（2015 年）规定的起诉条件，也应成为法院审查的重点之一。

4. 本案争议条款是否违法而无效

我国实行国有土地有偿和有期限使用制度，任何地区、部门和单位都不得以"国有企业改制"等名义减免土地出让金等土地出让收入。本案中，当土地使用权能否径直变性，以及变性时免缴土地出让金的约定是否合法，构成了案件审理焦点中的焦点。申言之，人民法院在审理行政协议的无效案时，是对整个协议的合法性进行审查，还是可以只针对争议条款或主要条款的合法行政进行审查。对此，立法和司法解释均语焉不详，而司法实践却给我们提供了许多鲜活的案例。

二、本案的基础性法律事实及案由的确定

1. 本案是行政协议案而不是典型的行政允诺案

根据我国行政诉讼公报案例和指导性案件，目前我国审判实践中典型的行政允诺行为具有如下特点："①行为主体的行政属性。②行为目的的行政性或公益性。③行为的单方性。④行为的奖励性。⑤行为效力的非强制性。⑥行为内容和程序上的自由裁量性。⑦行为发生的临时性或应急性。⑧行为相对人的不特定性。⑨相对人实施特定行为的非法定义务性。行政允诺行为在实践中常见的表现方式有：允诺引资奖励、允诺举报奖励等。最具典型性的情形是：政府或其职能部门通过规范性文件的形式设定奖励的条件，符合条件的申请人提出奖励申请后，政府或其职能部门兑现其承诺。"① 可见，行政允诺行为的单方意志性、对象的普遍性和行政允诺实现的附条件性、契约性并不矛盾，且并行不悖。② 当然，行政允诺与行政协议在实践中存在某种程度的竞合，也是

---

① 参见黄银友、张希明诉湖北省大冶市人民政府、大冶市保安镇人民政府行政允诺案，最高人民法院行政审判庭：《中国行政审判指导案例》（第 1 卷），北京，中国法制出版社，2010 年，第 108 页以下。

② 参见章剑生：《行政允诺的认定及其裁判方式：黄银友等诉湖北省大冶市政府、大冶市保安镇政府行政允诺案评析》，《交大学报》2016 年第 2 期。

不争的事实。

据此，从企业改制对象的特定性、"允诺"载体的（企业改制合同和政府会议纪要）的非规范性文件等方面看，本案并非典型的行政允诺案。尽管一审法院最初把本案案由从当事人起诉时的行政协议修改为行政允诺，但不可否认的是，正如二审法院行政裁定书阐明的那样，本案属于行政协议案且具有协议履行的互设对价的鲜明特征，这与当下典型行政允诺行为的单方职权属性不一致，再加之行政允诺案往往又是典型的不作为案件，如奖励和减免税负的不兑现等。同时，本案涉及国有土地的出让协议及土地属性的变更，完全可以划归《行政诉讼法》（2015年）第 12 条第 1 款第 11 项规定的行政协议案件的范畴。

"法释〔2019〕17 号"司法解释第 1 条规定："行政机关为了实现行政管理或者公共服务目标，与公民、法人或者其他组织协商订立的具有行政法上权利义务内容的协议。"据此，本案中，①政府方签订上述协议及其附件的目的是国有企业改制，而企业改制是政府的一项公法职责；②上述协议及其附件具有鲜明的双向合意特征，且一方主体是县人民政府；③协议及其附件约定了协议主体在国土管理、税费减免等方面的权利义务，而这些权利义务的内容涵盖在行政法法律关系之中，民事法律关系中的权利义务是无法作出上述约定的。① 可见，本案具备行政协议的主体要素、目的要素和内容要素，依法将本案归属为行政协议案更加恰切。②

根据行政协议案的法律特征，本案的举证责任不能僵化地按行政允诺指导性案例和典型的行政行为撤销案如行政处罚、行政许可案件进行配置和要求，本案的举证责任应向"谁主张、谁举证"的方向倾斜，即加重原告和诉讼第三人的证明责任，并按照行政协议相关案件的审判实践适当地弱化举证期限的刚性要求，以顺应依法行政到依约行政的法

---

① 当然，也有学者认为，不宜将国有建设用地使用权出让等协议纳入行政协议的范畴，这些合同并不符合行政协议的非市场行为性的本质特征，将其作为行政协议易导致行政权力对合同自由进行不当干预，损害相对人的利益，也不利于相关协议纠纷的解决。过度扩张行政协议的范围，导致一些行政机关打着公共利益的名义任意解除合同、单方违约，并拒不承担民事责任，严重破坏了合同严守原则，有害于交易安全和交易秩序。参见王利明：《论行政协议的范围——兼评〈关于审理行政协议案件若干问题的规定〉第 1 条/第 2 条》，《环球法律评论》2020 年第 1 期。

② 参见中华人民共和国最高人民法院（2017）最高法行再 99 号行政裁定书。

治转型。这也符合"法释〔2019〕17 号"司法解释第 10 条规定①的精神。

2. 本案的核心争议点是，当行政协议约定的土地变性条件成就时，政府方依申请为 B 公司改变土地用地性质并免缴土地出让金的合法性

根据 2003 年 12 月 12 日《产权转让合同书》、2003 年 12 月 12 日《A 公司整体收购 C 公司产权转让补充合同》和 2005 年 1 月 12 日《关于 A 公司收购 C 公司整体资产有关问题的补充协议》，H 县人民政府 H 政函〔2005〕82 号函，以及 B 公司、A 公司参与下县政府作出的〔2011〕45 号、〔2016〕3 号会议纪要，本案争议的核心内容为：当行政协议约定的条件成就时，政府方依申请为 B 公司改变土地用地性质并免缴土地出让金的合法性问题。这里需要说明的是，因为 B 公司名下涉案土地使用权在 2003 年 12 月 24 日国有土地使用证上已载明土地使用类型均为"出让"，即从 2003 年 12 月 24 日开始涉案土地已经从划拨土地变更为出让土地。可见，本案行政协议中涉及的所谓"改变土地用地性质"应为土地用途的变更，即根据调整后的规划从工业用地改变为居住、商业或者其他土地用途。

3. 本案的适格原告是 B 公司而非 A 公司

2005 年 1 月 20 日，《H 县人民政府关于 C 公司改制与 B 公司相关事宜确认意见的函》（H 政函〔2005〕82 号）中再次明确确认："如因城市规划调整或因环境等原因，新企业需要改变其土地用地性质时，政府同意变更用地性质，免缴土地出让金。"这里的"新企业"指的是改制中重新组建成立的 B 公司，而不是被改制的老企业，也不是作为投资者的 A 公司。可见，行政协议中约定的土地变性申请主体是改制后的 B 公司，而不是 A 公司。

---

① 《最高人民法院关于审理行政协议案件若干问题的规定》（法释〔2019〕17 号）第 10 条规定："被告对于自己具有法定职权、履行法定程序、履行相应法定职责以及订立、履行、变更、解除行政协议等行为的合法性承担举证责任。原告主张撤销、解除行政协议的，对撤销、解除行政协议的事由承担举证责任。对行政协议是否履行发生争议的，由负有履行义务的当事人承担举证责任。"

4. 政府方履行争议条款义务的前提是三个条件的同时成就——改制条件 + 规划条件或环保条件 + 另建新厂条件

如果上述行政协议及其争议条款合法，行政协议对方当事人需满足什么样的条件才能申请政府方兑现协议义务呢？也就是说，政府方履行争议协议条款义务的条件是什么呢？根据上述协议及政府会议纪要，本案中政府方履行争议条款义务的前提条件为：①企业改制成功，投入生产运营，妥善安置原国有企业职工；②因城市规划调整（A）或因环保等原因（B），需要改变土地用地性质的；③B 公司化工农药有限公司需在 H 县另建新厂。也就是说，资方只有在同时满足① + A 规划调整 + ③或者① + B 环保原因 + ③的情况下，才具备申请依法政府方兑现行政协议义务的主体资格，这也决定了本案行政协议争议条款履行的时间节点。

三、本案的适格原告

1. 土地变性的申请主体是 B 公司，不是 A 公司，A 公司不是适格的一审原告，不具备本案的诉讼主体资格

工商登记的证据材料显示，B 公司并非 A 公司全资子公司，也不是 A 公司的分公司，A 公司曾是 B 公司的股东，2007 年 10 月 16 日，B 公司的股东由 A 公司和 C 公司变更为朱某、林某两位自然人。目前，B 公司与 A 公司是两个相互独立的企业法人，二者除了股东均为朱某、林某外，从经营范围、注册地到公司高管均不一致。

根据《中华人民共和国民法总则》第 74 条第 1 款①、《行政诉讼法》（2015 年）第 25 条第 1、3 款②和《最高人民法院关于适用〈中华

---

① 《中华人民共和国民法总则》第 74 条第 1 款规定"法人可以依法设立分支机构。法律、行政法规规定分支机构应当登记的，依照其规定。"

② 《中华人民共和国行政诉讼法》第 25 条第 1、3 款的规定："行政行为的相对人以及其他与行政行为有利害关系的公民、法人或者其他组织，有权提起诉讼。有权提起诉讼的法人或者其他组织终止，承受其权利的法人或者其他组织可以提起诉讼。"

人民共和国行政诉讼法〉的解释》（法释〔2018〕1号）第12条①之规定，A公司并非本案的土地变性的申请和受益主体。故此，H县人民政府在行政协议中约定的"允诺"的相对人为B公司，A公司不是本案一审适格的原告，不具备诉讼主体资格。

原一审中原告诉讼请求是"为本案第三人名下的土地办理变更用地性质手续"，针对这一越俎代庖的违法诉请，原一审法院不但不予以驳回，相反却判决被告"为原告A公司办理好上述土地变性手续"，违反了《行政诉讼法》（2015年）第2条第1款之规定。原一审法院对原告怪诞的诉讼请求视而不见，即原告不是为自己，而是替别人（本案诉讼第三人）的权益打官司，有悖行政诉讼法规定的受案范围和起诉条件。重审二审法院有关A公司尽管进入破产程序并确定了破产管理人但其并未被注销，可以作为本案的适格原告的观点，既与诉讼代表人制度相悖，也与本案行政协议中"新企业"即改制后的B公司才是土地变性申请人的基本事实不相符。

2. B公司也不是本案一审的适格原告

一方面，H县人民法院已经受理了B公司的破产申请，B公司在所有案件中的原告资格应依法被破产管理人所替代。H县人民法院2017年9月18日作出（2017）湘0422破申2号民事裁定书，受理了债务人B公司的破产申请。2017年9月19日，H县人民法院作出（2017）湘0422破2号决定书，指定HX会计师事务所有限责任公司为该案的破产管理人，H县人民法院2017年9月18日、2017年10月12日、2017年10月26日向G省L市中级人民法院发出公函，告知因B公司进入破产程序，要求L市中院中止对B公司财产的执行，并将B公司的财产移交给H县人民法院。《破产法》第25条第1款第（七）项明确规定，管理人代表债务人参加诉讼、仲裁或者其他法律程序。可见，即便行政协议争议条款合法并且B公司是适格原告，本案也应由破产管理人代表

---

① 《最高人民法院关于适用〈中华人民共和国行政诉讼法〉的解释》（法释〔2018〕1号）第12条规定："有下列情形之一的，属于行政诉讼法第二十五条第一款规定的与行政行为有利害关系：（一）被诉的行政行为涉及其相邻权或者公平竞争权的；（二）在行政复议等行政程序中被追加为第三人的；（三）要求行政机关依法追究加害人法律责任的；（四）撤销或者变更行政行为涉及其合法权益的；（五）为维护自身合法权益向行政机关投诉，具有处理投诉职责的行政机关作出或者未作出处理的；（六）其他与行政行为有利害关系的情形。"

B公司参加诉讼、仲裁或者其他法律程序，A公司不具有本案的原告资格，其原告资格依法应被破产管理人所取代。

另一方面，本案涉案国有土地使用权或者已经被依法收回，或者已经被G省L市中级人民法院裁定执行拍卖。行政协议可继受但不可无条件转让协议利益，B公司在丧失涉案土地使用权的同时，行政协议争议条款的效力自行终止。B公司曾是H国用（2003）字第26008号至第26014号土地使用权证书承载的七块宗地国有土地的使用权人。2011年11月，H市国土资源局、Z区政府与湖南省国土资源厅、湖南省铁路投资集团有限公司、衡茶吉铁路有限责任公司等五方因修建衡茶吉铁路，收回了B公司上述宗地中52.05亩国有土地使用权，并签订了《衡茶吉铁路B公司化工有限公司以及职工宿舍楼整体搬迁补偿实施协议》。至此，B公司"H国用（2003）字第26008号"土地使用权被依法征收。另外，根据2017年9月18日《L市中级人民法院关于B公司国有土地使用权及地上建筑物（第一次拍卖）的公告》，B公司名下其他六宗土地使用权，也被G省L市中级人民法院依法拍卖，由SH投资中心（有限合伙）竞得B公司位于H县XT镇MP村的"H国用（2003）字第26009号"（面积为57765.08m²，原证载面积为58247.54m²）、"H国用（2003）字第26010号"（面积为68831m²），位于XT镇HJ村的"H国用（2003）字第26013号"（面积为10237.5m²）、"H国用（2003）字第26012号"（面积为529m²）的国有土地使用权及地上建筑物；由自然人丁某竞得位于XT镇X街的"H国用（2003）字第26014号"（面积为2023.5m²）的国有土地使用权及地上建筑物；由自然人周某竞得XT镇HJ村的"南国用（2003）字第26011号"（面积为5183m²，原证载面积为5939m²）的国有土地使用权及地上建筑物。上述执行拍卖事宜被2017年11月7日G省L市中级人民法院作出的（2017）甘01执恢49号之三、四、五、六、七、八执行裁定书所确定。

抛开B公司破产因素，根据《中华人民共和国物权法》第28条①和《最高人民法院关于人民法院民事执行中拍卖、变卖财产的规定》

---

① 《中华人民共和国物权法》第28条："因人民法院、仲裁委员会的法律文书或者人民政府的征收决定等，导致物权设立、变更、转让或者消灭的，自法律文书或者人民政府的征收决定等生效时发生效力。"

第29条第2款①的规定，B公司名下涉案的七块宗地都已发生了土地使用权的转移，即便本案行政协议及其争议条款合法，行政协议及其约定的利益也不会在新旧土地使用权人之间进行无条件移转，因为前者获得的利益是由企业的成功改制等作为条件和对价的，后者仅仅依据债权取得了土地使用权。可见，B公司在丧失土地使用权的同时，也就失去了基于涉案土地使用权取得的行政协议约定的利益，仅就土地使用权主体变更角度，无论A公司还是B公司也都不是本案一审适格原告。

四、起诉的时机与起诉条件

本案涉及城市规划区内国有土地用途的变更，根据我国现行《土地管理法》（2004年）第56条②、《城市房地产管理法》（2004年）第18条③和国务院《土地管理法实施条例》第6条第2款④之规定，并结合行政协议的行政实践，假设本案行政协议涉案条款合法有效，当B公司支付了协议对价并满足了法定和约定的条件后，B公司应先向规划行政主管部门提出土地变性的申请，经国土资源行政主管部门同意，再报原批准用地的人民政府批准后，最后持批准文件，由原土地登记机关依法为其进行变更登记。

可见，B公司若要变更土地用途，必须经过上述法定机关的批准，并签订土地使用权出让合同变更协议或重新签订土地使用权出让合同，

---

① 《最高人民法院关于人民法院民事执行中拍卖、变卖财产的规定》第29条第2款规定："不动产、有登记的特定动产或者其他财产权拍卖成交或者抵债后，该不动产、特定动产的所有权、其他财产权自拍卖成交或者抵债裁定送达买受人或者承受人时起转移。"

② 《中华人民共和国土地管理法》第56条规定："建设单位使用国有土地的，应当按照土地使用权出让等有偿使用合同的约定或者土地使用权划拨批准文件的规定使用土地；确需改变该幅土地建设用途的，应当经有关人民政府土地行政主管部门同意，报原批准用地的人民政府批准。其中，在城市规划区内改变土地用途的，在报批前，应当先经有关城市规划行政主管部门同意。"

③ 《中华人民共和国城市房地产管理法》第18条规定："土地使用者需要改变土地使用权出让合同约定的土地用途的，必须取得出让方和市、县人民政府城市规划行政主管部门的同意，签订土地使用权出让合同变更协议或者重新签订土地使用权出让合同，相应调整土地使用权出让金。"

④ 《土地管理法实施条例》第6条第2款规定："依法改变土地用途的，必须持批准文件，向土地所在地的县级以上人民政府土地行政主管部门提出土地变更登记申请，由原土地登记机关依法进行变更登记。"

缴纳经过调整的土地使用出让金。在本案中，原一审诉讼第三人却仅仅向县城乡规划局提出了请求，并没有证据证明其就该土地用途的变更事宜走完了上述法律、法规规定的行政程序，即向 H 县国土资源局和 H 市国土资源局（涉案土地分属 H 县和 H 市 Z 区管辖）提出过变更登记的申请，改变土地用途的行政程序尚未完成，即行政行为尚未作出。那么，根据行政诉讼法理论上的成熟性原则①和行政首次判断权原则②，行政程序中对相对人权利义务未产生实际影响的过程性、阶段性行政行为，司法权不应过早介入进行审查，以避免司法权破坏行政权行使的独立性和完整性。

故此，B 公司若要变更土地用途，应依法取得城市规划部门、国土资源部门、原批准用地人民政府批准，通过签订土地使用权出让合同变更协议或者重新签订土地使用权出让合同，并缴纳经调整的土地使用权出让金后，才能申请变更登记。根据行政成熟性原则和行政首次判断权原则，案涉行政行为尚未发展到人民法院管辖的起诉条件，不属于行政诉讼受案范围。

五、行政协议争议条款之效力

根据《土地管理法》（2004 年）第 56 条③和《城市房地产管理法》（2004 年）第 3、18 条④、《国土资源部、监察部关于进一步落实工业用

---

① 参见王名扬：《美国行政法》（下册），北京，中国法制出版社，1999 年，第 642 – 646 页。

② 参见江利红：《日本行政诉讼法》，北京，知识产权出版社，2008 年，第 79 页；黄先雄：《行政首次判断权理论及其适用》，《行政法学研究》2017 年第 5 期。

③ 《中华人民共和国土地管理法》第 56 条规定："建设单位使用国有土地的，应当按照土地使用权出让等有偿使用合同的约定或者土地使用权划拨批准文件的规定使用土地；确需改变该幅土地建设用途的，应当经有关人民政府土地行政主管部门同意，报原批准用地的人民政府批准。其中，在城市规划区内改变土地用途的，在报批前，应当先经有关城市规划行政主管部门同意。"

④ 《中华人民共和国城市房地产管理法》第 3 条规定："国家依法实行国有土地有偿、有限期使用制度。但是，国家在本法规定的范围内划拨国有土地使用权的除外。"第 18 条规定："土地使用者需要改变土地使用权出让合同约定的土地用途的，必须取得出让方和市、县人民政府城市规划行政主管部门的同意，签订土地使用权出让合同变更协议或者重新签订土地使用权出让合同，相应调整土地使用权出让金。"

地出让制度的通知》（国土资发〔2009〕101 号）第 3 条第 2 款①、《国务院关于促进节约集约用地的通知》（国发〔2008〕3 号）第 13 条②、《城镇国有土地使用权出让和转让暂行条例》第 18 条③、《国有土地使用权出让收支管理办法》（财综〔2006〕68 号）第 10 条④、《国土资源部、监察部关于进一步落实工业用地出让制度的通知》（国土资发〔2009〕101 号）第 3 条第 2 款⑤、《湖南省财政厅、湖南省国土资源厅关于进一步规范国有土地使用权出让收支管理有关问题的通知》（湘财

---

① 《国土资源部、监察部关于进一步落实工业用地出让制度的通知》（国土资发〔2009〕101 号）第 3 条第 2 款的规定："工业用地出让期限内，受让人在符合规划、不改变土地用途的前提下增加容积率的，经核准，不再增收土地价款；需要改变土地用途的，必须取得出让人和市、县人民政府城市规划行政主管部门的同意，与出让人签订出让合同变更协议或者重新签订出让合同，由受让人按照批准改变时新土地使用条件下土地使用权市场价格与批准改变时原土地使用条件下剩余年期土地使用权市场价格的差额补缴出让金。出让合同或法律、法规、行政规定等明确改变土地用途应收回土地的，应当收回土地使用权，以招标拍卖挂牌方式重新出让。"

② 《国务院关于促进节约集约用地的通知》（国发〔2008〕3 号）第 13 条规定："严格落实工业和经营性用地招标拍卖挂牌出让制度。工业用地和商业、旅游、娱乐、商品住宅等经营性用地（包括配套的办公、科研、培训等用地），以及同一宗土地有两个以上意向用地者的，都必须实行招标拍卖挂牌等方式公开出让。……"该法第（十四）条规定："强化用地合同管理。土地出让合同和划拨决定书要严格约定建设项目投资额、开竣工时间、规划条件、价款、违约责任等内容。对非经营性用地改变为经营性用地的，应当约定或明确政府可以收回土地使用权，重新依法出让。"

③ 《中华人民共和国城镇国有土地使用权出让和转让暂行条例》第 18 条规定："土地使用者需要改变土地使用权出让合同规定的土地用途的，应当征得出让方同意并经土地管理部门和城市规划部门批准，依照本章的有关规定重新签订土地使用权出让合同，调整土地使用权出让金，并办理登记。"

④ 《国有土地使用权出让收支管理办法》（财综〔2006〕68 号）第 10 条规定："任何地区、部门和单位都不得以招商引资、旧城改造、国有企业改制等各种名义减免土地出让收入，实行零地价，甚至负地价，或者以土地换项目、先征后返、补贴等形式变相减免土地出让收入；也不得违反规定通过签订协议等方式，将应缴地方国库的土地出让收入，由国有土地使用权受让人直接将征地和拆迁补偿费支付给村集体经济组织或农民等。"

⑤ 《国土资源部、监察部关于进一步落实工业用地出让制度的通知》（国土资发〔2009〕101 号）第 3 条第 2 款规定："工业用地出让期限内，受让人在符合规划、不改变土地用途的前提下增加容积率的，经核准，不再增收土地价款；需要改变土地用途的，必须取得出让人和市、县人民政府城市规划行政主管部门的同意，与出让人签订出让合同变更协议或者重新签订出让合同，由受让人按照批准改变时新土地使用条件下土地使用权市场价格与批准改变时原土地使用条件下剩余年期土地使用权市场价格的差额补缴出让金。……"

综〔2007〕65号）第3条第2款①、《湖南省财政厅、湖南省国土资源厅关于进一步强化土地出让收支管理的通知》（湘财综〔2016〕47号）第1条②的规定，需要改变土地用途的，必须取得出让人和市、县人民政府城市规划行政主管部门的同意，与出让人签订土地出让变更协议或重新签订土地出让合同，由受让人按照批准改变时新土地使用条件下土地使用权市场价格与原土地使用条件下剩余年期土地使用权市场价格的差额补缴出让金。

可见，本案中Ｂ公司项下的土地用途诉讼时为工业用地，Ｂ公司拟将土地用途变更为住宅兼容商业的土地用途，不属于非经营用地改变为经营性用地的情形，无须收回土地使用权。但是，Ｂ公司若要变更土地用途，必须缴纳经过调整的土地出让金，否则，无法申请变更登记。故此，县政府有关免缴土地出让金的协议约定违反我国法律、法规、规章和行政规范性文件的强制性规定，该条款因违法而无效。

同时，我国《土地管理法》（2004年）第55条第2款规定："自本法施行之日起，新增建设用地的土地有偿使用费，百分之三十上缴中央财政，百分之七十留给有关地方人民政府，都专项用于耕地开发。"《湖南省实施〈中华人民共和国土地管理法〉办法》第34条规定："新增建设用地的土地有偿使用费，百分之三十上缴中央财政，其余部分的分配比例由省人民政府另行规定，专项用于耕地开发。"可见，土地出让金等土地有偿使用费的征收及其使用不仅仅是Ｈ县县级财政事权，其涉及央地财政关系和财政权力配置，Ｈ县人民政府无权做出土地出让金免缴约定和承诺，若法院判决Ｈ县人民政府在Ｂ公司免缴土地出让金的情况下违法为其变更土地用途，必将导致国有资产流失，造成不可挽回的财政损失。更为关键的是，土地出让金是财政专项资金，不仅不能减免，其使用也有严格要求。

另外，《行政诉讼法》（2015年）第76条规定："人民法院判决确

---

① 《湖南省财政厅、湖南省国土资源厅关于进一步规范国有土地使用权出让收支管理有关问题的通知》（湘财综〔2007〕65号）第3条第2款规定："改变国有土地使用权出让合同约定的土地用途的，按照改变土地用途后的现时市场价，减去原土地用途剩余出让年期土地使用权现时市场价之差，全额缴纳。"

② 《湖南省财政厅、湖南省国土资源厅关于进一步强化土地出让收支管理的通知》（湘财综〔2016〕47号）第1条规定："对于不按合同、协议约定期限及时足额缴纳土地出让收入的，国土资源部门不得为用地单位和个人办理国有土地使用权证，也不得分割发证。"

认违法或者无效的，可以同时判决责令被告采取补救措施；给原告造成损失的，依法判决被告承担赔偿责任。"《最高人民法院关于适用〈中华人民共和国行政诉讼法〉的解释》（法释〔2018〕1 号）第 109 条第 6 款明确规定："当事人在第二审期间提出行政赔偿请求的，第二审人民法院可以进行调解；调解不成的，应当告知当事人另行起诉。"更为重要的是，本案的违法约定是"国家显然之错误行为"，符合信赖保护原则的消极条件即错误信赖不值得保护，此时强烈的公共目的大于信赖利益。可见，未来即便 B 公司提起赔偿申请或诉讼，其诉求也不被法律保护。值得关注的是，在本案中，一审法院在发回重审判决中，明确指出在免缴土地出让金的情况下为土地变性的约定因违法而无效，而在发回重审的上诉审中，二审法院却以争议土地的使用权主体发生了变更为由，径直认定土地变性没有事实和法律依据，而有意无意地回避了争议条款的合法性审查。

"在行政协议的无效认定上，存在着两套标准，即作为行政活动的无效标准与作为合同的无效标准。"① 司法实践中，法院往往两种标准同时或者交替适用，比如在"吴晴诉太和县城关镇人民政府等行政协议案"中安徽省高级人民法院就表达了类似观点。② 当然，也有径直适用《合同法》的无效条款作判的案例，比如在"黄义华与湖南郴州市国土资源局房屋拆迁补偿协议案"③ 中，法院在裁判文书中仅引用了《合同法》第 52 条第 5 款，并未适用《行政诉讼法》规定的无效条款进行行政协议的效力认定。④ 而在"倪某某诉彭州市致和镇政府房屋搬迁协议案"中，一审法院认为："……行政协议作为公共管理和服务的一种方式，带有鲜明的公权力特征，属于行政机关的一种行政行为。"⑤

就行为标准而言，我国《行政诉讼法》（2015 年）第 75 条规定："行政行为有实施主体不具有行政主体资格或者没有依据等重大且明显违法情形，原告申请确认行政行为无效的，人民法院判决确认无效。"

---

① 王贵松：《行政协议无效的认定》，《北京航空航天大学学报》（社会科学版）2018 年第 5 期。

② 参见安徽省高级人民法院（2016）皖行终 501 号行政判决书。

③ 参见湖南省郴州市人民法院（2016）湘 10 行终 122 号判决书。

④ 参见王敬波：《司法认定无效行政协议的标准》，《中国法学》2019 年第 3 期。

⑤ 参见成都市青白江区人民法院（2016）川 0113 行初 19 号判决书。

本案的行政协议争议条款，符合了"没有依据"这一重大违法的情形。不过，本案原告却未提出确认无效的申请，反倒是政府方以抗辩的方式主张争议条款无效。不可否认的是，这种行政诉讼被告主张争议条款的无效，具有"反诉"的司法效果，是否符合行政协议诉讼"民告官"制度设计的初衷，很有进一步深入研究的必要；就合同标准而言，主要聚焦于我国《合同法》第52条的适用问题，而《合同法》第52条第3、4、5项似乎都在一定程度上适用于本案争议条款，因为涉案条款既有"以合法形式掩盖非法目的"之嫌，如果履行又"违反法律、行政法规的强制性规定"和"损害社会公共利益"。

然而，关键的问题是，无论行政审判实践还是学术研究，在我国鲜有涉及行政协议主要条款部分条款的无效讨论。从本案来看，诉讼主体都没有确认涉案行政协议整体无效的意思表示，况且由于涉案行政协议大部分协议条款协议主体都无多大异议且已履行完毕，提出行政协议整体效力问题既不符合事实，也不符合双方的利益，更是对交易安全和法的安定性的破坏。也正是从这个意义上讲，笔者以为，有关行政协议无效诉讼的类型呈现出了多样性，有整体协议无效诉讼，也有部分条款无效诉讼。法院在审理行政协议无效案时，应当尊重当事人的起诉权，只要不涉及公共利益等问题，严格按照不告不理原则进行审理，即诉什么理什么，不可越俎代庖径直对整个行政协议的效力进行司法认定。这样，既节省了宝贵的司法资源，也恪守了司法原理，还丰富了行政协议案件的诉讼类型。

六、行政协议争议条款约定义务兑现条件之成就

1. 县政府履行争议条款约定的大前提尚未成就，即企业改制按照协议约定尚未完成且现已无法完成

本案中H县人民政府兑现协议约定义务的条件之一是，资方有效解决老化工农药厂的改制问题，即政府方兑现土地变性约定的大前提是企业的有效改制。根据A公司与C公司签订的《产权转让合同书》《A公司整体收购C公司产权转让补充合同》《关于A公司收购C公司整体资产有关问题的补充协议》的约定，A公司整体收购C公司资产后，应按时足额支付改制费用，B公司应择优聘用原企业的员工，负责原企业

员工的安置事宜，并开展正常的生产经营活动（比如新企业即 A 公司收购后的 B 公司上缴税金以原 B 公司前三年实际上缴平均值120 万元为基数，并每年递增百分之六）。诉讼时该大前提尚未成就，即企业改制按照合同约定尚未完成且已经无法完成，主要表现在：

其一，严重拖延收购费的支付。按照合同约定，A 公司收购费用为922 万元，2005 年 1 月 12 日支付 266 万元，2005 年 1 月 20 日之前支付 300 万元，余款 256 万元在 2005 年 3 月 15 日前付清，而 A 公司实际 2012 年 1 月 11 日才将上述款项支付完毕，严重违反了合同约定。

其二，B 公司自 2003 年以来并未实际生产经营。A 公司在原一审庭审中陈述说，B 公司"签订协议之后到现在还没有生产。……从 2003 年停下来之后 B 公司一直在做转产的准备，但是一直没有找到项目"。同时，在诉讼中资方也自认道："由于先天不足、产品老化、缺乏竞争力等原因，我司始终未能形成有效经营而于 2005 年停产。"这一点也被 H 县税务局纳税记录所佐证。

其三，B 公司的行为与国有企业改制初衷背道而驰，由此引发了大量改制遗留问题。2016 年 1 月 16 日〔2016〕3 号县人民政府会议纪要载明，B 公司需尽快支付用于处理遗留问题的 480 万元，解决改制时和改制后的遗留问题，这说明 B 公司自身也认识到因为其延迟支付改制费用和未实际经营导致大量改制遗留问题尚待解决。

其四，企业员工安置问题一直未得到解决。直至诉讼时仍有大量员工多次到市、县上访，并有数百职工向 H 县劳动人事争议仲裁委提起仲裁，要求 B 公司补缴社保，若不能妥善解决相应改制遗留问题，极易引发群体性事件，影响社会稳定。可见，案涉行政协议争议条款履行的企业改制性前提条件并未成就，且企业已经进入破产程序改制的目的永远无法实现了。

2. 本案政府方履行争议条款协议义务的规划调整条件和环保条件均未达到

2010 年 6 月 21 日，《H 县人民政府关于 C 公司改制与 B 公司相关事宜确认意见的函》（H 政函〔2005〕82 号）第 11 条："如因城市规划调整或因环保等原因，新企业需要改变土地用地性质时，县政府同意更改用地性质，免缴土地出让金。"根据本案的证据材料，H 县相关部门正在编制包括 B 公司在内的城镇总体规划修编工作，规划正处于编制和方案审批程序中。同时，2011 年 8 月 23 日，H 县城乡规划局向本案诉讼第三人出具的《规划条件通知书》（H 规条字〔2011〕111 号）由于没有函告县国土资源局，所以是无效的调规通知，更为重要的是，该通知的有效期为一年，即便有效也早超过了有效期。可见，B 公司在咸塘镇范围内的土地使用权用途仍是工业用地，未达到案涉行政协议规划调整的约定条件。

至于环保原因条件，资方提供的证据材料只是在抽象的意义上证明大的环境要求发生了变化，而没有证明就 B 公司自身而言具体的环保要求的变化，诉讼时 B 公司也未收到任何因环保原因需要关停的行政机关通知或者处罚等行政决定。同时，退一步讲，即使环保条件成就了，也无法同时满足改制条件和异地建厂条件，所以，仍然没有达至本案行政协议约定的土地变性的条件。

3. B 公司未按约异地建厂

2011 年 10 月 25 日，《H 县人民政府县长办公会议纪要》（〔2011〕45 号）载明："B 公司化工在 H 县新建工厂，并以此作为实施原厂土地变性的前提条件。"新厂用地需缴纳购地款，新厂建成后将继续享有 H 县人民政府在该企业改制文件中已经明确的优惠政策和 H 县其他优惠政策。〔2011〕45 号会议纪要是在 B 公司请求下召开的关于 B 公司的专题会议，B 公司的法定代表人兼股东朱某也参加了此次会议，这充分说明了 B 公司对此协议约定土地变性条件的变化是知晓的。后因 B 公司一直未按约异地建厂，2016 年 1 月 16 日，就 B 公司新厂选址问题 H 县人民政府组织专题会议（〔2016〕3 号会议纪要），要求 B 公司异地重建选址，但直至诉讼时 B 公司一直未进行项目建设。可见，行政协议约定的异地建新厂的条件未成就。

最后，关于 32 亩土地的问题。A 公司根据 2005 年 1 月 12 日《关于 A 公司收购 C 公司整体资产有关问题的补充协议》第 2 条第 5 款约定："因甲方（即 C 公司）调整职工住宅及房改的原因给乙方（即 A 公司）造成收购整体资产损失，H 县政府同意在新县城联络线与工业园区大道交汇处南面，以人民币玖拾贰万元的总征地价款，按出让方式提供乙方实际用地 32 亩作为对乙方的补偿"，要求 H 县政府兑现协议承诺的 32 亩出让土地。对于该项诉求：一方面，资方未提供证据证明职工住宅已经调整和涉案房屋实施了房改，并且由于住宅调整或者房改给 B

公司造成了损失。另一方面，一审原告和诉讼第三人也未依合同约定向H县人民政府提出过此项用地请求支付约定价款申请该出让土地。故此，此项诉求未达到行政诉讼法规定的起诉条件。申言之，即便符合起诉条件，该项诉求也早已超过了起诉期限，不受法律保护。关于这一点也得到了发回重审上诉法院的认可。

参考文献

一、译著

[1]〔德〕奥托·迈耶:《德国行政法》,刘飞译,北京,商务印书馆,2016 年。

[2]〔德〕弗兰茨·克萨韦尔·考夫曼:《社会福利国家面临的挑战》,王学东译,北京,商务印书馆,2004 年。

[3]〔德〕弗里得利希·冯·哈耶克:《法律、立法与自由》(第一、二、三卷),邓正来等译,北京,中国大百科全书出版社,2000 年。

[4]〔德〕弗里德赫尔穆·胡芬:《行政诉讼法》(第 5 版),莫光华译,刘飞校,北京,法律出版社,2003 年。

[5]〔德〕哈贝马斯:《在事实与规范之间:关于法律和民主法治国的商谈理论》,童世骏译,北京,生活·读书·新知三联书店,2004 年。

[6]〔德〕哈特穆特·毛雷尔:《行政法学总论》,高家伟译,北京,法律出版社,2000 年。

[7]〔德〕汉斯·J. 沃尔夫、奥托·巴霍夫、罗尔夫·施托贝尔:《行政法》(第一卷),高家伟译,北京,商务印书馆,2007 年。

[8]〔德〕黑格尔:《历史哲学》,王造时译,北京,商务印书馆,1963 年。

[9]〔德〕黑格尔:《哲学史讲演录》(第 3 卷),贺麟、王太庆译,北京,商务印书馆,1996 年。

[10]〔德〕卡尔·施密特:《宪法学说》,刘锋译,上海,上海人民出版社,2005 年。

[11]〔德〕康德:《法的形而上学原理———种权利的科学》,沈叔平译,北京,商务印书馆,2001 年。

［12］〔德〕康拉德·黑塞：《联邦德国宪法纲要》，李辉译，北京，商务印书馆，2007 年。

［13］〔德〕克利斯托福·德姆克等：《欧盟 25 国公务员制度》，宋世明等译，北京，国家行政学院出版社，2005 年。

［14］〔德〕莱奥·罗森贝克：《证明责任论》（第五版），庄敬华译，北京，中国法制出版社，2018 年。

［15］〔德〕马克思·韦伯：《社会经济史》，郑太朴译，北京，中国法制出版社，2011 年。

［16］〔德〕马克斯·韦伯：《新教伦理与资本主义精神》，康乐、简惠美译，桂林，广西师范大学出版社，2015 年。

［17］〔德〕马克斯·韦伯：《学术与政治》，冯克利译，北京，生活·读书·新知三联书店，2005 年。

［18］〔德〕迈哈特·施罗德：《德国行政法》，载《欧美比较行政法》，勒内·J. G. H. 西尔登、弗里茨·斯特罗因克编，伏创宇等译，北京，中国人民大学出版社，2013 年。

［19］〔德〕米歇尔·施托莱斯：《德国公法史（1800—1914）：国家学说和行政学》，雷勇译，北京，法律出版社，2007 年。

［20］〔德〕普维庭：《现代证明责任问题》，吴越译，北京，法律出版社，2006 年。

［21］〔德〕施密特·阿斯曼：《秩序理念下的行政法体系建构》，林明锵等译，北京，北京大学出版社，2012 年。

［22］〔法〕埃米尔·涂尔干：《社会分工论》，渠东译，北京，生活·读书·新知三联书店，2000 年。

［23］〔法〕莱昂·狄骥：《法律与国家》，冷静译，北京，中国法制出版社，2010 年。

［24］〔法〕古斯塔夫·佩泽尔：《法国行政法》，廖坤明、周杰译，北京，国家行政学院出版社，2002 年。

［25］〔法〕亨利·勒帕日：《美国新自由主义经济学》，北京，北京大学出版社，1985 年。

［26］〔法〕莱昂·狄骥：《宪法学教程》，王文利等译，沈阳，辽海出版社、春风文艺出版社，1999 年。

［27］〔法〕勒内·达维：《英国法与法国法：一种实质性比较》，潘华

仿等译，北京，清华大学出版社，2003 年。

[28]〔法〕孟德斯鸠：《论法的精神（上册）》，张雁深译，北京，商务印书馆，2004 年。

[29]〔法〕莫里斯·奥里乌：《行政法与公法精要》，龚觅等译，沈阳，辽海出版社、春风文艺出版社，1999 年。

[30]〔法〕让·里韦罗、让·瓦利纳：《法国行政法》，鲁仁译，北京，商务印书馆，2008 年。

[31]〔法〕涂尔干：《教育思想的演进》，李康译，上海，上海人民出版社，2006 年。

[32]〔古希腊〕亚里士多德：《政治学》，吴寿彭译，北京，商务印书馆，1965 年。

[33]〔美〕E. S. 萨瓦斯：《民营化与 PPP 模式：推动政府和社会资本合作》，周志忍等译，北京，中国人民大学出版社，2015 年。

[34]〔美〕E. 博登海默：《法理学：法律哲学与法律方法》，邓正来等译，北京，中国政法大学出版社，1999 年。

[35]〔美〕O. C. 麦克斯怀特：《公共行政的合法性：一种话语分析》，吴琼译，北京，中国人民大学出版社，2009 年。

[36]〔美〕埃里克·劳赫威：《大萧条与罗斯福新政》，陶郁、黄观宇译，南京，译林出版社，2018 年。

[37]〔美〕埃里克·方纳：《美国自由的故事》，王希译，北京，商务印书馆，2002 年。

[38]〔美〕爱德华·S. 考文：《司法审查的起源》，徐爽编译，北京，北京大学出版社，2015 年。

[39]〔美〕伯纳德·施瓦茨：《行政法》，徐炳译，北京，群众出版社，1986 年。

[40]〔美〕查尔斯·A. 比尔德：《美国宪法的经济观》，何希齐译，北京，商务印书馆，1983 年。

[41]〔美〕查尔斯·霍默·哈斯金斯：《大学的兴起》，王建妮译，上海，上海人民出版社，2007 年。

[42]〔美〕戴维·约翰·法默尔：《公共行政的语言：官僚制、现代性与后现代性》，吴琼译，北京，中国人民大学出版社，2009 年。

[43]〔美〕德怀特·沃尔多：《行政国家：美国公共行政的政治理论研

究》，颜昌武译，北京，中央编译出版社，2017 年。

[44]〔美〕弗兰克·J. 古德诺：《政治与行政：一种对政府的研究》，王元译，上海，复旦大学出版社，2011 年。

[45]〔美〕格莱夫斯：《中世教育史》，吴康译，上海，华东师范大学出版社，2005 年。

[46]〔美〕古德诺：《比较行政法》，白作霖译，王立民、王沛勘校，北京，中国政法大学出版社，2006 年。

[47]〔美〕哈罗德·J. 伯尔曼：《法律与革命——西方法律传统的形成》，贺卫方译，北京，中国大百科全书出版社，1996 年。

[48]〔美〕哈罗德·J. 伯尔曼：《法律与宗教》，梁治平译，北京，中国政法大学出版社，2003 年。

[49]〔美〕汉密尔顿等：《联邦党人文集》，程逢如等译，北京，商务印书馆，1995 年。

[50]〔美〕杰弗里·弗里登：《20 世纪全球资本主义的兴衰》，杨宇光等译，上海，上海人民出版社，2009 年。

[51]〔美〕杰里·L. 马肖：《创设行政宪治：被遗忘的美国行政法百年史（1787—1887）》，宋华琳、张力译，北京，中国政法大学出版社，2015 年。

[52]〔美〕杰瑞·L. 马肖：《行政国的正当程序》，沈岿译，北京，高等教育出版社，2005 年。

[53]〔美〕杰伊·M. 谢夫利兹、戴维·H. 罗布森卢姆等：《政府人事管理》，彭和平等译，北京，中央党校出版社，1997 年。

[54]〔美〕肯尼思·F. 沃伦：《政治体制中的行政法》，王丛虎等译，北京，中国人民大学出版社，2005 年。

[55]〔美〕孔飞力：《叫魂——1768 年中国妖术大恐慌》，上海，上海三联书店，1999 年。

[56]〔美〕理查德·B. 斯图尔特：《美国行政法的重构》，沈岿译，北京，商务印书馆，2011 年。

[57]〔美〕理查德·J. 皮尔斯：《行政法（第二卷）》，苏苗罕译，北京，中国人民大学出版社，2016 年，第五版。

[58]〔美〕鲁思·本尼迪克特：《菊与刀：日本文化诸模式》，吕万和等译，北京，商务印书馆，2003 年。

［59］〔美〕路易斯·卡普洛、蒂文斯·沙维尔：《公平与福利》，冯玉军、涂永前译，北京，法律出版社，2007 年。

［60］〔美〕罗伯特·诺齐克：《无政府、国家与乌托邦》，何怀宏等译，北京，中国社会科学出版社，1991 年。

［61］〔美〕罗纳德·J. 艾伦、理查德·B. 库恩斯、埃莉诺·斯威夫特：《证据法——文本、问题和案例》，张保生等译，北京，高等教育出版社，2006 年。

［62］〔美〕罗纳德·德沃金：《法律帝国》，李常青译，北京，中国大百科全书出版社，1996 年。

［63］〔美〕罗斯科·庞德：《普通法的精神》，曹相见译，上海，上海三联书店，2016 年。

［64］〔美〕米尔建·R. 达马斯卡：《漂移的证据法》，李学军等译，北京，中国政法大学出版社，2003 年。

［65］〔美〕欧内斯特·盖尔霍恩、罗纳德·M. 利文：《行政法和行政程序概要》，黄列译，北京，中国社会科学出版社，1996 年。

［66］〔美〕乔恩·R. 华尔兹：《刑事证据大全》，何家弘等译，北京，中国人民公安大学出版社，2004 年，第二版。

［67］〔美〕乔森那·休斯、路易斯·P. 凯恩：《美国经济史》（第 7 版），邸效燕、邢露等译，北京，北京大学出版社，2011 年。

［68］〔美〕萨缪·鲍尔斯：《微观经济学：行为、制度和演化》，江艇等译，北京，中国人民大学出版社，2006 年。

［69］〔美〕史蒂芬·L. 埃尔金、卡罗尔·爱德华·索乌坦：《新宪政论》，周叶谦译，北京，生活·读书·新知三联书店，1997 年版。

［70］〔美〕史蒂芬·霍尔姆斯、凯斯·R. 桑斯特：《权利的成本：为什么自由依赖于税》，毕竟悦译，北京，北京大学出版社，2004 年。

［71］〔美〕史蒂文·J. 伯顿：《法律和法律推理导论》，张志铭、解兴权译，北京，中国政法大学出版社，1998 年。

［72］〔美〕特伦斯·安德森、戴维·舒姆、〔英〕威廉·特文宁：《证据分析》，张保生等译，北京，中国人民大学出版社，2012 年，第二版。

［73］〔美〕约翰·W. 斯特龙：《麦考密克论证据》，汤维建等译，北

京，中国政法大学出版社，2004年。

[74]〔美〕约翰·S.布鲁贝克：《高等教育哲学》，王承绪、郑继伟等译，杭州，浙江教育出版社，2001年。

[75]〔美〕约翰·罗尔斯：《正义论》，何怀宏等译，北京，中国社会科学出版社，2003年。

[76]〔美〕詹姆斯·M.布坎南、戈登·塔洛克：《同意的计算》，陈光金译，北京，中国社会科学出版社，2000年。

[77]〔美〕朱迪·弗里曼：《合作治理与新行政法》，毕洪海、陈标冲译，北京，商务印书馆，2010年。

[78]〔日〕芦部信喜（高桥和之增订）：《宪法》，林来梵等译，北京，北京大学出版社，2006年，第三版。

[79]〔日〕美浓部达吉：《行政裁判法》，邓定人译，北京，中国政法大学出版社，2005年。

[80]〔日〕米丸恒治：《私人行政：法的统制的比较研究》，洪英等译，北京，中国人民大学出版社，2010年。

[81]〔日〕平冈久：《行政立法与行政基准》，宇芳译，北京，中国政法大学出版社，2014年。

[82]〔日〕清水澄：《〈行政法泛论〉与〈行政法各论〉》，金泯澜等译，北京，中国政法大学出版社，2007年。

[83]〔日〕穗积陈重：《法律进化论》，黄尊三等译，北京，中国政法大学出版社，2003年。

[84]〔日〕鹈饲信成：《日本公务员法》，曹海科译，重庆，重庆大学出版社，1988年。

[85]〔日〕小早川光郎：《行政诉讼的构造分析》，王天华译，北京，中国政法大学出版社，2014年。

[86]〔日〕盐野宏：《行政法总论（行政法Ⅰ）》，杨建顺译，北京，北京大学出版社，2008年，第四版。

[87]〔日〕盐野宏：《行政法组织法（行政法Ⅲ）》，杨建顺译，北京，北京大学出版社，2008年，第三版。

[88]〔日〕盐野宏：《行政救济法（行政法Ⅱ）》，杨建顺译，北京，北京大学出版社，2008年，第四版。

[89]〔日〕织田万：《清国行政法》，李秀清、王沛点校，北京，中国

政法大学出版社，2003年。

［90］〔瑞士〕吕埃格：《欧洲大学史：中世纪大学》（第一卷），张斌贤等译，保定，河北大学出版社，2008年。

［91］〔新西兰〕迈克尔·塔格特：《行政法的范围》，金自宁译，北京，中国人民大学出版社，2006年。

［92］〔以色列〕尤瓦尔·赫拉利：《人类简史：从动物到上帝》，林俊宏译，北京，中信出版社，2017年。

［93］〔意〕莫诺·卡佩莱蒂：《比较法视野中的司法程序》，徐昕、王奕译，北京，清华大学出版社，2005年。

［94］〔意〕尼科洛·马基雅维里：《君主论》，潘汉典译，北京，商务印书馆，2019年。

［95］〔印〕M.P.赛夫：《德国行政法：普通法的分析》，周伟译，济南，山东人民出版社，2006年。

［96］〔英〕L.赖维乐·布朗、约翰·S.贝尔、〔法〕让－米歇尔·加朗伯特：《法国行政法》，高秦伟、王锴译，北京，中国人民大学出版社，2006年，第五版。

［97］〔英〕M.J.C.维尔：《宪政与分权》，苏力译，北京，生活·读书·新知三联书店，1997年。

［98］〔英〕安东尼·奥格斯：《规制：法律形式与经济学理论》，骆梅英译，北京，中国人民大学出版社，2008年。

［99］〔英〕伯特兰·罗素：《权力论：新社会分析》，吴友三译，北京，商务印书馆，1991年。

［100］〔英〕戴雪：《英宪精义》，雷宾南译，北京，中国法制出版社，2001年。

［101］〔英〕丹宁勋爵：《法律的训诫》，杨百揆等译，北京，法律出版，1999年。

［102］〔英〕弗里德里希·奥古斯特·冯·哈耶克：《致命的自负》，刘戟锋译，北京，东方出版社，1991年。

［103］〔英〕霍布斯：《利维坦》，黎思复、黎廷弼译，北京，商务印书馆，2008年。

［104］〔英〕卡罗尔·哈洛、查理德·罗林斯：《法律与行政》，杨伟东等译，北京，商务印书馆，2004年。

[105] 〔英〕洛克：《政府论》（上篇、下篇），瞿菊农、叶启芳译，北京，商务印书馆，1997年。

[106] 〔英〕马丁·瑟勒博－凯泽：《福利国家的变迁：比较视野》，文姚丽主译，北京，中国人民大学出版社，2020年。

[107] 〔英〕米尔恩：《人的权利与人的多样性：人权哲学》，夏勇等译，北京，中国大百科全书出版社，1995年。

[108] 〔英〕休谟：《人性论》（下册），关文运译，北京，商务印书馆，2005年。

[109] 〔英〕亚当·斯密：《国民财富的性质和原因的研究》（上册），郭大力、王亚南译，北京，商务印书馆，2004年。

[110] 〔英〕约翰·希克斯：《经济史理论》，厉以平译，北京，商务印书馆，1987年。

二、著作

[1] 敖双红：《公共行政民营化法律问题研究》，北京，法律出版社，2007年。

[2] 白鹏飞：《行政法总论》，上海，商务印书馆，1927年。

[3] 北京大学西语系资料组：《从文艺复兴到十九世纪资产阶级文学家艺术家有关人道主义人性论言论选集》，北京，商务印书馆，1971年。

[4] 毕雁英：《宪政权力架构中的行政立法程序》，北京，法律出版社，2010年。

[5] 蔡志方：《行政救济与行政法（一）》，台北，三民书局股份有限公司，1993年。

[6] 陈学恂：《中国近代教育史教学参考资料》（上册），北京，人民教育出版社，1986年。

[7] 曾宪义：《中国法制史》，北京，北京大学出版社、高等教育出版社，2013年，第三版。

[8] 曾祥华：《行政立法的正当性研究》，北京，中国人民公安大学出版社，2007年。

[9] 陈柏霖：《论行政诉讼中之"公法上权利"——从德国法与欧盟法影响下之观察》，台北，元照出版社，2014年。

［10］陈慈阳：《行政法总论：基本原理、行政程序及行政行为》，台北，翰芦图书出版有限公司，2005年。

［11］陈敏：《行政法总论》，台北，新学林股份有限公司，2009年。

［12］陈新民：《德国公法学基础理论》，济南，山东人民出版社，2004年。

［13］陈新民：《行政法学总论》，台北，三民书局，2005年，第8版。

［14］程春明：《司法权及其配置：理论语境》，北京，中国法制出版社，2009年。

［15］崔林林：《严格规则与自由裁量之间——英美司法风格差异及其成因的比较研究》，北京，北京大学出版社，2005年。

［16］杜勤、睢行严：《北京大学学制沿革（1949—1998）》，北京，北京大学出版社，2000年。

［17］范忠信选编：《梁启超法学文集》，北京，中国政法大学出版社，1999年。

［18］范忠信：《官与民：中国传统行政法制文化研究》，北京，中国人民大学出版社，2012年。

［19］费孝通：《乡土中国·生育制度》，北京，北京大学出版社，1999年。

［20］葛克昌：《国家学与国家法：社会国、租税国与法治国理念》，上海，月旦出版股份有限公司，1996年。

［21］上海市文史馆、市人民政府文史资料工作委员会：《上海地方史资料：四》，上海，上海社会科学院出版社，1986年。

［22］故宫博物院明清档案部编：《清末筹备立宪档案史料汇编》（上册），北京，中华书局，1979年。

［23］顾准：《顾准文集》，贵阳，贵州人民出版社，1995年。

［24］郭宝平：《中国传统行政制度通论》，北京，中国广播电视出版社，2000年。

［25］郭查理、陶飞亚：《齐鲁大学》，珠海，珠海出版社，1999年。

［26］行政法院：《行政法院判决汇编》（1933—1937年），台北，成文出版有限公司，1972年。

［27］何东昌：《中华人民共和国重要教育文献》（1949—1997年），海口，海南出版社，1998年。

［28］何海波：《行政诉讼法》，北京，法律出版社，2016 年。

［29］何海波：《中外行政诉讼法汇编》，北京，商务印书馆，2018 年。

［30］何海波：《行政法治奠基时：1989 年〈行政诉讼法〉史料荟萃》，北京，法律出版社，2019 年。

［31］胡建淼：《世界行政法院制度研究》，武汉，武汉大学出版社，2007 年。

［32］胡敏洁：《福利权研究》，北京，法律出版社，2008 年。

［33］黄启辉：《行政救济构造研究——以司法权与行政权之关系为路径》，武汉，武汉大学出版社，2012 年。

［34］黄先雄：《司法谦抑论——以美国司法审查为视角》，北京，法律出版社，2008 年。

［35］黄源盛纂辑：《平政院裁决录存》，台北，五南图书出版股份有限公司，2007 年。

［36］黄远庸：《远生遗著》（第二卷），上海，上海商务印书馆，1926 年。

［37］季卫东：《法治秩序的建构》，北京，商务印书馆，2014 年。

［38］江必新、梁凤云：《行政诉讼理论与实务》，北京，北京大学出版社，2009 年。

［39］江必新：《行政法制的基本类型》，北京，北京大学出版社，2005 年。

［40］江必新：《中华人民共和国行政诉讼法理解适用与实务指南》，北京，中国法制出版社，2015 年。

［41］江国华：《中国行政法（总论）》，武汉，武汉大学出版社，2012 年。

［42］江利红：《日本行政诉讼法》，北京，知识产权出版社，2008 年。

［43］姜海如：《中外公务员制比较》，北京，商务印书馆，2003 年。

［44］姜明安：《行政法与行政诉讼法》，北京，北京大学出版社、高等教育出版社，2015 年，第六版。

［45］李楚材：《帝国主义侵华教育史资料——教会教育》，北京，教育科学出版社，1987 年。

［46］李贵连：《民国北京政府制宪史料》（第一册），北京，线装书局，2007 年。

〔47〕 李建良：《行政法基本十讲》，台北，元照出版有限公司，2013年。

〔48〕 李建良等：《行政法入门》，台北，元照出版公司，2005年。

〔49〕 李林：《中国法治发展报告（2010）》，北京，社会科学文献出版社，2010年。

〔50〕 梁漱溟：《中国文化的命运》，北京，中信出版社，2010年。

〔51〕 梁漱溟：《中国文化要义》，上海，上海人民出版社，2005年。

〔52〕 梁治平：《新波斯人信札》，贵阳，贵州人民出版社，1998年。

〔53〕 林来梵：《从宪法规范到规范宪法：规范宪法学的一种前沿》，北京，法律出版社，2007年。

〔54〕 刘飞：《德国公法权利救济制度》，北京，北京大学出版社，2009年。

〔55〕 刘福元：《行政自制：探索政府自我控制的理论与实践》，北京，法律出版社，2011年。

〔56〕 刘丽：《税权的宪法控制》，北京，法律出版社，2006年。

〔57〕 刘善春：《行政诉讼原理与名案解析》，北京，中国法制出版社，2001年。

〔58〕 刘莘：《行政立法研究》，北京，法律出版社，2003年。

〔59〕 刘重春：《理性化之路：韩国公务员制度研究》，北京，中国社会科学出版社，2012年。

〔60〕 罗豪才：《现代行政法的平衡理论》（第二辑），北京，北京大学出版社，2003年。

〔61〕 马怀德：《中华人民共和国行政复议法释解》，北京，中国法制出版社，1999年。

〔62〕 倪洪涛：《大学生学习权及其救济研究：以大学和学生的关系为中心》，北京，法律出版社，2010年。

〔63〕 彭涟漪：《事实论》，桂林，广西师范大学出版社，2015年。

〔64〕 秦立海：《从〈共同纲领〉到"五四宪法"——1948—1954年的中国政治》，北京，人民出版社，2017年。

〔65〕 璩鑫圭、唐良炎：《学制演变：中国近代教育史资料汇编》，上海，上海教育出版社，2007年。

〔66〕 全国人大常委会办公厅研究室：《中华人民共和国全国人民代表

大会文献资料汇编（1949—1990）》，北京，中国民主法制出版社，1991年。

[67] 上海经世文社辑：《民国经世文编》（三），北京，北京图书馆出版社，2006年。

[68] 上海商务印书馆编译说编纂：《大清新法令（1901—1911）（点校本）》（第1卷），李秀清等点校，北京，商务印书馆，2010年。

[69] 上海商务印书馆编译所编纂：《大清新法令：谕旨类》，北京，商务印书馆，2010年。

[70] 沈云龙：《各省教育总会联合会议决案近代中国史料丛刊续编（66辑）》，新北，文海出版社，1970年。

[71] 圣约翰大学：《圣约翰大学章程汇录（1912—1920）》（复印本），上海，美华书馆，1914年。

[72] 石佑启：《论公共行政与行政法学范式的转换》，北京，北京大学出版社，2003年。

[73] 宋恩荣、章咸：《中华民国教育法规选编》，南京，江苏教育出版社，1990年。

[74] 宋智敏：《近代中国行政诉讼制度变迁研究：从行政裁判院到行政法院》，北京，法律出版社，2012年。

[75] 唐德刚：《从晚清到民国》，北京，中国文史出版社，2015年。

[76] 王汉斌：《王汉斌访谈录——亲历新时期社会主义民主法制建设》，北京，中国民主法制出版社，2012年。

[77] 王连昌、马怀德：《行政法学》，北京，中国政法大学出版社，1999年。

[78] 王名扬：《法国行政法》，北京，中国政法大学出版社，1997年。

[79] 王名扬：《美国行政法》，北京，中国法制出版社，1999年。

[80] 王名扬：《英国行政法》，北京，北京大学出版社，2007年。

[81] 王青斌：《行政规划法治化研究》，北京，人民出版社，2010年。

[82] 王青斌：《区域规划法律问题研究》，北京，中国政法大学出版社，2018年。

[83] 王人博：《中国近代的宪政思潮》，北京，法律出版社，2003年。

[84] 王希：《原则与妥协：美国宪法的精神与实践》（增订版），北京，北京大学出版社，2014年。

［85］ 王锡锌：《公众参与和中国新公共运动的兴起》，北京，中国法制出版社，2008年。

［86］ 王锡锌：《行政过程中公众参与的制度实践》，北京，中国法制出版社，2008年。

［87］ 王亚南：《中国官僚政治研究》，北京，商务印书馆，2017年。

［88］ 翁岳生：《行政法与现代法治国家》，台湾大学法学丛书编辑委员会，1976年。

［89］ 翁岳生：《行政法》（上册、下册），北京，中国法制出版社，2002年。

［90］ 吴东镐、徐炳煊：《日本行政法》，北京，中国政法大学出版社，2011年。

［91］ 吴庚：《行政法院裁判权之比较研究》，嘉新文化基金会，1967年。

［92］ 吴相湘：《中国现代史料》（第一辑），台南：台湾文星出版社，1962年。

［93］ 武增：《中华人民共和国立法法解读》，北京，中国法制出版社，2015年。

［94］ 夏新华、胡旭晟：《近代中国宪政历程：史料荟萃》，北京，中国政法大学出版社，2004年。

［95］ 夏勇：《人权概念起源——权利的历史哲学》，北京，中国政法大学出版社，2001年。

［96］ 肖蔚云等：《宪法学参考资料》，北京，北京大学出版社，2003年。

［97］ 萧文生：《国家法Ⅰ：国家组织篇》，台北，元照出版公司，2008年。

［98］ 谢胜哲、林明锵、李仁淼：《行政行为的司法审查》，台北，元照出版有限公司，2018年。

［99］ 谢振民：《中华民国立法史》（上册），北京，中国政法大学出版社，2000年。

［100］ 信春鹰：《中华人民共和国行政诉讼释义》，北京，法律出版社，2014年。

［101］ 许宗力：《法与国家权力》，台北，元照出版公司，1999年。

［102］ 杨建顺：《日本行政法通论》，北京，中国政法大学出版社，1998 年。

［103］ 杨利敏：《行政法与现代国家之构成：两大法系行政法结构性特质形成之探析》，北京，北京大学出版社，2016 年。

［104］ 杨伟东：《行政行为司法审查强度研究——行政审判权纵向范围分析》，北京，中国人民大学出版社，2003 年。

［105］ 杨寅、吴偕林：《中国行政诉讼制度研究》，北京，人民法院出版社，2003 年。

［106］ 叶必丰：《行政法的人文精神》，北京，北京大学出版社，2005 年。

［107］ 叶必丰：《行政行为的效力研究》，北京，中国人民大学出版社，2002 年。

［108］ 叶俊荣：《行政法案例分析与研究方法》，台北，三民书局股份有限公司，1999 年。

［109］ 应松年：《公务员法》，北京，法律出版社，2010 年。

［110］ 应松年：《行政法与行政诉讼法词典》，北京，中国政法大学出版社，1992 年。

［111］ 应松年：《行政法与行政诉讼法学》，北京，高等教育出版社，2017 年。

［112］ 于安：《德国行政法》，北京，清华大学出版社，1999 年。

［113］ 余凌云：《行政法讲义》，北京，清华大学出版社，2010 年。

［114］ 湛中乐：《高等教育与行政诉讼》，北京，北京大学出版社，2003 年。

［115］ 张焕光等：《行政法学原理》，北京，劳动人事出版社，1989 年。

［116］ 张晋藩、李铁：《中国行政法史》，北京，中国政法大学出版社，1991 年。

［117］ 张千帆：《法国与德国宪政》，北京，法律出版社，2011 年。

［118］ 张越：《英国行政法》，北京，中国政法大学出版社，2004 年。

［119］ 赵震江：《分权制度和分权理论》，成都，四川人民出版社，1988 年。

［120］ 郑春燕：《行政》，北京，生活·读书·新知三联书店，2017 年。

［121］ 中国第二历史档案馆：《中华民国史档案资料汇编：第三辑教

育》，南京，江苏古籍出版社，1991 年。

［122］周佑勇：《行政裁量基准研究》，北京，中国人民大学出版社，2015 年。

［123］朱寿朋：《光绪朝东华录》（第 4 册），北京，中华书局，1958 年。

［124］朱维究、王成栋：《一般行政法原理》，北京，高等教育出版社，2005 年。

［125］朱有瓛、高时良：《中国近代学制史料》（第四辑），上海，华东师范大学出版社，1993 年。

三、期刊论文

［1］陈鹏：《公法上警察概念的变迁》，《法学研究》2017 年第 2 期。

［2］陈鹏：《行政诉讼原告资格的多层次构造》，《中外法学》2017 年第 5 期。

［3］陈天昊：《公正、效率与传统理念——21 世纪法国行政诉讼的改革之路》，《清华法学》2013 年第 4 期。

［4］成协中：《保护规范理论适用批判论》，《中外法学》2020 年第 1 期。

［5］崔卓兰：《行政自制理论的再探讨》，《当代法学》2014 年第 1 期。

［6］邓刚宏：《论我国行政诉讼功能模式及其理论价值》，《中国法学》2009 年第 5 期。

［7］范忠信：《传统中国法秩序下的人民权益救济方式及其基本特征》，《暨南学报》2013 年第 5 期。

［8］封丽霞：《制度与能力：备案审查制度的困境与出路》，《政治与法律》2018 年第 12 期。

［9］伏创宇：《行政举报案件中原告资格认定的构造》，《中国法学》2019 年第 5 期。

［10］高秦伟：《行政救济中的机构独立与专业判断——美国行政法官的经验与问题》，《法学论坛》2014 年第 2 期。

［11］何勤华、龚宇婷：《中国近代行政法制的转型——以夏同龢〈行政法〉的开创性贡献为中心》，《贵州大学学报》（社会科学版）2016 年第 1 期。

［12］ 何勤华：《大陆法系变迁考》，《现代法学》2013 年第 1 期。

［13］ 何勤华：《法国行政法学的形成、发展及其特点》，《比较法研究》1995 年第 2 期。

［14］ 何勤华：《中华法系之法律学术考——以古代中国的律学与日本的明法道为中心》，《中外法学》2018 年第 1 期。

［15］ 何天文：《保护规范理论的引入与问题——基于最高法院裁判的观察》，《交大法学》2019 年第 4 期。

［16］ 胡建淼、吴欢：《中国行政诉讼法制百年变迁》，《法制与社会发展》2014 年第 1 期。

［17］ 胡肖华、倪洪涛：《行政权的宪法规制》，《行政法学研究》2004 年第 1 期。

［18］ 胡肖华：《论预防性行政诉讼》，《法学评论》1999 年第 6 期。

［19］ 黄先雄：《行政首次判断权理论及其适用》，《行政法学研究》2017 年第 5 期。

［20］ 江必新：《中国行政审判体制改革研究——兼论我国行政法院体系构建的基础、依据及构想》，《行政法学研究》2013 年 4 期。

［21］ 李启成：《清末民初关于设立行政裁判所的争议》，《现代法学》2005 年第 5 期。

［22］ 林莉红：《中国行政诉讼的历史、现状与展望》，《河南财经政法大学学报》2013 年第 2 期。

［23］ 林明锵：《德国公务员制度之最新变革：兼论我国文官制度的危机》，《台大法学论丛》2011 年第 4 期。

［24］ 刘丽：《西方福利国家危机对中国控税的启示》，《上海交通大学学报》2007 年第 6 期。

［25］ 刘松山：《家立法三十年的回顾与展望》，《中国法学》2009 年第 1 期。

［26］ 鲁鹏宇：《德国公权理论评介》，《法制与社会发展》2010 年第 5 期。

［27］ 罗豪才、甘雯：《行政法的"平衡"及"平衡论"范畴》，《中国法学》1996 年第 4 期。

［28］ 马怀德、解志勇：《行政诉讼第三人研究》，《现代法学》2000 年第 3 期。

［29］ 莫纪宏：《论行政法规的合宪性审查机制》，《江苏行政学院学报》2018 年第 3 期。

［30］ 倪洪涛：《从"道德宪法"到"政治宪法"：一种税权控制的研究视角》，《法学评论》2006 年第 3 期。

［31］ 倪洪涛：《行政案卷制度论纲》，《甘肃政法学院学报》2005 年第 2 期。

［32］ 倪洪涛：《行政公益诉讼、社会主义及其他》，《法学评论》2014 年第 4 期。

［33］ 倪洪涛：《论大学自主与国家监督》，《清华大学教育研究》2010 年第 5 期。

［34］ 倪洪涛：《论法律保留对"校规"的适用边界——从发表论文等与学位"挂钩"谈起》，《现代法学》2008 年第 5 期。

［35］ 倪洪涛：《论行政特许延续的阻却》，《行政法学研究》2018 年第 1 期。

［36］ 倪洪涛：《论我国公务员范围的拓展》，《河北法学》2007 年第 1 期。

［37］ 倪洪涛：《社会主义核心价值观融通行政救济法治初论》，《时代法学》2019 年 3 期。

［38］ 倪洪涛：《我国大学生申诉制度优化论》，《湘潭大学学报》2010 年第 4 期。

［39］ 倪洪涛：《新中国地方立法权：历史、歧视及矫正：以 2015 年〈立法法〉修改为中心的论证》，《湘潭大学学报》2017 年第 6 期。

［40］ 戚建刚：《风险规制的兴起与行政法的新发展》，《当代法学》2014 年第 6 期。

［41］ 秦晖：《权力、责任与宪政：兼论转型中政府的大小问题》，香港中文大学《二十一世纪》2003 年 12 号。

［42］ 秦前红：《"八二宪法"与中国宪政的发展》，《法学》2012 年第 11 期。

［43］ 宋华琳：《论政府规制中的合作治理》，《政治与法律》2016 年第 8 期。

［44］ 孙兵：《汉语"行政法"语词的由来以及语义之演变》，《现代法

学》2010 年第 1 期。

［45］ 王贵松：《行政法上利害关系的判断基准——黄陆军等人不服金华市工商局工商登记行政复议案评析》，《交大法学》2016 年第 3 期。

［46］ 王贵松：《论法律的规范创造力》，《中国法学》2017 年第 1 期。

［47］ 王贵松：《论行政法上的法律优位》，《法学评论》2019 年第 1 期。

［48］ 王贵松：《论近代中国行政法学的起源》，《法学家》2014 年第 4 期。

［49］ 王贵松：《依法律行政原理的移植与嬗变》，《法学研究》2015 年第 2 期。

［50］ 王贵松：《作为利害调整法的行政法》，《中国法学》2019 年第 2 期。

［51］ 王敬波：《司法认定无效行政协议的标准》，《中国法学》2019 年第 3 期

［52］ 王利明：《论行政协议的范围——兼评〈关于审理行政协议案件若干问题的规定〉第 1 条/第 2 条》，《环球法律评论》2020 年第 1 期。

［53］ 萧功秦：《从科举制度的废除看中国近代以来的文化断裂》，《战略与管理》1996 年第 4 期。

［54］ 杨登峰：《行政行为程序瑕疵的指正》，《法学研究》2017 年第 1 期。

［55］ 叶必丰：《论公务员的廉洁义务》，《东方法学》2018 第 1 期。

［56］ 应松年：《中国行政法学 60 年》，《行政法学研究》2009 年第 4 期。

［57］ 于立深：《行政事实认定中不确定法律概念的解释》，《法制与社会发展》2016 年第 6 期。

［58］ 余凌云：《行政诉讼法是行政法发展的一个分水岭吗？——透视行政法的支架性结构》，《清华法学》2009 年第 1 期。

［59］ 湛中乐、王春蕾：《于艳茹诉北京大学案的法律评析》，《行政法学研究》2016 年第 3 期。

［60］ 张保生：《事实、证据与事实认定》，《中国社会科学》2017 年第

8 期。

［61］张莉:《法国行政诉讼政府专员制度改革述评》,《国家检察官学院学报》2011 年第 8 期。

［62］张生:《中国近代行政法院之沿革》,《行政法学研究》2002 年第 4 期。

［63］章剑生:《行政诉讼原告资格中"利害关系"的判断结构》,《中国法学》2019 年第 4 期。

［64］章志远:《公共行政民营化的行政法学思考》,《政治与法律》2005 年第 5 期。

［65］赵宏:《保护规范理论的历史嬗变与司法适用》,《法学家》2019 年第 2 期。

［66］赵宏:《主观公权利、行政诉权与保护规范理论——基于实体法的思考》,《行政法学研究》2020 年第 2 期。

［67］赵宏:《原告资格从"不利影响"到"主观公权利"的转向与影响——刘广明诉张家港市人民政府行政复议案评析》,《交大法学》2019 年第 2 期。

［68］赵宏:《主观公权利的历史嬗变与当代价值》,《中外法学》2019 年第 3 期。

［69］朱芒:《行政诉讼中的保护规范说——日本最高法院判例的状况》,《法律适用》2019 年第 16 期。

［70］张翔:《"共同富裕"作为宪法社会主义原则的规范内涵》,《法律科学》2021 年第 6 期。

［71］门中敬:《"立法"和"行政"概念的宪法解释》,《政法论坛》2019 年第 5 期。

［72］黄宇骁:《行政诉讼原告资格判断方法的法理展开》,《法制与社会发展》(双月刊)2021 年第 6 期。

［73］张雪城:《论美国行政法中的保护意图规则——兼议其对保护规范理论引入的启示》,《行政法学研究》2022 年第 1 期。

［74］陈天昊:《行政协议变更、解除制度的整合与完善》,《中国法学》2022 年第 1 期。

［75］余凌云:《论行政协议的司法审查》,《中国法学》2020 年第 5 期。

[76] 章程：《论行政协议变更解除权的性质与类型》，《中外法学》2021 年第 2 期。

四、报纸文章

[1] 陈磊：《党内法规体系成全面从严治党制度保障》，《法制日报》2017 年 7 月 1 日，第 5 版。

[2] 范正伟：《兑现"打铁还需自身硬"的庄严承诺》，《人民日报》2016 年 1 月 14 日，第 5 版。

[3] 冯莹：《最高人民法院机构设置简史（1949—2014）》，《人民法院报》2014 年 11 月 23 日，第 6 版。

[4] 孟焕良：《包郑照一家诉苍南县政府强制拆除案——新中国行政诉讼第一案》，《人民法院报》2018 年 10 月 23 日，第 3 版。

[5] 牟冶伟：《敲好每一次法槌》，《人民法院报》2016 年 12 月 23 日，第 6 版。

[6] 倪洪涛：《撤销女博士学位案值得高校反思》，《法治周末》2017 年 6 月 13 日。

[7] 倪洪涛：《说理是裁判文书的"王道"》，《南方都市报》2016 年 6 月 29 日 AA14 版。

[8] 殷啸虎、李红平：《鲁迅状告民国教育部行政诉讼案》，《中国审判新闻月刊·总第 96 期》2014 年 2 月 5 日。

后　记

——"身边法治"呼唤"私人检察官"

博士论文出版已逾十载。其间，常念无力"推十合一"，深恐所论"闳大不经"而贻害后学。故此，曾决心守愚藏拙，"述而不作"。然而，"有恒心"者，未必"有恒产"，实难"谋道不谋食"。

己亥岁末，新冠爆发，避疫隐居，书稿初成，遂有此新篇刊布。指引本书始终的"旁白"有二：一则"身边法治"，二则司法技术。

法之精神是"人文"的，而法之本体是"技术"的。价值议题只有经由程序化、司法化、和平化之法技术处理，才能首先内化于心，继而外化于行，最终成就国民性格，实现法安天下。法律是从程序的夹缝之中渗透出来的分泌物，法律人的核心竞争力在于"烫平"律法字里行间之"皱褶"，而非动辄立法，以示自大。一旦推导出"人人平等"观念——"阴阳之和，不长一类；甘露时雨，不私一物"，上帝视角即应退隐。

"问题意识"的培育，法解释技术的训练，须从"身边法治"始。平素惯以"法眼"看世界，才能渐进树立法治思维。古老中国，千年传统，耕读文化，差序格局，当法治精神遭遇人情往还，公民社会嵌入"家国同构"，势必"涟漪关系"稀释行为理性，"差不多先生"解构科学精神。但无论如何，百年转型，"历史三峡"，我们作为个体注定要"离家出走"，并且也许永远无法"常回家看看"，盖因横亘其间的是"现代性"勾画出的千沟万壑！

基于此，本书议题或是"教学相长"之偶得，或是法律实务之恩惠，均源自"身边"、寓于诉讼。譬如"行政"内涵不确定，则行政诉讼难自洽，故须反思行政之本质及其异化；又如既然学历证书和学位证书分置两册，为何毕业和学位授予却前因后果甚至条件混同，可见历史溯源是学位制度优化的基础性工作；再如"人民法院审理行政案件，以法律和行政法规、地方性法规为依据"，那么行政立法权与司法权的关系调处，也是值得我们关注和研究的一个课题；最后，如果行政程序完备且确立了"案卷排他原则"，除了不作为情形下的初步证明责任和"公共利益"损害论证，行政公益诉讼中检察调查权一定是相当有限的。

受制于传统，"身边法治"最难处理，极易成为"灯下黑"。我们惯于指摘其他地区、行业或单位存在的法律问题，一旦身处其中，则立马明哲保身，而又噤若寒蝉。"亲亲相隐"通自然、合人性，不过，在"称兄道弟""拟制"血亲仍是常态的社会里，"亲"的模糊边界与"不做自己案件判官"之间的张力如昨。也许坚守中国最古老的群己权界论才是正道："损一毫利天下不与也，悉天下奉一身不取也。"

"身边法治"呼唤"私人检察总长"制度。人人都是"检察官"，不仅是对行政公益诉讼唯一起诉人制度的有益补充，更有利于培育公共精神和公民意识。因为其激活了"庙堂"和"江湖"两种力量，整合了国家和社会两大资源，避免了"唯一性"导致的激励机制匮乏问题，缓和了既有原告资格的制度压力。如果说"私人检察总长"制度的合理引介有利于司法程序开启的话，那么"法庭之友"（amicus curiae）甚或"公共报告人"制度的审慎采用则有助于制度化地阻却司法专横和裁量无度。

"任性自生，公也；心欲益之，私也。"

谨以此书献给我的妻子刘丽教授和两位爱女。

倪洪涛

于岳麓山下景德楼

2022 年 1 月 18 日